Karl-Heinz Tuschel

UNTERNEHMEN *Three Cheers*

Utopischer Roman

Militärverlag
der Deutschen Demokratischen
Republik

ISBN 3-327-00793-4

PROLOG

Der General hatte Viktor zum Frühstück eingeladen.

Wenn der General jemanden zum Essen, zum Angeln oder zu sonst einer Freizeitbeschäftigung einlud, dann bedeutete das ziemlich genau das Gegenteil von sorgloser Unterhaltung. Der Eingeladene wurde vor eine schwere Entscheidung gestellt, und der General wollte sehen, wie er sich dazu verhielt.

Hauptmann Viktor Alexandrowitsch Rukin wußte das wie jeder in der Verwaltung, der über die Anfängerzeit hinaus war. Nur konnte er sich nicht denken, was für eine Entscheidung da auf ihn wartete. Er war kein operativer Mitarbeiter, der als Kundschafter irgendwohin geschickt wurde. Er war Mathematiker, berechnete Strategien für bestimmte Vorhaben, Wahrscheinlichkeiten für deren Ergebnisse und wertete tatsächliche Abläufe hinterher aus; gewiß wußte er dadurch eine ganze Menge, oft sogar mehr als viele Dienstgradältere; aber so erfahren war er mit seinen dreißig Jahren auch wieder nicht, daß Überblick und Weitsicht für die Berufung in eine höhere Position gereicht hätten; auf seinem speziellen Gebiet gab es die außerdem nicht. Also was? Er würde sehen.

Er sah als erstes, daß der General die Tür öffnete und auf der Vortreppe seines Hauses erschien, bevor er, der Besucher, den Klingelknopf drücken konnte. Der General lächelte, und Viktor lächelte zurück: Er hatte den Pünktlichkeitstest bestanden.

Als zweites lächelte ihn ein reichgedeckter Frühstückstisch an, und das stimmte ihn froh – schließlich hatte er heute morgen zu Ehren der Einladung auf sein Frühstück verzichtet und brauchte nun keinen Appetit zu heucheln.

Sie aßen und tranken wie zwei Freunde, die keine andere

Aufgabe kennen, als einen freien Tag gemeinsam und möglichst genüßlich zu verbringen. Sie waren auch fast gleichzeitig fertig, ohne daß sich der eine nach dem andern hätte richten müssen. Der General goß noch einmal Tee ein und lehnte sich dann zurück.

«Wissen Sie, Viktor Alexandrowitsch», sagte er vergnügt, «daß Ihr Gesicht für einen Kundschafter ein unschätzbarer Grundfond wäre? In keinem Winkel Ihrer Miene sieht man, daß Sie aufgeregt sind. So was von Pausbäckigkeit! Nur einen Rat lassen Sie sich bitte geben: Wenn Sie mal in eine Situation kommen sollten, wo Sie Ihre Stimmung ernsthaft verbergen müssen, dann achten Sie auf Ihre Hände. Geben Sie ihnen etwas zu tun, oder verstecken Sie sie.»

«Ich werd's beherzigen, Genosse General.»

«Links vor Ihnen liegen zwei kleine Karten, nehmen Sie die obere auf und sagen Sie mir, was Sie davon halten.»

Viktor hatte die Kärtchen gleich gesehen, hatte sich aber gesagt, der General werde ihn schon wissen lassen, was damit geschehen sollte. Nun also hob er die obere Karte ab und drehte sie um. Darauf stand in lateinischer Schrift:

Three Cheers – SB – SC – SG

«Englisch», sagte Viktor. «Three Cheers muß ein Titel sein, weil das zweite Wort groß geschrieben ist. Mit den drei Abkürzungen kann ich so ohne weiteres nichts anfangen. Wo stammt die Karte her?»

«Sie fand sich eines Tages auf dem Pult des Sekretärs unserer Delegation bei der UNO-Vollversammlung.»

«UNO. Dann sind mir die Abkürzungen klar: Silver Beam, Submarine City und Sputnik Gagarin, die drei großen UNO-Objekte aus dem Zehn-Prozent-Abkommen.»

Beide schwiegen – Viktor, um nachzudenken, und der General, um zu zeigen, daß er auf weitere Überlegungen wartete.

Der einzige Zusammenhang, den Viktor zwischen sich und dieser Angelegenheit sah, bestand in der Tatsache, daß er sich mit den verschiedensten Strategien befaßte. Also betrachtete er die Karte unter diesem Blickwinkel.

«Es sind eine Menge Strategien des Gegners denkbar, in die diese Karte als einzelner Zug passen würde. Der Weg der Mitteilung und ihr Stil scheint auf eine großangelegte Aktion zu deuten. Aber warum informieren sie uns darüber? Als Provokation, damit wir uns darum kümmern? Als Ablenkung von etwas Wichtigerem? Oder als gut gemeinte Warnung von einem Beteiligten, der damit nicht einverstanden ist?»

«Lesen Sie dazu die zweite Karte.»

Viktor drehte die zweite Karte. Darauf stand:

Take care of three cheers!

«Ein Anruf», erläuterte der General, «zwei Tage danach, beim Chef der Delegation, sehr kurz und mit verstellter Stimme.»

«Hüte dich vor three cheers. Oder hütet euch. Oder achtet auf. Das wäre dann die Warnung. Oder ...» Viktor war plötzlich unsicher, «eine Verstärkung der Provokation? Eine Absicherung, damit wir uns wirklich dafür interessieren?»

«Hätten wir denn das nötig?» fragte der General listig.

«Bestimmt nicht», antwortete Viktor, «wir können doch nicht so tun, als ob nichts ...» Plötzlich wurde ihm bewußt, daß die Frage des Generals eigentlich eine Antwort war: So gut kannte uns der Gegner schließlich auch, daß wir einen doppelten Hinweis nicht brauchten. Der Gegner ... Gegner ... Die Abstraktion störte Viktor jetzt. Welcher Gegner? Welche Abteilung des Gegners? Nein, dazu war es noch zu früh, die Frage würde man sich später stellen müssen. Erst mal weiter nach Fakten suchen.

«Sind offizielle Planungen oder Unternehmen bekannt, in denen die drei Stationen nacheinander auftreten?»

«Sie stellen die richtigen Fragen in der richtigen Reihenfolge», sagte der General, strahlend, als habe er selbst eine Prüfung bestanden; und eigentlich hatte er das auch, denn dieser Rukin war seine Idee gewesen. «Ja, die gibt es», fuhr er fort. «In ein bis zwei Jahren soll das Zehn-Prozent-Abkommen erweitert werden auf zwanzig Prozent des ehemaligen Rüstungshaushalts der ständigen Sicherheitsratsmitglieder. Wir sind sowieso dafür, und die großen Monopole in den

USA und anderswo, wenigstens die jetzt tonangebenden, haben diesen Markt der UNO-Projekte genutzt und wollen ihn ausdehnen. Die UNO braucht dann außer Ausrüstung aber auch Personal. Deshalb soll eine Gruppe von etwa sechzig Fachleuten die drei Stationen durchlaufen, um dann später bei neuen Projekten die entsprechenden Funktionen einzunehmen. Die Amerikaner stellen drei Mann, wir auch. Für jede Station wird ein Vierteljahr gerechnet.»

Der letzte Satz des Generals wirkte angehängt, und dadurch begriff Viktor seine Bedeutung für sich selbst. Sie brauchten da sicherlich auch Mathematiker, und deshalb saß er hier. Zwischen den vielen Gedanken und Gefühlen, die ihn nun bestürmten, schlich sich ein kleiner, unansehnlicher Stoßseufzer nach vorn, wohl weil er so jämmerlich war: ein Glück, daß Alla mit ihm Schluß gemacht hatte! Wenn er ihr das alles verschweigen müßte ... War es ihm jetzt immer noch gelungen, sich nichts anmerken zu lassen? Der General lächelte wieder, sagte aber nichts. Also zurück zur Sache. Nun war es Zeit, nach dem WER zu fragen.

«Ein parallel laufendes Unternehmen ‹Three Cheers› wird wohl kaum seine drei Hochrufe auf das Gelingen der UNO-Projekte beziehen wollen, eher auf das Gegenteil. Demnach könnten seine Urheber in den zurückgedrängten aggressivsten Kreisen zu suchen sein.»

«Sie meinen den militärisch-industriellen Komplex, der sich damals bis zum Schluß gegen die Abrüstung gewehrt hat? Die meisten dieser Firmen stecken jetzt in dem Geschäft mit den UNO-Projekten.»

«Und wenn sie uns aus diesem Geschäft hinausdrängeln wollen?»

«Geht nicht, wegen der Interdependenzen. Fragen Sie die Ökonomen.»

Viktor brauchte niemanden zu fragen, er wußte selbstverständlich, was gemeint war. Die Interdependenzen, das waren die gegenseitigen Abhängigkeiten, vor allem in der Technologie, der ökonomische Kitt, der die antagonistischen Mächte zusammenhielt, Ausdruck der gemeinsamen Interessen aller Klassen, Fundament und Garantie der Abrüstung. Das galt ganz allgemein, es galt aber auch und besonders für die UNO-Projekte, die aus dem Zehn-Prozent-Abkommen finanziert wurden. USA, Westeuropa, RGW, Japan, China, Indien, Lateinamerika mit den ABC-Staaten an der Spitze – alle großen Wirtschaftsmächte hatten Absprachen getroffen über die Aufteilung der technologischen Forschung, die den neuen Projekten vorausgehen mußte, weil keiner die gesamte, sehr weitverzweigte Forschung allein tragen konnte. So war Spezialisierung und Profilierung entstanden, der Wissenschaftsvorlauf existierte zum größeren Teil schon, jeder beteiligte Staat konnte industrielle Aufträge auf dem Gebiet erteilen, auf dem er geforscht hatte. Und da diese Teilgebiete in den Projekten selbst unauflöslich verflochten waren, hätte jedes Versagen einer Wirtschaftsmacht auf ihrem Teilgebiet auch alle anderen getroffen. Sabotage, auch nur Behinderung einer Seite schadete allen.

«Demnach richtet sich die Sache nicht gegen die UNO-Projekte und das neue Zwanzig-Prozent-Abkommen», stellte Viktor fest.

«Wenigstens nicht direkt.»

«Dann wäre also», sagte Viktor langsam und vorsichtig, als prüfe er beim Aussprechen den Gedanken noch einmal auf seine Stichhaltigkeit, «dann wäre also das eigentliche Ziel des Unternehmens außerhalb der UNO zu suchen?»

«Vielleicht ist diese Geschichte», erwiderte der General, «obgleich global angelegt, nur die außenpolitische Begleitmusik für innenpolitische Vorgänge. Wir beobachten in letzter Zeit in den USA-Medien ein Anschwellen von Tendenzen, die die alte amerikanische Illusion von der Auserwähltheit und den unbegrenzten Möglichkeiten wieder aufpäppeln. Das läßt befürchten, daß dieses Unternehmen Three Cheers an den alten Antikommunismus anknüpfen will, den manche schon tot geglaubt hatten. Aber das sind alles Spekulationen, höchstens geeignet, die geistigen Werkzeuge zu schärfen. Wie sagt der deutsche Dichter Goethe:

‹Ein Kerl, der spekuliert,
ist wie ein Tier, auf dürrer Heide
von einem bösen Geist im Kreis herumgeführt,
und ringsumher liegt schöne grüne Weide.›»

«Ja», stimmte Viktor zu und konnte dann doch nicht auf das Vergnügen verzichten hinzuzusetzen: «Aber er läßt es Mephisto sagen.»

Der General lächelte. «Wie andere Wahrheiten auch. Jedenfalls müssen wir damit rechnen, daß bei dieser Sache die verschiedensten Dinge mit hineinspielen: innen- und außenpolitische Ziele, Geschäfte, ja sogar regionale und lokale Probleme; die westlichen Geheimdienste, vielleicht nicht im ganzen, aber jedenfalls bestimmte Abteilungen und Bereiche. Alles das müssen wir herausbekommen und dabei immer bedacht sein, daß wir nicht in politische Provokationen und Abenteuer hineingezogen werden. Denn wozu sonst wollten sie uns wohl dabei haben!»

«Und die drei sowjetischen Fachleute, auf welchen Gebieten sollen sie ...?»

«Ein Intellektroniker soll dabeisein», sagte der General. «Und es muß ein hervorragender Fachmann sein, damit er uns nicht blamiert. Und er darf noch nicht im Ausland gewesen sein, damit wir die Garantie haben, daß der Gegner ihn nicht auf Anhieb identifizieren kann.»

Hier hätte Viktor eigentlich sein Einverständnis mit der üblichen Formel sagen müssen. Aber er wußte, daß der General die militärischen Umgangsformen nur dort angewendet haben wollte, wo sie hingehörten, bei Auszeichnungen und Beförderungen zum Beispiel. Und so weit war es ja nun noch nicht.

«Einverstanden», sagte Viktor.

«Wir werden Ihren Namen ändern und Ihnen eine hieb- und stichfeste Legende geben», sagte der General, «aber der Name ist das wichtigste, weil sie ihn ganz und gar annehmen müssen. Da Sie an so etwas noch nicht gewöhnt sind, haben wir unseren Vorschlag sehr ähnlich gelassen. Viktor Alexandrowitschs gibt es Hunderttausende in unserm Land, also brauchen wir nur den Nachnamen ein wenig zu ändern. Wie wär's mit Tolkin?»

Viktor mußte lächeln. Statt Ruka – Hand – als Wurzel seines Namens jetzt Tolk – Sinn, Verstand. Eine humorvolle ständige Mahnung!

«Auch einverstanden», sagte er.

SILVER BEAM

1

Aram Udarjan wurde zum Informationsschalter gerufen, wo ihn ein junger Mann erwartete, Araber augenscheinlich, in Allerweltskleidung: Jeans und T-Shirt.

«Mister Udarjan, ich soll Sie abholen!» sagte er auf englisch.

«Mein Gepäck ...?»

«Darum brauchen Sie sich nicht zu kümmern», erklärte ihm die junge Dame am Schalter auf russisch, «das wird von hier direkt zum Grand Hotel Sahara gebracht.»

Aram nickte. «Let's go», sagte er, wußte zwar nicht, ob das nun genau die richtige englische Redewendung war, aber der Fahrer verstand, ging voran nach draußen und öffnete ihm die hintere Tür des Autos. Es war ein etwas älterer amerikanischer Wagen, nicht sonderlich elegant, aber zuverlässig, wie Aram wußte. In solchen Dingen kannte er sich aus, schließlich war er Fahrzeugingenieur und seiner Kenntnisse und Fähigkeiten wegen für diesen Dienst in der UNO ausgesucht worden.

Und auch in Fahrtrichtungen kannte er sich aus. Die Richtung, die dieser Fahrer jetzt einschlug, führte in die Wüste hinaus, die entgegengesetzte Fahrbahn ging in Richtung Stadt, da war er sicher: Die paar Minuten Überblick vor der Landung hatten ihm genügt, sich das Netz der wichtigsten Straßen einzuprägen.

Was war los? Hatte der Fahrer vor, einen dummen Touristen zu neppen? Aber doch wohl keinen Armenier, bitte schön!

«He, erst mal zum Hotel Sahara, nicht gleich in die Sahara selbst!» verlangte er auf englisch.

«Ich verstehe nicht», radebrechte der Mann, der eben noch

leidlich englisch gesprochen hatte. Zugleich beschleunigte er das Tempo.

Aram legte die Hand auf die Schulter des Fahrers und drückte sie heftig, so daß der den Kopf wendete.

«Da Hotel!» sagte Aram und deutete mit dem Daumen nach hinten.

«Hotel später, jetzt fahren zu Scheikh Achmed, er Sie sprechen wollen.»

«Hotel!» forderte Aram energisch.

Der Fahrer beschleunigte statt dessen. Sie fuhren jetzt etwa hundert.

Aram dachte nicht im geringsten daran, sich dem Willen des Fahrers oder jenes Scheikhs zu unterwerfen. Wer etwas von ihm wollte, der mochte ihn ordentlich einladen. Nein, diese Fahrt würde er abbrechen. Es gab viele Möglichkeiten dazu. Rein körperlich war der Fahrer durch die hohe Geschwindigkeit viel stärker gebunden als er; Aram hätte seine Kehle umfassen und ihn zwingen können, langsamer zu fahren und schließlich anzuhalten. Selbst wenn der dann irgendwelche Waffen gezogen hätte ... Was hatte er, Aram, bei sich? Stift, Taschentuch, Brieftasche, Feuerzeug – Feuerzeug! Aram kannte diesen Autotyp genau. Hinter der Lehne, links und rechts außen, begannen die Batterien, in deren supraleitenden Ringen gewaltige Ströme kreisten. Die kritische Temperatur war etwa fünfzig Grad, und empfindliche Sensoren sorgten dafür, daß das Auto stehen blieb, wenn sich in der Umgebung der Batterien etwas erhitzte. Die Rückenlehne war geteilt, er konnte die neben ihm nach vorn klappen und mit dem Feuerzeug an die Batterie ... Er ließ das Feuerzeug klicken, die Gasflamme zischte leise auf, er schloß das Feuerzeug wieder. Dann schob er die Lehne nach vorn. Eine Blechverkleidung wurde sichtbar, nicht typengerecht, vielleicht nachträglich eingebaut.

Der Fahrer bremste und blinkte rechts. Weit voraus kam eine Abfahrt in Sicht. Vielleicht ergab sich hier eine einfachere Gelegenheit?

Die Abfahrt beschrieb einen ziemlich engen Bogen, der

Fahrer mußte auf fünfzig hinunter, Abhänge gab es hier nicht, also –

Aram hieb dem Fahrer mit der Faust auf die rechte Schulter. Er legte so viel Kraft in den Schlag, wie bei den engen Raumverhältnissen möglich war. Der Fahrer schrie auf, der Wagen kam ins Schleudern, der Fahrer bremste, die Geschwindigkeit sank auf dreißig, Aram hatte die Tür schon geöffnet, jetzt schlug er noch einmal zu und sprang, ließ sich fallen, rollte etwas ab und stand schon wieder auf den Beinen, um sich notfalls wehren zu können.

Aber der Fahrer machte keine Anstalten, im Gegenteil, er fuhr immer schneller davon.

Aram betastete seine Glieder. Alles heil. Er schüttelte den Kopf. Eine Räuberpistole, eine richtige Räuberpistole! Was mochte hinter dieser Geschichte stecken?

Per Anhalter fuhr er nach Silver Beam. Eine halbe Stunde später betrat er das Hotel, vom Portier wegen seiner abgeschabten und stellenweise zerrissenen Kleidung ein wenig argwöhnisch gemustert. Noch eine Stunde später saß er beim Polizeichef der Stadt, der ihn nicht einmal fünf Minuten hatte warten lassen.

Chalil Benjassi, ein schmalgliedriger Araber mit strengem Gesicht und freundlichen Augen, bedauerte unendlich, was dem verehrten Gast und künftigen Bewohner der Stadt gleich am ersten Tage widerfahren war. Er könne jedoch versichern, daß dies ein Einzelfall sei, genaugenommen der erste seit Gründung der Stadt, es gebe selbstverständlich Verbrechen und Verbrecher wie in jeder Millionenstadt, er möge bitte nicht glauben, daß er als Polizist seine Stadt in rosigem Licht sehe; aber für Kidnapping seien hier die Verhältnisse außerordentlich ungünstig, daher sei der Fall sonderbar, sehr sonderbar, auch noch in anderer Hinsicht ...

Ob er ein paar Fragen stellen dürfe?

Ja, gewiß, sagte der Polizeichef, Mitarbeit setze Information voraus, und die Mitarbeit des verehrten Gastes sei ihm wichtig, um welche Fragen es sich denn handle?

Zwei zunächst, sagte Aram, warum die Verhältnisse hier

für Kidnapping ungünstig seien, und in welcher anderen Hinsicht der Fall sonderbar sei.

«Dann bitte ich um die Erlaubnis, englisch sprechen zu dürfen», sagte der Polizeichef höflich, «für genaue Erläuterungen ist mein Russisch nicht gut genug. Also warum ist der Boden hier für Kidnapping ungünstig? Erstens ist es schwierig, jemand längere Zeit gegen seinen Willen zu verstecken. Elendsviertel haben wir nicht, im Stadtkern sind die Gebäude für ein europäisches Auge vielleicht verwirrend anzusehen, aber das ist nur die äußere Form, innen sind sie sehr rationell gegliedert und im allgemeinen von Belegschaften und deren Angehörigen bewohnt, die sie auch verwalten; im grünen Ring dagegen finden Sie dörfliche Verhältnisse, und wie in jedem Dorf der Welt weiß da der eine, was der andere kocht. Wirtschaftsgebäude wiederum werden sehr streng bewacht, das rührt noch aus Anfangszeiten her, wir hatten ja nicht nur Freunde und begeisterte Zustimmung. Noch schwieriger wäre es, einen Entführten abzutransportieren, es stehen dafür im Grunde nur drei Wege zur Verfügung, von denen zwei sowieso vom Zoll überwacht werden, der Luftweg und die Transsaharastraße; der dritte Weg wäre eine Karawane, aber da wird niemand ohne Stammesbeziehungen Glück haben, den Wüstenbewohnern ist das hiesige Wasser tausendmal wichtiger als irgendein kleiner Nebenverdienst. Das heißt zwar nicht, daß ein echtes Kidnapping unmöglich wäre, aber eben doch sehr ungünstig. Und dann: Wer würde wohl diese Ungunst der Umstände in Kauf nehmen, wenn er genau weiß, daß es hier keine Reichtümer zu erpressen gibt! Unsere Stadt läßt ihre Bürger leben, und gut leben, wie Sie sich noch überzeugen werden. Aber sie ist kein Ort, wo Müßiggang und private Prachtentfaltung gedeihen, die Begleitumstände des Überreichtums. Vielleicht muß man sagen: noch nicht. Das sind die Gründe, warum Kidnapping hier kein gutes Geschäft ist. So weit zum Punkt eins – zufrieden?»

Aram behielt seinen Einwand für sich, daß es ja auch andere Erpressungsziele als Geld geben könnte, und bat den

Polizeichef fortzufahren: Das Gesagte leuchte ihm ein, besonders gespannt sei er aber nun auf die anderen Hinsichten.

«Das sehr Sonderbare an der Sache ist: Profis waren es nicht, erstens aus den oben genannten Gründen, zweitens, verzeihen Sie mir, denen wären Sie nicht so leicht entkommen. Wenn es aber Amateure gewesen wären, hätten sie sich mehr wie Gangster benommen, ich meine Filmgangster. Ganz ohne Erfahrung kann niemand so etwas tun, und Amateure haben ihre Erfahrung eben aus Filmen und Büchern. Bestimmt hätte Sie jemand vor dem Auto oder spätestens darin mit einer Waffe in Schach gehalten, schon weil der Amateur so etwas nicht machen kann, ohne selbst Angst zu haben.»

Es klopfte, ein Beamter kam herein und meldete etwas auf arabisch. Der Chef dankte, der Beamte entfernte sich.

«Sehen Sie, eben wollte ich sagen, vielleicht gibt es wirklich einen Scheikh Achmed, der Sie aus irgendeinem Grunde sehen wollte, aber uns ist ein solcher Mann bisher nicht bekannt. Und die Dame am Informationsschalter kannte den Fahrer auch nicht, was bedeutet, daß er weder mit dem Hotel noch mit Taxigesellschaften etwas zu tun hat. Aber die kann uns wenigstens mit einem Identikit helfen. Das würde Ihnen wohl schwerfallen, oder irre ich mich?»

Aram nickte. «Da werden Sie recht haben, ich kenne mich in den hiesigen Gesichtern noch nicht so aus.»

«Bleibt also die Frage: Wenn es kein Profi war und auch kein Amateur, was war er dann? Und was war die ganze Sache dann? Fällt Ihnen dazu noch etwas ein?»

Aram zögerte, dann entgegnete er: «Na ja – ausgesprochen finster sah der Bursche nicht aus. Eigentlich sogar recht freundlich. Aber wie gesagt, die hiesigen Gesichter ...»

«Das würde bedeuten, daß der junge Mann vielleicht gar nicht das Gefühl hatte, ein Verbrechen zu begehen. Interessant. Nun, jedenfalls werden wir weiterarbeiten. Sie werden den Vorfall natürlich Ihrer Vertretung melden? Gut, dann sagen Sie gleich, daß wir Sie und Ihre Vertretung informieren werden, sobald weitergehende Erkenntnisse vorliegen. Ich danke sehr für Ihre Hilfe, und bitte, fühlen Sie sich trotzdem wohl bei uns!»

«Haben Sie Ihre Bude heute schon entwanzt?»

Die Bude war ein luxuriöses Zimmer im Grand Hotel Sahara, und das Entwanzen bezog sich gewiß nicht auf die kleinen Parasiten, mit denen die beiden Amerikaner wohl kaum jemals Beziehungen unterhalten hatten.

«Jeden Morgen und Abend», antwortete der Jüngere, ein Mittdreißiger mit einem offenen, sympathischen Gesicht und fröhlicher Stimme. «Wie immer – nichts.»

«Und – ist es unser Mann?» fragte der andere. Er war vielleicht fünfzig Jahre alt, nicht sehr groß, hager und sehnig, und trug – wie meistens – ein etwas grämliches Gesicht zur Schau.

«Jerry Baker, ich hab Sie was gefragt», erinnerte er, als der Jüngere schwieg.

«O Verzeihung, Robin Hood, ich mußte noch nachdenken», sagte der lächelnd.

Robin H. Lyndale brummte. «Der Spitzname ist gut für das Image zu Hause», sagte er. «Hier nicht. Und nun zur Sache.»

«Ob dieser Udarjan unser Mann ist oder nicht, kann bisher nicht mit letzter Sicherheit festgestellt werden. Fingerabdrücke, Stimme und Gesicht sind in unserm Computer in Langley nicht erfaßt. Das wäre auch zu einfach gewesen. Ich meine trotzdem, er ist es.»

«Was spricht dafür?»

«Ich hab mich mit dem Burschen unterhalten, den Sie angeheuert hatten. Erstens, Udarjan hat sich sofort zurechtgefunden, hat gleich gemerkt, als der Fahrer in die falsche Richtung abbog, war also gut vorbereitet. Zweitens: Es hat ihn nicht beunruhigt. Drittens: Er kannte den Feuerzeugtrick. Viertens: Er ist ausgestiegen wie ein Profi. Ihr Fahrer war machtlos.»

«Was ist das für ein Feuerzeugtrick?»

«Lernt jeder Agent in der Ausbildung – die Methode, wie man ein Fahrzeug vorübergehend außer Betrieb setzt.»

«Sagen Sie's mir, vielleicht kann ich's auch mal gebrauchen.»

Jerry stutzte. Wollte der andere ihn auf den Arm nehmen? Das war doch sonst nicht seine Art!

«Sie müssen bei mir ganz von vorn anfangen», sagte Robin, «von Motoren hab ich zum letzten Mal gehört, als ich zur Schule ging, und da fuhren die Autos noch mit Benzin. Seitdem haben mich andere Dinge mehr interessiert.»

«Aber einen Hensel-Antrieb kennen Sie doch?»

«Ich weiß, daß er elektrisch ist. Mehr nicht.»

«Und was ein Supraleiter ist?»

«Doch, warten Sie mal – ein Leiter, in dem der Strom ohne Widerstand fließt, richtig?»

«Ja. Ursprünglich gab's die bloß bei weniger als minus zweihundertsiebzig Grad Celsius. Dann wurden Stoffe entwickelt, die eine immer höhere kritische Temperatur hatten. Das ist der Punkt, wo die Supraleitfähigkeit aufhört und in normale Leitfähigkeit, mit Widerstand, umschlägt. Als eine kritische Temperatur von plus fünfzig Grad erreicht war, war das alte Problem der Elektroenergie gelöst.»

«Welches?»

«Sie zu speichern, direkt, ohne den Umweg über chemische oder andere Umformung. In den Supraringen kreist ein beliebig starker Strom beliebig lange. Darauf beruht der Hensel-Antrieb: eine Batterie von Ringen, in denen starker elektrischer Strom kreist – als Energiemenge ungefähr so viel, wie früher fünfzig bis hundert Liter Benzin enthielten, je nach Größe des Motors. Die Ringe sind aus Hyperit, dessen kritischer Punkt bei siebzig Grad liegt.»

«Nichts für die Wüste, wie?»

«Wüstenfahrzeuge haben ein autonomes Kühlaggregat für den Batterieblock. Aber weiter, das eigentlich Geniale bei diesem Antrieb kommt erst noch, einfach wie alles Geniale, und deshalb bis heute durch nichts Besseres ersetzbar: Die Kontakte, mit denen der Strom abgenommen wird, sind aus einem anderen supraleitenden Stoff, dessen kritischer Punkt schon bei fünfzig Grad liegt.»

Robin H. Lyndale hatte, in einem gewaltigen Sessel liegend, mit großer Aufmerksamkeit zugehört.

«Warten Sie», sagte er, «wollen sehen, ob ich das richtig verstanden habe. Wenn die Temperatur in Umgebung des Blocks über fünfzig Grad ansteigt, dann tut das der Ringbatterie gar nichts, aber die Kontakte erhalten plötzlich elektrischen Widerstand und ... und was tun sie dann? Schmelzen? Aber stecken sie damit die Ringe selbst nicht an?»

Jerry staunte über seinen Gesprächspartner, freilich ohne es auszusprechen. Daß der Publizist technisch nicht bewandert war, glaubte er nun, aber technisch denken konnte er.

«Es geht mir darum, daß technische Denken zu üben», fuhr der Ältere fort. «Nach Lage der Dinge werde ich das noch brauchen. Jetzt interessieren mich zwei Sachen – die praktische Ausführung dieser Kontakte und ihre prinzipielle Bedeutung. Letztere kann ich mir ableiten: Energiezuführung und Sicherung sind identisch. Das ist natürlich ein ungeheurer Vorteil. Aber eigentlich doch wieder das Prinzip jeder elektrischen Sicherung?»

«Ja, nur so auf die Spitze getrieben, daß vor Hensel keiner darauf gekommen ist. Praktisch ist das meist so gelöst, daß die Kontaktmasse nur aus einem dünnen Film besteht, der bei Eintritt in die normale Leitfähigkeit sofort verpufft und den Stromkreis unterbricht. Damit hält der Wagen an.»

«Und wenn die Kontakte freiliegen oder ziemlich frei, kann man sie mit dem Feuerzeug erwärmen. Ist das der Trick?»

«Ja. Hinterher werden einfach neue Kontakte eingeschraubt. Man muß freilich den Motorentyp gut kennen.»

Robin H. Lyndale stand auf und trat zum Fenster. «Und sollte man nicht annehmen, daß ein Fahrzeugingenieur alle gängigen Motorentypen gut kennt?» fragte er. «Dieser Udarjan ist doch Fahrzeugingenieur?»

«Ja», sagte Jerry fröhlich, «das hab ich berücksichtigt. Wen schicken uns die Sowjets noch? Eine Ökologin und einen Intellektroniker. Wen würden Sie einschmuggeln – doch wohl einen Mann, der überall herumkommt, immer einen Grund hat, hierhin und dorthin zu fahren, mit allen Leuten zu reden

– na, soweit kennen Sie unser Gewerbe ja auch. Nehmen Sie sich selbst, Publizist, Pulitzerpreis, liberalistisches Image – Sie können die verrücktesten Fragen stellen, ohne aufzufallen.»

Robin drehte sich jetzt um. «Und die Ankömmlinge aus anderen Ostblockstaaten?»

«Überprüfen wir mit.»

Robin winkte ab. «Ist auch unwahrscheinlich.»

Jerry sah den anderen jetzt ernst und aufmerksam an. «Sie haben andere Einwände?»

Robin nickte. «Nehmen Sie mir's nicht übel. Sie verstehen von Ihrem Gewerbe sicherlich mehr als ich. Aber mir sind in diesem Falle und aus einem tiefer liegenden Grund alle Schlußfolgerungen verdächtig, die sich ausschließlich aus den Erfahrungen und Bräuchen der Geheimdienste herleiten. Ohne sie natürlich zu unterschätzen.»

«Das verstehe ich nicht ganz.»

«Trösten Sie sich, Jerry, ich auch noch nicht. Übrigens mögen Sie recht haben mit Ihrer Vermutung. Gehen wir also zunächst davon aus, daß dieser Udarjan der Mann ist, den wir erwarten. Sollte er es nicht sein, wird sich das herausstellen. Es wäre vielleicht ...»

Robin unterbrach sich und ließ sich im Schneidersitz nieder. Jerry wußte, daß er irgend etwas gündlich durchdachte, und störte ihn nicht.

Der fröhliche Jerry spürte, wie schon zwei- oder dreimal, wenn der Geist des anderen in für ihn unerreichbaren Fernen strategische Kreise zog, eine leichte Unsicherheit. Jerry verstand sein Fach ausgezeichnet, sowohl als Geologe und Wissenschaftsorganisator wie auch als Angehöriger der CIA. Er war zwar nicht ohne Ehrgeiz, aber die Hauptsache war für ihn das Gefühl der Übereinstimmung mit sich selbst, seiner Welt und seinen Aufträgen. Da er das Risiko nur dort akzeptierte, wo er es überschauen konnte, war er für eine relativ selbständige Arbeit im Rahmen fest umrissener Aufträge genau der richtige Mann: nicht borniert, aber diszipliniert; gebildet und von einer sympathischen Ausstrahlung, die er bis zu einem bezaubernden Charme steigern konnte, wenn er wollte.

Normalerweise hätte er sich also mit dem, was dieser Robin vorbereitete, nicht eingelassen. Aber der wußte von einem halblegalen Geschäft, das Jerry abgewickelt hatte, und er konnte es nur von seinen damaligen Partnern wissen: Das waren Leute gewesen, die ganz oben im militärisch-industriellen Komplex saßen und demnach auch jetzt Lyndales Auftraggeber waren. Und da begann das Problem: Die waren nicht mehr die Tonangebenden, wollten es aber wohl wieder werden, und wenn sie auch in der CIA immer noch bedeutenden Einfluß hatten, so deckten sich ihre Absichten doch nicht ganz mit der offiziellen Linie der Firma. Was Lyndale vorhatte ... Zum Glück bestand er nicht darauf, Jerry voll und ganz einzuweihen, er ließ sich nur seinerseits über alle Aufträge Jerrys und ihre Abwicklung informieren und hatte versprochen, sich diesen Aufgaben voll anzupassen und, ohne sie zu behindern, an geeigneter Stelle einzuhaken; so daß Jerry eigentlich nur einen alten Freund der Firma ein wenig unterstützte. Das konnte ihm höchstens Ärger einbringen, aber keinen allzu großen. Und wenn diese Leute wirklich wieder mal das Ruder in die Hand kriegen sollten, wäre seine jetzige Haltung auch nicht zum Schaden. Immer jedoch, wenn der Ältere seine Pläne so gründlich überdachte wie jetzt, wurde Jerry das unangenehme Gefühl nicht los, es könnte doch mehr werden, was er von ihm verlangte. Denn ein bißchen Erpressung war schon dabei, und Erpressung, das weiß man ja, kennt keine Grenzen.

«Es wäre vielleicht gar nicht schlecht, wenn wir mit Udarjan den Falschen im Auge hätten», sagte Robin jetzt. «Der richtige Mann würde sich sicher fühlen, wir aber würden es auf jeden Fall merken und hätten damit schon einen aussortiert. Wenn wir gleich den Richtigen erwischen, schicken uns die Sowjets vielleicht in der zweiten Etappe einen neuen auf den Hals.»

«Also bleiben wir erst mal bei ihm», sagte Jerry. «Was hab ich noch zu tun?»

«Sie führen Ihre Aufgaben durch, alles andere ist meine Sache», sagte Robin. «Nur dürfen wir uns jetzt, wo sich die Hallen hier allmählich füllen, nicht mehr so oft sehen. Wenn es nötig ist, komme ich zu Ihnen, nicht umgekehrt.»

Ella Jansens, die lettische Ökologin, hatte diesen putzigen Computermenschen, diesen Viktor Alexandrowitsch Tolkin, erst in Moskau kennengelernt, im Außenministerium, wo sie beide noch ein Dutzend Belehrungen und Formalitäten hinter sich zu bringen hatten. Wenn er auch als Mann nicht gerade einen berauschenden Eindruck auf sie machte, war er doch ein ganz lustiger Gesprächspartner, und vor allem schien er eine Menge zu wissen. Deshalb hatte sie seinem Vorschlag auch zugestimmt, den letzten Teil der Reise im langsamen, aber angenehmen Heliumluftschiff zu fliegen.

Und da kündigte sich nun also die berühmte Stadt in der Wüste an, in der sie das kommende Vierteljahr arbeiten sollten!

«Ich habe mich die ganze Zeit auf diesen Augenblick gefreut, seit ich von meiner Berufung erfahren habe», sagte Viktor. «Sehen Sie – aus unserer Höhe sieht man zuerst die Bauwerke im Zentrum am Horizont auftauchen, aber gleich – da, jetzt, das ist schon der Schutzwaldgürtel, der den grünen Ring der Stadt umgibt, sehen Sie!»

Eine dunkelgrüne Linie war am Horizont zu erkennen, und darüber schimmerte es weiß. Ella ließ sich ein Fernglas geben, und jetzt konnte sie die Spitzen einzelner Gebäude unterscheiden. Selbstverständlich hatte auch sie schon auf Abbildungen einiges von der Architektur der Stadt gesehen. Das Runde herrschte vor, funktional bedingt durch die starke Sonneneinstrahlung und ebenso durch die nächtliche Kälte; es ließ wechselnde Formen zu, die auf sonderbare, aber wirksame Weise miteinander in Beziehung traten: Kugel- und Zylinderbauten gab es, auch unregelmäßige, zapfenförmige Bauten – es würde interessant sein, durch die Straßen zu gehen und zu versuchen, ob man diese Architektur als Nordländerin auch erleben kann.

Jetzt aber wollte sie doch ihrem Reisegefährten Gelegenheit geben, sein umfangreiches Faktenwissen vor ihr auszubreiten, sicherlich würde er sonst platzen vor Mitteilungsbedürfnis, und das konnte sie schließlich nicht verantworten.

«So wie Sie sich vorbereitet haben», sagte sie, «wissen Sie bestimmt alles über die Stadt.»

«Nur was im Lexikon steht», sagte Viktor bescheiden. «Die Stadt Silver Beam wurde vor zehn Jahren fertiggestellt. Im Stadtkern wohnen etwa achthunderttausend Menschen, die zu vierzig Prozent in der Wasserproduktion und den damit verbundenen Zweigen arbeiten. Um den Stadtkern herum dehnt sich, man sagt: bis zum Horizont, ein grüner Ring, in dem siebenundneunzig Prozent der Lebensmittel produziert werden, die die Stadt verbraucht. In den Dörfern, Siedlungen und Karawansereien des grünen Rings leben noch einmal ungefähr zweihunderttausend Menschen. Touristen eingerechnet, ist Silver Beam also eine Millionenstadt. Im Nordwesten des Rings liegen auch die weit gefächerten Gebäude der Wasseraufbereitung, des Fusionskraftwerkes und der Flugplätze. Wir kommen von Nordosten, und unser Luftschiff fliegt einen Bogen über die Stadt, damit wir sie uns aus der Luft ansehen können.»

Inzwischen hatten sie den Schutzwaldstreifen überflogen, und plötzlich erschien unglaubhaft, was eben noch offensichtlich gewesen war: daß sie sich in der Sahara befanden. Grüne Felder dehnten sich, von Hecken und Baumgruppen unterbrochen, mit Dörfern unterschiedlichen Stils, wie sie bemerkten, nachdem sie mehrere überflogen hatten: Manche wirkten fast europäisch, andere wieder, die meisten wohl, machten einen afrikanischen Eindruck. Und immer mächtiger wuchs am Horizont der Stadtkern empor.

«Da, jetzt sieht man's schon», sagte Viktor aufgeregt, «dort, das ist der zentrale Platz der Vereinten Nationen, sehen Sie? Links das Grand Hotel Sahara, rechts der Magistrat, die größten Bauten der Stadt, und in der Mitte, sehen Sie die Wassersäule? Sie ist fast zehn Meter hoch, der silberne Strahl, nach dem die Stadt benannt ist. Er kam aus dem ersten Bohrloch des UN-Projekts Sahara, es wurde vor mehr als einem Jahrzehnt aus den eingesparten Rüstungskosten als erstes in Angriff genommen. Jetzt ist es wohl nicht mehr der artesische Druck, der das Wasser so hoch treibt, sondern ein solides Pumpensystem. Tradition kostet eben einen gewissen Aufwand, vor allem, wenn sie noch jung ist. Es waren wohl auch nicht ganz zehn Meter, die das Wasser am Anfang gesprungen ist, aber was macht's, der Tourismus liebt runde Zahlen.»

Viktor hatte schon längst bemerkt, daß die Lettin ihn als Mann nicht für voll nahm. Das war ihm ganz recht so, sollte sie ihn ruhig für ein wandelndes Lexikon ohne andere als rechentechnische Interessen halten. Da sie ihn am längsten kannte, würde ihre Meinung auch das Urteil anderer beeinflussen, wenigstens zu Anfang. Dabei brauchte er sich nicht einmal zu verstellen: Die Kollegin, etwas jünger als er, war gewiß ein schönes Mädchen, schlank, elegant, mit kurzem, aschblondem Haar und großen, grauen Augen – nur auf ihn wirkte sie nicht so, daß er schneller atmen mußte.

In der Halle wurden sie von einem Beauftragten des Generaldirektors der Wasserwerke Silver Beam erwartet und begrüßt.

Viktor sah sich unauffällig um, konnte aber niemand entdecken, der so aussah, als beobachte er sie. Schließlich gab er es auf, denn er sagte sich, daß er wohl nicht genügend Übung darin habe und höchstens selber auffallen würde.

Es waren mit diesem Luftschiff auch neue Mitarbeiter aus anderen Ländern gekommen. Sie waren zu zwölft, als sie in den wartenden Kleinbus stiegen. Viktor richtete es so ein, daß er von seiner Landsmännin abgedrängt wurde und mit einem Ehepaar in einer Reihe saß, das ihm amerikanisch vorkam. Dieser Eindruck, aus Sprache und Kleidung und anderen Kleinigkeiten entstanden, erwies sich als richtig, denn man stellte sich gleich einander vor. Sie hießen Gwendolyn und Orson Freeman, sie war Mikrobiologin und er Logistiker, sicherlich werde man häufig miteinander zu tun haben, wenn der russische Kollege Intellektroniker sei. Auf gute Zusammenarbeit anzustoßen, würde wohl noch Gelegenheit sein, irgend so einen Eröffnungsball oder so was werde es ja geben ...

Viktor beteiligte sich kopfnickend und mit gelegentlichen Einwürfen an der Unterhaltung, mehr war gar nicht nötig, die beiden Ehepartner wechselten sich ab, das ganze wirkte sehr natürlich und freundlich, und Viktor gab es schließlich auf, darüber nachzudenken, ob die beiden nun seine Gegenspieler seien oder nicht. Auf diese Weise würde er es sicher nicht herausbekommen. Außerdem war aus dem sonderbaren Entführungsversuch, der seinem Landsmann Udarjan vor einer Woche widerfahren war, doch wohl zu schließen, daß der Gegner schon lange an Ort und Stelle war – halt, ein Teil der gegnerischen Kräfte, korrigierte er sich: Es war ja nicht gesagt, daß er es nur mit einem zu tun haben würde.

Im Hotel Sahara wurde Viktor vor ein Problem gestellt, das er still und ohne Aufsehen lösen mußte: Er brauchte ein Zimmer, das nach Süden ging, bekam aber eins angeboten, dessen Fenster nach Norden wiesen. Ella Jansens dagegen hatte das Zimmer, das er brauchte.

Die Kalkulation, die er anzustellen hatte, war kompliziert, und er hatte dafür nur zwei, drei Sekunden Zeit. Er konnte alles belassen, wie es war. Er wäre dadurch besser getarnt; freilich würde er dann immer, wenn er mit Moskau sprechen wollte, das Dach oder ein anderes Zimmer benutzen müssen, um den geostationären Satelliten anzupeilen, der ja über dem Äquator stand, also im Süden. Irgendwann würde das sicher jemandem auffallen.

Andererseits, er konnte versuchen, die Zimmer zu tauschen. Eigentlich zu auffällig. Aber auch wieder so offen, daß der Gegner vielleicht glauben würde, ein Kundschafter verhielte sich nicht so. Und wenn er es nicht als zu offen für einen Kundschafter einschätzte, dann vielleicht als ungeschickt, und er würde allenfalls als technischer Gehilfe eingestuft. Auf jeden Fall aber wäre Ella Jansens außer Verdacht, und das gab für Viktor den Ausschlag. Er hatte schließlich nicht nur die Heimat, sondern auch ganz direkt seine Genossen zu schützen. Er mußte nun nur noch absichern, daß sein Verhältnis mit der Lettin nicht zu eng und freundschaftlich wurde.

Er bot ihr, als sie auf dem Korridor jeder vor seiner Tür standen, den Zimmertausch an, redete ihr zu, daß ein Zimmer nach Norden hier viel besser sei, weil es nicht soviel Sonne abbekomme, aber sie sah ihn etwas argwöhnisch an. Schließlich seufzte er und sagte: «Na gut, ich will ehrlich sein, ich bin ein bißchen Hobby-Astronom, und der Himmel im Süden hat viele Sterne und Sternbilder, die man zu Hause nie zu sehen bekommt, können Sie das verstehen, Ella?»

«Ich wußte doch, daß etwas dahintersteckt!» sagte sie. «Meinetwegen, Sie können das Zimmer haben, aber warum haben Sie nicht gleich die Wahrheit gesagt und erst so getan, als seien Sie um mein Wohlergehen besorgt? Na ja – Männer!»

Sie mußten das Gepäck, das schon auf den Zimmern stand, hin und her tragen, was selbstverständlich Viktor übernahm, und in der Rezeption ihre Zimmernummer ändern lassen.

Endlich war Viktor allein. Was er als erstes auspackte, hatte mit Astronomie gewiß nichts zu tun: ein kleines Gerät, auf das er einen Bügel steckte, um dann die Gegenstände und Möbel und Wände damit zu überstreichen. Der Piepton, den er erwartet hatte, kam nicht – das Zimmer war frei von Abhöranlagen.

Als nächstes montierte er in Fensternähe sein Fernrohr. Es war ihm klar, daß er nun, da er sein Hobby einmal angegeben hatte, den einen oder anderen Kollegen würde durchblikken lassen müssen. Hoffentlich war kein anderer Amateurastronom in Reichweite, dann würde er noch allerhand dazulernen müssen, um seine Liebe zu den Sternen glaubhaft zu machen.

Er mußte auch damit rechnen, daß sein Zimmer durchsucht würde. In dieser Richtung war jedoch vorgesorgt, er brauchte nichts zu verstecken. Alle die informationstechnischen Bauteile, die er brauchte, waren als Fotoapparate getarnt oder als externe Speicherelemente, die man ohne Adressen nicht abrufen konnte. Nur die Entwendung der Gegenstände und langwierige Untersuchungen in einem Speziallabor konnten diese Tarnung brechen, und darauf würden die Gegner wohl verzichten – wenigstens im Augenblick noch. Das einzige Gerät, das sich so nicht tarnen ließ, der Laser für den Sendebetrieb, würde ihm erst in einigen Tagen geliefert werden, wenn neue Computertechnik aus der Heimat ankam, ein Auftrag von Silver Beam an die Sowjetunion. Dann aber, so hoffte er, würde der Gegner sein Zimmer durchsucht haben.

Er hatte das alles und tausend andere Dinge auch bis ins einzelne mit dem General besprochen; dessen Analysen und Ratschläge umgaben ihn nun wie ein dichter Mantel. Nur daß Viktor nicht hier war, um sich selbst zu schützen, wenigstens soweit es nicht zur Erfüllung seiner Aufgabe unumgänglich war. Eher schon mußte er den Genossen Udarjan schützen, der keine Ahnung hatte, in was er hier geriet. Aber gerade darüber waren der General und er zu keiner auch nur halbwegs praktikablen Meinung gekommen, einfach weil sie zuwenig wußten. Es war nur geblieben: an Ort und Stelle nach Lage der Dinge zu entscheiden. An Ort und Stelle war er nun. Und wie war die Lage der Dinge?

Mercedes, vom Flugplatz kommend, betrat das Hotel Sahara und sah als ersten Robin Lyndale, der im Foyer saß, einen Stapel Zeitungen und Zeitschriften vor sich, aber den Kopf zurückgelegt und die Augen geschlossen.

Mercedes Cardo Fuentes, Rechercheurin im Stab des UNO-Generalsekretärs, mochte den gleichaltrigen Publizisten vor allem wegen seines Eintretens für die Abrüstung und die daraus folgenden UN-Projekte – keineswegs ein kritikloses Eintreten, dafür aber rücksichtslos auch gegen die eigenen Interessen, vor allem damals am Anfang dieser Entwicklung, als es durchaus noch nicht abzusehen war, wann sich die Machtverhältnisse in der Großbourgeoisie der USA so weit verschieben würden, daß eine allumfassende Abrüstung möglich wurde, und als es infolgedessen Mut erforderte, als Publizist dafür einzutreten. Sie hatte zwar erwartet, ihn zu treffen, denn sie wußte, daß er die Elevengruppe über längere Zeitabschnitte begleiten wollte. Aber daß sie ihn gleich als ersten traf, freute sie. Ob er hier auf sie gewartet hatte?

Noch ehe sie ihn erreicht hatte, öffnete er die Augen und stand auf. «Hallo, Mercy!»

«Hallo, Robin Hood!» gab sie ihm seinen Spitznamen zurück. «Haben Sie auf mich gewartet?»

«Seit ich weiß, daß Sie kommen», sagte er, «aber ich will ehrlich sein: jetzt im Moment nicht. Um so mehr freue ich mich. Und greife die Gelegenheit beim Schopf: Darf ich Sie zum Mittagessen einladen?»

Mercedes bezog die Suite, die für den Generalsekretär der UN, seine Beauftragten oder andere hohe Diplomaten bereit stand.

Beim Baden entspannte sie, und die spontane Freude über die Begegnung klang ab. Ja, sie mochte Leute wie Robin H., Leute, die ihr an Herkunft und Denkweise verwandt waren und mit ihr für das gleiche politische Ziel kämpften: Die friedliche Koexistenz, ihr Lebensinhalt, war seit Jahrzehnten Wirklichkeit und hatte durch die Abrüstung ein festes Fundament erhalten. Dennoch, wer mit der Politik oder eigentlich in ihr lebte, fühlte mit den Fasern seines Herzens, wie verletzlich der Konsens, die Übereinstimmung der Weltmächte in dieser wichtigsten aller Fragen, immer noch war. Es war gefährlich, ihn als selbstverständlichen Zustand aufzufassen, man mußte ständig um ihn kämpfen, ihn immer weiter festigen, immer mehr und engere Bindungen und Verflechtungen zwischen Völkern und Staaten schaffen, alte Feindseligkeiten abbauen, neue nicht entstehen lassen.

Leute, die sich mit ihr darum bemühten, gab es viele, der Konsens war ja die international herrschende politische Doktrin. Doch unter den Vielen gab es nur wenige, die schon dabeigewesen waren, als die Abrüstung noch ein weit entferntes Ziel zu sein schien. Und mehrmals hatte sie erlebt, wie einer von diesen wenigen eines Tages, bei einer passenden politischen Gelegenheit, wieder umgeschwenkt war in den Flügel derjenigen, denen nationaler Egoismus, einseitige Abhängigkeiten anderer Staaten und Völker und die Abwehr sozialistischer Ideen wichtiger waren als die Kräftigung der gemeinsamen menschlichen Interessen. Und so war die Freude einer solchen Begegnung wie eben mit Robin immer ein wenig gemischt mit der bösen Erwartung, welche Erfahrung sie wohl dieses Mal mit dem anderen machen würde.

Mercedes war ihrer Herkunft nach keineswegs für dieses Amt und diese politischen Auffassungen vorbestimmt, ihre Familie besaß riesige Ländereien in Argentinien und war verwandtschaftlich wie auch durch Kapitalbeteiligung mit der Großindustrie verbunden, und Ideen, die auch nur im allerbescheidensten Sinne die Bezeichnung fortschrittlich verdient hätten, hatten in ihre Kinderstube keinen Weg gefunden. Aber in dieser Zeit wurde sie noch weniger durch Ideen als durch allgemeine Umgangsformen geprägt, die sich durch eine gewisse patriarchalische Großzügigkeit auszeichneten, zu der auch Ehrlichkeit und Offenheit gehörten. Erst später, in einem Schweizer Internat, das auch nur wenig besser als stockreaktionär war, begriff sie, daß man leicht auf Lüge und Verstellung verzichten kann, wenn man einen ganzen Landstrich beherrscht; aber eben nur dann. An diesem Punkt begann ihre Rebellion.

Seit mehr als fünfzehn Jahren arbeitete sie nun im Büro des UNO-Generalsekretärs, diente schon dem zweiten GS als Rechercheurin, war der Weltöffentlichkeit ziemlich unbekannt, aber bei allen, die international mit Information zu tun hatten, hochgeachtet und oft auch gefürchtet: geachtet wegen ihrer – auch ideellen – Unbestechlichkeit und gefürchtet wegen ihres Spürsinns.

Der hatte sie sofort in Erregung versetzt, als der Generalsekretär ihr die Karte gegeben hatte, auf der zu lesen stand:

Three Cheers

SB – SC – SG

Die Bedeutung der Kürzel war ihr sofort klar gewesen, ebenso, daß es sich um etwas außerordentlich Schwerwiegendes handeln mußte. Ja, wenn sie ihre erste innere Reaktion gründlich analysierte, und das tat sie in der Folgezeit wiederholt, dann kam sie jedesmal darauf, daß sie so etwas wie die Ahnung einer großen Aufgabe, einer großen Kraftprobe auch, verspürt hatte. Zweimal bisher war sie an Krisenpunkten ihrer Entwicklung bereit gewesen aufzugeben, und zweimal hatte sie das nicht getan; seither wußte sie, daß sie ihre Arbeit nie mit einer Niederlage beenden würde, wenigstens, soweit es von ihr abhing. Allerdings wurde es nun doch bald Zeit, prophylaktisch an das Ende ihrer Tätigkeit in der UNO zu denken, sie war immerhin schon Anfang fünfzig, und bei einer Sache wie dieser, die nach ihrem Gefühl ganz sicher groß angelegt war, schien ihr der Gedanke an einen erfolgreichen Abschluß ihres Berufslebens zwar nicht zwingend, aber doch auch nicht ganz unangemessen zu sein.

Es ging gegen die Projekte der UNO, die ihr nicht nur beruflich, sondern auch ganz persönlich teuer waren. Welche andere Zielrichtung diese Three Cheers außerdem hatten, war noch nicht so ganz sichtbar, aber jedenfalls hatten sie noch eine andere. Vielleicht sogar mehrere. Das hing davon ab, wer dahinter stand. Amerikaner. Oder es sollte der Anschein erweckt werden, daß es Amerikaner wären. Nach der Interessenlage konnte sie noch nicht präzise urteilen, da sie ja noch nicht wußte, was geplant war. Sie würde sehr genau in das Geschehen hineinhorchen müssen, wenn sie nicht überrascht werden wollte.

Eine halbe Stunde später saß sie bei Chalil Benjassi, dem Polizeichef von Silver Beam; sie beide kannten sich ausgezeichnet und hatten so gute Beziehungen zueinander, daß sie auch ohne Unterstellungs- oder anderes offizielles Zuordnungsverhältnis fruchtbar zusammenarbeiten konnten.

«Wir werden oft miteinander zu tun haben im kommenden Vierteljahr», sagte Mercedes.

«Meine Freude darüber ist größer als die Unerfreulichkeit der Gründe dafür, die ich nicht kenne», sagte Chalil. «Das soll keine Aufforderung sein, Sie werden mir schon sagen, was ich wissen sollte. Es hängt mit der Elevengruppe zusammen?»

Mercedes lächelte. Er hatte sofort die richtige Schlußfolgerung aus dem Wort Vierteljahr gezogen.

«Ganz sicher ist das alles nicht. Aber es gibt Gründe anzunehmen, daß schlimme Dinge auf uns zukommen. Hat es in den letzten zwei Wochen Auffälliges oder Sonderbares gegeben?»

Chalil berichtete über den Versuch, Aram Udarjan zu entführen, und die sonderbaren Begleitumstände. «Ich habe Erkundigungen eingezogen», sagte er dann, «unter den Beduinen, die unsere Karawansereien benutzen, ist ein solcher Name nicht bekannt. Es hätte mich auch gewundert – ohne Vaters- und Großvatersname! Aber in unserer städtischen Unterwelt taucht der Name neuerdings auf. Es scheint so jemand zu geben, der Leute um sich sammelt. Ich fürchte, die Sache hat mit Politik zu tun. Kidnapping wegen Geld wäre sinnlos.»

«Sie könnten recht haben. Können wir diesen Udarjan schützen?»

«Ich habe ihm geraten, nicht allein durch die Stadt zu gehen.»

«Und? Hält er sich daran?»

«Im großen und ganzen ja», sagte der Polizeichef. «Vor allem, seit seine Landsleute da sind.»

«Und Udarjan – hatten Sie den Eindruck, daß dieser Mann eventuell – mehr sein könnte, als in seinen Papieren steht?»

«Ich weiß es nicht», sagte der Polizeichef. «In dem Fall hätte er wohl andere Fragen gestellt, als er hier war – gezieltere. Obwohl, wenn jemand sich nicht verraten will, dann versteckt er sich am besten hinter allgemeiner Interessiertheit.»

«Und die sowjetische Vertretung?»

«Hat sich nicht mehr als normal darum gekümmert.»

«Bleiben Sie noch ein bißchen dran. Ich fürchte ...» Sie sagte nicht, was sie befürchtete, wußte es ja auch nicht mit der Genauigkeit, die man braucht, um bestimmte Aufträge zu erteilen, und die allgemeine Befürchtung war ausgesprochen. «Gibt es sonst irgendwelche sonderbaren oder auch nur neuen Erscheinungen in den letzten Wochen?»

Chalil Benjassi lachte plötzlich. «Ja, etwas beinahe Witziges. Illegale Agenturen. Auf was die Businessleute alles kommen!»

«Erzählen Sie!» bat Mercedes.

«Sie wissen ja, daß die UNO-Konvention über Silver Beam Zahl und Herkunft geschäftsvermittelnder Einrichtungen begrenzt. Der Magistrat kann neue nur zulassen, wenn alte schließen, und das ist bisher noch nicht vorgekommen. Aber der Konkurrenzkampf geht an unserer Stadt nicht vorbei. Irgend jemand ist auf die Idee gekommen, ein solches Unternehmen vom Hotelzimmer aus zu betreiben. Die modernen Computer und Speicher sind klein genug, daß sie sich anstelle eines Fernsehers aufstellen und bedienen lassen. Und wenn die zwei Monate Touristenzeit für den Mann vorbei sind, kommt ein anderer – dasselbe Zimmer, dasselbe Gerät, dasselbe Geschäft. Nach zwei Monaten kommt der erste wieder als Tourist und so fort. Herausgekommen ist die Geschichte, weil die Burschen nach und nach zu bequem geworden sind: Der abreisende Vertreter hat die Koffer mit der Hardware einfach in der Rezeption für den ankommenden aufgegeben.»

«Was machen die?»

«Vermitteln Geschäfte aller Art. Bestechen unsere Leute, um Aufträge zu bekommen, immerhin sind wir – abgesehen vom Wasser, das wir kostenlos liefern – auch eine beachtliche Wirtschaftsmacht in Afrika.»

«Und was machen wir dagegen?»

«Wir haben an Hand der Meldebücher festgestellt, wo solcher Schichtbetrieb aufgetreten ist, dann haben wir die Hardware beschlagnahmt und ihre Besitzer der Stadt verwiesen, wegen Verstoßes gegen die UNO-Konvention. Mehr ist nicht möglich. Das ist freilich keine Lösung, sie werden nur raffiniertere Methoden anwenden, aber wir haben uns dreizehn solcher Läuse vom Pelz gelesen.»

«Und seit wann geht das?»

«Wahrscheinlich seit etwa zwei Jahren. Die Wirtschaftsabteilung des Magistrats untersucht die Geschichte noch. Auch wegen der Bestechungen. Ein Glück, daß wir das Wasser kostenlos abgeben. Stellen Sie sich mal vor, was wir für eine Wirtschaftskriminalität hätten!»

«Ich stelle es mir lieber nicht vor», sagte Mercedes nachdenklich. Sie stand auf. «Ich werde mich mit Informationen bedanken, sobald ich welche habe.»

Wer eigentlich die Idee hatte, war auch nachher nicht herauszukriegen, als die Antwort auf diese Frage bedeutungsvoll geworden war. Viktor wurde deswegen jedenfalls von dem amerikanischen Ehepaar angesprochen, mit dem er sich im Flugplatzbus unterhalten hatte. Er sagte zu, seine Landsleute zu fragen, und tat das auch, und so kamen mehr als zwanzig Leute aus der Elevengruppe zu einem Stadtbummel zusammen, fast alle, die zu der Zeit in Silver Beam waren. Ein Angestellter der Wasserverwaltung hatte die Führung übernommen. Und es war eine durchaus interessante Führung. Immerhin gab es nicht viele Städte, die auf diese Weise errichtet waren, auf geschichtslosem Boden sozusagen, nicht eingeengt durch Tradition, vorgegebene Infrastruktur und andere Faktoren. Wenigstens gab es keine Stadt auf der Erde, die in den letzten fünfzig Jahren unter diesen Bedingungen gebaut worden wäre.

Straßen gab es eigentlich nur zwei: die Nord-Süd- und die Ost-West-Achse, die sich im Platz der UN schnitten. Am Rand des Stadtkerns gab es noch eine Umfassungsstraße: Sie schmiegte sich in seltsamer Kurve an die Stadt, die hauptsächlich längs ihrer Achsen gewachsen war. Von oben hatte sie die Form eines Malteserkreuzes, das mehr Menschen aus der Filmtechnik als aus der Geschichte kennen.

Über diese Straßen also rollte der Personenverkehr. Alles andere war Fußgängerzone. Auch Tiere wie Kamele, Pferde oder Esel konnte man an vielen Stellen angebunden finden. Auf ihnen kamen wohl hauptsächlich Bewohner und Besucher des grünen Rings in die Stadt. Viel Grün und viel Wasser gab es zwischen den Bauten, aber ihre Unverwechselbarkeit erhielt die Stadt durch die Basarplätze.

Einige der großen Betonhäuser standen auf Pfählen oder

auch wie ein Baum auf einem einzigen dicken Stamm. Unter ihnen hatten sich undurchdringliche Basare schattig angesiedelt, in einem malerischen Durcheinander der verschiedensten Leichtbautechniken ausgeführt. Hier wurde gehandwerkt und gehandelt, und man wäre an einem einzigen solchen Platz tagelang beschäftigt gewesen, hätte man alle Gewerbe und Gewerke aufsuchen oder auch nur in Augenschein nehmen wollen. In den Basaren, die sich durchaus vergleichen konnten mit ihren berühmtesten orientalischen Geschwistern, offenbarte sich der Wohlstand dieser afrikanischen Region, die noch vor zwei Jahrzehnten zu den ärmsten der Welt gehört hatte. Hier ließ sich der Segen der Abrüstung direkt ablesen und in einem Satz ausdrücken: Seit es hier Wasser gab, war kein Mensch mehr verhungert. Und seit für Essen und Trinken gesorgt war, hatten sich Handwerk und Künste sowie der Handel schnell zu hoher Blüte entwickelt, wobei die Quelle dieses neuen Lebens, Silver Beam, zugleich auch sein Zentrum blieb.

Es schien unvorstellbar, wie solcher Basar versorgt werden sollte, und die Frage danach wurde denn auch gestellt. Der Kollege von der Wasserverwaltung zeigte es ihnen praktisch.

Sie standen unter einem kugelförmigen Haus. Durch das Basargewimmel führte ein vier bis fünf Meter breiter Zugang zu dem Pfeiler, auf dem die Kugel stand. Das war freilich nicht einfach ein Pfeiler, sondern eher ein Turm von etwa acht Metern Durchmesser, wie man beim Nähertreten sah. Neben dem Personeneingang begann eine kleine Rampe, darüber gab es eine Art Luken, und sie konnten sehen, daß Leute vom Basar diesen Luken Kisten oder Säcke entnahmen.

Sämtlicher Güterverkehr und die gesamte Versorgung des Stadtkerns erfolgte über unterirdische Pipelines. In den wenigen Fällen, in denen größere Stückgüter zu liefern waren, etwa Möbel, wurden langsam fahrende rollende Plattformen eingesetzt, und das zu Tageszeiten, da der Stadtkern nicht so belebt war, und dann auch in optimierten Routen – tatsächlich also begegnete man solchen Transporten recht selten.

Viktor hatte für all diese interessanten Bilder und Neuigkeiten nur ein Auge und ein Ohr. Mit der anderen Hälfte seiner Sinnesorgane spähte und lauschte er in die Umgebung. Fast ein babylonisches Völkergewirr umgab sie. Nordafrika und der Vordere Orient schienen alle ihre Völkerschaften hierher delegiert zu haben, aber auch Europäer, Süd- und Ostasiaten sah man nicht selten. Es war schwer, sich eine Gestalt oder ein Gesicht zu merken, aber nach einiger Zeit fiel ihm doch ein Mann auf, den er schon ein paarmal gesehen hatte und der ihnen folgte, wie er dann feststellte; wohl einer von der hiesigen Polizei, denn die hatten versprochen, Aram zu schützen. Nun versuchte er, zwei Personen im Auge zu behalten: den Fremden und seinen Landsmann Udarjan. Das war nicht einfach, und manchmal ging es gar nicht, dann wechselte Viktor die Position, doch auch das mußte ja unauffällig geschehen, niemand durfte bemerken, daß er andere beobachtete. Wie auch er ja sonst niemand entdecken konnte, der speziell ihn oder Aram beobachtete, obwohl er sicher war, daß sein Gegenspieler oder einer seiner Gegenspieler mit von der Partie war. Das war eben der Nachteil, wenn man einen wie ihn schickte, der solche Dinge zwar trainiert, aber nie praktisch betrieben hatte.

Im Augenblick zog sich ihre Gruppe an den verschiedenen Ständen oder Nischen des Basars ein wenig auseinander, und Viktor blickte sich nach dem Fremden um, da bemerkte er mehrere Männer, die bewegten sich alle in gleicher Richtung und in gleichbleibendem Abstand voneinander an ihnen vorbei, und das war in diesem Gewühl gar nicht so einfach. Dabei taten sie, als verbinde sie nichts miteinander. Wo war Udarjan jetzt? Ein paar Buden weiter.

Eben wollte Viktor sich ihm nähern, da begann zwischen ihm und dem Landsmann eine heftige Diskussion zweier Einheimischer, die fast zu einer Schlägerei geführt hätte, wenn die beiden nicht von anderen getrennt worden wären, und als er wieder hinsah, war Udarjan verschwunden.

So ein alter Trick, und er fiel darauf herein! Viktor zauderte einen Augenblick, und da tauchte schon Ella Jansens neben ihm auf.

«Wo ist denn Udarjan?»

«Ich weiß nicht, eben stand er noch dort», stotterte Viktor ziemlich hilflos.

Ella Jansens ging zu dem Verkäufer, den Viktor ihr gezeigt hatte, und versuchte herauszukriegen, wo der Landsmann geblieben war, aber sie konnte sich nicht so schnell verständlich machen, verlor die Geduld und herrschte Viktor an: «Los, wir müssen was unternehmen, tun Sie doch was, wissen Sie nicht, daß er schon mal entführt wurde?»

Es kam Viktor gelegen, daß ein Amerikaner, der plötzlich neben ihnen auftauchte, ihm die Antwort abnahm, ein gewisser Jerry Baker, ein Geologe, wenn er sich richtig entsann: Was denn los wäre, aha, und wer das wäre, und wirklich, man hätte ihn schon mal ...? Und dann entfaltete der Geologe einen Wirbel, in den alle einbezogen wurden, zuerst der Mann von der Wasserverwaltung, der sie führte, dann auch alle Kollegen. Sie liefen durch die Gassen des Basars und um ihn herum, der Amerikaner befragte die Geschäftsleute, die Udarjan hätten sehen können.

Viktor beteiligte sich lustlos an diesem Unternehmen. Ihm war klar, daß sie nichts finden würden, denn die Sache war offenbar gründlich vorbereitet, und helfen konnten nur Leute, die sich hier auskannten. Und die – also die Polizei zum Beispiel – würden zu spät kommen. Auch wenn der Fremde, den Viktor immer noch beobachtete, jetzt ein kleines Sprechfunkgerät vor den Mund hielt. Der war also wirklich von der hiesigen Polizei. Und richtig, während sie noch sinnlos um den Basarplatz herumliefen, kam unter Sirenengeheul ein Fahrzeug mit uniformierten Polizisten, die gleich ausschwärmten.

Der Fremde trat zur Elevengruppe, die sich inzwischen um den Wassermann versammelt hatte. Von der anderen Seite kam ein älterer Orientale. Der eine stellte sich als Polizeiinspektor vor, der andere als der Vorsteher dieses Basars, dem der Vorfall höchst peinlich war und der versprach, er würde nur zehn Minuten brauchen, um alles zu erfahren, was seine Kollegen vielleicht beobachtet hätten. Denn daran, daß dieser Basar sauber und ordentlich geführt würde, seien alle interessiert.

Gemeinsam mit einer Gruppe Basarhändler durchsuchten nun die Polizisten den ganzen Platz. Danach informierte der Vorsteher sie: Man habe gesehen, daß der Europäer zum Haus gegangen sei, begleitet von zwei anderen, die ihn stützten, man habe gedacht, ihm sei unwohl geworden.

Auf Anraten des Polizisten gingen sie zurück ins Hotel. Ella Jansens sah Viktor feindselig an und sagte: «Wenn wir schneller reagiert hätten ...» Und es war nicht schwer zu verstehen, daß sie meinte: wenn er, Viktor, schneller reagiert hätte. Als er nicht antwortete, ließ sie ihn stehen und wandte sich dem Amerikaner zu.

Viktor fühlte sich von dem Vorwurf nicht getroffen. Er war im Grunde genommen davon überzeugt, daß dem Landsmann keine ernste Gefahr drohte. Andererseits war er wirklich hilflos gewesen. Und deshalb wartete er nun mit wachsender Sorge, was weiter geschehen würde.

2

Aram Udarjan hatte gerade an einem Lederwarenstand des Basars kleine orientalische Täschchen bewundert und überlegt, ob er seiner Mutter eins zum Geburtstag schenken sollte, da fragte ihn jemand, ob er Schnupfen habe, und als er sich erstaunt umsah, hielt ihm der Mann eine Spraydose unter die Nase und sprühte ihn an. Im ersten Augenblick wollte Aram empört protestieren, und er setzte an, den Arm beiseite zu schlagen, doch plötzlich kam ihm das alles unglaublich komisch vor, er mußte erst schmunzeln und dann lachen, ihm war auch ein bißchen schwindlig, und er ließ sich gern an den Arm nehmen und führen.

Der Mann, der ihn führte, hatte aber auch einen zu ulkigen, eiförmigen Kopf, und die Nase war eine Knolle, und überhaupt war alles rund, was er aus der Nähe sah, die Tür zum Beispiel, durch die sie gingen, war oval, und etwas weiter weg verschwamm alles, aber das machte nichts, er fühlte sich ungeheuer wohl dabei. Zwar war ihm durchaus klar, daß er seinen Kollegen hätte Bescheid sagen müssen, aber solche Erwägungen waren weit an den Rand des Erlebens gerückt, gerade daß er sich noch ab und zu ihrer bewußt wurde.

Sie traten in einen Raum, in dem sich mehrere Personen aufhielten, Aram konnte nicht feststellen, wie viele, dazu wirbelten sie zu sehr durcheinander, und auch den Raum hätte er nicht beschreiben können, er veränderte ständig seine Ausmaße, Licht kam von einer Seite, das heißt, mal von der und mal von der, und ob die Lichtquelle eine Lampe oder ein Fenster war, konnte Aram auch nicht erkennen, aber wiederum erschien ihm das alles lustig.

Er solle ein Spiel mitmachen, wurde ihm gesagt, ein Bündel Papier müsse herumgereicht werden, er bekam es von seinem Nachbarn und sollte es wiederum dem nächsten geben. Er machte das, sogar ein paar Mal, und jedesmal war ihm, als ob es blitzte, das störte ihn, und er wollte nun nicht mehr, Ärger stieg in ihm auf, er sah hin und bemerkte, daß er ein Bündel Geld in der Hand hielt, eine Ahnung kam ihm, daß das hier wohl nicht alles mit rechten Dingen zuging, aber der Mann mit der Spraydose sagte, er müsse seinen Schnupfen noch mal behandeln, er hatte in dem Moment gar keine Knollennase mehr, doch nach der erneuten Behandlung wurde wieder alles sehr komisch. Der andere hatte wieder seine Knollennase, und wie die Leute alle um ihn herumtanzten, und jetzt umarmten sie ihn sogar, und er umarmte sie ebenfalls, eine Liebe war der anderen wert – es war eine sonderbare Denkweise, die er da entwickelte, fast als wenn er betrunken wäre, aber er wußte ja, daß er nichts getrunken hatte. Die Leute waren nett, ihm gefiel es hier, und wenn das Ganze auch ein bißchen unüberschaubar war, was schadete es, schade, schade … Was war schade? Schade war, daß seine Kollegen nicht hier waren, hier in diesem …, was war das eigentlich? Er hörte Musik unter dem Stimmengewirr, das ihn umgab, es mußte ein Fest sein, aber ein langweiliges, er wurde müde, so sehr, daß ihm die Beine versagten, er fühlte sich festgehalten und aufgehoben, und dann fühlte er nichts mehr.

Als er wieder zu sich kam, wußte er zunächst gar nichts. Es war dunkel um ihn, alle Glieder schmerzten, und er lag und war an Armen und Beinen gefesselt. Trotzdem war ihm zuerst, als er sich zu erinnern suchte, heiter zumute wie nach einem schönen Erlebnis. Er mußte bei einer umwerfend lustigen Sache dabeigewesen sein, aber er kam einfach nicht drauf, was das gewesen war. Nun wandte er seine Aufmerksamkeit der Umgebung zu, und plötzlich hörte er etwas: ein rhythmisches Schurren, das von Zeit zu Zeit anschwoll und wieder abebbte.

Sehen konnte er immer noch nichts, aber er stieß mit den gefesselten Füßen an eine Wand und merkte, daß die massiv war. Er befand sich also innerhalb eines Gebäudes.

Allmählich wurde ihm klar, daß nicht nur seine Erinnerung getrübt war. Auch mit dem Denken schien es zu hapern. Ihm war bewußt, daß seine Lage nicht so heiter war wie seine Stimmung und daß er jetzt möglichst folgerichtig überlegen mußte, aber ihm fiel einfach nicht ein, wo er beginnen sollte. Also versuchte er das Nächstliegende: seine Fesseln zu lösen. Aber je länger er sich darum bemühte, um so mehr schmerzten ihn die Arme und Beine, und er erreichte dabei nicht das geringste. Er fluchte laut und stellte fest, daß es hohl klang. Das besagte zwar für sich allein genommen überhaupt nichts, aber es beruhigte ihn merkwürdigerweise, er fühlte sich müde und schlief wieder ein.

«Ich könnte mir denken, daß Sie nicht in der richtigen Stimmung sind zu dem Gespräch, das wir verabredet haben», sagte Robin H. Lyndale zu Viktor. Sie saßen im wohltemperierten Dachcafé des Sahara-Hotels und hatten noch nichts bestellt.

«Das hilft ihm ja auch nicht, wenn ich in der Stadt herumlaufe und in die Ecken schiele», sagte Viktor betrübt. «Was halten Sie denn davon?»

«Ach, wissen Sie, Leute verschwinden nicht spurlos. Und wenn überhaupt, dann tauchen sie auch bald wieder auf. In allen Fällen, die ich erlebt habe, sogar ohne daß sie Schaden genommen hätten. Na sagen wir, in fast allen Fällen. Aber hier? Ich glaube nicht, daß man sich ernsthaft Sorgen machen muß.»

«Ich eigentlich auch nicht», sagte Viktor und lächelte ein wenig. «Aber man tut's natürlich trotzdem. Doch das soll uns nicht von unserm Gespräch abhalten. Wie sind Sie gerade auf mich gekommen, an Hand welcher Merkmale haben Sie mich ausgewählt?»

Viktor interessierte sich gerade für diese Frage, seit der Publizist ihn angesprochen, sich vorgestellt und um ein Gespräch gebeten hatte. Sie hatten dieses Gespräch noch vor dem Stadtbummel und dem Verschwinden Arams verabredet, und gerade jetzt würde die Direktheit dieser Frage zu seinem geistigen Habitus passen und unverdächtig sein, meinte Viktor.

«Das will ich Ihnen erklären», antwortete Robin, «übrigens, was darf ich Ihnen bestellen, Sie sind natürlich mein Gast!»

«Kaffee», sagte Viktor.

«Da hab ich meinen typischen Russen!» rief Robin lachend. «Nicht Wodka, nicht Tee, sondern Kaffee!» Er bestellte und fuhr dann fort: «Eigentlich ist das schon die Antwort auf Ihre Frage, aber ich will's doch etwas ausführlicher machen, später wird das nicht mehr nötig sein. Also: Sie sind zwar nicht mein erster Gesprächspartner in dieser Sache, aber jedenfalls derjenige, auf den ich am meisten gespannt war. Sie wissen, daß ich Ihre Gruppe bis in die neuen Projekte hinein begleiten werde, erst dann werde ich schreiben. Trotzdem wird sich bis dahin der Charakter meiner Leserschaft kaum wesentlich geändert haben. Ihre erste Assoziation bei dem Wort Russe ist immer noch ein Bär, der aus der Taiga kommt. Nun sind wir und Sie aber die größten Geldgeber bei diesen Projekten, und folglich sind die sowjetischen Mitarbeiter in der Elevengruppe für mich ein außerordentlich dankbares Thema. Wer von Ihnen dreien ist nun der echte Russe? Da haben Sie die

Antwort. Und nun, bitte, da ist der Kaffee – nun erzählen Sie von sich.»

«Was interessiert Sie?»

«Alles, was Ihre Persönlichkeit gebildet hat. Alles, was Sie für wesentliche Eigenschaften Ihres Charakters halten. Ich werde schon fragen, wenn es mir zu dünn werden sollte.»

«Sie schreiben nichts auf?» fragte Viktor erstaunt.

«Ich will ja kein Porträt von Ihnen schreiben. Sollte ich Sie später einmal zitieren, werde ich Ihnen die entsprechenden Stellen vorher zur Korrektur vorlegen. Einverstanden?»

Viktor nickte. Er rechnete freilich damit, daß der andere mit einem verborgenen Gerät das Gespräch aufzeichnete, was er selbst ja auch tat.

Überhaupt hatte sich Viktor gründlich auf dieses Gespräch vorbereitet, und wenn er deshalb auch keinen Computer bemühen mußte, so war es ohne spieltheoretische Berechnungen doch nicht abgegangen. Zwei Konstellationen waren möglich. Erstens: Dieser Lyndale war einfach ein Publizist, keiner aus der Gruppe des Gegners, dann war nur zu bedenken, daß seine, Viktors, Aussagen dem Gegner nichts verrieten, falls der an Lyndales Material herankäme; das war zu erreichen durch eine einfache, rein quantitative Strategie – er durfte nicht so viel Konkretes über sich verraten, daß seine Legende überprüfbar wurde, und auch wieder nicht so wenig, daß es nach Verschweigen aussah. Diese quantitative Strategie ging als Bestandteil in die Strategie der zweiten Konstellation ein, die den Fall setzte: Lyndale war einer der Gegner. In diesem Fall mußten beide Partner das Ziel haben, die Identität des anderen zu enthüllen und die eigene zu verbergen. Es war also ein Zweipersonen-Nullsummen-Spiel, und wie die Berechnung zeigte, hatte es seinen ausgeprägten Sattelpunkt; das hieß, wenn beide Seiten optimal spielten, würde das Gespräch damit enden, daß keiner über den anderen genau Bescheid wußte, daß also für ihn wie für Lyndale die Frage, ob der andere ein Gegner sei oder nicht, unentschieden bliebe.

Das war natürlich nur eine Berechnung, und sie machte die

Sache keineswegs sinnlos. Denn erstens waren nicht alle Wendungen des Gesprächs vorhersehbar, und zweitens war so ein Gespräch ja nicht nur ein logischer Prozeß. Da gab es Betonungen, schnelle oder stockende Reaktionen, Mimik, Motorik. So etwas konnte den Sinn eines Wortlautes ganz bedeutend modifizieren. Er konnte zum Beispiel mit dem Eindruck aus dem Gespräch gehen, daß der andere ein Gegner war. Oder kein Gegner war. Das war – auch bei logischer Unentschiedenheit – durchaus mit zu werten.

Viktor erzählte also von sich entsprechend seiner Legende, warf hier und da etwas Konkretes ein, von dem er wußte, daß es einer Überprüfung standhalten würde. Doch schon bei der vierten oder fünften derartigen Gelegenheit protestierte Lyndale.

«Ich will doch nicht Ihren Fragebogen», sagte er, «langweilen Sie mich doch bitte nicht mit Einzelheiten. Mir geht es um Motivationen, Befindlichkeiten, Überzeugungen und wie sie entstanden sind!»

Sofort erkannte Viktor, daß es eine dritte Variante gab, an die er nicht gedacht hatte. Es konnte ja sein, daß die Gegner zu diesem Zeitpunkt noch gar nicht die Absicht hatten, die Identität festzustellen, sondern daß sie sich zur Zeit damit begnügen würden, eine Art Psychogramm von allen in Frage kommenden Personen zu haben. Dann aber mußten sie wohl damit rechnen, daß sich die Identität im Laufe der kommenden Ereignisse von selbst herausstellen würde – na klar, das war ja auch für sie viel effektiver, da sie wußten, was geschehen würde, oder wenigstens, was geschehen sollte.

Viktor machte sich nichts daraus, daß der andere seine Verwirrung bemerkte, es paßte zu seiner Rolle. Aber er mußte ihr einen anderen Inhalt geben. Lyndale hatte ihm eine Möglichkeit dazu geliefert.

«Gibt es bei Ihnen keine Fragebogen? Man ist eben so daran gewöhnt.»

Der andere lachte. «Sie haben recht. Nur ich als freier Publizist habe schon lange nichts mehr damit zu tun. Aber entschuldigen Sie mich einen Augenblick, ich sehe da einen Landsmann, mit dem ich einen Termin verabreden muß!»

«Bitte, bitte!»

Lyndale erhob sich und ging zu Jerry Baker, der gerade das Café betreten hatte.

Sie trafen sich in der Mitte des Raumes, der um diese Tageszeit ziemlich leer war, so daß niemand sie hören konnte.

«Ich habe alles von unserm Mann, was ich brauche. Sie können ihn jetzt finden lassen.»

«In Ordnung. Ich werde eine Freundschaft organisieren und dabei eine falsche Spur legen.»

«Ich wäre gern vollständig informiert. Nicht aus Neugier, sondern damit ich Ihnen nicht aus Versehen in die Quere komme.»

«Es ist ganz einfach. Einer aus meiner Truppe repariert die Informations- und Kommunikationsanlagen der Post. Unser Mann wird wegen einer Störung gerufen, die er selbst geschaffen hat, er geht hin, öffnet den Schaltraum und findet diesen Udarjan. Und er wird nicht allein sein. Die falsche Spur wird bei ihm sein.»

«Also gut», sagte Robin, schüttelte Jerry die Hand zum Abschied und ging zum Tisch zurück.

«Es scheint Ihnen schwerzufallen, von sich selbst zu erzählen», sagte Lyndale und lächelte wieder einmal, was sein sonst sorgenvolles Gesicht sympathisch aufhellte. «Sie scheinen zu denen zu gehören, die sich über die eigene Person am wenigsten Gedanken machen.»

«Wenn Sie mich so fragen», sagte Viktor, zuerst ein wenig zögernd, dann aber wie in plötzlicher Erkenntnis, «ja, ich glaube, für mich ist meine Arbeit weit interessanter als meine Person, ich meine, als Gegenstand des Nachdenkens, was gewiß nicht heißt, daß ich nicht manchmal stolz auf mich bin oder mir selbst leid tue. In der Beziehung bin ich vielleicht ein ganz durchschnittlicher Mensch.»

«Aber in Beziehung auf Ihren Beruf nicht?»

«Wollen Sie mich in Widersprüche verwickeln?» fragte Viktor mit scherzhaftem Ausdruck. «Sicherlich bin ich nicht der schlechteste auf meinem Gebiet, sonst wäre ich kaum hier, aber wenn wir von Arbeitshaltung sprechen – das ist doch wohl normal, daß der Beruf einen geistig mehr in Anspruch nimmt als die persönlichen Freuden und Wehwehchen. Wenn man einen hat, der wenigstens auch ein bißchen Berufung ist.»

«Das Wissenschaftler-Idealbild des frühen zwanzigsten Jahrhunderts», spottete der Publizist. «Und warum sind Sie hierher gekommen? Gab es zu Hause nicht genügend interessante Arbeit? Was lockte?»

«Westlicher Luxus bestimmt nicht», konterte Viktor. «Eher schon die Größe der Aufgabe, auch, daß ihre konkrete Gestalt noch unbekannt ist, aber jedenfalls wird sie mit etwas Erstmaligem verbunden sein. Auch die Möglichkeit, sich in der Welt umzusehen. Aber es gab durchaus bange Gefühle, die ich überwinden mußte – zum Beispiel die Aussicht, für Jahrzehnte in der Fremde zu sein und die Heimat nur im Urlaub zu sehen.»

«Das berühmte slawische Heimatgefühl.»

«Wenn Sie unbedingt so wollen.»

«Mein Lieber, ich will nicht unbedingt so, aber es ist eine gängige Klischeevorstellung meiner Leser, und ich muß sie berücksichtigen, wenn ich helfen will, sie zu überwinden. Also: die Möglichkeit, sich einen Namen zu machen. Der höhere Verdienst. Die Aussicht, im Ausland zu publizieren. Die gehobene Laufbahn, die Ihnen doch wohl sicher ist, wenn Sie sich in diesen Jahrzehnten bewähren – das alles hat Sie nicht bewegt?»

«Doch, ja», sagte Viktor, «bewegt schon, aber …, aber nicht aufgeregt, wenn Sie den Unterschied verstehen. Solche Dinge bezieht doch jeder in die Überlegung ein, wenn er sich für irgendwas entscheiden muß, es sind sozusagen Randbedingungen. Ich habe eigentlich immer in dem Gefühl gelebt, daß die sogenannten materiellen Dinge sich von selbst einstellen, wenn man richtig arbeitet. Bisher war's auch so.»

«Das glaub ich Ihnen nicht», sagte der Publizist, «das glaub ich Ihnen einfach nicht.»

Es war offensichtlich, daß Lyndale ihn provozieren wollte. Tatsächlich, auf diesen stirnrunzelnden Einwurf hin die marxistische Weltanschauung darzulegen, war wohl nicht die richtige Entgegnung. Nein, diesen Zweifel in die Redlichkeit seiner Antworten mußte er zurückweisen.

«Ich glaub's nicht», wiederholte der andere.

«Das macht nichts», antwortete Viktor.

Lyndale starrte ihn einen Augenblick lang fast zornig an und lachte laut auf. «Das war die richtige Antwort», sagte er und lachte wieder, «die richtige Antwort an einen Publizisten, der in seiner eigenen Routine erstickt. Aber nun mal Spaß beiseite, ich glaube Ihnen selbstverständlich, zumal Sie dann ja für mich viel interessanter sind. Ich muß aber doch nun noch einiges in der Richtung fragen. Haben Sie nie trainiert oder meinetwegen geübt, wie man sich erfolgreich auf gesellschaftlichem Parkett bewegt? Haben Sie nie erwogen, wie Sie einen Nebenbuhler oder besser Rivalen ausstechen können?»

«Gesellschaftliches Parkett?» Viktor mußte an das Frühstück beim General denken, aber das war wohl nicht gemeint. Eher Empfänge oder so was. «Dazu hatte ich selten Gelegenheit. Ist auch nicht meine Welt. Wenn ich mich richtig entsinne, hatte ich bei solchen Anlässen immer das Gefühl, ich hätte zwei verschieden lange Beine. Und einen Rivalen ausstechen? Doch, das hab ich schon mal überlegt.»

«Und?»

«Dann hab ich's sein lassen. Zum Glück. Wenn ich's geschafft hätte, wäre meine Entwicklung anders verlaufen, und ich wäre heute nicht hier.»

«Sie sind ein Tugendbold?»

«So sehe ich mich nicht», sagte Viktor. Er war froh, daß er sich gründlich auf das Gespräch vorbereitet hatte, wenn es jetzt auch etwas anders verlief als in dem Modell, das er berechnet hatte. Trotzdem fühlte er sich bedeutend sicherer, als er es ohne diese vielseitigen Überlegungen könnte. Vor allen Dingen half ihm jetzt der Rat des Generals, den er beim Nachdenken einbezogen hatte: Wenn du mit einer Legende lebst, gib dich im wesentlichen immer so, wie du bist. Dichte dir keine Eigenschaften an, die du nicht hast – alles wird überprüft. Das einzige, was du darfst, das ist: Eigenschaften verschweigen. Oder verkleinern.

«Und wie sehen Sie das?»

«Na ja – eigentlich ist es so was wie Bequemlichkeit. Die Kräfte, die man bei Rivalitäten oder anderen persönlichen Animositäten vergeudet, vor allem, wenn man sie selbst aktiv betreibt, sind doch in der Arbeit weit besser angewendet. Ich hab mich einfach nie darum gekümmert. Ich weiß nicht, vielleicht hatte ich auch Glück, daß ich nicht in solche Fehden mit hineingezogen wurde ...»

Das Gespräch verlor die Spannung, die Viktor bisher deutlich gespürt hatte. Der Publizist fragte noch dies und jenes, inhaltlich immer im Rahmen, den er anfangs abgesteckt hatte, aber er blieb sachlich, versuchte nicht mehr, Viktor zu unbedachten Äußerungen zu verlocken. Viktor seinerseits bemühte sich, dem Bogen zu folgen, den der Publizist über Kunst, UNO-Probleme, afrikanische Fragen und andere Gebiete schlug, und in einigen Fällen hatte Viktor das Gefühl, der andere sei auf diesem Gebiet bedeutend besser zu Hause als er, aber gewiß hatte auch der Publizist sich ernsthaft auf das Gespräch vorbereitet. Viktor brachte gegen Ende noch zwei Informationen an den Mann, seine Hobbys betreffend: Astronomie und Kampfsport.

Beim späteren Abhören und Analysieren des Gesprächs bekam Viktor den Eindruck, in dieser letzten Phase sei es dem anderen nur noch darum gegangen, Sympathie zu gewinnen, was für ihn als Vorbereitung auf weitere Unterhaltungen durchaus wichtig sein mochte.

Eins aber war sicher: Nach diesem Gespräch konnte keiner von ihnen beiden wissen, ob der andere sein Gegner war oder nicht.

Chalil Benjassi, dem Polizeichef, lagen erste Ermittlungsergebnisse vor: Zwar war es nicht gelungen, Udarjans Entführung zu verhindern. Aber der Inspektor, der ihn beobachtete, hatte die beiden erkannt, die da eine drohende Schlägerei vorgetäuscht hatten, und obwohl sie gleich darauf verschwunden waren, gelang es noch am selben Tag, sie festzunehmen. Sie sagten auch bereitwillig aus. In Karologlus Mokkastube, einem Lieblingslokal der städtischen Unterwelt, hatte jemand sie angeheuert. Sie sollten am Basar warten, zwei Tage später, und wenn Udarjan zusammen mit anderen auftauchte – man hatte ihnen ein Bild von dem Armenier gezeigt –, sollten sie zwischen diesem Mann und den anderen in einem geeigneten Moment einen Krawall erzeugen. Nein, den Fremden hätten sie nicht gekannt, also den, der sie angeheuert hatte. Weißer, Schwarzer, Brauner? Weißer. Nie vorher gesehen, auch seitdem nicht mehr. Aber sie würden ihn wiedererkennen? Ach, die Weißen sähen doch einer wie der andere aus. Sein Alter? Das wäre bei Weißen ganz schwer, da könne man sich irren. Also da könne jedermann kommen und sie für irgendwas engagieren? Na, nicht jeder, sagte der eine von den beiden, der Mann wäre doch von Scheikh Achmed gekommen.

An dieser Stelle hatte Chalil die Vernehmung unterbrochen – für eine Stunde nur, denn auch ihm ging es darum, keine Zeit zu verlieren. Jetzt aber mußte er zuerst die Spur in jener Kaffeestube aufnehmen lassen.

Er erteilte einige entsprechende Aufträge und sah noch einmal die Aussagen der Teilnehmer an der Stadtführung durch, die er schriftlich vor sich liegen hatte. Sie waren sämtlich nichtssagend, bis auf eine vielleicht, dieser Russe, dieser Tolkin, der hatte etwas gesehen, das Chalil gern selbst gesehen hätte, weil hier die eigentliche Information im Eindruck lag, und der mochte ungenau wiedergegeben und bei der Übersetzung auch noch abgeflacht sein. Immerhin spürte Chalil da etwas ... Er rief kurz entschlossen diesen Tolkin an und bat ihn, er möchte zu einem Gespräch herüberkommen, wenn ihn nicht unaufschiebbare Dinge abhielten – worauf Viktor selbstverständlich zusagte, denn was wäre jetzt dringender als die Mitarbeit an Arams Befreiung!

Chalil benutzte die Wartezeit dazu, sich seine Sorgen durch den Kopf gehen zu lassen. Denn Sorgen machte ihm diese

Geschichte entschieden, und zwar sehr weitreichende. Alles war seltsam. Eine Entführung ohne Forderungen. Zunehmende Organisation in der bisher relativ bescheidenen Unterwelt der Stadt, wie sie sich in der Gestalt dieses Scheikh Achmed und seiner kriminellen Reputation ausdrückte, egal, ob es diesen Mann nun als Person gab oder ob er nur die Legende einer Bande war. Und dann: simpelste Anfängerstümpereien und zugleich wieder modernste Mittel! Dieser Udarjan war ja nicht der Mann, der einfach mitging, es gab nur eine Erklärung für seinen Abtransport – er mußte unter der Wirkung von Psychopharmaka gestanden haben. Geheimdienste sollten so etwas in Spraydosen haben, in ein paar Fällen auch amerikanische Gangster, aber da war nun dieses Wort, um das Chalil bisher herumgeschlichen war wie die Katze um den heißen Brei: Geheimdienste. Ja, er hatte den Eindruck, daß es sich hier um eine politische Angelegenheit handelte, eigentlich hatte er diesen Verdacht schon von Anfang an gehabt, und das mißfiel ihm aufs äußerste. Der einzige positive Aspekt der Sache war, daß in diesem Fall das Leben des Armeniers wohl nicht unmittelbar bedroht war; wenn man ihn hätte aus dem Weg räumen wollen, hätte man ihn einfach ermordet, aber das auch nur, wenn es zwingende Gründe dafür gegeben hätte, vom Standpunkt seiner Feinde aus. Dennoch, die Geschichte würde üble Folgen haben. Wenn auch nur ein Umstand auftrat, der seinen Verdacht erhärtete, dann würde er das dem Gouverneur melden müssen, offiziell, denn mündlich hatte er ihn schon informiert. Das wiederum würde zur Folge haben, daß er ständig mit Diplomaten zu tun haben würde, erstens mit den Vertretern der ständigen Sicherheitsratsmitglieder, zweitens mit den Vertretern der Verpächter- und Abnehmerstaaten. Und das schlimmste: Wenn erst einmal Aktivitäten der Geheimdienste begonnen hatten, würden sie nie mehr aufhören, und wenn erst einmal ein Hang zur Organisation in die Unterwelt kam, dann würde der unausrottbar werden. Das organisierte Verbrechen kam auf die Stadt zu.

Vor allem die letzte Befürchtung bestärkte Chalil Benjassi,

in diesem Fall mit aller Härte vorzugehen. Vielleicht würde er Scheikh Achmed nicht zu fassen kriegen – seine Organisation oder die Ansätze dazu würde er ihm aus der Hand schlagen. Der sollte aus der Stadt verschwinden und nur sehr ungern an sie zurückdenken. Der oder der Kern der Truppe, falls es keine Einzelperson war. Er wollte ihn erbarmungslos jagen. Allerdings erst, wenn Udarjan wieder frei war. Bis dahin konnte solches Vorgehen ihn höchstens gefährden.

Viktor fand einen sehr konzentrierten Polizeichef vor. Zuerst stellte der ihm die beiden Verhafteten gegenüber. Viktor sagte, ja, das seien die, die sich beinahe geschlagen hätten.

Die beiden wurden abgeführt. Chalil Benjassi ließ Mokka bringen, lächelte und erklärte: «Da Sie der einzige von Ihrer Elevengruppe sind, der überhaupt etwas gesehen hat, möchte ich mich noch einmal mit Ihnen unterhalten, ohne den Zwang des Protokolls, ohne daß Sie sich festlegen müssen auf irgend etwas. Ich bin überzeugt, Sie haben noch mehr gesehen, Sie wissen es nur nicht. Sind Sie bereit?»

«Zu allem, was helfen kann, unsern Landsmann zu befreien.»

«Gut. Vergegenwärtigen Sie sich bitte noch mal die Situation am Basar.»

«Ja», sagte Viktor, «ich will es versuchen. Aram war sozusagen an der Spitze unserer Gruppe, die sich weit auseinandergezogen hatte, er stand vielleicht zehn Schritte von mir entfernt, als die Schlägerei oder Beinahe-Schlägerei anfing. Kurz vorher ...»

«Ja?»

«Kurz vorher habe ich etwas gesehen, was mir ein klein wenig sonderbar vorkam, oder nicht mal sonderbar, sondern eigentlich nur unpassend, ja, es paßte nicht zu Ort und Situation. Einige Männer, drei sind mir aufgefallen, es konnten aber auch mehr sein, ich habe es nur aus dem Augenwinkel gesehen; diese Männer also – sie gingen parallel zueinander durch die Menge, mit ein paar Schritten Abstand voneinander, so als ob sie nicht zusammengehörten, aber sie gehörten zusammen, erstens waren sie die einzigen, die sich so bewegten, klar auf ein Ziel zu, ohne rechts und links zu blicken, auch ohne jedes Interesse für den Basar, sie sahen auch ähnlich aus, ich könnte nicht sagen wieso, aber ...» Ein bißchen hilflos blickte Viktor den Polizeichef an.

Der sah seine Befürchtungen bestätigt. Es kam ihm jetzt nicht mehr auf Einzelheiten an, dieser Tolkin konnte bestimmt keine Beschreibung liefern, dazu war der Eindruck zu flüchtig. Aber diesen Eindruck zu präzisieren, das mußte möglich sein.

«Wenn ich Sie richtig verstanden habe, bewegten sich diese Leute zielstrebig durch die Menge?»

«Ja.»

«Wenn Sie gründlich nach einer Bezeichnung suchen – wie würden Sie diese Art, sich zu bewegen, nennen?»

«Vielleicht militärisch», sagte Viktor nach einigem Überlegen, nahm das Wort aber sogleich wieder zurück, wenigstens teilweise: «Halt, das trifft es wohl nicht ganz, eher schon pseudomilitärisch oder paramilitärisch oder etwas in dieser Art.»

«Danke», sagte der Polizeichef. Er sah aber gar nicht dankbar aus. «Ja», erklärte er, «ich bin Ihnen wirklich dankbar, Sie haben mir Klarheit gebracht. Daß diese Klarheit nicht erfreulich ist, das liegt gewiß nicht in Ihrer Schuld.»

«Und außer mir hat niemand von unserer Gruppe etwas bemerkt?»

«Niemand. Scheint Ihnen das sonderbar? Die interessanten Auslagen des Basars ...»

«Mindestens einer lügt.»

«Sie sagen das mit großer Sicherheit. Warum?»

«Weil die Route unserer Besichtigung nicht von vornherein feststand. Es wurden Vorschläge aus der Gruppe gemacht.»

«Und wer hat den Basar vorgeschlagen?»

«Das weiß ich nicht, ich kam etwas zu spät, gerade als der Führer sagte: Ich fasse also Ihre Vorschläge zusammen.»

«Ich glaube nicht, daß das von Bedeutung ist», erwiderte der Polizeichef, «alle Führungen besuchen einen Basar, und alle Führungen, die vom Hotel Sahara ausgehen, besuchen diesen Basar, weil er am günstigsten liegt. Wollen Sie mir noch weiter helfen?»

«Selbstverständlich.»

«Dann hören Sie mir zu, wie ich die beiden noch einmal verhöre. Mischen Sie sich bitte nicht ein, aber passen Sie genau auf, und sagen Sie mir hinterher, wo die Aussagen nicht mit Ihren Beobachtungen übereinstimmen.»

Dieses Vorgehen erschien Viktor etwas ungewöhnlich, war es wohl auch, aber das war Sache des Polizeichefs. Wenn er es verantworten konnte, wollte Viktor sich keineswegs sträuben.

Der erste wurde gebracht. Er stutzte sichtlich, als er Viktor sah. Auf die Ermahnung des Polizeichefs hin, lieber die Wahrheit zu sagen, antwortete er, das wolle er auch tun, er habe ja nicht gewußt, daß es um ein Verbrechen gehe, und nun sehe er keinen Grund mehr, irgend jemand zu decken.

«Einer von der Gruppe sollte uns ein Zeichen geben, wenn es so weit war», sagte er.

«Und wer war das?»

«Der da!» sagte der Mann und zeigte auf Viktor.

Viktor sprang auf, setzte sich aber gleich wieder hin, noch bevor Chalil ihm beruhigend zuwinkte.

«Was für ein Zeichen war das?» fragte der Vernehmer.

Der Häftling zögerte. «Er sollte ..., er sollte sich am Kopf kratzen.»

«Und? Hat er das getan?»

«Ja.»

«Hat er dazu den Hut abgenommen?»

Wieder zögerte der Häftling. «Ja, freilich», sagte er, «wie sollte er sich sonst am Kopf kratzen?»

«Abführen!» Der Polizeichef wandte sich Viktor zu. «Die Sache kommt in Bewegung. Natürlich waren nicht Sie der Zeichengeber, aber ich bin sicher, man hat ihnen auch Ihr Bild gezeigt, nicht nur das von Udarjan. Das will ich aber genau wissen. Würden Sie an einer Gegenüberstellung mit dem zweiten Banditen teilnehmen? So in einer Reihe mit fünf anderen? Sie kennen das doch sicher aus Kriminalfilmen?»

Viktor war alarmiert: der erste Angriff auf ihn. Zehn Minuten später nahm er mit einigen Polizisten in Zivil Aufstellung in einer Reihe. Der Häftling wurde hereingeführt, sah sich alle an, dann verließ er den Raum wieder, die Beamten verabschiedeten sich, Viktor wurde gebeten, noch einen Augenblick zu warten.

Dann ließ der Polizeichef bitten. Diesmal war der Inspektor dabei, der sie beobachtet hatte.

«Der zweite hat Sie auf Anhieb herausgefunden», sagte der Polizeichef schmunzelnd. «Aber diesmal war Ihr Zeichen für den Start der Aktion eine Bewegung mit dem rechten Daumen nach unten.»

«Und wozu das alles – Ihrer Meinung nach?»

«Um Verwirrung zu stiften. Wir müssen schließlich beweisen, daß Sie es nicht waren, und sei es auch bloß für die Akten. Und so was kann ganz schön aufhalten.»

«Und woher wissen Sie, daß ich es nicht war?» fragte Viktor interessiert.

«Vor allem, weil Sie beim ersten Entführungsversuch noch nicht hier waren. Zweitens hatten Sie keinen Hut auf. Aber auch sonst – es ist nicht mal ein ernsthafter Versuch, Sie zu belasten. Wir sollen beschäftigt werden, bis Ihr Kollege heute oder morgen wieder auftaucht. Was uns aber nicht hindert, nach ihm zu suchen.»

«Wissen Sie denn, wo Sie suchen können?»

«Ziemlich genau. Er kann nur in dem Haus sein, unter dem der Basar steht.»

Jetzt war Viktor doch verblüfft. «Und ... und warum ... Ich meine, dann stellen wir doch das Haus auf den Kopf!»

«Das ist nicht so einfach», erklärte der Polizeichef, «das Haus hat knapp fünfhundert Wohnungen, dazu hundert technische, wirtschaftliche und andere Räume, mehrere Treppen und Aufzüge. Um es wirksam zu durchsuchen, brauchten wir Hunderte von Polizisten. Aber was würde dann geschehen? Die Entführer würden sich Ihres Kollegen sofort entledigen müssen. Dann wäre er wirklich in Gefahr. Nein, jetzt kreisen wir sie ein. Daran wird gearbeitet. Erst mal danke ich Ihnen,

Sie haben mir sehr geholfen, mehr als Sie ahnen. Ich muß jetzt die beiden noch mal vernehmen.»

Viktor fragte noch, während er sich erhob: «Glauben Sie denn, daß dabei noch etwas herauskommt?»

«Ja», sagte der Polizeichef, «ich habe noch einen gewichtigen Trumpf in der Hand. Sie wissen nämlich nicht, auf was sie sich eingelassen haben. Wenn sie hören, daß es Kidnapping war und welche Strafen darauf stehen, werden sie nicht stumm bleiben. Und – ach ja, bitte sagen Sie auch Ihren Landsleuten nichts von dem, was wir besprochen haben.»

Als Viktor zurückkam, entdeckte er an drei Kleinigkeiten, daß sein Zimmer durchsucht worden war. An einem Etui, das astronomische Utensilien enthielt und von vier Verschlußklemmen zusammengehalten wurde, hatte er eine nicht geschlossen, sondern in etwas labilem Gleichgewicht gelassen. Die andern beiden Anzeichen waren ähnlicher Natur.

Er nahm den Resonator, stellte die Anzeige von Ton auf Licht um und suchte das Zimmer ab. Tatsächlich, da hatten sie nun auch ein Mikrofon eingebaut.

In gewisser Weise war er sogar zufrieden damit – erstens, weil sie noch zu suchen schienen wie er selber auch, zweitens, weil sie offenbar nicht über modernere Mittel verfügten, oder noch nicht; vor allem aber, weil das ganze zeitlich vor dem Besuch geschehen war, den er heute noch erwartete. Er würde danach seine Zimmertür total absichern, übrigens die seiner Landsleute auch, wofür ja die Entführung Anlaß bot, und zwar mit persönlichkeitsgebundenen Schlössern, die von Fremden nur mit Gewalt zu öffnen waren. Sicherlich würde der Gegner auch davor nicht zurückschrecken, wenn es ihm nötig erschien, nur hoffte Viktor eben, die stattgefundene Durchsuchung und die funktionierende Wanze würden ihm fürs erste genügen.

Ungefähr zwei Stunden mußte er warten, dann wurde ihm von der Rezeption ein Besucher gemeldet, der dann auch bald sein Zimmer betrat. Viktor hatte ihn noch nie gesehen, trotzdem begrüßte er ihn herzlich mit Vor- und Vatersnamen, begann sofort ein Schwätzchen mit ihm über daheim, fragte, was es Neues im Werk gebe, und schon waren sie mitten im Fachsimpeln. Der Besucher, ein Ingenieur des Betriebes, der Silver Beam mit bestimmten elektronischen Ausrüstungen belieferte, hatte ihm die verbesserte Neufertigung eines wichtigen Teils mitgebracht, darüber redeten sie ausführlich. Über das zweite Gerät, das im Koffer gewesen war, verloren sie kein Wort: Es war der Laser, der via Satellit die Verbindung mit Moskau herstellen sollte.

Wie gern wäre Viktor mit dem Genossen ins Freie gegangen! Von allem, was ihm in seiner jetzigen Position als neu und ungewohnt begegnete, war gerade dies am schwersten zu ertragen: mit niemandem restlos offen sprechen zu können. Gewiß war er als langjähriger Mitarbeiter der Staatssicherheit daran gewöhnt, Dinge für sich zu behalten. Aber das betraf den psychisch doch recht schmalen Bereich der im Dienst erfahrenen Tatsachen. Und über die konnte er im Dienst reden.

Aber er durfte seinem Wunsch nicht nachgeben. Daß der Genosse ihn aufsuchte, war unverdächtig: Er informierte ihn über die neuen Geräte. Sich aber mit ihm dahin zu begeben, wo sie nicht belauscht werden konnten – das würde Verdacht erregen.

Traurigen Herzens verabschiedete Viktor den Genossen. Der, im operativen Dienst wohl erfahrener als Viktor, schien seine Gefühle zu verstehen und lächelte ihm aufmunternd zu.

Entschlossen wandte sich Viktor seinen Aufgaben zu. Es war jetzt an der Zeit, diesen Lyndale zu studieren. Er bestellte beim Service ein Buch des Publizisten, das in der Hausbibliothek vorrätig war, es handelte von der Errichtung der Stadt und des UNO-Objekts und hatte ihm seinerzeit den Pulitzerpreis eingebracht. Viktor hatte es schon lange ins Auge gefaßt, aber jetzt nach dem Gespräch mit dem Autor sah es ganz natürlich aus, wenn er es bestellte und las.

Nach dem Abendessen gab er den Text, den er an Moskau durchgeben wollte, in den Computer, er montierte den Laser an das Fernrohr, schloß ihn an den Computer an und stellte den Zeitpunkt ein: 22 Uhr. Mit dem Fernrohr visierte er den Richtstern an und schaltete die Verfolgerautomatik ein. Es war jetzt fünf vor zehn. Noch einmal kontrollierte er alles – es lief. Punkt zehn huschte zwei Sekunden lang ein Kurvenstrom über den Bildschirm, dann das Antwortsignal: Empfang bestätigt.

Als Aram Udarjan wieder zu sich kam, hatte er einen üblen Geschmack auf der Zunge, der Kopf brummte ihm, und alle Glieder schmerzten. Er erinnerte sich sofort, schon einmal in dieser Situation wach geworden zu sein, und gleich darauf, daß ihm das lustig vorgekommen war. Davon spürte er jetzt nichts mehr, er war wütend, und je mehr ihn vor allem die Arme und Schultergelenke schmerzten, um so wütender wurde er.

Da bemerkte er, daß es jetzt nicht mehr stockfinster war in dem Raum, in dem er nun wohl unfreiwillig übernachtet hatte. Durch einen Spalt, den er sehen konnte, wenn er sich den Hals verrenkte, sickerte ein wenig Licht. Er zwang sich zur Ruhe und versuchte, mit den Augen Einzelheiten seines Gefängnisses zu erfassen. Da hörte er auch wieder das Schurren, das ihm schon beim ersten Wachwerden aufgefallen war.

Was er jetzt vor allem brauchte, war eine Kante, möglichst rauh, am besten aus Beton, an der er seine Handfesseln aufreiben konnte. Nachdem er die optischen, nicht sehr deutlichen Eindrücke einigermaßen geordnet hatte, versuchte er, sie durch Kriechen und Tasten zu vervollständigen. Das ging ohne Beulen nicht ab, aber er fand eine günstig gelegene, senkrechte Kante, vor die er sich setzen konnte, so daß wenigstens der Oberkörper an der folgenden schmerzhaften Arbeit beteiligt war. Während dieser monotonen Tätigkeit fing er an nachzudenken.

Zuerst versuchte er zu rekonstruieren, was geschehen war. Er erinnerte sich an den Stadtbummel, auch an den Basar, sogar daran, daß plötzlich neben ihm ein Fremder aufgetaucht war, der ihm aus einer kleinen Sprayflasche etwas Wohlriechendes unter die Nase sprühte. Von da an bis zum ersten Erwachen erinnerte er sich nur an unzusammenhängende Bilder, verschwommen, grotesk verzerrt. Also das nützte nichts, da kam er nicht weiter. Er mußte wohl zu abstrakteren Erwägungen übergehen, und er konnte das jetzt auch. Obwohl alles schmerzte, war seine Wut doch verraucht, jetzt, da er etwas tun konnte, um sich zu befreien. Und er zweifelte nicht daran, daß ihm das auch gelingen würde. Er mußte die Fesseln abstreifen, dann den Ausgang suchen und öffnen, er war ja wohl noch in diesem Haus. Der Polizeichef hatte gesagt, daß es fast unmöglich wäre, jemanden von hier abzutransportieren. Und der Mann hatte auf ihn glaubhaft gewirkt wie einer, der seine Sache wohl verstand. Freilich, in einem hatte dieser Benjassi unrecht gehabt: Er war nun doch gekidnappt worden. Und jetzt zum ersten Mal kam Aram der Gedanke, daß sein Leben in Gefahr sein könnte. Wenn die Forderungen der Entführer nicht erfüllt wurden ... Was für Forderungen, zum Teufel? Finanzielle? Unsinn. Politische? Aber er war ja schließlich kein Diplomat, kein bedeutender Gelehrter, kein ... Egal, jedenfalls mußte er sich beeilen. Wenn sie kämen, mußte er so weit sein, daß er sie überwältigen konnte. Dazu gehörte mehr, als die Fesseln abzustreifen. Am besten sicherlich, wenn ihm der Ausbruch gelänge – da, der Strick gab nach, noch ein bißchen Kraft, endlich! Aram nahm die Arme nach vorn und stöhnte vor Schmerz.

Nicht nachgeben – Fußfesseln ab, wie weh auch die Arme tun mochten. Ein einfacher Knoten, nicht einmal sehr fest. Jetzt die Füße massieren. Und aufstehen!

Wenn der Raum größer gewesen wäre, hätte er sich möglicherweise beim Hinfallen verletzt. So wankte er hin und her, von einer Wand zur anderen. Wieviel Platz hatte er? Er streckte die Arme aus – genügend, um wenigstens einige primitive gymnastische Übungen auszuführen, die das Blut kräftiger durch alle Glieder jagten und die Schmerzen allmählich zurückdrängten.

Dann tastete er die Ritze ab, aus der der Lichtschein kam. Es war eine Tür, er fand die Angeln, aber keinen Schließmechanismus. Rechts und links der Tür war stabile Wand. An den anderen Wänden ertastete er Kästen, die nicht sehr tief sein konnten. Sie hatten Türen, die sich öffnen ließen, Aram faßte nicht hinein, es konnten ja Schaltschränke oder so etwas sein.

Die Stelle, wo er gelegen hatte, war etwas erhöht, beim Klopfen klang es nicht so voll wie Beton, aber auch nicht ausgesprochen hohl, und der Raum unter dieser Erhöhung war wohl von hier aus nicht zugängig. Das war alles, die Kammer war im übrigen leer.

Aram setzte sich auf seinen Liegeplatz und überlegte. Wieso hatte er eigentlich keine Atemschwierigkeiten? Er war doch jetzt ungefähr, na, mindestens ... Also eine Nacht lang war er gewiß hier drin gewesen, in diesem kleinen Raum. Demnach mußte es eine Belüftung geben, denn der Türritz war zu schmal. Selbst wenn er die Anlage fände, er könnte ja nicht hindurchkriechen.

Wieder überkam ihn Wut. Da hörte er Schritte kommen, vor der Tür stehenbleiben. Sein erster Impuls war zu rufen, gegen die Tür zu klopfen. Und wenn das nun seine Entführer waren? Die sollten sich wundern!

Orson Freeman, der Logistiker, hatte – wie die meisten andern aus der Elevengruppe – Kontakt zur künftigen Arbeit aufgenommen, obwohl die offizielle Eröffnung erst morgen sein würde. Alle waren durch das Verschwinden des sowjetischen Kollegen beunruhigt, und außerdem gab es hier sonst nicht viele Möglichkeiten, sich zu vergnügen, wenn man nicht gerade ethnologische Interessen hatte. Diese Stadt war arbeitsam und hatte zur Unterhaltung ihrer Einwohner gewiß auch dies und jenes, aber jedenfalls keine Vergnügungsindustrie.

Orson Freeman also, ein kleiner, beweglicher Mittdreißiger mit einer beginnenden Halbglatze, die man aber bei gutem Willen noch als hohe Stirn bezeichnen konnte, Fachmann für Versorgung und Ausrüstung von Baustellen, Montagebetrieben und ähnlichem, hatte sich vorgenommen, in dieser noch nicht streng geplanten Zeit sein Arbeitsgebiet mit Hilfe des Zufalls kennenzulernen. Er hatte damit schon mehrfach gute Erfahrungen gemacht. In dreißig Prozent der zufällig gestreuten Besuche sah man Dinge, die einem nie vorgeführt wurden, wenn es offiziell herging, und man hatte schon ein oder zwei Züge Vorsprung, wenn man mit diesem Wissen ins Spiel einstieg.

Am Vorabend hatten er und seine Frau in der Bar einen Landsmann kennengelernt, der schon ein paar Jahre hier arbeitete. Er wartete elektrische Anlagen aller Art, einschließlich Informationselektronik. Er stammte aus dem gleichen Staat der USA, sie hatten einander am Dialekt erkannt. Es war ein Schwarzer namens Ken Stone, er sagte, er fühle sich hier sehr wohl, wohler jedenfalls als zu Hause, und Orson konnte das verstehen. Wußte er doch, daß die Rassenvorurteile nicht ausgestorben waren.

Mit diesem Ken Stone hatte er sich für heute morgen verabredet. Wartung von Anlagen war zwar nicht direkt Logistik, aber darauf kam es in diesem Augenblick gar nicht an. Orson wollte einfach wissen, was im Laufe eines Vormittags an Arbeiten anfiel. Das hatte auf die zweckmäßigste Wahl von Ausrüstungen großen Einfluß.

Als Orson in Kens Büro trat, stand der schon auf dem Sprung. «Wir müssen sofort los», sagte er, «in einem Kugelhaus im Boumedienne-Distrikt sind mehrere Sichttelefone ausgefallen!»

Es war Vormittag, und die Hitze war für einen noch Fremden gewaltig. Orson konnte kaum Schritt halten mit Ken, obwohl der noch seinen schweren Gerätekasten zu tragen hatte. Als sie um eine Ecke bogen, stutzte er und sagte: «Das ist doch der Basar, wo wir gestern vormittag ... Wo der Russe verschwunden ist!»

«Das Haus über dem Basar ist unser Ziel.»

Obwohl beide Fakten – der Mann und das Haus – hier eben in einem Atemzug genannt wurden, kam Orson Freeman überhaupt nicht auf den Gedanken, sie miteinander zu verbinden. In seiner an amerikanischen Verhältnissen orientierten Vorstellung war der Armenier längst außer Reichweite, mindestens aber an der Peripherie der Stadt. Außerdem war er viel zu gespannt darauf, wie denn nun die Versorgung eines solchen Hauses praktisch aussah. Ken war auch gern bereit, ihm das zu zeigen, aber später – erst die Reparatur und dann die Besichtigung.

Sie fuhren mit dem Lift in die unterste Etage über der Eingangsröhre, und dort steuerte Ken sofort auf eine kaum sichtbare Tür in der Wand zu, ziemlich niedrig und mit einem Vierkant zu öffnen. «In diesem Raum befinden sich die Telefonanschlüsse und andere kommunikative Einrichtungen», erklärte Ken, steckte einen Schlüssel auf den Vierkant und drehte.

Die Tür flog auf, heraus stürzte mit einem Satz Aram Udarjan, riß Ken Stone um, sprang auf, das helle Licht machte ihn einen Augenblick lang blind, dann sah er undeutlich Orson Freeman, ohne ihn zu erkennen, stürzte sich auf ihn, der wehrte ab, rief: «Nicht doch, nicht, Mr. Udarjan, das ist ein Irrtum, hören Sie doch ...»

Minuten später war alles geklärt, Aram entschuldigte sich bei den beiden, Orson Freeman sagte: «Nein, das ist doch verständlich ...» und wollte gleich weiterreden, aber Ken Stone tippte ihm auf die Schulter und sagte mit etwas verlegenem Lächeln: «Ihr entschuldigt bitte, ich muß drin jetzt reparieren, und dann gehen wir am besten alle drei zur Polizei.»

Mercedes Cardo freute sich, daß Aram Udarjan wieder aufgetaucht und ihm nichts Ernstes geschehen war und daß also die morgige Eröffnung nicht von einem solch schweren Vorfall überschattet wurde, wie man hätte befürchten können. Sorgenfrei war sie deshalb nicht.

Denn eine rein kriminelle Angelegenheit konnte das nun nicht mehr sein.

Dieser Ansicht war auch Chalil Benjassi. Für ihn bedeutete aber Arams Befreiung eine Reihe von Arbeiten und Entscheidungen. Zuerst ließ er die Umstände genau untersuchen. Nichts deutete auf irgendwelche Zusammenhänge hin. Das

Wartungsbüro hatte tatsächlich von drei Teilnehmern morgens eine Störungsmeldung erhalten, und das war wohl von denen, die den Armenier dort untergebracht hatten, beabsichtigt, denn die Beschädigungen in den Schaltschränken waren nicht zufällig entstanden, aber auch nicht speziell ausgesucht: Sie betrafen fünf nebeneinander angeordnete Kontakte.

Fast zur selben Zeit war auch der Platz gefunden worden, an dem Aram Udarjan mindestens einige Stunden lang festgehalten worden war, bevor er in den Schaltraum gesperrt wurde: eine leerstehende Wohnung in der zwanzigsten Etage. Die Nachbarn konnten nicht mehr sagen, als daß dort jemand gewesen sei, und verwertbare Spuren gab es nicht. Am meisten bedauerte der Polizeichef, daß er nun die beiden Kampfhähne am Basar freilassen mußte. Die ihnen vorgehaltene Schwere ihres Vergehens und die angedrohte Strafe hatten sie nicht beeindruckt. Er hätte sie zwar weiter observieren lassen können, aber er war überzeugt, daß das sinnlos war: Jene Bande, die unter dem Firmenschild Scheikh Achmed operierte, hatte sich ihrer bedient und würde sich hüten, jetzt noch einmal Kontakt mit den beiden aufzunehmen.

Chalil Benjassi erläuterte das alles der UNO-Rechercheurin, gab ihr auch die Protokolle der Aussagen zu lesen, aber Mercedes überflog sie nur flüchtig – wo Chalil keine Ansatzpunkte mehr fand, würde sie erst recht keine finden.

«Wir müssen diesen Scheikh Achmed identifizieren», meinte sie, und sie wußte, daß sie dem Polizisten nichts Neues sagte. «Er ist, falls er überhaupt existiert, sicher nur eine vorgeschobene Figur. Jemand hat eine üble Sache mit uns vor, nicht nur hier in Silver Beam, sondern auch in den andern Objekten. Und nicht nur mit uns. Bestimmt hängt diese Absicht mit der geplanten Erweiterung des Zehn-Prozent-Abkommens zusammen, ich weiß nur noch nicht wie. Vielleicht geht sie aber auch darüber hinaus. Können Sie mir eine Liste der Firmen geben, die sich hier durch illegale Agenturen haben vertreten lassen? Sie erinnern sich doch, Sie haben mir neulich davon erzählt!»

Chalil blickte überrascht auf. Die Andeutung großer internationaler Verwicklungen hatte ihn verdrossen seinen Schreibtisch betrachten lassen. Diese konkrete Bitte aber konnte er leicht erfüllen, nur wunderte es ihn, die Sache in direktem Zusammenhang mit jenen Bewegungen der großen Politik gesetzt zu sehen. Sollte er etwas übersehen haben?

Ein paar Tastenschläge genügten, und der Schnelldrucker auf seinem Schreibtisch spuckte die Liste aus.

«Lauter unbedeutende Unternehmen», sagte er, «die großen sind ja alle direkt vertreten – ja, jetzt kommt mir eine Ahnung: Die offiziellen Vertretungen machen die sauberen Geschäfte und die illegalen die schmutzigen, meinen Sie das? Dann wären das alles gut getarnte Scheinfirmen!»

«Das möchte ich ja gerade herauskriegen», sagte Mercedes lächelnd, «ich kenne ein paar Leute, die auf diesem Gebiet genau Bescheid wissen.»

«Ich habe einen Verdacht», meinte Chalil. «Vielleicht nützt er Ihnen bei der Orientierung in diesem Dschungel. Einer von den Russen, dieser Computermann, hat im Gespräch etwas erwähnt, einen Eindruck, der sich bei mir festgesetzt hat. Er hat kurz vor der Entführung einige Männer gesehen, die parallel zueinander zielstrebig durch die Menge gingen, ohne sichtbar Kontakt miteinander zu halten. Sie wirkten – so sagte der Russe – militärisch oder paramilitärisch.»

«Und?»

«Ich lasse jetzt alle Neuankömmlinge der letzten vier Wochen durchforsten nach: Araber, männlich, fünfundzwanzig bis vierzig Jahre, Touristen mit Langzeitaufenthalt.» Er drückte auf eine Taste, sah auf sein Terminal und fuhr fort: «Die Liste ist fertig, es sind einige hundert. Ich habe unter den Polizeichefs der arabischen Länder ein paar gute Freunde, denen möchte ich die Liste geben.»

«Warum nicht Interpol?»

«Das auch, ja, aber ich dachte nicht an sozusagen normale Kriminelle. Ich dachte an Terroristen.»

«Die gibt's doch gar nicht mehr ... Ach, verzeihen Sie, ich rede Unsinn, es ist ein guter Gedanke, auf den kann nur ein

Praktiker wie Sie kommen. Freilich, nachdem sich rechts wie ultralinks die Einsicht durchgesetzt hat, daß Terrorismus nichts bringt, ist zwar der Terrorismus fast verschwunden, aber die Terroristen leben ja noch. Und für gewisse Operationen könnten sich die Geheimdienste wohl kaum geschulteres Personal wünschen. Zumal sich hinterher jeder Zusammenhang leugnen läßt. Vielleicht sollten wir zusehen, daß wir den Scheikh möglichst früh kriegen. Bevor die andere Seite die Spuren verwischt.»

«Sie haben recht», sagte der Polizeichef in so betroffenem Ton, daß sich Mercedes der Vertrautheit zwischen ihnen beiden wieder einmal bewußt wurde, denn jedem andern gegenüber hätte Chalil eine solche Gemütsbewegung verborgen. «Sie haben recht, und ich habe einen Fehler gemacht. Die beiden Kampfhähne sind in Gefahr! Ich hätte ihnen ein paar Leute an die Fersen heften müssen. Aber Sie wissen ja – so viele Leute habe ich auch nicht. Entschuldigen Sie mich, ich will sehen, ob ich meinen Fehler noch korrigieren kann.»

Er gab ein paar Aufträge, dann wandte er sich wieder Mercedes zu. «Sie hatten noch einen Wunsch?»

«Ja.» Mercedes wunderte sich gar nicht, daß er es bemerkt hatte. «Ich möchte Sie bitten, bei der Eröffnung des Elevenlehrgangs morgen anwesend zu sein.»

«Ich nehme an, nicht der Ehre wegen?»

«Richtig.» Sie verstanden sich ausgezeichnet. Wie alle mit ihrer Arbeit verwachsenen Leute mochten sie beide Empfänge und ähnliche offiziellen Prozeduren überhaupt nicht. «Sie werden es überstehen müssen, daß ich eine Rede halte, denn auf den Schluß kommt es an. Ich werde mehrsprachig begrüßen, dann spanisch sprechen, und am Schluß einen Toast auf englisch ausbringen. Während dieses Toastes, nachdem ich also mein Sektglas erhoben habe, beobachten Sie bitte genau, ob sich jemand von den Amerikanern oder Russen überrascht zeigt. Ich werde es so arrangieren, daß die sechs nebeneinander stehen. Wollen Sie das für mich tun?»

Viktor fand diesen Empfang zur Eröffnung der Arbeit der Elevengruppe zwar nicht direkt lächerlich, so was mußte eben sein, und wenn man sich dabei ein bißchen umtat, Leute beobachtete und mit dem und jenem plauschte, konnte das interessant und nützlich sein. Aber daß ihnen nun auch noch eine Stellordnung für die Eröffnungsrede aufgenötigt wurde, ließ ihn doch lächeln. Schlecht war das jedoch auch wieder nicht, hatte er doch links von sich Aram und rechts von sich Ella, neben ihr die Amerikaner, zuerst diesen unwiderstehlichen Jerry und dann die beiden Freemans, denen es sicherlich schwerer fiel als ihm, eine Viertelstunde lang den Mund zu halten. Waren die nun wirklich so geschwätzig, oder verbarg sich dahinter etwas anderes? Aram Udarjan hatte sich sehr mit Orson Freeman und dessen Bekannten, die ihn befreit hatten, angefreundet, und schon deshalb durfte Viktor die Möglichkeit, daß das arrangiert war, nicht aus dem Auge verlieren.

Übrigens schien dieser Jerry wirklich unwiderstehlich zu sein – Ella Jansens ließ kein Auge von ihm, während sie ihn, Viktor, zwar nicht gerade schnitt, aber sie versäumte keine Gelegenheit, ihn zu übersehen, wenn sich das machen ließ, ohne direkt peinlich zu wirken. Nun, ihn kränkte es nicht, und für seine Aufgabe war es eher förderlich.

Viktor konzentrierte sich auf die Rede. Was diese Frau sagte, hatte Hand und Fuß, und wie sie es sagte, hatte Charme. Sie war eine Persönlichkeit. Er würde mit ihr zu tun bekommen, früher oder später, auf die eine oder andere Weise. Der General hatte ihm schon vorher mehr über sie mitgeteilt, als die meisten hier wußten.

Jetzt hob sie das Glas, forderte die anderen auf, das gleichfalls zu tun, wartete einen Moment und sagte dann: «Three cheers for Silver Beam, Submarine City and Sputnik Gagarin!»

Viktor fiel es nicht schwer, gleichmütig auszusehen, obwohl er sich über die Bestätigung dessen freute, was sie schon vermutet hatten: daß auch die UNO die Information erhalten hatte.

Mercedes wandte sich in der darauf folgenden Auflösung der Ordnung Chalil zu.

«Nichts», sagte der. «Aber die beiden Kampfhähne vom Basar – sind tot.»

3

Die Wüste war gar nicht eintönig.

Viktor hatte nun schon fast zwei Wochen mitten in der Wüste gelebt, aber nichts davon gewußt. Denn Silver Beam war im Grunde genommen eine Riesenoase, und nun fuhr er zum ersten Mal hinaus, wo jenseits des schützenden Waldstreifens die Sahara begann, anfangs gelb und voller Dünen, dann dunkelbraun und steinig, später schwarz und sogar violett, dann wieder blendend weiß – nur eins begleitete sie überall: glühende Hitze, die auch der Fahrtwind ihres Wagens kaum milderte.

Die Arbeit der Eleven hatte einen Tag nach der offiziellen Eröffnung begonnen. Für jeden lag ein Programm bereit, das vom Computer mit allen anderen Programmen abgestimmt war und gewährleisten sollte, daß die Eleven das ganze Objekt gründlich kennenlernten, jeder aus der Sicht seiner speziellen Arbeitsrichtung. Übrigens hatte man ihnen die Möglichkeit gelassen, das Programm zu verändern, sie mußten das nur über Computer bestellen, damit unnötige Überschneidungen vermieden wurden. Es machte aber wenigstens zu Anfang kaum jemand Gebrauch von dieser Möglichkeit.

So sollte Viktor heute zwei weitere Bohrstellen kennenlernen, eine, die schon länger Wasser lieferte, und eine, die gerade erschlossen wurde – denn Silver Beam war Mittelpunkt und zentrale Verwaltung einer ganzen Kette von Stellen, wo das unterirdische Meer angezapft worden war und noch wurde, freilich nicht mehr lange, denn auch mit diesem riesigen Reservoir mußte man haushalten, es sollte vorerst nicht mehr Wasser entnommen werden, als zur Stützung der Landwirtschaft in der Sahelzone nötig war. Inzwischen wurde geprüft, ob und in welchem Maße das Süßwassermeer unter der Sahara von Zuflüssen gespeist wurde. Und während so der seit Jahrzehnten stattfindende Vormarsch der Sahara nach Süden gestoppt wurde, projektierten Wissenschaftler-Kommissionen im Auftrag der UNO die Vorhaben des nächsten, weiterreichenden Abkommens: eine Kette von Meerwasserentsalzungsanlagen längs der Mittelmeerküste, die die Urbarmachung größerer Wüstenflächen im Norden der Sahara möglich machen sollten.

Das alles samt ökonomischen und kontinentalen Weiterungen aus dieser Entwicklung erfuhr Viktor von Jerry Baker, dem amerikanischen Kollegen, dem Geologen und Wissenschaftsorganisator. Er war zwar auch Eleve, aber bei dieser Fahrt der Fachmann. Er war zu den Betriebsstellen, die sie jetzt besuchten, schon einmal gefahren, gleich am ersten Tag, und hatte modernere Methoden angeregt, jetzt wollte er kontrollieren, wie sie wirkten, während Viktor nur erleben wollte, wie das, was schließlich als Zahl im Computer landete, in der Wirklichkeit aussah.

Der Betriebsteil, den sie zuerst besuchten, bot nicht viel Sehenswertes: ein Rohr, das aus dem Boden kam, eine Pumpstation, die mit Sonnenenergie betrieben wurde und tagsüber das Wasser noch fünf Meter höher in ein Bassin hob, von wo es in die Pipeline floß, all das ohne ständige Anwesenheit von Menschen, nur von Zeit zu Zeit von einem Wartungstrupp kontrolliert – wie gerade jetzt – oder bei Bedarf von den Nachbarstationen mitversorgt: Wenn etwa in den sehr seltenen Fällen von Bewölkung die Sonnenenergie nicht ausreichte, konnte über Funk ein dieselgetriebener Stromgenerator eingeschaltet werden. Übrigens boten unteres und oberes Bassin Reserve für einen ganzen Betriebstag.

Interessanter ging es an der Bohrstelle zu, freilich nicht, als sie in der größten Mittagshitze ankamen, in der nur Maschinen arbeiten können, und das auch nur dann, wenn sie eigens für diese Weltgegend konstruiert oder wenigstens konditioniert sind. Auch Viktor war heilfroh, als er den Sitz im Auto mit einem Platz im Schatten tauschen konnte, auch wenn der mehr Ähnlichkeit mit der Umgebung eines Hochofens als mit einer heimatlichen Waldlichtung hatte.

Als die Arbeit wieder begann, bemühte sich Viktor, von dem, was da zwischen Jerry Baker und dem Bohrmeister verhandelt wurde, möglichst viel zu verstehen, aber das gelang ihm nicht immer. So machte er sich im Geiste Stichwörter, die er bei der Rückfahrt abfragen wollte. Es war wichtig für ihn. Hier in Silver Beam hatten fast alle Vorgänge mit der Geologie zu tun und folglich auch seine Berechnungen, seine Arbeit am Computer, und er war es gewöhnt zu wissen, worum es ging.

So viel wenigstens verstand er: Diese Bohrstelle war die erste einer neuen Serie. Zwischen ihr und der Kette der andern Bohrlöcher zog sich ein niedriger Gebirgszug hin, den sie bei der Herfahrt überquert hatten, und es war noch gar nicht gesagt, daß diese Bohrung auch fündig werden würde – sie diente nicht nur der Wasserförderung, sondern im gleichen Maße auch der geologischen Erkundung, sollte Streitfragen klären, die zwischen den Geologen aufgetaucht waren.

Als sie losfuhren, stand die Sonne nur noch in halber Höhe am Himmel, der Fahrtwind kühlte wenigstens etwas, und Viktor, der jetzt am Steuer saß, dachte zum ersten Mal seit heute früh wieder daran, daß dieser Mann da neben ihm durchaus einer von der Truppe des Gegners sein konnte, trotz seiner gewinnenden Ausstrahlung und seiner kameradschaftlichen Fröhlichkeit. Und vielleicht war er sogar mit ähnlichen Gedanken, bezogen auf ihn, Viktor, beschäftigt. Diese Verstellung war ihm aus irgendeinem Grunde nicht angenehm, außerdem nützte sie nichts, Viktor verscheuchte sie und begann nach den Begriffen und Zusammenhängen zu fragen, die er sich gemerkt hatte. Das brachte sie einander näher: Viktor bewunderte die Fähigkeit des Geologen, kurz und verständlich zu antworten, ohne daß der andere das Gefühl hatte, der Gegenstand werde versimpelt; und der Geologe wiederum bewunderte die Fähigkeit des Intellektronikers, sich eine Unmenge ziemlich zusammenhangloser Begriffe über Stunden hinweg zu merken.

Sie hatten das Gebirge überwunden. In der Sandebene verstummte das Gespräch. Plötzlich sagte Jerry Baker: «Stopp mal!»

Er stieg aus und stellte sich breitbeinig auf die Straße. Aus irgendeinem Grunde hatte Viktor den Eindruck, er lausche auf etwas.

Dann mußte er wahrgenommen haben, worauf er gewartet hatte, Viktor wußte freilich nicht, was. Der Geologe kramte im Gepäck und holte ein paar Gerätschaften heraus. «Haben Sie es auch gespürt?» fragte er.

«Nein, was bitte?»

«Erdstöße. Mir war schon im Wagen so. Helfen Sie mir mal?»

Er gab Viktor etwas zum Halten, nahm selbst eine Art Riesenpistole in die Hände und richtete ihren Lauf nach unten. «Bolzenschußgerät», erklärte er und drückte ab. Es gab einen scharfen Knall, ein Wölkchen, und dann steckte ein stählerner Bolzen im Straßenbelag, der oben ein Gewinde trug. Darauf schraubte Jerry Baker das Gerät, das Viktor solange gehalten hatte, etwas Seismologisches offenbar, und betrachtete angespannt die Anzeige.

Viktor sah, daß die Zeiger sich bewegten. «Sonderbar», sagte Jerry, «so was hab ich noch nie ... Achtung!»

In diesem Moment spürte Viktor, daß sich die Erde bewegte, aber unheimlicher noch war ein leises Geräusch, das näher kam und lauter wurde, es erinnerte an zerreißendes Papier, ein stärkerer Stoß warf Viktor zu Boden, er sah auch Jerry schwanken, beobachtete, daß der andere sich fallen ließ, zwischen ihnen stand das Gerät, der Boden unter ihm bewegte sich, Viktor bemerkte mit Entsetzen, daß unter seinem Körper, quer zur Straße, ein Spalt entstand. Das Reißgeräusch war jetzt überlaut, der Spalt wurde immer breiter, schon rutschte sein Körper hinein, instinktiv umklammerte er den Bolzen, auf dem das Gerät stand und der vielleicht dreißig Zentimeter vom Spalt entfernt war; und wenn er jetzt die

Geistesgegenwart gehabt hätte, die Beine anzuziehen und sich mit den Füßen vom anderen Rand des Spalts abzustoßen, wäre es ihm sicherlich gelungen herauszukommen. Aber diesen Zeitpunkt verpaßte er, weil ein seltsames Gefühl ihn beherrschte, ein ungläubiges Staunen, vermischt mit dem Empfinden, das ihn als Jungen gepackt hatte, wenn der Held seines Abenteuerromans in höchster Lebensgefahr schwebte, man aber doch sicher wußte, er würde nicht umkommen, weil das Buch erst halb gelesen war. Und er war doch noch ganz am Anfang dessen, was ihn hergeführt hatte!

Das dauerte zwar nur eine halbe Sekunde, aber nun hing sein Körper zappelnd im Spalt, mit den Händen hielt er den Bolzen umspannt, mit den Füßen suchte er nach einem stützenden Punkt, fand aber keinen. Dann hörte er es rumpeln und sah am Rande seines Blickfelds das Auto verschwinden, es war in den Spalt gestürzt.

Jerry kam gekrochen. Er umfaßte Viktors Handgelenke, Viktor ließ den Bolzen los und umklammerte die Handgelenke des andern, erst das eine, dann das zweite, und Jerry zog, rutschte dabei selbst ein Stückchen auf den Spalt zu, aber sie schafften es, daß Viktor den Oberkörper über den Rand bekam.

«Schnell!» sagte Jerry, als Viktor verpusten wollte, sprang auf und riß ihn mit sich, fünf, zehn Schritte, dann ein Geräusch wie von brechendem Metall, Jerry warf sich hin und zog Viktor mit zu Boden, eine donnernde Explosion, Staub und Steine regnete es, und nun wußte Viktor auch, was geschehen war, wenigstens jetzt zuletzt: Der Spalt hatte sich offenbar wieder verengt, das Auto zerstört, und dann hatte sich die Suprabatterie entladen. Wenn er da noch im Spalt gehangen hätte!

«Da hast du mir ja das Leben gerettet», sagte Viktor, als sie keuchend aufstanden. Er sagte es in russischer Sprache, wo ja im Gegensatz zum Englischen zwischen «du» und «Sie» unterschieden wird, und Jerry antwortete auf eine Weise, die das Du-Angebot mit den Mitteln der englischen Sprache bestätigte: «Nun, alter Junge, du kannst dich revanchieren – wenn ich dich mal besuche und dein Computer schnappt nach mir, ziehst du ihn am Halsband zurück!»

Ein paar Schürfwunden und Prellungen hatten beide, aber sonst war ihnen nichts Ernstes geschehen, außer daß sie nun ohne Fahrzeug und andere Kommunikationsmittel in der Wüste standen. Aber auch das war nicht allzu schlimm: Bald würde es Abend sein, und bis zu dem Betriebsteil, den sie am Vormittag besichtigt hatten, waren es nur etwa dreißig Kilometer, sie konnten also die Strecke in der Nacht schaffen.

Der Spalt klaffte jetzt noch etwa einen halben Meter auseinander, hatte sich also zum großen Teil wieder geschlossen. Ein paar Autoteile, herausgeschleudert bei der Explosion, dienten ihnen zur Anfertigung von Warnzeichen auf beiden Seiten der Spalte. Die Schatten waren schon lang, als sie aufbrachen.

Sie brauchten aber nicht weit zu laufen, da kam ihnen ein Wagen entgegen, den die Leute vom naheliegenden Betriebsteil ausgesandt hatten, als sie nach den Erdstößen beim neuen Bohrloch angerufen und erfahren hatten, daß die beiden unterwegs seien und die Zeit längst herum war, nach der sie hätten vorbeikommen müssen. Der Wagen brachte sie gleich nach Silver Beam ins Hotel.

«Ich komm mit auf deine Etage», sagte Jerry im Foyer, «ich will noch zu Ella.» Er wollte wohl Viktors Reaktion darauf wissen, und als keine kam, spottete er: «Ihr habt ja jetzt uneinnehmbare Festungen als Zimmer!»

«Ach, wegen der Schlösser? Ja, unsere Vertretung war ein bißchen besorgt nach der Geschichte mit Udarjan.»

Sie standen inzwischen vor Viktors Zimmer, er steckte den rechten Zeigefinger in ein Loch und sagte seinen Namen, danach klinkte er die Tür auf. «Wollen wir noch einen Schluck auf unser Überleben trinken, oder willst du gleich ...?» Er zeigte auf Ellas Tür.

«Ein andermal», bat Jerry, «entschuldige, aber sie wird warten!»

Viktor mußte am Abend darauf senden, und zum ersten Mal war er unschlüssig, wie er die letzten Begebenheiten werten sollte. Wieder und wieder hatte er die Ereignisse analysiert. Die Handlungen des Gegners gegen Udarjan dienten mit großer Wahrscheinlichkeit der Vorbereitung einer Provokation, es war nur noch nicht klar welcher. Der Toast, den Mercedes Cardo ausgebracht hatte, war dagegen eindeutig positiv zu werten. Der Urheber der Botschaft erfuhr dadurch nichts Neues. Das in Aussicht genommene Opfer jedoch konnte dem etwas sehr Wesentliches entnehmen: daß sie, Mercedes, oder die UNO ebenfalls eine Botschaft dieser Art erhalten hatte und daß sie dies dem Opfer bekannt machen wollte, also auf seiner Seite stand; wenn sie auch allein daraus nicht feststellen konnte, welche Seite der Provokateur und welche das Opfer war. Man würde also die Recherchen der Frau Cardo unterstützen müssen, indem man Wahrheiten beisteuerte und Lügen entlarvte.

Die zweite Gruppe von Tatsachen, die in die Analyse einflossen, waren die Materialien, die er aus Moskau erhalten hatte, Informationen über die politischen Verhältnisse in diesem Gebiet, die zunächst noch nicht zu Buche schlugen, aber auch die Mitteilung, daß alle Beteiligten an den bisherigen Vorgängen – sowohl Jerry als auch die Freemans und dieser Elektriker – in den Archiven der Staatssicherheit unbekannt waren. Die Gegenseite setzte also lauter unbekannte Leute ein, gab aber den Einsatz selbst bekannt. Der Gegner mußte sich sehr stark fühlen und von seinem Vorhaben sehr überzeugt sein, wenn er sich doppelter Beobachtung aussetzte. Und dabei immer noch die Frage: Wer war der Gegner? Nicht nur personell, das würde sich ja herausstellen, sondern: welche Kräfte? Und wer war ihr Exponent hier?

Da hatte nun sein neues Verhältnis zu Jerry doch wieder Bedeutung. Nein, es war ganz ausgeschlossen, daß dieses tektonische Ereignis von irgendwem organisiert, absichtlich herbeigeführt worden war. Nun hatte sich Jerry als Kamerad und Freund erwiesen, nicht in einer wohlüberlegten Taktik, sondern spontan. Solange man die Sache nur gedanklich analysierte, gab es kein Problem bei der Geschichte. Wenn Jerry kein Feind war, mußte er, Viktor, seine Identität vor ihm verbergen, um ihn zu schützen, um ihn nicht in gefährliche Auseinandersetzungen einzubeziehen. Wenn Jerry ein Feind war, mußte er ihm ebenfalls seine Identität verbergen. Aber ob die Gefühle bei diesem nüchternen Kalkül mitspielen würden?

Viktor verschlüsselte diese Fragestellung, die ihm sehr wichtig erschien, und ordnete sie mit anderen Berichten zum Informationspaket. Draußen war es schon dunkel, er setzte sich ans Fernrohr und betrachtete den Abendhimmel. Da sah er plötzlich, daß eine kleine Glimmlampe im Stativ des Fernrohrs aufleuchtete – er wurde beobachtet, er und das Fernrohr standen im Lichtkegel eines Infrarotscheinwerfers.

Von woher kam die Beobachtung? Viktor zwang sich, noch einige Zeit am Fernrohr auszuharren, dann stand er auf und zog sich in die Tiefe des Zimmers zurück. Aus dem Schrank holte er den Infrarotwandler und blickte auf das Fenster. Da, ganz hell leuchtete ein runder Fleck – der Scheinwerfer. Unmittelbar darüber das Dach eines Gebäudes – das war … Was stand an dieser Stelle? Das Lumumba-Haus. Und da war oben unter dem Dach die UNO-Rechercheurin einquartiert mit ihren Gehilfen, zwei an der Zahl, eine Sekretärin für die Büroarbeit und ein Techniker, so wurde es erzählt, allerdings wußte niemand genau, was das für ein Techniker war – na, nun war es ja klar. Aber die Wanze war jedenfalls nicht von dem, denn der war erst ein paar Tage hier.

Es war übrigens gar nicht gesagt, daß die Beobachtung ausschließlich ihm, Viktor, galt. Aber sein Fernrohr gehörte jedenfalls zu den interessantesten Objekten, die von dort aus zu sehen waren. Er mußte sich also damit beschäftigen, hierhin und dorthin gucken, Himmelsaufnahmen machen, sinnvolle, falls die einen Fachmann befragten, nun, daran sollte es nicht fehlen. Zugleich aber war es wohl angebracht, die Laserübertragung auf Ultrakurzzeit-Impulse umzustellen, die ohne spezielle Beobachtungstechnik von der Seite her unsichtbar waren. Er hatte gerade noch Zeit dazu, dann war es schon zweiundzwanzig Uhr, die Sendung ging ab und wurde bestätigt, und von nun an war er nur noch Hobby-Astronom.

Es traf sich gut, daß er sich heute dazu etwas Sinnvolles vorgenommen hatte, denn kurz nach zehn klopfte es, und als er die Tür öffnete, stand Ella Jansens davor. Etwas verwundert bat er sie herein und entschuldigte sich, er müsse nur noch ein paar Sternaufnahmen schießen, dann stehe er zur Verfügung.

Sie wolle sich entschuldigen für ihr Verhalten, sagte sie, sie habe eine falsche Meinung von ihm gehabt, eine dumme Meinung, wie sie zugeben müsse, Jerry habe ihr das ausgeredet, aber der Entschluß, zu ihm zu gehen, stamme von ihr selbst, und ob sie mal durchs Fernrohr gucken könne?

Sie durfte. Viktor erläuterte ihr, was es zu sehen gab und welchem Zweck die Aufnahmen dienten und was weiter mit ihnen geschehen würde – sie würden genauso durch den Computer laufen wie die von Berufsastronomen, es habe sogar schon Entdeckungen von Amateuren gegeben, gerade in den letzten Jahrzehnten, da auch die Laien mit hochklassigen Geräten arbeiten konnten ... Ja, sagte sie, in der Ökologie sei es ähnlich, vielleicht sei das überhaupt eine neue Tendenz in den Wissenschaften, vor allem in denen, die auf ein breites Beobachtungsspektrum angewiesen waren und keine ortsfesten Anlagen dazu brauchten ...

Es war Viktor recht, daß sie gekommen war, und es war ihm auch recht, daß sie jetzt unverfängliches Zeug schwatzten. Er mußte dabei nachdenken, ob er sich zu ihrer Beziehung mit Jerry äußern sollte. Aber gerade die mögliche Gefahr, in die sie lief für den Fall, daß Jerry doch ein Gegner war, konnte ihr niemand ins Ohr flüstern. Er tröstete sich schließlich mit dem Gedanken: Sie ist ja ein erwachsener Mensch.

Zu denken gab ihm aber die Tatsache, daß es Jerry offenbar darum zu tun war, das gegenseitige Verhältnis zwischen sich und ihm zu zementieren, indem er solche kleinen Unstimmigkeiten wie die mit Ella aus der Welt schaffte. Das war aber doch ein positiver Zug und entsprach seinem Naturell, das auf Fröhlichkeit in seiner Umgebung ausgerichtet war. Es konnte selbstverständlich ebenso gut der Verharmlosung seiner Person dienen.

Allerdings gab es nun einen Menschen mehr, auf den Viktor achthaben mußte: Ella Jansens. Wenn sich irgendwann die Situation zuspitzte, dann durfte er sie nicht ins offene Messer laufen lassen. Aber bis dahin war wohl noch etwas Zeit.

Unter ihrer Post fand Mercedes Cardo einen dicken Briefumschlag, der – ohne Absender – aus Silver Beam kam und den sie behutsam behandelte. Sie lebte zur Zeit freilich nicht in Erwartung eines Attentats, aber Vorsicht und Gummihandschuhe konnten nichts schaden.

Heraus kamen fünf Fotos, und alle zeigten Aram Udarjan, wie er einem arabisch aussehenden Mann ein Bündel Banknoten gab. Der Fotograf mußte ein sicheres Auge gehabt haben, denn die Bewegung war so erfaßt, daß dem unbefangenen Beobachter der Eindruck suggeriert wurde, Aram sei der Geldgeber.

Mercedes zog die Gummihandschuhe aus. Verschiedenes war jetzt mit einem Schlage klar. Einige von den Informationen, die sie eingeholt hatte, fügten sich plötzlich nahtlos aneinander. Es blieben freilich noch Lücken und Unklarheiten, aber eins wurde sichtbar: Hier war eine Provokation großen Ausmaßes geplant. Silver Beam sollte benutzt werden, einen großen Schaden anzurichten, und der würde den Russen in die Schuhe geschoben werden. Was sie aber ganz besonders erboste, war die Rolle, die ihr zugedacht war. Veröffentlichte sie diese Bilder, würde sie die Provokateure unterstützen. Veröffentlichte sie sie nicht, würden die Provokateure auch über sie herfallen mit der Behauptung, sie hätte die Russen gedeckt. Diese Bombe mußte entschärft werden, und zwar schnell. Denn daß sie die Fotos jetzt erhielt, konnte nur bedeuten, der eigentliche Akt der Provokation stand bevor, Tage blieben ihr, höchstens eine Woche.

Als erstes ließ sie ihren Techniker die Fotos vervielfältigen, auch Ausschnitte daraus, aber das würde wohl nicht viel ergeben, die anderen Gesichter um die beiden herum waren unkenntlich gemacht, sie hätte schon die Originale haben müssen. Die Fotos waren zwar etwas unterschiedlich, zeigten aber alle die beiden «Partner». Eins behielt sie und ging damit gleich zu Chalil Benjassi. Unterwegs überlegte sie, zerschnitt mit ihrer Nagelschere das Foto in zwei Hälften und klopfte dann bei dem Polizeichef.

«Kennen Sie den?» fragte sie und gab ihm das Bild des Arabers. «Vielleicht ist das Scheikh Achmed?»

«Kann ich die andere Hälfte sehen?»

«Sehen ja – aber es ist vielleicht besser, wenn Sie sie nicht behalten. Über das, was Sie nur im Kopf haben, brauchen Sie dem Gouverneur nicht zu berichten.» Sie gab ihm die andere Hälfte.

Der Polizeichef betrachtete sie stumm und gab sie dann zurück. «Etwas in der Richtung hatte ich befürchtet», sagte er schließlich.

«Wenn Sie mir einen Gefallen tun wollen, dann behalten Sie das Bild von dem Araber in Ihrer privaten Brieftasche, für heute wenigstens.»

«Sie sagen mir, wenn Sie es freigeben.»

«Gut.»

Eine Stunde später flog Mercedes nach Kairo, sie hatte sich mit dem ägyptischen Geheimdienstchef verabredet. Den kurzen Flug benutzte sie, um noch einmal die Zusammenhänge zu überdenken, die sich da aufgetan hatten. Und die waren wirklich besorgniserregend. Ihr Ärger über die ihr zugemutete Rolle war verflogen, und sie konnte nüchtern und scharf denken.

Obenan in der Liste standen einige Gespräche, die sie in den letzten Monaten aus den verschiedensten Anlässen mit Großindustriellen der USA geführt hatte. Bei all diesen Gesprächen, gleich, worum sie sich gedreht haben mochten, hatte sie eine wachsende Aktivität des militärisch-industriellen Komplexes herausgehört, der in den letzten zehn Jahren zurückgedrängt gewesen war. Das alles war schwer faßbar, aber die Töne waren zum Teil bedrohlich genug gewesen. Zwar hatte der Präsident starken Rückhalt auch in der Wirtschaft, aber es war ja wohl nicht zu vergessen, was in den USA mit Präsidenten geschehen konnte, wenn sie den Interessen mächtiger Gruppierungen im Wege standen.

Ein weiterer Hinweis ergab sich aus der Tatsache, daß die irregulären Wirtschaftsvertretungen, die Chalil aufgedeckt hatte, über eine Kette verdeckter Abhängigkeiten mit dem größten Landmaschinenkonzern verbunden waren, der wiederum schon zu Beginn der Wasserlieferungen versucht hatte, die politische Entwicklung im Salawi-Gebiet zu seinen Gunsten zu beeinflussen, dahingehend also, daß nicht bäuerliche Klein- und Familienwirtschaften entstanden, wie der sozialökonomische Zustand des Landes sie brauchte, sondern industrielle Großfarmen als Markt für die hocheffektive Maschinenproduktion, was nur zu höherer Arbeitslosigkeit und einer Neuauflage der Monokultur geführt hätte. Damals hatte sich der Konzern nicht durchsetzen können – was wollte er jetzt? General Urambo, der Präsident des Landes, hatte zwar eine klare Linie in dieser Frage, aber die alte Feindschaft der zwei wichtigsten Volksgruppen in diesem Land war immer noch nicht ganz überwunden. Der General stammte aus dem Volk, dessen Einfluß sich mit dem Wohlstand, den es aus dem Wasser zog, ständig vergrößerte, und das mochte den Führern der anderen großen Volksgruppe, die früher das Übergewicht gehabt hatte, nicht gefallen. Wenn jemand im trüben fischen wollte, war hier eine der Spannungsquellen, wie sie es in diesem Kontinent leider immer noch in größerer Zahl gab. In anderen Ländern, die das Wasser erhielten, waren die Gegensätze zur Zeit nicht so stark, aber Möglichkeiten dieser Art gab es da auch.

Wenn aber die Provokation unmittelbar bevorstand, dann mußte noch eine große Zahl anderer Faktoren berücksichtigt werden, Interessenlagen der beteiligten Klassen, Mächte, politische und ökonomische Potentiale – man brauchte einen Computer dazu und einen gewieften Intellektroniker. Vielleicht sollte sie das mit diesem Russen aus der Elevengruppe gemeinsam machen? Es lag eine entschiedene Einseitigkeit in diesem Gedanken, die ihr nicht gefiel. Andererseits sollten die Sowjets ja Opfer dieser Provokation werden, und sie waren auch die einzige Großmacht, die hier objektiv keine anderen Interessen als politische und wirtschaftliche Stabilität haben konnte. Und da sie selbst auch auf dem Altar dieser Provokation geopfert werden sollte, lag ein solches Zusammenwirken in der Natur der Sache. Dieser Russe hatte hervorragende Zeugnisse und Erfahrungen, sie wußte das, sie hatte sich sehr gründlich mit den Kaderunterlagen befaßt.

Je länger sie darüber nachdachte, um so klarer wurde ihr die Notwendigkeit, die Bombe schnell zu entschärfen. Diese Computeranalyse war eine zu knifflige Geschichte, sie mußte selbst dabeisein, aber verlassen durfte sie Silver Beam jetzt nur für Stunden, was blieb ihr also? Sie mußte mit dem Russen arbeiten und ihn zum Schweigen verpflichten. Und sollte er der sowjetische Kundschafter sein, so war das in diesem Fall kein Schaden.

Nun aber Kairo, die bevorstehende Besprechung. Sie hatte den ägyptischen Geheimdienstchef aus mehreren Gründen als Gesprächspartner gewählt. Erstens stand er in ihrer Schuld, was den Austausch von Informationen betraf. Zweitens war Kairo Durchgangsplatz für über zwei Drittel der Leute, die nach Silver Beam kamen. Drittens – ja, drittens vertraute sie ihm, er würde sprechen oder schweigen, aber nicht lügen, und das war bei dieser Geschichte vielleicht der wichtigste Grund.

Der Chef holte sie selbst vom Flughafen ab, um ihr die diversen Kontrollen vor allem im Bereich des Dienstes zu ersparen. Als sie in seinem Büro saßen und der Mokka serviert war, sagte er: «Es geht niemals spurlos vorüber, wenn man die Ehre hat, Mercedes Cardo Fuentes zu empfangen.»

«So ist die Hoffnung um so größer», entgegnete sie, «daß es an mir nicht folgenlos vorübergeht, von Ihnen empfangen worden zu sein.» Sie legte die arabische Hälfte des Udarjan-Fotos auf den Tisch. «Kennen Sie dieses Gesicht?»

Der Chef betrachtete es lange. Gesichter vergaß er nie, das wußte Mercedes, und auch darauf hatte sie gebaut.

Ein Mitarbeiter kam herein, der Chef mußte ihn durch Knopfdruck gerufen haben. Er gab ihm das Bild.

«Ich habe das Gesicht schon mal auf einem Foto gesehen», sagte er. «Suchen Sie es mir bitte heraus.»

Der Mitarbeiter verschwand, der Chef nahm ein Schlückchen Mokka und sagte: «Es wird einige Minuten dauern. Falls ich in nächster Zeit etwas über diesen Mann erfahre, erreiche ich Sie wohl in Silver Beam?»

«So ist es», bestätigte Mercedes und beschloß, die gewünschte Information in eine Frage zu kleiden. «Sie arbeiten doch viel mit Computern», sagte sie und lächelte. «Was meinen Sie, wenn Sie begründeten Verdacht hätten, daß an einem bestimmten Ort zu einer bestimmten Zeit eine ziemlich verwickelte, jedenfalls große Provokation geplant ist – welche Chance würden Sie sehen, der Sache mit Computeranalyse auf die Spur zu kommen?»

«Eine große Chance», sagte der Ägypter, «vor allem an einem relativ abgeschlossenen Ort wie Silver Beam. Und wenn man einen geeigneten Intellektroniker hat. Denn das Objekt der Provokation ist in dem Falle eo ipso gegeben: das Wasser.»

«Das dachte ich auch», bestätigte Mercedes. Ein leiser Gong ertönte, aus einem Schlitz im Schreibtisch des Chefs schob sich ein Kuvert. Er öffnete es und entnahm ihm ein Foto, sah kurz darauf und reichte es Mercedes, zusammen mit dem, das sie mitgebracht hatte.

«Und wissen Sie, wer es ist?»

Der Chef besah das Kuvert. «Nein, nur, daß er aus dem Nahen Osten kam. Wahrscheinlich aus dem Libanon.»

«Und der andere auf Ihrem Foto?»

«Das ist Mr. Carol Mattik, der hiesige Resident der CIA.»

Der Überfall war nicht plötzlich gekommen, und die Bewegungen der drei Männer zeigten mehr Imponiergehabe von Raufbolden als die kraftvolle Sparsamkeit echter Kämpfer.

Viktor lief seit einigen Tagen in der Morgenkühle den Weg zum Rechenzentrum durch die Alleen und Parks der Stadt, etwa fünf Kilometer, schon gestern hatte er einen gesehen, der ihm nachlief, das hatte Zufall sein können, aber heute hatte er ihn wieder gesehen, dann kam ihm von vorn noch jemand entgegen, und da, wo sie sich begegnen mußten, kam ein dritter von links über die Straße geschlendert. Viktor wußte mit absoluter Sicherheit, daß das ihm galt. Er lief etwas langsamer, um den Punkt der Begegnung zu verlegen, bald hatte er zwei vor sich, während der dritte hinter ihm herankeuchte. Die Situation war nicht mißzuverstehen: Der Läufer von vorn stand jetzt vor ihm, ließ ein Messer aufschnappen und warf es von einer Hand in die andere. Der Straßenüberquerer schwenkte in der Rechten eine Fahrradkette, und der von hinten Kommende hatte, wie Viktor mit einem schnellen Blick feststellte, einen Totschläger in der Hand.

Trotzdem hatte Viktor keine Angst. Er hätte die beiden einfach auseinanderschleudern und weiterlaufen können, und wenn er einen Spurt eingelegt hätte, wären sie hoffnungslos abgehängt gewesen – der hinter ihm keuchte jetzt schon vor Anstrengung. Aber Viktor wollte wissen, wer diese Männer waren, was sie wollten und wer sie vielleicht beauftragt hatte. Andererseits aber wollte er auch niemandem einen Schaukampf liefern, sondern sich auf Verteidigung beschränken und nicht mehr zeigen, als man einem Kreisklasse-Amateur des Kampfsports zutrauen konnte. Der Überfall konnte auch ein Test sein.

Was er tun würde, hing vor allem von dem Schlagstockmann ab, der von hinten kam. Er verlangsamte seinen Lauf nicht, also wollte er aus der Bewegung heraus zuschlagen, während die andern beiden nur zur Sperre da waren. Viktor wußte in jeder Zehntelsekunde genau, wo der sich befand, auch ohne daß er ihn sah. Genau im richtigen Moment drehte sich Viktor auf dem linken Bein, streckte das rechte nach hinten und warf den Fahrradkettenmann um, als er selbst fast waagerecht lag, das Gesicht nach unten, faßte gleichzeitig mit dem linken Arm den Heranstürmenden, gab ihm einen zusätzlichen Schub in Laufrichtung, so daß der mit dem Messermann zusammenprallte, und hob damit für sich selbst die beiden Drehimpulse gegeneinander auf, so daß er wieder auf die Füße kam. Damit war der Kampf zu Ende. Die Angreifer und ihre Waffen lagen am Boden.

Nein, das waren wahrhaftig keine Kämpfer. Liegenbleiben! hatte Viktor auf englisch befohlen, und ein paar Püffe mit Fuß oder Hand genügten, daß sie seinem Befehl gehorchten. Sie machten nicht einmal den Versuch, zu ihren Waffen zu kommen. Sicherlich spielte dabei die Verblüffung auch eine Rolle, und ihre Folgsamkeit hätte wahrscheinlich nicht endlos angehalten, aber da kam schon die Polizei, von Beobachtern alarmiert. Die drei waren den Polizisten nicht unbekannt, denn Viktor hatte keine Schwierigkeiten. Allerdings gab es Zeugen, die Viktors Darstellung bestätigten.

Am liebsten wäre Viktor gleich mitgegangen, denn irgendwie ließ sich dieser Vorgang nicht einordnen, aber er hatte für heute, da er allein über den Computer verfügen konnte, etwas Wichtiges und Langvorbereitetes geplant und brauchte jede Minute. Deshalb bat er die Polizisten nur, unverzüglich den Polizeichef über den Vorfall zu unterrichten, da die Sache vermutlich noch im Zusammenhang stehe mit der Entführung neulich, und es wurde ihm zugesichert, daß das geschehen würde.

Was er so lange vorbereitet hatte und heute nun vornehmen wollte, war eine spieltheoretische Analyse der gegenwärtigen Situation. Schon tagelang hatte er Hunderte von Einzelinformationen aus allen möglichen Quellen codiert, aus der Presse, der örtlichen wie der globalen, aus den Informationen der Heimat, auch aus Gesprächen, aus UNO-Materialien, aus der Planung der Elevengruppe – alles, was ihm erreichbar war und mit Interessen in Beziehung stand, die beliebige Kräfte an Silver Beam und den Abnehmerstaaten, an der Veränderung der Lage in Afrika und in der Welt hatten. Das weitgespannte Auswahlprinzip zeigte schon, daß trotz aller Gründlichkeit ein starker subjektiver Einfluß unvermeidbar war.

Es war für ihn eine hochinteressante wissenschaftliche Aufgabe, aber nicht nur deshalb hatte er diesem Tag entgegengefiebert. Noch mehr als der wissenschaftliche Eifer trieb ihn das Gefühl der Passivität an, das ihn seit Tagen befallen hatte. Er konnte doch seiner Aufgabe nicht gerecht werden, wenn nur die andere Seite handelte und er, Viktor, hinterher nutzlose Überlegungen anstellte! Zwar war sein strategisches Ziel in dieser ersten Etappe, die Sowjetunion und ihre Vertreter aus einer möglichen Provokation herauszuhalten – so war es mit dem General abgestimmt, und mehr konnte niemand erwarten. Aber dazu mußte er doch wenigstens eine Vorstellung haben, was auf sie zukommen könnte.

Eine äußerst komplizierte, vielstufige Rechnerei lief ab, im Dialog zwischen Mensch und Computer, noch zusätzlich kompliziert durch die Tatsache, daß Viktor nicht einfach auf die heimatliche Software zurückgreifen konnte, sondern sich aus dem vorhandenen Material ein brauchbares Programm zusammenstellen mußte.

Gegen Mittag hatte er vier raum-zeitliche Punkte herausgefunden, in denen sich jeweils ein großer Teil der Interessen verknüpfte – oder wie man das sonst in der für diese Zwecke unzulänglichen Alltagssprache ausdrücken sollte. Nun versuchte er, durch Hinzufügen, Weglassen, Variieren einzelner Parameter herauszufinden, ob einer der vier Punkte in einer anderen, aber nahegelegenen Kombination eine Vorrangstellung einnahm, aber das gelang ihm nicht.

Er wollte sich eben damit abfinden, das Ergebnis archivieren und mit weiteren Nachforschungen in diesen vier Richtungen beginnen, als er Besuch erhielt: Mercedes Cardo Fuentes. Eine von Vorsicht und Erwartung getragene Spannung erfüllte ihn – mehr von Erwartung als von Vorsicht, wenn er ganz ehrlich sein wollte.

«Sind wir hier ungestört?» fragte die Rechercheurin.

«Bis Feierabend – und danach, wenn nötig.»

«Ich habe einen Auftrag für Sie, einen persönlichen. Und vertraulichen. Sogar streng vertraulichen. Ich verstehe nicht genug von Ihrem Metier, um zu wissen, ob er überhaupt erfüllbar ist und wie lange Zeit Sie dazu brauchen. Aber ich glaube, ich kann mich auf Ihre Kooperativität verlassen.»

Viktor nickte, enthielt sich jeder Äußerung, machte aber ein fragendes Gesicht.

«Kann man – falls jemand hier eine Provokation vorhaben sollte – die Interessen aller beteiligten Kräfte so codieren und im Computer bearbeiten, daß Zusammenhänge erkennbar werden, günstigstenfalls sogar Hinweise auf Raum und Zeit?»

«Wenn man die Informationen darüber in genügender Vollständigkeit hat, ist das nicht unmöglich.»

«Womit fangen wir an?»

«Mit der Codierung der Informationen. Schießen Sie los.»

Was Mercedes zunächst vortrug, waren alles Dinge, die Viktor schon codiert hatte, und er nickte nur jeweils und sagte: «Bitte weiter!» Mercedes nahm zur Kenntnis, daß er gar nichts eingab, aber sie sagte nichts dazu. Erst als sie bestimmte Aspekte der Interessen des Landmaschinenkonzerns aufzählte, schaltete Viktor das Mikrofon an und sprach die Sätze ein, computergemäß umformuliert. Mercedes hob die Augenbrauen und sagte: «Das hatten Sie wohl noch nicht?»

«Nein», sagte Viktor. Weitere Bekenntnisse waren überflüssig.

Es gab noch diese und jene Einzelheit, die Viktor neu war, zum Beispiel ging die Rechercheurin stärker auf die US-amerikanische Innenpolitik ein, als Viktor das getan hatte, aber nach einer Stunde waren sie fertig.

Ergebnis: Der Raumzeitpunkt mit der weitaus stärksten Häufung war der Ausflug der Elevengruppe zu den Tongiwa-Ruinen, für übermorgen vormittag geplant. Die Tongiwa-Ruinen waren eine touristische Attraktion. Sie waren freigelegt worden, als man die Tongiwa-Zisternen aushob, die das Wasserreservoir waren für das südlich gelegene Salawi-Gebiet, das wiederum zu einem traditionell instabilen Staat gehörte, in dem jetzt General Urambo präsidierte. Außenpolitisch war er ein Mann der Mitte, aber er hatte sich die Landmaschinenindustrie der USA zum Feind gemacht. Innenpolitisch stand er wahrscheinlich fest, solange seine Volksgruppe ihn ungeteilt unterstützte. Ob er freilich einen Mißerfolg der Bewässerung politisch überlebt hätte, war sehr fraglich.

Was sagte der Computer? Eine Unterbrechung der Wasserzufuhr für eine kurze Zeit, etwa für einige Tage wie bei einem Sprengstoffanschlag auf die Pipelines, würde nichts bewirken. Es gab ein umfangreiches Netz von Reserven. Was also sonst? Vielleicht sollte man nicht vom Wasser, sondern von den Pflanzungen ausgehen? Aber dort war ja keine Monokultur, man mußte also vier oder fünf der am meisten verbreiteten Pflanzenarten nehmen und nach einem gemeinsamen Punkt in deren Entwicklung suchen, ein Zeitintervall von drei Monaten um den jetzigen Zeitpunkt herum, gab es da zusammenfallende Maxima oder Minima, ja, da zeichnete sich etwas ab, eine Woche etwa, die in zwei Tagen begann, wie konnte man diese Koinzidenz deuten? Aha, erhöhte Empfindlichkeit gegen toxische Einflüsse. Wirkungen? Wirkungen setzen zu unterschiedlichen Zeiten ein, aber nicht vor vierzehn Tagen. Und dann ist die große Mehrzahl der Pflanzen aller Arten bereits so weit geschädigt, daß sie keine Früchte mehr liefern.

Das aber bedeutete doch wohl … eine Brunnenvergiftung! Nicht einmal im übertragenen Sinne, sondern ganz wörtlich! Das war ungeheuerlich, und für einen Augenblick war Viktor geneigt, die Unsicherheiten, die der ganzen Berechnung anhafteten, stärker ins Kalkül zu ziehen. Aber nein, das Ergebnis hatte jetzt eine sehr hohe Wahrscheinlichkeit. Die einzige Möglichkeit, von den Ruinen aus ins Salawi-Gebiet zu wirken, führte über das Wasser, oder wenn nicht die einzige, dann aber doch die effektivste für eine weitreichende Sabotage, und da kam also kaum etwas anderes in Frage. Und dann: Ihre Anwesenheit bei dem Ausflug sollte wohl die Verbindung schaffen zwischen dem Ereignis und der Sowjetunion, und dazu hatte sicherlich auch die Entführung Arams gedient, man hatte bestimmt irgendwelche kompromittierenden Fotos hergestellt, die in das Szenarium der Provokateure paßten!

«Sie zweifeln?» fragte Mercedes.

Die Frage rief Viktor ins Gedächtnis, daß es notwendig war, an das Rechnerergebnis kritisch heranzugehen.

«Die Verknüpfung der Interessen in diesem Punkt ist zwar sehr stark», sagte er bedächtig, «aber es gibt auch Widerstreit zwischen ihnen, nicht nur Übereinstimmung. Hier zum Beispiel, zwischen dem militärisch-industriellen Komplex einerseits und der CIA als Regierungsorgan andererseits, und das kann bedeuten ...»

«... daß man mit mindestens zwei aktiven Gruppen rechnen muß, die nur teilweise in die gleiche Richtung zielen», ergänzte die Rechercheurin. «Schaffen Sie es, Ihre Leute von dem Ausflug fernzuhalten, also Udarjan, die Jansens und sich selbst? Alles andere übernehme ich.»

«Mach ich», sagte Viktor, «und hier lösche ich alles. Notfalls können wir die Rechnung schnell wiederholen. Es ist überhaupt fast ein Wunder, daß das so gut geklappt hat – es liegt wohl hauptsächlich daran, daß Silver Beam in seinen Beziehungen zur Umwelt auf eine nicht zu große Zahl von Linien reduzierbar ist. In einer Stadt wie New York wäre das bestimmt nicht gelungen.»

Sie gingen zusammen zum Platz der UN zurück und kamen auch an der Stelle von Viktors morgendlichem Abenteuer vorbei.

«Übrigens noch etwas, das überhaupt nicht in die ganze Geschichte hineinpaßt – ich bin hier heute früh von drei Strauchdieben überfallen worden, die Polizei hat sie dann aufgesammelt. Ich hab auch dem Polizeichef Bescheid sagen lassen. So wie die sich benahmen, waren es wirklich nur Raufbolde, trotzdem war die Sache auf mich gezielt, denn der eine hat mich schon am Vortag verfolgt. Wenn die Veranstalter im Hintergrund aber übermorgen etwas mit uns vorhätten, dann würden sie uns doch in diesen Tagen davor in Ruhe lassen, denke ich.»

«Da gehen wir am besten bei Chalil Benjassi vorbei», schlug Mercedes vor.

Viktor fühlte sich wohl wie lange nicht. Vor allem, weil er

endlich hier zu etwas nütze war. Aber auch, weil es sich gut ging neben dieser schönen Frau, der man die zwanzig Jahre mehr kaum ansah.

Früh um sieben trafen sie sich zum Ausflug. Ein Bus war bereitgestellt, aber es dauerte doch etwas länger, bis alle beisammen waren, ein paar Säumige gibt es ja immer. Viktor bemühte sich, nicht nervös umherzublicken, nun mußte aber bald – ah, das war er wohl.

Ein Angestellter der sowjetischen Vertretung trat an die Gruppe heran und sprach Viktor und Aram an, die beieinanderstanden. Er erklärte, alle drei sowjetischen Eleven müßten sogleich mit in die Vertretung kommen, es sei sehr dringend, es täte ihm leid, daß sie dadurch um ihren Ausflug kämen. Sie winkten Ella Jansens heran, in deren Gefolge auch Jerry Baker näher trat, und erklärten ihr den Sachverhalt. Ella hatte nicht die geringste Lust, der Aufforderung Folge zu leisten, aber sie redeten ihr zu, sogar Jerry sagte, wenn ihre Vertretung sie riefe, dann müsse sie folgen, das sei eben so, wenn man im Ausland lebe.

In der Vertretung, die den Status eines Konsulats hatte, mußten sie zunächst einmal warten. Viktor war der einzige, den das nicht ärgerte, denn er hatte die Termine über seine Funkverbindung in Moskau arrangiert. Doch das wußte selbstverständlich hier in der Vertretung niemand. Wenn das Gespräch beendet war, mußte der größere Teil des Vormittags vergangen sein, so daß ein Nachfahren sinnlos geworden wäre.

Nach einer halben Stunde empfing sie der Vertreter, ein älterer Genosse von verbindlichem Wesen und mit großem diplomatischem Talent, denn es war überhaupt nicht zu spüren, daß auch er nicht wußte, warum er gerade jetzt diese drei bei sich versammeln sollte, sondern nur, zu genau welchem Zeitpunkt das zu geschehen habe und welche Fragen er ihnen stellen sollte.

Er hielt die Einleitung kurz, vermerkte nur, daß er zwar nicht der Polizei die Arbeit abnehmen wolle, daß aber die

Vertretung nicht tatenlos zusehen könne, wenn ihre Bürger Opfer von Anschlägen würden, erst Genosse Udarjan und nun auch Genosse Tolkin, wie man ja wohl gehört habe. Er möchte deshalb einige Fragen noch einmal mit ihnen durchgehen, es sei ja nun etwas Zeit vergangen, vielleicht würden doch noch Erinnerungen hervortreten, die bisher unbewußt geschlummert hätten. Die erste Frage sei: Wer hat seinerzeit den Besuch gerade dieses Basars vorgeschlagen?

Ella Jansens fragte gereizt, ob man sie deswegen vom Ausflug abgehalten habe, das sei doch alles schon mehrfach gefragt worden, und wenn es wirklich nötig sei, hätte man das auch abends oder nachmittags tun können.

«Ich denke im Gegenteil», sagte der Vertreter ruhig, «daß wir keine Stunde länger warten durften. Wer kann wissen, wann und auf wen der nächste Anschlag erfolgen wird? Vielleicht wieder auf Genossen Tolkin? Oder auf Genossin Jansens? Heute? Oder morgen? In jedem Fall ist es ein Anschlag auf die Heimat. Wachsamkeit ist geboten. Das ändert nichts an der Grundauffassung unserer Zeit, daß man auf andere Menschen und Völker mit Vertrauen zugehen soll. Aber die Welt ist noch nicht frei von Antagonismen, wie wir ja leider erlebt haben. Und da ich längere Zeit als Sie im Ausland gelebt habe, erlaube ich mir hinzuzufügen: schon öfter erlebt haben. Ich möchte Ihnen deshalb erklären, was ich unter Wachsamkeit verstehe, nicht, weil ich mich für besonders klug halte, sondern einfach auf Grund unserer kollektiven Erfahrung: Wachsamkeit, das heißt, jedes Ding, jede Handlung daraufhin zu prüfen, wie man sie gegen uns verwenden könnte; jede Umgebung, auch jede Bekanntschaft, daraufhin zu betrachten, ob ihr irgend etwas Ungewöhnliches anhaftet. Hätten wir das gleich getan, wüßten wir auch, wer den Basar vorgeschlagen hat. Deshalb ist es wichtig, daß wir von jetzt an mit dieser Haltung an alles herangehen. Ich gebe zu, das ist anstrengend, aber – wie die Ereignisse zeigen – unerläßlich. Also zurück zur Frage: Kann sich jemand entsinnen?»

Das war nicht der Fall, und so fuhr der Vertreter fort:

«Eine ganz ähnliche Frage: Wer hat den heutigen Ausflug vorgeschlagen?»

«Das Komitee», sagte Ella Jansens schnell.

Sie hatten ein Komitee der Elevengruppe gewählt, das für das Dreivierteljahr ihrer Zusammenarbeit so eine Art Gewerkschaftsfunktion ausüben sollte und in dem nach Vereinbarung die Eleven der ständigen Sicherheitsratsmitglieder nicht vertreten waren.

«Es sind ja andere sozialistische Staaten darin, vielleicht können Sie die fragen?» schlug Aram Udarjan vor.

«Ich danke Ihnen», sagte der Vertreter, «das werde ich tun. Ich habe nun noch zwei Dinge. Erstens», er entnahm seinem Schreibtisch drei winzige Plaketten, die in durchsichtigen Plast gehüllt waren, «erstens habe ich hier drei Minisender, die Sie sich am besten irgendwo auf die Rippen kleben. Sie geben alle halbe Stunde ein Signal ab, das wir empfangen und orten. Für den Fall einer weiteren Entführung. Wenn die Lage sich entspannen sollte, nehmen wir Ihnen die Dinger wieder ab.»

Die andern beiden guckten ein bißchen überrascht, sagten aber nichts dazu. Viktor versprach sich von dieser Maßnahme nicht allzuviel, hauptsächlich wohl, daß die beiden andern täglich ein paarmal an die nötige Wachsamkeit erinnert wurden. Aber wer konnte schließlich wissen!

«Und nun zum letzten Punkt. Ich zeige Ihnen hier ein Dutzend Fotos von Leuten, die alle in Beziehung zu den bekannten Vorfällen stehen. Ist Ihnen im Laufe Ihres Hierseins jemand aus dieser Galerie aufgefallen? Verstehen Sie mich richtig, dies ist keine polizeiliche Identifizierung – auch unsicheres Zeugnis würde uns dienen. Selbst wenn Sie nur glauben, eine Ähnlichkeit zu sehen.»

Ella Jansens betrachtete die Bilder kopfschüttelnd, aber diszipliniert und lange. Inzwischen hatte sie die Hoffnung aufgegeben, man könne den anderen noch hinterherfahren.

Aram sah die Bilder durch. Eins betrachtete er lange und intensiv.

Viktor hatte Mühe, seine Erregung zu unterdrücken. Das

Bild, das Aram in der Hand hielt, war das Foto eines der drei Männer, die ihn überfallen hatten, und zwar das des Fahrradkettenschwenkers. Die drei waren noch in Haft, obwohl der Vorfall als unerheblich eingestuft wurde. Die Vernehmung hatte ergeben, daß die drei Viktor den Tod der beiden Raufbolde zur Last legten, mit denen sie verwandt oder befreundet waren. Die drei hatten damals bei ihren Kumpanen Viktors Bild gezeigt, und sie wußten auch, daß ihre beiden Freunde Viktor identifiziert hatten, und nun waren sie tot. Sie beschuldigten Viktor des Mordes und hatten ihre Freunde rächen wollen. Nach Meinung des Polizeichefs, der gewiß die Sitten und Bräuche der hiesigen Halb- und Unterwelt besser kannte, hatte das überzeugend geklungen; auch war sonst weit und breit kein anderes Motiv für einen solchen Überfall zu entdecken.

Wenn freilich nun Aram diesen Mann wiedererkennen sollte, dann sah die Sache mit einemmal ganz anders aus. Dann gehörte der Mann nicht zum Umfeld, sondern zu den direkt Beteiligten, und der Überfall war höchstwahrscheinlich geplant. Denn auch die primitivste Bande brachte die privaten Fehden ihrer Mitglieder unter ihre Kontrolle, und hier wurde die ganze Aktion doch von Profis geleitet.

«Ich glaube, den kenn ich!» sagte Aram Udarjan schließlich. «Nicht mit Sicherheit, nein, aber ... Also das ist so. Zuerst hatte ich überhaupt keine Vorstellung, was ich während meiner Entführung gesehen und gehört hatte. Eine Folge der Droge. Nach und nach kamen mir einige Bilder in Erinnerung, aber sehr verzerrte. Einige Zeit später entstanden in meiner Erinnerung Umrisse eines normalen Gesichts, die nach und nach deutlicher wurden – entschuldigt, wenn ich mich umständlich ausdrücke, aber das ist nicht gerade mein Fach, bei Fahrzeugen könnte ich das präziser sagen. Also das Gesicht, das ich irgendwann gesehen habe, vielleicht, als einmal die Wirkung der Droge nachließ – dieses Gesicht ähnelt dem hier. Und ich werde immer sicherer, je länger ich das Foto angucke.»

Die Eleven waren durchaus nicht die einzigen Besucher des Tongina-Tals. Die Ruinen lockten stets Touristen aus aller Welt an, aber sie waren nicht der einzige Magnet. Auch Wüstenbewohner strömten hier zusammen – es war für sie so eine Art Heiligtum. So viel Wasser wie in den drei Zisternen der hydrotechnischen Anlage hatten sie, falls sie nicht schon einmal ans Meer gekommen waren, noch nie gesehen, und das war für sie staunenswerter als die Ruinen und sogar als die Stadt, die sie meist als zweites besichtigten.

Die Zisternen lagen in Reihe unter einer Überdachung, die nach drei Seiten offen war. Hier, nach einer kurzen Vorbehandlung, lagerte das Wasser ab, wie die Fachleute sagten. Jeweils aus einem Behälter floß das Wasser nach Süden. Die Anlage war eine der ältesten. Man hätte sie vielleicht schon durch eine modernere ersetzt, wenn sie nicht ein so überzeugendes Demonstrationsobjekt für die benachbarten Völker gewesen wäre. Und ihren Dienst tat sie ja nach wie vor.

Die nicht zugängliche Gebäudeseite, die auch die Überdachung trug, enthielt die Bedienungstechnik sowie einige Räumlichkeiten für das Personal, das auch nicht ständig hier sein mußte. Bis hierher floß das Wasser unter seinem eigenen Druck und bei neueren Bohrlöchern unter dem Druck der Pumpen, und von den Zisternen bis zum Verbraucher genügte das natürliche Gefälle. Lediglich zu den Umschaltungen von einer Zisterne auf eine andere sowie einmal jährlich zu Generalüberholungen und Reinigungen wurden die Räume gebraucht.

Auch heute wirkten sie unbenutzt, doch es schien nur so. Hinter den von außen undurchsichtigen Scheiben stand der Polizeichef, standen Kameras, Beobachter, eine Funkzentrale war installiert, und draußen hatten sich Polizisten in Zivil unter die Besucher gemischt.

Das Labor, das zum Bedienungstrakt gehörte, war ebenfalls besetzt, zwei Chemiker saßen da und unterhielten sich gelangweilt darüber, was dieser Aufmarsch zu bedeuten habe.

Chalil Benjassi sah ab und zu durch das Fernglas, griff sich diesen und jenen einzelnen Besucher aus der Menge heraus und studierte sein Verhalten. Er erwartete allerdings jetzt noch keine Ereignisse oder Erkenntnisse, denn die Rechercheurin hatte angedeutet, daß etwas um die Gruppe der Eleven geschehen würde, und wenn sie etwas andeutete, dann konnte man mit ziemlicher Sicherheit darauf rechnen, daß es auch eintrat.

Jetzt kam über Funk die Meldung, daß der Bus mit den Eleven auf dem Parkplatz eingetroffen sei. «Bleiben Sie dran, B zwölf, ich hol mir das Bild», sagte Chalil und schaltete einen Monitor an. Er sah den Bus, aus dem immer noch die Eleven ausstiegen, und ließ die versteckte Kamera schwenken. Richtig, da standen drei Männer in landesüblicher Kleidung, die sich sehr für die Eleven interessierten. Er schaltete das Richtmikrofon ein, aber die drei Männer sprachen wenig. Nur zwei Sätze konnte Chalil verstehen, aber die reichten aus, um seinen Verdacht zu erhärten. «Sie sind nicht dabei», sagte der eine, und ein anderer ordnete an: «Dann macht, daß ihr wegkommt, den Rest erledige ich allein.»

«B zwölf», sagte Chalil, «folgen Sie dem Mann, der sich jetzt eben in der südöstlichen Ecke des Parkplatzes von zwei Freunden verabschiedet, gleich neben dem gelben Samum mit der ägyptischen Nummer. Folgen Sie ihm mit Abstand, aber wenn Sie an die Zisternen kommen, halten Sie sich nahe neben ihm. B elf, Sie folgen den beiden andern. Nur observieren. B sieben bis zehn, Sie halten sich an B zwölf, kreisen ihn in weitem Abstand ein. B sechs – Sie halten sich in der Nähe von B zwölf auf und helfen ihm, wenn nötig. Es wird vermutlich zu einer Festnahme kommen. Bitte Bestätigung.»

Die Beobachter meldeten sich in der Reihenfolge ihrer Zahlen. In Chalil wuchs jetzt die Spannung. Selbst er, der hier den ganzen Aufwand inszeniert hatte, konnte im Grunde seines Herzens nicht glauben, daß jemand so etwas tun könnte: Wasser vergiften. Und nicht irgendeinen Brunnen, sondern das Wasser für ein ganzes Volk.

Jetzt sah er die Elevengruppe durch das Fernglas, sie kam näher, mit ihnen und zwischen ihnen auch andere Besucher,

Chalil entdeckte B 12 und B 6, und da war auch der Fremde, mitten in der Gruppe, zum ersten Mal sah er jetzt das Gesicht, und das war – ja, das war der Mann vom Foto, der auf dem Bild ein Geldbündel festhielt, an dem auf der anderen Seite dieser Armenier hing. Also doch! Chalil hatte Mühe, die Wut zu unterdrücken, die in ihm hochstieg.

Inzwischen war die Gruppe schon bei den Zisternen, allerdings bei der ersten, in der das Wasser zur Zeit stand. Der Anschlag würde wohl bei der dritten stattfinden, die jetzt halb leer war.

«Allgemeine Bereitschaft!» ordnete Chalil an. «Kamera auf die erste Zisterne, in der Gruppe der Eleven ein einzelner Fremder, ja, der, immer im Mittelpunkt des Bildes halten, aufnehmen, ohne Unterbrechung. Der Probennehmer, sind Sie bereit? Achten Sie auf mein Handzeichen.»

Jetzt blickten alle hinaus. Auch die Chemiker unterbrachen ihre Unterhaltung, die Gruppe draußen schlenderte an der zweiten Zisterne vorbei zur dritten, Chalil senkte die Hand, der Probennehmer ging los. Am Rand der dritten standen B 6 und B 12 hinter dem Fremden, der holte einen kleinen Gegenstand aus der Tasche, schraubte seelenruhig daran herum – und schüttete etwas ins Wasser.

«Festnehmen!» sagte Chalil leise. Die Festnahme geschah von den anderen unbemerkt. Die beiden Polizisten brachten den Mann zum Gebäudetrakt, die anderen vier sicherten. Der Probennehmer holte Wasser aus der Zisterne und kam ins Haus. Die Chemiker begannen mit der Arbeit.

Schließlich kam einer von ihnen. «Natriumchlorid», sagte er. «Einfaches Salz. Kochsalz, sonst nichts.»

4

Der Killer blickte aus einem Fenster im ersten Stock des Magistratsgebäudes, das zur äußersten von zehn Abortkabinen gehörte. Von hier waren es etwa sieben Meter Luftlinie bis zum

Nebeneingang des Hauses, und das Fenster war von außen fast verdeckt durch großflächige Schmuckelemente, die sich in Höhe des ersten Stocks um das Haus zogen. Ein idealer Platz. Schuß, Fenster zu und ab, und ehe der Getroffene unter der Giftwirkung zusammengebrochen und die Ursache dafür erkannt worden war, spazierte er selbst schon durch den Vordereingang hinaus auf den Platz, hinüber ins Hotel, wo er seelenruhig auf seinen touristischen Abflugtag warten konnte. Alles stand zum besten.

Trotzdem gefiel ihm der Auftrag nicht. Und das aus mehreren Gründen.

Erstens gefiel ihm nicht, daß er im Ausland war und die örtlichen Verhältnisse ungenügend kannte. Normalerweise übernahm er keine Aufträge im Ausland, aber die Telefonstimme, die ihn engagiert hatte, konnte als Empfehlung den Namen seines bisher bedeutendsten Klienten nennen, ausgesprochene Hochfinanz, und alle Einzelheiten des damaligen Auftrags.

Zweitens mißfiel ihm alles, was mit der Waffe zusammenhing. Sie war ihm gestellt worden, ein Luftdruckgewehr mit Zielfernrohr, eine Sportwaffe, in der Sowjetunion gebaut, leicht verändert, der Kolben war durch eine Klappstütze ersetzt. Er kannte das Fabrikat, es war eine gute Waffe, aber es gab ebenso gute aus westlichen Ländern, die leichter zu beschaffen und deren Herkunft schwerer zu prüfen war. Und diese Waffe sollte er – das war Teil seines Auftrags – nach dem Schuß liegenlassen. Das alles roch verdammt nach großer Politik – nicht die Wiese, auf die er gern seine Kühe trieb. Dafür hatten die Geheimdienste ihre Spezialisten. Geschäftsleben, Erbschaftsangelegenheiten, auch mal ein Eifersuchtsfall – das waren unkomplizierte und leicht zu erledigende Jobs. Das hier – das roch nicht nur, das stank. Aber leider ging sein Geschäft zur Zeit nicht besonders gut. Anscheinend hatten alle Leute plötzlich ihre Verwandten lieb, die Erben wünschten ihren Eltern ein langes Leben, und die betrogenen Ehepartner waren froh, daß ihnen jemand die Arbeit abnahm. Wie auch immer, er hatte zugesagt und mußte folglich auch schießen. Zuverlässigkeit war das wichtigste Prinzip bei seinem Geschäft.

Am meisten störte ihn, daß er sich den Zeitpunkt nicht selbst aussuchen konnte. Er hatte ein Bild des Zielobjekts, und er würde angerufen werden, wenn es soweit war – am Vorabend des betreffenden Tages und noch einmal etwa eine halbe Stunde vorher. Seine Touristenbuchung lief in fünf Tagen ab, und es wäre gar nicht gut, wenn er die Sache etwa am Vortag seiner Abreise erledigen sollte; viel besser wäre es, wenn zwei, drei Tage dazwischenlägen. Nun ja, für den Notfall hatte er eine Telefonnummer, die er anrufen konnte.

Der Killer erhob sich, er hatte jetzt eine halbe Stunde auf dem Klosettdeckel gesessen, zwei Leute hatten in der Zeit die Toilette benutzt, das war gut so. Und er mußte nun etwas für seine Tarnung als Tourist tun und sich in die trockene, glühende Stadt stürzen, die ihn nicht für einen Cent interessierte.

Er hätte mal sehen wollen, ob jemand aufpaßt, und deshalb hätte er im Restaurant einen Salzstreuer mitgehen lassen und den Inhalt ins Wasser gekippt – so hatte der Festgenommene ausgesagt. Zu allen anderen Fragen hatte er nur gegrinst.

Chalil Benjassi war nicht zufrieden. Was ihn im ersten Augenblick schockiert hatte – das Kochsalz –, hatte bei näherem Hinsehen sehr interessante Aspekte. Daß sich zum Beispiel der Festgenommene so sicher fühlte, bedeutete doch wohl, daß er von der Weitergabe seines Fotos an Mercedes nichts wußte. Damit konnte man ihn also zu gegebener Zeit überraschen. Hierbehalten mußte man ihn sowieso, bis alle Analysen abgeschlossen waren. Und inzwischen ging ja auch das Signalement – Hologramm, Stimmprobe, Fingerabdrücke und andere Kennwerte – an Interpol und alle benachbarten Innenministerien. Auch die hiesigen Vertretungen der ständigen Sicherheitsratsmitglieder hatte er informiert. Irgend etwas mußte dabei herauskommen, der Kerl war ja nicht vom Himmel gefallen, und ein Profi war er gewiß, dafür hatte Chalil einen Riecher.

Was den Polizeichef aber direkt fröhlich stimmte, war ein

anderer Erfolg. Der damit Beauftragte hatte die beiden Männer im Auge behalten, die auf dem Parkplatz mit dem Mann gesprochen hatten, der das Salz gestreut hatte. Sie waren zum Flugplatz gefahren und hatten Silver Beam in Richtung Süden verlassen. Ihr Fahrer sah dem Identikit sehr ähnlich, das vor Wochen nach den Angaben einer Flughafenhosteß angefertigt worden war. Der Beauftragte hatte den Fahrer festgenommen, die Hosteß und Udarjan konnten inzwischen seine Identität bestätigen.

Bisher hatte der Fahrer freilich alles abgestritten. Eine Wohnungsdurchsuchung ergab nichts. Seine Freundin aber plauderte aus, daß ihr Freund für einen großen und reichen Scheikh Achmed fahre.

Eine Gegenüberstellung wollte Chalil bei diesem Stand der Ermittlungen nicht riskieren. Aber er entschloß sich, dem Fahrer den Festgenommenen zu zeigen, ohne daß dieser es wußte. Und da entfuhr dem Mann der Ausruf: «Scheikh Achmed!»

«Siehst du!» sagte Chalil und ließ den Fahrer, belastet mit dem Bild seines Chefs, abführen.

Was aber sollte er mit den dreien anfangen, die Tolkin überfallen hatten und von denen mindestens einer auch an der Entführung Udarjans beteiligt war? Gegen diesen, den Fahrradkettenmann nach Tolkinscher Namensgebung, lag bei den hiesigen Datenspeichern nichts vor, die anderen beiden dagegen waren als Raufbolde schon mehrfach aufgetreten. Sie wohnten auch in der Stadt, während man von diesem dritten gar nichts wußte. Papiere hatte er nicht bei sich gehabt, und Auskunft gab er nicht. Vielleicht war er als Tourist hier und hatte seine Zeit überzogen? Nein, das wohl nicht – irgendwie hing er doch mit der Scheikh-Achmed-Gruppe zusammen, und solche Leute hüten sich, durch simple Ordnungsverstöße aufzufallen. Ob er den andern kannte, den der Fahrer Scheikh Achmed genannt hatte? Immer mehr neigte Chalil zu der Ansicht, dieser gespenstische Scheikh sei nicht eine Person, sondern eine Gruppe. Die Nachforschungen in der Unterwelt, die weitergelaufen waren, hatten so verschiedene Personenbeschreibungen und auch gleichzeitiges Auftauchen an verschiedenen, weit auseinanderliegenden Orten ergeben, daß dieser Verdacht immer dringlicher wurde. Ob beide zu dieser Gruppe gehörten, mußte er erst einmal dahingestellt sein lassen. Jedenfalls hatte er auch das Signalement dieses Mannes weitergegeben. In seiner Vorstellung rangierte er als Achmed II, während der Salzstreuer Achmed I war – die im Flugzeug nach Süden Entflohenen waren dann vielleicht III und IV? Er würde erst Ruhe haben, wenn die ganze Bande entweder davongeflogen oder verurteilt war. Bis dahin freilich mußte noch viel Arbeit erledigt werden, vor allem die nötige Routinearbeit seines Polizeiapparates. Das bedeutete Dutzende von Anweisungen und Kontrollen und einen Bericht an den Gouverneur und sich noch einmal mit Mercedes Cardo besprechen. Und das alles möglichst schnell.

Das Telefon klingelte, er schaltete den Bildschirm ein. Sturmwarnung! Ein Staubsturm kam auf Silver Beam zu.

Die beiden Männer, die nach Süden geflohen waren, hatten das Flugzeug auf den südlicher gelegenen Flughäfen nicht verlassen und waren direkt nach Kapstadt geflogen. Auf diese Nachricht hatte Mercedes Cardo gewartet. Für eine Fortsetzung der Sabotage am Salawi-Wasser kamen sie also nicht in Frage.

Eine solche Fortsetzung war zu befürchten, da war sich Mercedes sicher. Ohne diesen Angriff war alles ein Possenspiel. Die Gruppe, die wahrscheinlich unter der fiktiven Gestalt des Scheikh Achmed auftrat oder aufgetreten war und zu der die beiden gehörten und der Mann, der das Salz gestreut hatte, und vielleicht noch der Fahrradkettenschwinger, hatte also mit der Sabotage selbst nicht direkt zu tun, sondern sollte nur, wie sich die Sache jetzt darstellte, die antisowjetische Auslegung organisieren.

Jetzt aber kam es darauf an, die Sabotage selbst zu verhindern. Doch das allein genügte nicht – wenn sie heute mißlang, konnte der Versuch morgen wiederholt werden, und nach Tolkins Computeranalyse war das für etwa drei Wochen immer noch effektiv. Man mußte also die Saboteure selbst fassen. Doch auch das konnte mißlingen. Was dann? Nein, das alles war richtig und nötig, aber es genügte nicht. Der Zeitpunkt war gekommen, wo sie zur Offensive übergehen mußte.

Als erstes rief sie den Innenminister des Generals Urambo an und teilte ihm mit, es bestünde der begründete Verdacht, daß in diesen Tagen ein großangelegter Sabotageversuch gestartet würde, eine Vergiftung des Wassers mit schwer nachweisbaren Herbiziden oder anderen Pflanzentoxinen. Sie empfehle die Überwachung aller Punkte der Wasserleitung und ihrer Hilfsanlagen, wo man ohne großen technischen Aufwand an das Wasser herankäme, sowie eine stündliche Kontrolle des Zustroms. Silver Beam würde auf seinem Gebiet das gleiche tun.

Für das zweite Gespräch, das Mercedes vorhatte, legte sie das internationale Zeitetalon auf den Empfänger. Da sich dieses Eichzeichen nicht fälschen ließ, wurde die Aufzeichnung eines solchen Gesprächs zum Dokument.

Der CIA-Resident in Kairo meldete sich nach wenigen Sekunden. Er kannte und erkannte Mercedes, begrüßte sie mit Namen und gab sich freundlich.

«Bitte legen Sie das Zeitetalon unter Ihre Aufzeichnung, ich tue das gleiche», sagte Mercedes. «Ich habe eine Information für Sie.»

Noch zögerte Mercedes. Daß der Schritt, den sie jetzt unternahm, richtig war, daran zweifelte sie nicht. Sie mußte angreifen, um den anderen zuvorzukommen.

«Gegen die Wasserlieferung in das Salawi-Gebiet wird eine umfassende Sabotage vorbereitet, wahrscheinlich in Form von Vergiftung des Wassers. Ich habe den Innenminister von General Urambo darüber informiert. Falls Sie von der Sache wissen oder jemanden kennen, der damit zu tun hat, können Sie den Täter noch zurückpfeifen.»

Der Resident war beherrscht, kommentierte die Information nicht, bedankte sich aber dafür.

«Können Sie mir sagen, wer der andere auf diesem Foto

ist.» Sie hielt das Bild vor die Kamera, das sie vom ägyptischen Geheimdienstchef erhalten hatte und das den Residenten im Gespräch mit dem Mann, der das Salz gestreut hatte, zeigte.

Der Resident sagte mit gleichmütiger Stimme: «Den hab ich nur einmal gesehen, ich kenne ihn nur unter einem Decknamen, wie war der gleich? Ich glaube, Hassan aus Beirut.»

Mercedes bedankte sich und schaltete ab. Sie fühlte sich kalt, aber fröstelte nicht dabei. Der Resident hatte so wenig gesagt, wie ihm nach Lage der Dinge möglich war, und das bedeutete zweierlei: erstens, daß er in die Sache verwickelt und damit Gegenspieler war, und deshalb würde sie zweitens im weiteren Verlauf auf ihn keine Rücksicht nehmen müssen. Doch gerade jetzt, da alles begann, brach der Staubsturm los.

Silver Beam hatte an sich eine günstige Lage, es war von fast allen Seiten geschützt gegen die Übergriffe der Wüste. Nur dann, wenn ein Sturm aus Nordnordost kam, was selten der Fall war, einmal im Jahr vielleicht oder noch seltener – dann waren wohlvorbereitete und genau berechnete technische Maßnahmen nötig, um die Stadt und vor allem ihre landwirtschaftliche Peripherie vor dem Sand zu schützen. In solchem Fall ruhte jede nicht lebensnotwendige Tätigkeit, und alle waren aufgerufen und eingesetzt, den Wüstenstaub zu bekämpfen.

Auch die Teilnehmer der Elevengruppe waren gleich zu Anfang in dieses System eingegliedert und in den notwendigen Arbeiten unterwiesen worden, nach dem Prinzip, daß jeder irgend etwas Nötiges tat, das wenigstens entfernt mit seinem Beruf zu tun hatte.

Ella Jansens zum Beispiel als Ökologin und Gwen Freeman als Mikrobiologin waren in einer Baumschule mit der Rettung der Jungpflanzen beauftragt, die noch nicht widerstandsfähig genug waren, den Sturm ohne Schaden zu überstehen. Aram Udarjan und Orson Freeman, Fahrzeugspezialist und Logistiker, fuhren einen Versorgungswagen für die Rüttlerkette, und Viktor und Jerry saßen gemeinsam mit einem dritten, der schon mehr Erfahrung hatte, in einem Rüttlerfahrzeug.

Wenn wie jetzt der Sturm aus Nordnordost kam, fegte er direkt durch ein zwanzig Kilometer breites Trockental und drohte, die Stadt und ihre landwirtschaftlichen Anlagen unter Sand zu begraben. Um das zu verhindern, mußte aus den unteren Schichten des Sturms – bis in eine Höhe von fünfzig, sechzig Metern – ein möglichst großer Prozentsatz des Staubs ausgefällt werden. Diesem Zweck dienten zweihundert Spezialfahrzeuge, nach einem Teil ihrer Aufgabe Rüttler genannt, die im Sturmfall eine Kette durch das Tal bildeten und noch einige zehn oder zwanzig Jahre bilden würden, bis eines Tages der ausgefällte und zusätzlich verfestigte Sand das Tal gefüllt und eine Barriere gegen den Sturm gebildet haben würde.

Ein Spezialluftschiff stieg zu Beginn auf in Höhen, die der Sturm nicht erreichte, flog ihm entgegen und maß die wichtigsten Parameter: Geschwindigkeit des Sturms, Konzentration und mittlere Größe der Teilchen, ihre Sinkgeschwindigkeit. Daraus wurden die Werte für den Einsatz der Rüttler errechnet. War der Sturm erst einmal im Tal, wurde die Funkverbindung so unzuverlässig, daß man ganz auf sie verzichtete. Es genügte übrigens auch, wenn jeweils nach acht Stunden, bei Versorgung der Rüttler, eventuell notwendige Korrekturen durch die Versorger übermittelt wurden, im allgemeinen änderten sich die Parameter des Sturms nur wenig.

Im Rüttler hatten immer zwei Mann zu tun, der dritte schlief oder bediente die andern beiden mit dem Lebensnotwendigen. Der erste fuhr den Rüttler, eine richtbare Ultraschallquelle. Der zweite feuerte alle zehn Minuten eine armlange Rakete ab, die in den herankommenden Sturm ein Gemisch bestimmter Silikone ausblies. Beides gemeinsam bewirkte, daß ein großer Teil des Staubs zusammensinterte bis zu einer Korngröße, die unter ihrem eigenen Gewicht schnell ausfiel. Übrigens setzte sich die Wirkung am Boden fort, so daß eine brauchbare Verfestigung entstand, die allerdings nach dem Sturm weiter stabilisiert werden mußte. Zu dieser Arbeit gehörte noch vieles mehr. Meßgeräte gab es, die zu beobachten waren, und sehr direkte und körperlich schwere Eingriffe waren nötig, sei es, daß das Raketenrohr verstopfte, sei es, daß Meßgeräte ausfielen und gesäubert oder ersetzt werden mußten, sei es, daß der Standplatz um ein paar Meter vor oder zurück verlegt werden mußte, weil das Fahrzeug schon bis über die Räder zugeweht war.

Vitkor Tolkin als Intellektroniker und Jerry Baker als Geologe standen von ihren Berufen her dieser Tätigkeit fremder gegenüber als die anderen Eleven, aber immerhin: Wo es Meßgeräte gab, gab es auch Elektronik, und der Sand oder richtiger Staub, mit dem sie es zu tun hatten, war ja auch einmal Boden gewesen oder Stein. Außerdem hatten sie sich beide dazu gemeldet, als die Einteilung erfolgte, beide arbeiteten auf einem Rüttler, was keine Schwierigkeiten machte, da es genügte, wenn einer an Bord praktische Erfahrung damit hatte.

Das schwache, fahlgelbe Licht, das durch die Seitenfenster hereinfiel, störte nicht bei der Beobachtung der Instrumente und reichte für die nötigen Handhabungen immer noch aus. Draußen war die Sicht relativ gut, man konnte rechts und links den nächsten, hundert Meter entfernten Rüttler deutlich sehen und die darauffolgenden zwei immer noch einigermaßen, das war wichtig wegen des Arbeitstaktes, in dem die Raketen abgeschossen wurden, jeweils um fünf Minuten versetzt, so daß jede Rakete einen zweihundert Meter breiten Streifen zu versorgen hatte. Im Augenblick fuhr Viktor den Rüttler, das heißt, er beobachtete Frequenzanzeige und Schwenkmechanik und nebenbei die alle drei Minuten automatisch vorgenommene und angezeigte Staubanalyse unmittelbar am Fahrzeug. Solange die mit dem Erwartungswert einigermaßen übereinstimmte, war alles in Ordnung – wenn nicht, mußte der dritte Mann, ihr erfahrener Partner, ein junger Äthiopier, die Lage abschätzen und Veränderungen vorschlagen, was schon einmal, zu Anfang des Sturms, geschehen war. Sie hatten nur den Schwenkrhythmus des Rüttelgeräts verlangsamt, und schnell stimmten die Werte wieder. Einmal hatte der Analysator gar nichts mehr angezeigt, da waren sie zu zweit hinausgekrochen, der Äthiopier und er, Viktor, und der andere hatte ihm gezeigt, wie man den Probennehmer reinigt und wieder in Gang setzt.

Nun aber lösten sie sich ab, Viktor übernahm das Abschußrohr, es war zwar erst ein paar Stunden her, seit sie hier standen, aber sie hatten verabredet, in der ersten Schicht öfter zu wechseln, damit die beiden Neuen alles kennenlernten und später, bei achtstündiger Wechselschicht, nicht bei jeder kleinen Unstimmigkeit den erfahreneren Mitkämpfer, der vielleicht gerade schlief, wecken mußten.

Viktor hatte auf einem kleinen Schirm vor sich optisch eingespiegelte Bilder von den beiden Nachbarfahrzeugen rechts und links, er sah ihre fast gleichzeitigen Raketenabschüsse und hatte nun fünf Minuten Zeit, sich auf den eigenen Abschuß vorzubereiten: Rakete aus dem Magazin nehmen, die Plasthülle vom Kopf ziehen, in dem sich die Haardüsen befanden, aus denen das Aerosol versprüht werden sollte, Kopf abnehmen, durchblasen, wieder aufsetzen – eine Minute; den Bodendeckel abziehen, die seitlich heraustretenden schmalen Stabilisierungsflossen eindrücken und wieder herausschnippen lassen – zweite Minute; Mundstück des Abschußrohrs öffnen, Rakete einschieben, Abschußrohr schließen, Zündbereitschaft herstellen – dritte Minute. Ein Blick auf die Geräte – die Windgeschwindigkeit stieg, die Rohrrichtung war bereits automatisch etwas erhöht worden, aber der Äthiopier sagte: «Wenn der Sturm stärker wird, ist es besser, noch ein halbes Grad Höhe zuzugeben – er wächst ja auch noch, während die Rakete fliegt.»

«Und wenn er gerade dann aufhört zu wachsen und gleichbleibt?» fragte Viktor.

«Das muß man eben im Gefühl haben», antwortete der Äthiopier. Es mochte sein, daß er dabei lächelte, wahrzunehmen war das nicht, weil er wie alle den Mundschutz trug, ein leichtes, feuchtes Tuch. Denn der allerfeinste Staub drang auch in das Innere des Fahrzeugs, oder vielleicht hielt er sich auch jeweils von einer Materialübernahme zur nächsten – vorhanden war er jedenfalls.

Mündungskappe auf, Schuß, Mündungskappe zu. Nun hatte Viktor eine Pause von fünf Minuten. Seine Gedanken gingen eigene Wege.

Noch gestern abend war er von Moskau über Satellit von dem verständigt worden, was der Polizeichef der sowjetischen Vertretung mitgeteilt hatte – ein blödsinniger Kreislauf, aber Viktor konnte nicht dauernd zur Vertretung rennen, ohne daß es auffiel. Er wußte jetzt, daß ein arabisch aussehender Mann Kochsalz in die Zisterne gekippt hatte und gleich darauf verhaftet worden war. Die Provokation war abgewehrt. Aber war sie das wirklich? Irgendeinen Sinn ergab diese Scheinprovokation doch nur, wenn das Gift trotzdem ins Wasser gebracht wurde, nur an anderer Stelle. Und wie paßte die Geschichte mit Aram in diese Variante? Sie hätten doch ebensogut auf die Scheinhandlung verzichten können? Wollten sie die Wachsamkeit der Polizei testen? Oder sie ablenken von Handlungen, die anderswo stattfanden? Nein, das ergab alles keinen Sinn. Es mußte mit dem Mann zu tun haben, der das Salz hineingekippt hatte. Vielleicht hatten sie etwas Dokumentarisches, ein Foto etwa, das Aram mit diesem Mann in Verbindung brachte.

Wenn das stimmte, war die Provokation durchaus noch nicht verhindert! Oder überschätzte er die Möglichkeiten des Gegners?

Moskau hatte Stillhalten befohlen, einschließlich Funkstille. Dort hatte man den besseren Überblick, und er würde sich an die Empfehlung halten, fürs erste. Aber behaglich war ihm dabei nicht.

Wieder zuckte der rote Schein von den Raketen der Nachbarn auf. Die fünf Minuten waren um.

«Du hast es ja gut getroffen mit deinem Jerry», schwatzte Gwendolyn Freeman mit Ella Jansens, als sie in einer Reihe mit mehreren Dutzend Frauen die Jungpflanzenbeete versorgten. Es war eine eintönige Arbeit, und sie hatten den

Wind im Rücken, der hier zwar immer noch stark, aber nicht mehr so stürmisch war wie draußen im Trockental, und so konnten sie von Zeit zu Zeit den Mundschutz herunterziehen und ein paar Worte wechseln, bis es dann wieder in Mund und Nase brannte und auf den Zähnen knirschte. «Obwohl», fuhr Gwen fort, «am Ende wirst du Ärger mit ihm haben. Aber am Ende hat man immer Ärger mit den Männern, meinen natürlich ausgenommen, deshalb hab ich ihn ja geheiratet, was aber nicht heißt, daß ich kein Auge mehr für andere hätte. Aber höchstens eins. Euer Udarjan könnte mir durchaus gefallen. Es ist wohl immer ein bißchen das Fremde, was einen anzieht ...»

«Wieso soll ich Ärger mit Jerry kriegen?» unterbrach Ella den Redefluß.

«Er ist der Typ», behauptete Gwen, «ich kenne ihn zwar nicht von früher, aber es gibt Gerüchte ... Allerdings, Gerüchte gibt's über jeden, man soll nicht allzuviel drauf geben, und was ihr jetzt voneinander habt, kann auch ein ärgerliches Ende nicht wegwischen, falls es wirklich eins gibt, und immerhin, ein dreiviertel Jahr sind wir zusammen, so lange wird's wohl halten, und er ist doch 'n ansehnlicher Kerl, kann was, und immer lustig ...»

«Was gibt's denn für Gerüchte?» wollte Ella wissen.

Gwen zierte sich kein bißchen. «Die Stewardeß in dem Jet, mit dem wir bis Kairo geflogen sind, hat uns einen Brief an ihn mitgegeben, rosa Umschlag und ein Duft, toll!»

«Hast du reingeguckt?» fragte Ella boshaft.

«Für was hältst du mich? Und durch den Umschlag war auch nichts zu sehen. Aber ich habe neulich mit einem Kanadier gesprochen, der schon mal mit Jerry zusammengearbeitet hat, und der hat erzählt, der Jerry soll einen ganzen Harem gehabt haben, na, das kann dir ja nur zugute kommen, und für ihn ist es ein Fortschritt, vom Harem zum Solo-Verhältnis, ich wünsch euch jedenfalls alles Gute. Haben eure Leute nicht was dagegen, wenn solche Verhältnisse mit Ausländern, ich meine, man hört so manches, muß ja nicht alles stimmen, aber es wundert einen doch, wenn Mannsbilder wie euer Udarjan oder dieser Tolkin so lange unbeweibt rumlaufen. Sind schließlich Männer. Weißt du was, wir verkuppeln sie! Udarjan ist schon berühmt durch seine Entführungsgeschichte. Ihr wart doch neulich in eurer Vertretung, ist da was rausgekommen?»

Ella war überrascht, daß sie plötzlich etwas gefragt wurde, und stotterte: «Ach so, daß heißt, herausgekommen ist dabei nichts. Hast du denn nicht irgendwas gehört, du erfährst doch sonst alles,»

Gwen nahm das als Anerkennung. «Sicher, gehört hab ich dies und das, und manches davon würde ich nicht für ganz unmöglich halten. Manche fragen sich, ob der Udarjan mit den Banditen nicht irgendwelche Geschäftchen betrieben hat, sonst hätten sie ihn nicht ungerupft entkommen lassen, aber denen hab ich was erzählt, da kannst du Gift drauf nehmen!»

Sie waren am Ende der Reihe und mußten nun wieder gegen den Wind gehen. Sie zogen den Mundschutz hoch – das Gespräch hatte Ruhe bis zum nächsten Richtungswechsel.

Abwechslungsreichere, aber schwerere Arbeit hatten Orson Freeman und Aram Udarjan, die gemeinsam einen Versorgungstransporter fuhren, der Raketen, Verpflegung und aufgeladene SL-Batterien zur Rüttlerkette brachte. Zehn solcher Wagen waren ständig unterwegs, jeder hatte zwanzig Rüttlerfahrzeuge zu versorgen, und zwar dreischichtig. Aber sie fuhren selbstverständlich nicht nur, Verladung und Übergabe gehörten auch dazu, und die Fahrzeit vom Stadtinneren bis ins Trockental wurde noch dadurch verlängert, daß es durch den Waldgürtel keinen geraden Weg gab. Die Straße zum Trockental führte im Zickzack durch den Schutzwald, damit der Wind nicht durch eine gerade Schneise bis in die Stadt fegen konnte. Dafür aber war diese Zickzackstraße noch gut befahrbar. Die Schwierigkeiten begannen erst am Eingang des Trockentals, wo schon nach einem halben Tag Staubsturm eine rutschige Schicht von feinstem Sand den Boden bedeckte und hohe Geschwindigkeiten sich verboten. So schaffte es jeder Transporter nur einmal in jeder Schicht, seine zwanzig Rüttler und deren Mannschaften zu versorgen. Aber das reichte, Hauptsache war, daß den Rüttlern Strom, Raketen und Wasser nicht ausgingen, viel gegessen wurde nicht, denn auch das beste Essen ist mit Sandbeilage nicht besonders attraktiv.

Die Zickzackfahrt durch den Schutzwald war für sie eine Art Ruhepause, sie konnten sich unterhalten, beide waren sichere Fahrer und kannten die Strecke.

«Schade, daß du nicht da warst», sagte Orson, «ich grüble seit gestern, was an dieser Zisterne los war. Komische Sache, wie dieser Lehrgang hier anfängt, erst deine Geschichte, dann das – ob das zusammenhängt? Vielleicht war's ganz gut, daß du nicht dabei warst, sonst hätten sie dir noch was angehängt ...»

«Ich will verdammt sein», schimpfte Aram, «wenn ich eine Ahnung habe, ob und wie und was zusammenhängt oder nicht. Na, es wird sich aufklären, zwei haben sie schon, nein, drei – den Fahrer, der mich gleich am Anfang entführen wollte, dazu einen, der bei meiner Entführung mitgemacht hat, den hab ich wiedererkannt, allerdings erst gestern, und nun diesen da von der Zisterne. Verrückte Sache.»

«Weißt du, wenn das bei uns zu Hause wäre», sagte Orson nachdenklich, «dann würde ich darauf tippen, daß sich zwei Konkurrenten in den Haaren haben oder die Mafia dazwischenfunkt – ich hab nämlich so was schon erlebt. Aber hier? Versteh ich nicht, hier ist doch alles geregelt, feste Verträge, und vor allem, was sollten die von dir wollen? Ich versteh das nicht.»

«Paß auf!» rief Aram, aber Orson, der gerade fuhr, hatte es auch schon gesehen. Sie näherten sich dem Eingang in das Trockental. Hier hatte der Sturm zwei Palmen entwurzelt, die nun quer über die Straße lagen. Die beiden stiegen aus und zogen die Bäume in den Wald, es blieb immer noch sehr heiß, obwohl die Sonne schon gesunken war, die Arbeit strengte nicht übermäßig an, da die Bäume noch nicht voll ausgewachsen waren, aber Orson und Aram waren in Schweiß gebadet, als sie die Fahrbahn frei hatten.

Es war am zweiten Tag des Sturms, ungefähr zwei Stunden nach Sonnenaufgang, und alle drei waren gerade wach, Viktor, Jerry und der Äthiopier, von dem sie nur den Spitznamen behalten hatten, er wurde aus unerfindlichen Gründen Dotty genannt. Später kamen sie dahinter, daß das eine Verstümmelung aus Herodot war. Er studierte nämlich Geschichte, das heißt, er hatte Geschichte studiert und bereitete sich hier auf seine Promotion vor, unter dem Gesichtspunkt, daß das, was sich jetzt in Silver Beam abspielte, später einmal zur afrikanischen Geschichte gehörte.
Sie hatten sich aufeinander eingespielt. Es gab nicht die geringsten Reibungen zwischen ihnen, obwohl die Arbeit eintönig war und die Hitze auch nachts kaum nachließ. Der Sand drang überall ein, sie konnten sich nicht waschen und mußten in ihrem Fahrzeug ausharren, bis der Sturm vorbei war. Trotz alledem fluchten sie kaum und lachten oft. Das war ein Ergebnis von Jerrys Fröhlichkeit und seiner unbesiegbaren guten Laune. Aber auch der Bestgelaunte kann sich nicht auf die Dauer durchsetzen, wenn die andern nicht drauf eingehen. Hier fügten sich Viktors wortarme Zuverlässigkeit und Dottys historische Gelassenheit so gut mit Jerrys seelischen Qualitäten zusammen, als wären sie ein seit Jahrzehnten eingespieltes Kollektiv – was keineswegs selbstverständlich war, wie Dotty gelegentlich sagte. Und er mußte es wissen, er hatte ja schon mehrere Stürme erlebt.

Zu dieser Zeit hatten die verschiedenen Kräfte, die der Sturm auf den Boden übertrug – so wurde später festgestellt –, in der schon mehrfach verfestigten Düne in der Mitte des Trockentals, die aus früheren Stürmen und deren Bekämpfung entstanden und etwa zehn Meter hoch war, einen Effekt vorbereitet, mit dem niemand gerechnet hatte: Der Kamm dieser Quasi-Düne begann plötzlich wie auf einer schiefen Ebene in Richtung Stadt zu gleiten.

Von der Rüttlerkette aus, die am Fuß der Düne stand, war das zuerst nicht zu sehen, denn die Sichtweite war unter hundert Metern. Es hörte sich an, als jaule der Sturm plötzlich auf, es knirschte und prasselte, Dotty hob den Kopf und, Aufmerksamkeit gebietend, den Arm – und eine Sekunde später kam ein gelber Berg, eine Woge von Sand aus dem diffusen Licht direkt auf sie zu. Es war fast ein Wunder, daß sie Zeit fanden zu reagieren: Dotty warf den Motor an, schaltete den Rückwärtsgang ein, und das Fahrzeug machte einen Satz nach hinten, gerade als die Sandwoge sie erreichte, und rollte langsam rückwärts, die Relativgeschwindigkeit der Woge zum Fahrzeug senkend. Dotty hatte verhindert, daß die Woge sie drehte und zum Überschlagen brachte, wie es einigen andern Rüttlern im gleichen Augenblick geschah. Sie hatten das Gefühl, erst schräg nach oben und dann schräg nach unten zu fahren.

«Gang raus!» sagte Jerry.

«Und Vorwärtsgang rein!» ergänzte Viktor.

«Richtig.» Dotty schaltete. Nur einen Augenblick war der Wagen ohne Antrieb, und da sank er sofort einen halben Meter ein. Der kleinste Vorwärtsgang hob den Wagen wieder an. Es war nicht zu sehen, ob sie vorwärts kamen oder mit dem Sand noch in Richtung Stadt rutschten, weil jetzt die Sicht höchstens zwanzig Meter betrug. Sie sahen aber, daß sich zwei Meter vor ihnen so etwas wie eine Bugwelle bildete, ein Sandgeschiebe, das sich immer mehr anhob und nun fast schon die Höhe des Raketenrohrs und des Rüttlers erreichte. Die Meßgeräte waren gewiß schon bedeckt. «Noch mal zurück!» schlug Viktor vor.

Es schien, daß diesmal der Wagen beim Umschalten nicht mehr so stark einsank. Und als er zwei Meter zurückgefahren war – die Antriebe funktionierten immer noch –, schien er stillzustehen. Der Sandberg vor ihnen bewegte sich nicht mehr, und das Fahrzeug sank auch nicht mehr tiefer ein. Die Woge war offenbar abgelaufen.

Ohne Verabredung nahmen Viktor und Jerry je einen Spaten und verließen das Innere des Fahrzeugs. Draußen hatten sie Mühe, sich gegen den Sturm zu behaupten, der hier wenigstens zwanzig Meter je Sekunde hatte. Aber ein paar Meter vom Fahrzeug entfernt war, wie sie erwartet hatten, die

Sicht wieder besser. Sie sahen die Nachbarfahrzeuge, und das war nach allem doch ein tröstlicher Anblick. Im Wagen und unmittelbar in seiner Nähe war die Sicht durch den Sand beeinträchtigt, den der Sturm immer noch von dem Hügelchen blies, das sich beim Vorwärtsfahren gebildet hatte. Sie stapften nach vorn, bei jedem Schritt bis zu den Knien einsinkend, aber darunter war harter Boden, das Fahrzeug war außer Gefahr, und sie mußten jetzt nur noch schnell diesen Hügel beiseite schaffen, damit die Geräte wieder arbeiten konnten. Halb schaufelten sie, halb schoben sie den Sand beiseite, der Sturm half ihnen, als sie es nach zwei, drei Schippen richtig anstellten, und es waren noch keine zehn Minuten vergangen, bis sie wieder im Wagen saßen, verschwitzt, japsend, aber vergnügt.

«Wißt ihr eigentlich, wie Lenin den bolschewistischen Arbeitsstil definiert hat?» fragte Dotty grinsend.

Jerry hob die Hände, und Viktor schüttelte den Kopf.

«Als Verbindung von russischem revolutionärem Schwung mit amerikanischer Sachlichkeit!» sprach Dotty.

«Ich kann Ihnen leider nichts Neues mitteilen», sagte Chalil Benjassi höflich zu Robin H. Lyndale. «Sie verstehen sicher, der Sandsturm hat uns alle in Atem gehalten.» Im stillen wünschte er den Publizisten zum Teufel.

«Das verstehe ich vollkommen», sagte Lyndale, «ich suche Sie auch nur auf, weil ich Ihnen vielleicht etwas Neues sagen kann. Sie hatten unserer Vertretung freundlicherweise die Daten des Festgenommenen übermittelt, der das Salz in die Zisterne gestreut hat. Der Mann heißt Hassan Djirangi, stammt aus dem Libanon und hatte vor Jahren noch einen Namen als Führer einer rechten christlichen Terroristengruppe.»

Man sah es dem Polizeichef an, daß er verdutzt war. «Ich bin Ihnen sehr zu Dank verpflichtet», sagte er, «ich will nicht so unhöflich sein, nach Ihren Quellen zu fragen, ich verstehe schon, die Presse hat auch ihre Methoden und vor allem ihre Archive.»

Lyndale lächelte und verabschiedete sich.

Im Foyer des Grand Hotels saß Jerry. Lyndale übersah ihn, ging auf ein Telefon zu, wählte, sprach ein paar Worte, hängte ein, sah sich in der Halle um, tat, als entdecke er Jerry, und setzte sich zu ihm. Ringsum war alles leer. «Zeit, mal wieder ein paar Worte zu wechseln», sagte Robin Lyndale.

«Der Sturm hat alles aufgehalten.»

«Ja, der auch, ich muß ein paar Haken schlagen, um die Zeit wieder einzuholen.»

Jerry mochte solche dumpf unklaren Sätze nicht, sie klangen aus Lyndales Mund meistens bedrohlich und waren es wohl auch. «Unsere Freunde muß jemand noch vor dem Ausflug gewarnt haben», sagte er.

«Sie werden wohl selbst drauf gekommen sein», vermutete Lyndale. «An eine undichte Stelle bei uns glaube ich nicht. Aber jedenfalls haben sie taktisch klug reagiert. Wie Profis. Und mindestens einer ist dabei. Wichtig zu wissen. Übrigens schadet es nicht viel, weder meiner noch Ihrer Planung. Etwas anderes kommt mir bedenklicher vor. Ihre Freundschaften. Diese Lettin – na schön. Aber der Russe ... Erzählen Sie mal, wie es während des Sturms war, darüber muß ich sowieso ein Dutzend Leute befragen.»

Jerry Baker erzählte alles, was sie erlebt hatten. Anfangs war er ein bißchen mürrisch, weil er sich kommandiert fühlte, und hatte Mühe, sich das nicht anmerken zu lassen, aber er fand Spaß am Erzählen und hörte erst nach einer guten Viertelstunde auf.

Lyndale schwieg einen Augenblick lang. «Man sollte die Weisheit der Alten nicht mißachten. Bei den Römern sagte man: Gladiator, sei keines Gladiators Freund!»

«Wir sind keine Gladiatoren», erwiderte Jerry etwas hilflos.

«Geschenkt. Wann steigt denn nun Ihre Aktion?»

«Heute. Der verdammte Sturm hat alles aufgehalten, unser Mann konnte nicht weg ... Was ist da los!» Jerry erhob sich halb, um besser zu sehen, was dort neben dem Magistratsgebäude auf der anderen Seite des Platzes geschah.

«Setzen Sie sich wieder hin», sagte Lyndale, der ihm gegenüber saß. «Da ist ein Mann erschossen worden.»

«Woher ...» Jerry biß sich auf die Zunge und verschluckte den Rest des Satzes. Eine selten dumme Frage! Woher würde dieser Lyndale schon wissen, daß da jemand erschossen wurde! Man konnte sogar darauf wetten, daß er auch wußte, wer geschossen hatte. Und auch er, Jerry, wußte mindestens, wer der Tote war: Hassan, der einzige von der Scheikh-Achmed-Truppe, der seinen Auftraggeber gekannt hatte.

Sie saßen eine Weile da, ohne zu sprechen. Dann ging ein Mann vorbei, ein Weißer, Jerry kannte ihn nicht, aber obwohl er an Lyndale keine Regung bemerkte, hatte er doch das deutliche Gefühl, daß der Publizist den Schritten dieses Mannes lauschte.

«Vielen Dank für die Auskunft», sagte Lyndale und erhob sich. «Ich muß noch einen Haken schlagen.» Er hatte das noch betont.

Der Killer betrat sein Zimmer und schloß hinter sich ab. Er war nicht besonders abgespannt, nur ein wenig ärgerlich, hauptsächlich auf sich selbst.

Wegen des Sandsturms hatte er bis zum letzten Tag vor seiner Abreise warten müssen. Aber das war nicht das schlimmste, obwohl er ungern in verschärfte Kontrollen geriet. Gestern, als noch nicht abzusehen war, wie lange dieser blöde Sturm dauern würde, hatte er die Nummer angerufen, die ihm für Notfälle gegeben worden war, und gefragt, was er tun solle.

«Warten!» hatte die Stimme gesagt und hinzugefügt: «Dies ist kein Notfall.» Diese Antwort erschien ihm jetzt, da er der Abreise entgegensah, als etwas verächtlich gefärbt, so, als unterstelle man ihm, daß er nervös geworden sei, und er nahm sich ein weiteres Mal vor, solche Aufträge nicht mehr anzunehmen.

Plötzlich hörte er den Zimmerschlüssel klirrend auf den Boden fallen. Er fuhr herum und griff an die Schulter – nein, Unsinn, eine Waffe hatte er ja nicht bei sich. War er doch nervös? Aber am Schloß mußte jemand gefummelt haben, er hatte abgeschlossen und den Schlüssel innen stecken lassen, von allein fiel der nicht heraus.

Der Killer sah sich um. Eine volle Cola-Flasche war auch eine Waffe. Er nahm sie in die Hand und trat auf die Tür zu. Vorsichtig bückte er sich nach dem Schlüssel. Das letzte, was er hörte, war ein leises Zischen, dann fuhr ein heißer Schmerz durch seine Glieder.

Eine Viertelstunde nach dem Mord war das Gewehr gefunden worden. Chalil Benjassi trieb unbarmherzig auch die Nachforschungen nach dem Mörder voran, war sich aber im klaren, daß er die Hauptschuld an diesem Reinfall trug – er hätte sich sagen müssen, daß in solchem Fall jede mögliche Spur gelöscht werden würde. Er hatte es sich nicht gesagt, weil er hier in seiner Stadt bisher solche Erfahrungen nicht hatte machen müssen.

Nun handelte er vorsichtiger. Während ein großer Teil seiner Kriminalbeamten den Mörder suchte, ließ er sich unter lückenloser Bedeckung Achmed II bringen, den Fahrradkettenmann.

«Ursprünglich», sagte Chalil Benjassi, «hatte ich Sie Ihrem Freund Hassan gegenüberstellen wollen. Hassan Djirangi.»

Der andere stand da, den Kopf etwas nach hinten geneigt.

«Setzen Sie sich hin.»

Der andere setzte sich.

«Hassan ist tot. Er wurde ermordet. Nach der Machart würde ich sagen: von einem berufsmäßigen Killer.»

«Mit was für einer Waffe?» fragte Achmed II.

Normalerweise hätte Chalil die Frage zurückgewiesen. Er spürte aber, daß sich in seinem Gegenüber etwas regte, und über kurz oder lang würde der sowieso erfahren, was er jetzt erfragte. Chalil griff unter den Tisch und holte das Gewehr hervor, und er sah sofort, daß Achmed II die Waffe kannte.

«Ihre anderen beiden Kameraden sind in Südafrika oder schon weiter, wir holen sie nicht mehr ein. Nur Sie sind uns geblieben.»

«Wieviel?» fragte der Mann.

Einen Augenblick lang stutzte Chalil – dann verstand er: Jahre waren gefragt, nicht Geld.

«Ich handle nicht», sagte er. «Ich erkläre Ihnen nur die Rechtslage. Wegen des Überfalls auf den Russen würden Sie von uns abgeurteilt, Bagatellfälle unterstehen unserer Rechtsprechung. Handelt es sich jedoch um Kapitalverbrechen, wie zum Beispiel Verschwörung, Entführung und ähnliche, kommen Sie vor das Tribunal der Verpächterstaaten. Das könnte unangenehm werden, vor allem, wenn noch einiges aus Ihrer Vergangenheit aufgedeckt wird.» Das war ein Schuß ins Blaue, aber doch nicht ganz, denn Chalil kannte den Typ, kannte das Herkunftsland Libanon und wußte auch, daß die Linken zum allergrößten Teil in der politischen Bewegung aufgegangen waren, während rechte Terrorgruppen, dort arbeitslos geworden, an den verschiedensten Stellen irgendwelche Geheimdienste, mit denen sie wohl immer Verbindung gehabt hatten, nun ganz und gar als Brotherren annahmen.

«Andererseits», fuhr Chalil fort, «ist bei uns ein Kapitalverbrechen kein Kapitalverbrechen mehr, wenn es nicht zu Ende geführt ist und wenn tätige Reue zu seiner Verhinderung oder zur Behebung der Folgen führt. In solchem Fall würden Sie – nun, ich bin nicht das Gericht, aber als Erfahrungswert würde ich sagen: zu einem halben Jahr verurteilt werden, mit Bewährung vielleicht sogar, und vermutlich des Landes verwiesen. Und nun», er hatte bisher lässig gesprochen, wurde jetzt aber intensiv, «will ich Ihnen noch was sagen. Ich weiß, daß Sie ein Jahr oder so auf einer Backe absitzen. Ich weiß, daß Sie schweigen können. Ich kenne Leute wie Sie. Aber was Sie nicht wissen, ist, daß wir beide bei aller Gegensätzlichkeit, bei aller Abneigung voreinander ein gemeinsames Interesse haben. Ihr Freund Hassan wurde umgebracht, ich vermute, weil er derjenige war, der mit dem Auftraggeber verhandelt hatte. Er wurde mit einem vergifteten Luftgewehrbolzen getötet, und ich kann Ihnen versichern, daß es kein schöner Tod war.» Chalil stand auf, sein Gesicht wurde hart. «Ich will in meiner Stadt keine Killer. Ich will in meiner Stadt keine Leute, die Killer anheuern. Sie dagegen müssen zeigen, daß man mit Ihnen nicht ungestraft so umspringt.» Er setzte sich wieder. «Wir können uns gegenseitig helfen. Und wir sollten es in diesem Fall tun. Nun sind Sie dran. Wollen Sie Zeit?»

Der andere schüttelte den Kopf. «Wir waren einmal eine politisch motivierte Gruppe, und aus der Zeit ist uns etwas wie Kameradschaft geblieben. Ich werde aussagen, nicht um meinet- oder Ihretwillen, sondern um Hassans willen.» Er holte tief Atem, und jetzt war seine Stimme voll von Haß: «Dieses Gewehr hat Hassan selbst auf dem Karawanenweg eingeschmuggelt und dem Auftraggeber zugestellt.»

Achmed II nannte seinen Namen, die Zeit, für die sie angeheuert worden waren, erzählte, was sie mit Udarjan angestellt hatten – er war unter Drogen gesetzt worden mit diesem Spray, Hassan hatte ihm ein Bündel Geld gegeben und es sich dann wiedergeben lassen, das war mehrfach fotografiert worden. Der Armenier war in das Schaltkämmerchen gelegt worden, wo sein Auffinden für den anderen Morgen organisiert worden war. Später hatte Hassan die beiden hiesigen Radaubrüder umgebracht. Viel mehr konnte der Mann nicht sagen.

«Und der Überfall auf den Russen?»

«Es sollte eine Art Test sein, der Auftraggeber wollte beobachten, wie sich der Russe verhält. Ich wurde auch informiert, daß der Russe im Kampfsport trainiert war.»

«Und warum Scheikh Achmed?»

Der andere zuckte die Schultern. «Eine Idee des Auftraggebers. Wir sollten uns damit Respekt verschaffen vor der hiesigen Unterwelt, auf die wir ja gelegentlich zurückgreifen wollten.»

«Ich glaube Ihnen, daß Sie alles gesagt haben, was Sie wissen. Sollte Ihnen noch etwas einfallen … Jedenfalls, auch wenn das alles wahr ist, sind Sie trotzdem in Gefahr. Solange Sie bei uns untergebracht sind, sichern wir Sie ab, später müssen Sie weitersehen. Glauben Sie mir, die Zusammenhänge sind komplizierter, als Sie ahnen.»

Chalil ließ den Mann abführen und notierte sich: Tolkin

fragen, wer von Kampfsport wußte. Er schüttelte den Kopf: Es würden zu viele sein, die das wußten oder wissen könnten. Trotzdem ließ er die Notiz stehen.

Mercedes Cardo Fuentes hatte die Tage des Sturms mit zwiespältigen Gefühlen erlebt. Sie hatte sich sehr gefreut zu sehen, wie spielend die junge Stadt, die in gewissem Grade auch die ihre war, mit dem Naturereignis fertig wurde, wie der Gemeinschaftssinn der Bürger den tobenden Elementen keine Lücke ließ. Andererseits spürte sie, daß sich der Kampf, der hier unter der Oberfläche ausgetragen wurde, seinem Ziel näherte. Einen Teil der Provokation hatten sie verhindert, ein zweiter konnte noch bevorstehen, die tatsächliche Vergiftung des Wassers, und ein dritter Teil war wenigstens so lange nicht ganz verhindert, solange sie die Fotografie mit Udarjan und diesem Hassan nicht entkräften konnte.

Erst als sie von Chalil die Aussage des zweiten Achmed erhielt, beglaubigt und mit Zeitetalon versehen, konnte sie zum entscheidenden Schlag ausholen.

Die Akte, die sie mit großer Sorgfalt zusammenstellte, sollte die Urheber der Provokation beweiskräftig über das Mißlingen ihres Vorhabens informieren und, falls es verschiedene Kräfte waren, wie sie annahm, auch davon, daß ihr Zusammenspiel nicht geglückt war; sie sollte weiter den in Aussicht genommenen Opfern alle Möglichkeit geben, Anschuldigungen zurückzuweisen, und zwar so nachhaltig, daß die Urheber es gar nicht erst versuchten. Und das alles mußte so gehalten werden, daß Urheber und Opfer nicht genannt wurden – denn eben das war aus dem Material nicht zu beweisen, und eine Spekulation hätte ihrer Rolle als Mitarbeiterin des Generalsekretariats der UN widersprochen. Drittens befanden sie sich ja in der ersten Etappe jenes «Three-Cheers»-Unternehmens, dessen Dreistufigkeit sie jetzt, nach allem Vorgefallenen, durchaus ernst nahm.

Das einzige, worauf sie jetzt noch wartete, war eine Reaktion aus dem Salawi-Gebiet. Und die erreichte sie am folgenden Vormittag. Der Innenminister rief an und bedankte sich offiziell – das Wasser war vergiftet worden, den Täter hatte man nicht gefaßt, aber der Schaden ließ sich eingrenzen, da die Vergiftung sofort festgestellt worden war. Das bei weitem Wichtigere jedoch bestand in der Mitteilung, man habe eine ganze Verschwörung gegen den General aufgedeckt, als man nach bestimmten, die Vergiftung flankierenden Aktivitäten suchte. Der Minister versprach Einsicht in die Unterlagen, falls das vom Generalsekretariat (also von ihr) gewünscht wurde.

Gleich darauf rief Chalil Benjassi an – man hatte den Killer gefunden – ebenfalls gekillt. Mit einem Nervengift, das sich als Binärgift unauffällig und gefahrlos transportieren ließ und das aller Wahrscheinlichkeit nach durch das Schlüsselloch eingesprüht worden war. Man hatte den Schlüssel ins Zimmer gestoßen und das Gas eingeblasen, als der Killer sich nach dem Schlüssel bückte. Schon zwei, drei Sekunden später war die Konzentration so schwach geworden, daß es wirkungslos wurde und inzwischen durch die Belüftung spurlos abgesaugt war. So der rekonstruierte Hergang, nicht bis ins Letzte beweisbar. Bewiesen war nur, daß es sich um den Killer handelte, durch Spuren an Kleidung und Gewehr.

Für die Akte, die Mercedes nun abschloß, war das nicht von Bedeutung. Sie enthielt den Bericht der Polizei über die Entführung Udarjans, das Foto Udarjan-Hassan, die Aussage des Achmed II, das Foto von Hassan und dem CIA-Residenten, die Aufzeichnung des Gesprächs Mercedes–Resident, das Protokoll über den Vorfall an der Zisterne, das Protokoll über die Ermordung Hassans, die Aufzeichnungen der beiden Gespräche mit dem Innenminister des Generals.

Am Ende stand der Vermerk:

«Verteiler:
1. Generalsekretär der UN
2. Direktor der CIA der USA
3. Vorsitzender des Komitees für Staatssicherheit der UdSSR.»

«Und dann hat sich nichts mehr ereignet?» fragte der General.

«Nichts mehr», antwortete Viktor.

Er war auf verschlungenen Wegen in diese freilich sehr komfortable Waldhütte gelangt, in der er drei Tage seines zweiwöchigen Urlaubs mit dem General zubrachte, um alle Vorbereitungen für den zweiten Abschnitt zu besprechen. Zuerst war er zu der Adresse gefahren, die seine Legende war, ab Moskau beobachtete ein Genosse, ob jemand ihm folgte. Ein älteres Ehepaar nahm ihn als Sohn auf, auch hier wurde seine Umgebung beobachtet, dann doubelte ein ähnlich aussehender Genosse ihn für drei Tage.

Am ersten Tag gingen sie noch einmal alle Ereignisse durch. Jetzt lernte Viktor auch die Akte kennen, die Mercedes verschickt hatte, und erfuhr Einzelheiten daraus, die er noch nicht wußte.

Am Abend schloß der General die Debatte ab, die sie den ganzen Tag über geführt hatten mit längeren Denkpausen auf Spaziergängen und ein bißchen Sport dazwischen.

«Wir haben richtig gehandelt», sagte er, «Sie eingeschlossen. Wir haben die Provokation verhindert, wir wissen sogar in großen Zügen, wie sie vor sich gehen sollte, und wir haben verhindert, daß der Gegner Sie identifiziert. Außer uns weiß nur ein einziger Mensch mit einiger Sicherheit, wer Sie sind, nämlich Mercedes Cardo, und die behält es für sich, erstens, weil unsere Interessen sich in diesem Fall decken, und zweitens, weil sie sowieso nur Informationen weitergibt, deren Richtigkeit sie beweisen kann. Stimmen Sie in dieser Einschätzung mit mir überein?»

«Ich fühle mich bestätigt», erklärte Viktor.

«Gut, morgen wollen wir ein bißchen über den Unterschied zwischen erster und zweiter Phase schwätzen. Jetzt bin ich müde. Wie wär's noch mit einem kleinen Waldlauf?»

Eine halbe Stunde später, beim Verabschieden, sagte der General: «Übrigens hat es in der Führung der CIA Umbesetzungen gegeben. Sie wissen ja, daß wir uns gegenseitig über so etwas informieren, seit dem Abrüstungsabkommen. Es gehört zu den vertrauensbildenden Maßnahmen. So viel Vertrauen, daß wir uns auch über das Ziel solcher Veränderungen informieren, haben wir freilich zueinander nicht. Aber soweit wir sehen können, läuft das auf eine Stärkung des reaktionärsten Flügels hinaus.»

«Eine Nebenwirkung ihres Mißerfolgs – also unseres Erfolgs?» fragte Viktor.

«Es scheint mehr die allgemeine Richtung zu sein bei ihnen.»

Was der General locker als Schwätzen bezeichnet hatte, kam erst am Abend des nächsten Tages zustande – den Tag über studierten beide das Material über Submarine City, das der General mitgebracht hatte.

«Also mit uns etwa zweihundert Leute», faßte Viktor seinen Eindruck zusammen. «Drei große Produktionsprogramme: Manganknollen, Sulfidschlämme und der Ausbau von SC selbst. Dazu vier Hauptforschungsprogramme. Keine richtige Stadt wie Silver Beam, keine Polizei und Unterwelt, keine Touristen. Warum überhaupt dieser Riesenaufwand, eine solche ortsfeste Station zu bauen? Manganknollen und Sulfidschlämme werden von Schiffen aus gefördert, die Tiefseeschwimmer, die dabei gebraucht werden, hätten es von diesen Schiffen aus viel näher, und die Forschung nach ertragreichen Feldern könnte von Tiefseeschiffen aus betrieben werden. Ich meine, sicherlich hat das alles gute Gründe, und ich bin naseweis, aber ich möchte doch lieber aussprechen, was mir unklar ist.»

Der General lächelte. «Die konkreten Antworten werden Sie sicherlich vor Ort finden. Aber ein paar Allgemeinheiten kann ich auch dazu beisteuern, ich habe immerhin mehr Zeit gehabt als Sie, mich mit der Sache zu beschäftigen. Ich würde sogar sagen, SC ist von den drei Objekten die bedeutendste Investition in die Zukunft. Gehen Sie einfach von der Tatsache aus, daß die Hälfte der festen Erdkruste tiefer als dreitausend Meter unter Wasser liegt. Und da liegen die Bodenschätze für die kommenden Jahrtausende. Die Lagerstätten auf dem Festland sind erschöpft oder zu schwer zugänglich. Damit allein können die zurückgebliebenen Länder, die man früher als dritte Welt bezeichnete, den Vorsprung der großen

Industriestaaten nicht aufholen. Und darauf haben sie doch wohl Anspruch, wenigstens nach unserer Auffassung. Aber schon jetzt, bei ihren ersten Schritten auf diesem Wege, lösen die Produktionen von SC manche ihrer Rohstoffprobleme. Wenn ihre Volkswirtschaften jetzt aufblühen, Hunger und Elend bei ihnen verschwinden, dann auch dank den Metallen aus der Tiefsee. Aber was mir am wichtigsten erscheint für Schlußfolgerungen auf unsere Arbeit: Die Gesamtproblematik des Lebens und Produzierens in solcher Tiefe erschließt sich nicht auf Schiffen oder anderen beweglichen Objekten, sondern erst in eben so einer Stadt. Die eigentlich gar keine Stadt ist, wie Sie richtig bemerkt haben. Deshalb also nun zu unserem Anliegen. Im Unterschied zu Silver Beam werden Sie dort auf sich allein gestellt sein, ohne ständige Verbindung mit uns. Da müssen wir sehen, wie wir diese harten Bedingungen etwas mildern können. Was halten Sie von Aram Udarjan?»

«Energisch. Zuverlässig.»

«Auch unsere Meinung. Wenn Sie zustimmen, werden wir mit ihm sprechen. In dem Sinne, daß jemand von uns in seiner Nähe ist, und daß dieser jemand, wenn er seine Hilfe braucht, sich an ihn wenden wird.»

Viktor überlegte eine Weile. «Gäbe es nicht auch folgende Variante: Ich wende mich schriftlich an ihn und erteile Aufträge, ohne daß er mich erkennt?»

Der General schüttelte den Kopf. «Das würde ich vermeiden. Er ist kein Kundschafter, er braucht die Bindung zur Person, emotional. Er kann sich mit dem abstrakten Vertrauen zum Apparat, das unsereins trägt, nicht sicher bewegen. Ziehen Sie ihn nur im Notfall heran, aber wenn, dann ganz.»

«Gut.»

«Also weiter. Es gibt die Möglichkeit des offiziellen Besuchs von Tiefseeschiffen der Ständigen Sicherheitsratsmitglieder in Submarine City. Wir werden sie nutzen. Und zwar so, daß zwei Schiffe kommen, das zweite sozusagen im Schatten des offiziellen Besuchs. Es untersteht Ihren Aufträgen. Wir verabreden einen bestimmten Liegeplatz und eine Ultraschallkennung, so daß Sie das Schiff aufsuchen können. Das Schiff kann über den Unter-Wasser-Schallkanal mit dem diensthabenden U-Boot sprechen und dieses über Funk mit uns, so daß wir zwar keine ständige Verbindung haben, aber doch eine für den Notfall. Sie können sich morgen noch damit vertraut machen. Ein Genosse von der U- und T-Flotte wird herkommen.»

Viktor notierte sich etwas.

«Aber nun zur Konzeption unseres Handelns. Was meinen Sie dazu?» fragte der General.

«Die Pläne des Gegners auskundschaften und durchkreuzen!»

«Richtig, aber zu allgemein.»

«Beginnen wir damit: Was haben wir vom Gegner zu erwarten?» schlug Viktor vor.

«Gut, beginnen wir damit.»

«Ich denke an eine weitere Provokation, und ich glaube, daß sie im Ausmaß, in der beabsichtigten Wirkung, nicht hinter der Brunnenvergiftung zurückbleiben soll.»

«Sehr wahrscheinlich», stimmte der General zu.

«Man muß also die Möglichkeiten durchforsten, die es dazu gibt», sagte Viktor, «und im Grunde wäre ...»

«Warten Sie, bleiben wir noch bei der Gegenseite, das ist auch methodisch besser, da sie in dieser Sache immer noch die Initiative hat. Machen wir uns doch zuerst klar: Wer steht auf der Gegenseite?

Können wir die Frage jetzt schon genauer beantworten als vor einem Vierteljahr oder auch nur genauer stellen? Welche von den Kräften, mit denen wir es zu tun haben, sind im extremen Sinne Gegner, mit denen es also keine Verständigungsmöglichkeit gibt, in keiner Phase der Entwicklung dieser Sache? Das sind offensichtlich die uns nicht namentlich bekannten Kapitaleigner, die hinter dem Unternehmen Three Cheers stehen. Das ist aber nicht zum Beispiel die CIA. Auch wenn ihre Agenten diesmal möglicherweise direkt im Auftrag jener Kreise handeln werden und gemeinsam mit deren Exponenten, in einheitlichem Vorgehen, nicht in zwei parallelen

Aktionen wie in Silver Beam. Wir dürfen nicht aus dem Auge verlieren, daß wir diese Einheit aufspalten müssen. Daß wir an einen Punkt kommen, wo wir Berührungsmöglichkeiten mit den staatlichen Organen der USA finden, gegen die extrem Reaktionären. Vielleicht auch erst später, in Gagarin. Ich weiß, das ist vage, aber mir kommt es jetzt nur darauf an, daß wir uns alle Möglichkeiten offenhalten. Zum Beispiel auch Ihre Beziehung zu dem Amerikaner. Haben Sie bestimmte Vermutungen, Erwartungen, was die zweite Etappe betrifft?»

«Ich fürchte, daß diesmal die Linie der antisowjetischen Provokation bestimmend sein wird», sagte Viktor.

«Sehr wahrscheinlich. Und denken Sie daran, daß auch der Gegner ein Tiefseeschiff in der Nähe haben kann. Damit wären wir bei SC selbst. Sie hatten vorhin angesetzt, etwas zu sagen?»

«Im Grunde wäre es gut, wenn wir ein Sachverständigengremium hätten, das alle Produktionen und Forschungen von SC daraufhin abtasten könnte. Also auf die Möglichkeiten einer großen Provokation hin.»

«Das ist gut. Versuchen Sie aber, die Frage genauer zu stellen.»

«Genauer?»

«Und zwingender. Wir werden solche Beratung nicht mehr zusammenbekommen, bevor Sie abreisen. Das Ergebnis wird unser Tiefseeschiff mitbringen. Wenn es ein Ergebnis gibt.»

Sie besprachen noch lange Einzelheiten der Konzeption, zum Beispiel, ob nötigenfalls die personelle Tarnung aufgegeben oder riskiert werden dürfe, und vieles andere mehr. Bei aller Mühe aber blieben die Festlegungen ziemlich vage, Viktors Spielraum riesengroß.

Am nächsten Tag gelang es ihm, die Frage zu formulieren: Gibt es unter den Produktionen und Forschungen in SC eine, bei der der Einsatz einer kleinen Trigger-Energie ausreichen würde, Katastrophen hervorzurufen?

SUBMARINE CITY

1

Bei dem Gedanken an Submarine City, die Stadt auf dem Meeresboden, stellen sich die meisten zuerst so eine Art Aquarium vor: eine Glasscheibe, hinter der bunte Fische zwischen grünen Pflanzen herumschwimmen, ab und zu innehalten, mit den Flossen fächeln und glotzen.

Aber es gibt keine grünen Pflanzen und keine Fische hinter keiner Glasscheibe, und wenn es sie gäbe, könnte man sie nicht sehen, weil es nicht den winzigsten Schimmer von Licht gibt im Meer, das die Stadt umgibt, es sei denn künstliches. Submarine City liegt in fünftausend Meter Tiefe, im Nordteil des Peru-Chile-Beckens, unter sechs Grad südlicher Breite und zweiundneunzig Grad westlicher Länge, tausend Kilometer westlich von Peru und rund siebenhundert Kilometer südlich der Galapagosinseln, auf deren größter der Ort Albemarle Center liegt, Überwasserhafen und Versorgungsbasis der Stadt am Meeresboden.

Von hier wird der Personenverkehr von und nach SC mit Tiefseebooten abgewickelt – Ablösende und Abgelöste, Urlauber und Rückkehrer, sehr selten Gäste; denn gastlich ist das Wunder am Meeresboden nicht, dazu fehlt es ihm an Platz und auch an bestimmten Selbstverständlichkeiten des irdischen Lebens. Man kann sich wohl nicht als Gast fühlen, wo man erst einen einwöchigen Unterricht absolvieren muß, bevor man sich der einfachsten Bewegungsfreiheiten erfreuen kann.

Am ehesten läßt sich das Leben in SC mit dem in einer Raumstation vergleichen – man ist immer in einem hermetisch abgeschlossenen Behälter. Und man kommuniziert mit der Umwelt vorwiegend über Geräte, nur ausnahmsweise direkt mit Augen und Ohren. Man hat nur mit Leuten zu tun, die von ihrem Fach besessen sind. Der Lebensrhythmus und die wichtigsten Verhaltensweisen sind einer Disziplin untergeordnet, die weder freiwillig ausgesucht ist noch gesellschaftlichem Brauch oder Zwang entspringt, sondern fast ausschließlich durch die Bedingungen diktiert wird.

Gewiß gibt es auch Unterschiede: Aus einer Raumstation kann man die Sterne sehen, den Mond und die Erde und, wenn man einen Blendschutz vorschaltet, sogar die Sonne. Von SC aus sieht man nichts. In einer Raumstation, falls die hermetische Abdichtung verletzt wird, rettet einen der Skaphander. In SC oder einem der Fahrzeuge gäbe es für den Menschen in solchem Falle keine Rettung – bei einem Druck von fünfhundert Kilogramm auf den Quadratzentimeter.

Ob nun trotzdem oder gerade deswegen: Die Besatzung oder Einwohnerschaft – letzteres paßt besser zu dem Wort City und dafür weniger zum Sachverhalt –, die Leute in SC sind bisher eine stabile Mannschaft geblieben, wenige gingen weg; nur von Zeit zu Zeit, mit dem weiteren Ausbau, kamen neue Schübe dazu, die Produktions- und Forschungsaufgaben wuchsen. Auch die Aufnahme der Elevengruppe wurde möglich durch einen weiteren Ausbauabschnitt, den ein Vierteljahr später, nach Abzug der Eleven, Mitarbeiter neuer Programme bewohnen sollten.

Mit den Eleven würden nun etwa zweihundert Menschen da unten leben und arbeiten. Das Zentrum auf der Insel Albemarle war mit Hafen und Flugplatz nicht nur bedeutend größer, sondern auch bevölkerter, tausend Menschen wohnten hier ständig, obwohl es nur ein Anhängsel war. Hier gab es keine Touristen, aber zeitweilige Gäste, Seeleute der Versorgungsschiffe etwa, und demzufolge auch Hotels.

In einem von ihnen sammelte sich die Elevengruppe. Man hatte versucht, Anreise und Abtransport so zu legen, daß keine großen Wartezeiten entstanden, ganz war das aber nicht zu vermeiden. Denn mehr als zwei Tiefseeboote, die je zehn Mann faßten, durften aus Sicherheitsgründen nicht dafür eingesetzt werden, und für die Strecke bis SC brauchte so ein Boot doch immerhin sieben Stunden, also vierzehn hin und zurück.

So kam es, daß Viktor und Jerry sich im Foyer des Hotels wiedersahen, letzterer als Ankömmling, während Viktor ihn erwartete. Zum Flugplatz hatte er nicht fahren wollen, obwohl ihm der Gedanke durchaus gekommen war, aber er hätte sich vor sich selbst geniert.

Als Jerry zur Tür hereinkam, erhob er sich aus dem Foyersessel. Was ihm jetzt geschah, als sie beide aufeinander zugingen und sich umarmten und auf den Rücken klopften, burschikos und ein bißchen verlegen, war eine Freude von unerwarteter Tiefe und Deutlichkeit. Nie hatte er so etwas gefühlt, diese Leichtigkeit, diese Begeisterung, oder doch? Bei seiner ersten Verliebtheit als Junge? Ähnlich war das Gefühl schon ... Sie sagten sich Banalitäten und nahmen sie auf wie heilige Erklärungen, und jeder wußte, daß der andere sich ebenso fühlte.

Der Augenblick war vorbei, und sie trennten sich, beide leicht verwirrt. Sie sahen sich an diesem Tag noch öfter, aber sie vermieden es wie auf Verabredung, allein zu sein. Ein Benehmen wie frisch Verliebte! dachte Viktor stirnrunzelnd, als er spät zu Bett ging und nicht gleich einschlafen konnte, und er kam sogar auf den dummen Gedanken, sich zu fragen, ob er jemals bei sich selbst irgendwelche Anzeichen von Homosexualität entdeckt habe – nicht, daß er davor Angst oder Abscheu gehabt hätte, es hätte vielleicht die Intensität seiner Gefühle für Jerry erklären können, wenigstens teilweise. Aber er mußte diese Frage auch bei kritischer Prüfung verneinen.

Was also war los? Hypnose? Psychopharmaka? Das alles war bei dieser Begegnung ausgeschlossen. Und zudem spürte er, daß es dem anderen ebenso ging. Rational freilich war das anfechtbar, wer – angenommen – eine solche Sympathie gezielt erzeugen konnte, der würde ihr auch den Eindruck beilegen können, daß es dem Gegenstand der Sympathie ebenso ging. Aber das Gefühl dafür war zu bestimmt. Und Gefühle darf man prüfen, aber keinesfalls geringschätzen.

Gab es denn solche ungeschlechtliche Sympathie, deren

Anziehungskraft die einer normalen Freundschaft bei weitem überstieg und die ganz und gar unabhängig war von den realen, sachlichen Beziehungen? War es denn möglich, daß man wider alle Vernunft einen so sehr mochte, der doch wahrscheinlich ein Feind war? Wie vertrug sich das mit einem gefestigten Charakter, mit einer die Persönlichkeit bestimmenden Weltanschauung? Diese Fragen, wenn auch nicht ganz neu, verbanden sich doch nach der Tiefe der Wiedersehensfreude mit bisher nicht empfundener Sorge. Denn wenn die Vermutungen zutrafen, dann würden sie ja irgendwann in die Lage kommen, direkt gegeneinander zu handeln!

Viktor wußte keine Antwort auf seine Fragen, und das bedrückte ihn. Auch hierin schien es Jerry ähnlich zu gehen. Als sie am nächsten Tag von einem Tiefseeboot abgeholt wurden, setzten sie sich zwar nebeneinander, hatten aber Schwierigkeiten, in ein längeres und intensiveres Gespräch zu kommen. Schließlich fand Jerry den Schlüssel dazu. Sie hatten über Ferienerlebnisse gesprochen, knapp und ohne Begeisterung, und nach einer abermaligen Pause sagte Jerry: «Ich hab die Ella vermißt.»

So hatten sie ein Thema, das Gefühle behandelte, wenn auch nicht die, die sie füreinander empfanden, darüber sprachen beide nicht; aber gefühlsmäßige Bindungen mit Dritten und überhaupt – dadurch erfuhr jeder doch mehr vom anderen, das war angenehm, und das Aufregende, kaum zu Benennende an ihrem gegenseitigen Verhältnis blieb aus dem Spiele.

«Die Ella ist was Besonderes, weißt du», sagte Jerry, «meine Beziehungen zu Frauen sind sonst nicht sehr tief, vielleicht fehlt mir dafür eine Ader, bisher habe ich unter Trennungen nicht sehr gelitten, auch unter zeitweisen. Na, gelitten habe ich diesmal auch nicht, das wäre zuviel gesagt, aber gefehlt hat sie mir doch. Wie ist das eigentlich bei dir, bist du ein Frauenfeind oder so was?»

«Ich weiß nicht, nein, wohl nicht», sagte Viktor unsicher, «es ist nur so, wenn keine da ist, die mich aufregt, bin ich sozusagen fast ein geschlechtsloses Wesen.»

«Gibt's denn viele, die dich aufregen? Ich meine, wie oft triffst du solche?»

«Nicht oft», gestand Viktor. «Dreimal bisher. Hat jedesmal so zwei, drei Jahre gehalten ...»

Es war kein Gesprächsstoff für sieben Stunden Fahrt, aber es war der Teil ihrer Unterhaltung, der sie einander noch näher brachte, als sie sich vor der Trennung gewesen waren.

In der ersten Woche lernten sie, in SC zu leben und vor allem die Fahrzeuge zu beherrschen: die Tiefseeboote, die Seeschlangen und die Kraken. Die letzteren beiden waren Ein-Mann-Fahrzeuge, der Mann saß in der Kapsel, die bei beiden gleich war und die den ganzen Druck aufnahm. Die Fortbewegung erfolgte bei beiden durch eine Quasimuskulatur, die elektrisch angetrieben wurde. Der Krake war ein langsames Fahrzeug, hauptsächlich für Außenarbeiten bestimmt – zwei seiner fünf Arme dienten dem darin Sitzenden als verlängerte Hände, sie konnten Werkzeuge halten und bedienen, und die anderen drei Arme sicherten währenddessen mit Hilfe von Saugnäpfen einen festen Standort. Bei reiner Fortbewegung erzeugten alle fünf Arme Schub, der Krake erreichte dann etwa vierzig Stundenkilometer. Die Seeschlange war dagegen zum Manipulieren ungeeignet, sie war etwa fünfzehn Meter lang und diente nur der Beobachtung, erreichte dafür aber eine Geschwindigkeit von hundertfünfzig Stundenkilometer – das schnellste Tiefseefahrzeug überhaupt.

Die Stadt selbst lag unter einem anfangs unübersichtlichen System von Kuppeln, die untereinander abschottbar waren und von denen drei Schleusenketten durch den felsigen Meeresboden nach draußen führten. Übrigens lagen auch eine Reihe anderer Anlagen unter dem Meeresboden, zum Teil sogar ein Stück entfernt, wie das Atomkraftwerk. Als erstes wurden sie alle über den Alarmplan unterrichtet – wer zu welcher Schleuse und zu welchem Fahrzeug gehörte, falls eine Katastrophe eintrat. Es gab ein wenig theoretischen Unterricht über die physikalischen Verhältnisse in fünftausend Meter Tiefe sowie über die Orientierungsmöglichkeiten, die hauptsächlich auf dem Sonar basierten. Denn Licht wurde nur sehr selten verwendet bei den Arbeiten, es war unzuverlässig, und die nötige Technik hätte die Fahrzeuge mit Anbauten belastet, die die Geschwindigkeit wesentlich gesenkt hätten. Das Sonar, auf Ultraschall beruhend, war inzwischen so weit entwickelt worden, daß sein Bild fast einem optischen gleichkam – aber freilich mußte man damit erst arbeiten lernen. Dazu diente ein Gelände nahe bei der Stadt, das von den sozusagen Eingesessenen als Spielplatz bezeichnet wurde.

Dieser Spielplatz war während der Übungen beleuchtet, damit die Neuen sich vom optischen auf das Sonarbild umgewöhnen konnten. Die Kapsel des jeweiligen Fahrzeugs, des Kraken oder der Seeschlange, war in Frontrichtung durchsichtig, und von Zeit zu Zeit wurde das Licht abgeschaltet. Die Übungen waren meist interessant, oft nervenstrapazierend und manchmal komisch – wie das eben bei einer Fahrschule so ist. Aber diese Fahrschule hatte ihre Eigenheiten wie die Kommunikation unter Wasser überhaupt. Jedes Fahrzeug hatte drei Sonarsysteme – eins für Langstreckenorientierung, es reichte zwei Kilometer weit, also nicht einmal bis an die Oberfläche, und es zeigte nur Hindernisse an, die mindestens einen Meter hoch oder breit waren; das zweite für ein differenziertes und ziemlich genaues Nahbild, Reichweite bis zu zehn Meter, und das dritte für akustische Verständigung zwischen den Fahrzeugen, bei einfachen Tönen bis zu fünfzig Meter, bei differenzierten Lauten (etwa Sprache) bis zu acht Meter weit reichend. Das waren im wesentlichen alle Orientierungs- und Kontaktmittel, die man in einem Fahrzeug unter Wasser hatte – dazu natürlich Karten und Kompaß. Man war also, einmal außerhalb der Stadt und des Spielplatzes, in viel höherem Maße allein als auf der Erde oder selbst im Raum. Elektromagnetische und optische Medien wurden unter Wasser schon bei geringeren Entfernungen als das Sonar bis auf Null gedämpft.

Nach einigen Tagen Unterricht und Übung auf dem Spielplatz kam die erste Prüfung auf die Eleven zu: der sogenannte Paarlauf. Jeweils zwei Eleven in Kraken mußten einen bestimmten Punkt außerhalb der Stadt aufsuchen, dort eine bestimmte Arbeit verrichten und zurückkehren. Dabei verblieben sie freilich noch innerhalb der Reichweite des Langstreckensonars, entfernten sich also nicht weiter als zwei Kilometer von der Stadt, und die Arbeit wurde von einem erfahrenen Kollegen beaufsichtigt.

Bei diesem Paarlauf trafen Gwendolyn Freeman und Ella Jansens zum ersten Mal wieder für längere Zeit zusammen – bis zu diesem Zeitpunkt hatte der Unterricht kaum Gelegenheit gelassen, mehr als ein paar Worte Pausenschwatz zu wechseln.

Das Schwimmen zum Ziel, zum Arbeitsort, kostete, die Richtung einmal eingestellt, nicht viel Aufwand, einen gelegentlichen Blick auf das Sonar und einen zweiten auf den Kompaß, und so schwatzte Gwen bald munter drauflos, während Ella sich auf gelegentliche Einwürfe beschränkt fand, nicht zu ihrem Mißvergnügen; denn daß die eine lieber sprach und die andere lieber zuhörte, gehörte zu den Dingen, die sie verbanden.

«Hör mal», sagte Gwen, «ich werde mich in den kommenden Monaten ein bißchen an dich halten, du hast doch sicherlich nichts dagegen, Orson wird nämlich viel unterwegs sein, bei seinem Arbeitsgebiet, nicht wahr, mal in Albemarle Center, mal hier unten in der Stadt, mal oben bei der Knollenflottille und beim Versorgungsdienst, er soll das Versorgungs- und Zuliefersystem kritisch unter die Lupe nehmen, er hat sich schon ein halbes Dutzend Fragen notiert, zum Beispiel, warum wir sieben Stunden von Albemarle nach hier in T-Booten unterwegs waren, wo es doch die Möglichkeit gibt, direkt von oben, vom Versorgungsschiff aus, in einer knappen halben Stunde ..., sicherlich gibt es dafür gute Gründe, aber auch Gründe können veralten, und von Zeit zu Zeit muß einer kommen, der das ohne Betriebsblindheit betrachtet, nicht wahr, was meinst du?»

«Ich weiß nicht, ob wir soviel Zeit haben», sagte Ella unentschlossen, «ich glaube, hier unten wird ziemlich straff gearbeitet.»

«Wieso, es ist doch mein Mann, der ...», wunderte sich Gwen, aber dann fiel ihr der Zusammenhang mit ihrem anfänglich geäußerten Anliegen ein. «Ach so, du meinst uns. Verstehe schon, und bei dir kommt dann noch Jerry hinzu, so 'n Mann beansprucht ja immer 'ne ganze Menge Zeit, vor allem, wo ihr zusammen eine Kabine habt, möchte wissen, wie er das wieder fertiggebracht hat, na ja, sein Charme, dem kann keiner widerstehen, aber daß er es überhaupt getan hat, das bedeutet was, oder vielmehr, du bedeutest was, nämlich ihm, und zwar mehr als die Verflossenen, nach dem, was man so hört. Sind wir noch auf Kurs? Ja. Also was ich sagen wollte, ist dies: Wir beide, ja, wir werden schon bei der Arbeit genügend oft zusammenkommen, da brauchen wir dem armen Jerry nichts wegzunehmen, ich denke doch, daß ich nicht nur draußen zu tun habe, und du wirst mit deiner Ökologie nicht nur drinnen sitzen. Hast du denn schon reingerochen, was da auf dich zukommt?»

Ella berichtete, daß sich zwei Forschungsgruppen mit Ökologie befaßten, mit unterschiedlichen Aspekten – die eine mit den Auswirkungen der Tiefseestadt und der Arbeiten in der Tiefsee auf die Ökologie beziehungsweise damit, wie diese Auswirkungen minimiert werden konnten, und diese Richtung arbeitete eng mit Gwens Forschungsgruppe zusammen, die sich mit Tiefseebiologie befaßte, die andere mit der sehr perspektivischen Aufgabe, die Stadt selbst zu einem abgeschlossenen Öko-System zu machen, das sich aus sich selbst versorgte. Gegenwärtig mußten noch zwei Drittel des Sauerstoffs geliefert werden, achtzig Prozent der Lebensmittel, alle Arbeitsmittel und Geräte, und nur das Wasser wurde schon selbst entsalzt. Übrigens zeigte sich jetzt, daß Gwendolyn Freeman durchaus auch zuhören konnte. Und so erzählte Ella weiter, was sie schon erfahren hatte: von der Löwenmähne, die am Südende der Stadt im Wasser wogte, sozusagen ein Riesenfell aus Hunderttausenden haarförmigen Kapillargefäßen, in denen Kohlendioxid gegen Sauerstoff des Wassers ausgetauscht wurde und das trotz der Sauerstoffarmut des

Tiefenwassers ganz brauchbare Ergebnisse lieferte; von den Tiefbohrungen für ein geothermisches Kraftwerk, das in einigen Jahren das jetzige Atomkraftwerk ersetzen sollte, und von noch ein paar Dingen.

Sie hatten den Arbeitsort erreicht, ein erfahrener Kollege, für kurze Zeit als Ausbilder eingesetzt, zeigte ihnen, was sie mit dem Kraken und dem Handwerkszeug, das in der Höhlung zwischen den fünf Füßen angebracht war, arbeiten sollten. Es war die Reparatur einer einfachen Unterwassermechanik, demontieren, Teile wechseln, zusammenbauen, in Gang setzen – das alles auf einer winzigen Plattform zehn Meter über dem Meeresboden. Selbstverständlich fiel dann und wann mal ein Werkzeug herunter, es schwebte mehr, aber es landete meist nicht auf der Plattform, man mußte hinterher und es am Meeresboden suchen, was eine gute Übung war: Metall war im Sonar leicht zu erkennen, es reflektierte stark, bei Plast aber war das schwieriger, und so lernten sie auch den Nutzen des Arbeitsnetzes kennen, das zu den Werkzeugen gehörte und zur Aufnahme aller möglichen kleineren Teile bestimmt war. Denn das Suchen am Boden war unter Umständen eine Sisyphusarbeit, weil oft die Bewegungen des Suchens das Gesuchte wegschwemmten, ohne daß man es sah.

Schließlich aber hatten sie die Aufgabe, noch innerhalb des vorgegebenen Zeitlimits, gelöst und konnten sich auf den Rückweg machen.

«Den kenn ich», sagte Gwen, als sie ein paar hundert Meter geschwommen waren, und sie konnte niemand anderes meinen als diesen Ausbilder, «das ist einer von den zehn, zwanzig Leuten, die von Anfang an dabei waren. Eine Frau gehört auch dazu, mit der hab ich mich eine Weile unterhalten. Was ist denn jetzt los, da rechts, guck mal!»

Auch Ella hatte auf ihrem Sonarschirm den blassen Fleck bemerkt, der am Rande ihres Beobachtungsfeldes aufgetaucht war. Sie schlug vor, zehn Meter höher zu gehen und auf den Fleck zuzuschwimmen, das taten sie, und bald bemerkten sie die Kennung des Flecks – es war einer in der

Kette von Sonarreflektoren, die in der weiteren Umgebung von SC die Orientierung erleichtern.

«Es muß eine Strömung sein, wir sind westwärts abgedriftet, oder wie siehst du das?» fragte Ella.

«Auch so», bestätigte Gwen. «Es soll hier unten manchmal leichte Gezeitenströmungen geben oder eine Folge der Gezeitenströmung oder so was. Nach der Kennung gehört der Reflektor zur Nord-Süd-Achse, also Kurs genau Süd.»

Ella war schon auf diesen Kurs eingeschwenkt.

«Am Anfang hatten sie noch keine solche Hilfe, hat mir die Julia erzählt, das ist die, von der ich vorhin gerade ... Also, da war überhaupt allerhand los hier, es gab Konkurrenzkämpfe und psychische Zusammenbrüche, ein paar Dinge auch, von denen keiner je rausgekriegt hat, ob es Unfälle waren oder Sabotage, denn Polizisten kommen ja hier nicht runter, aber sie haben die Sache in den Griff gekriegt. Übrigens reden sie nicht gern darüber. Ich hab erzählt, was in Silver Beam passiert ist, da sagte sie, hoffentlich geht das jetzt hier nicht noch mal von vorn los, was meinst du?»

Das Langstrecken-Orientierungs-Einzelschwimmen in der Seeschlange bildete den Abschluß der Lehrzeit unter Wasser. Der Schwarm der Eleven umkreiste unter Führung eines Ausbilders SC im Abstand von hundert Kilometern, und von Zeit zu Zeit erhielt einer den Befehl, sich von der Gruppe zu lösen und allein den Weg nach SC zu finden.

Wenn der Eleve sich einmal von der Gruppe gelöst hatte, war er wirklich auf sich allein gestellt. Nur der Kompaß und eine allerdings recht genaue Meeresbodenkarte konnten ihm helfen, einen Kurs zu finden, der irgendwo entweder die Nord-Süd- oder die Ost-West-Kette der Reflektoren schnitt und dann direkt nach SC führte.

Der Eleve war also allein, aber keineswegs verloren. Sauerstoff und Antriebsstrom reichten aus, das gesamte Gebiet auf der Suche nach der Reflektorenkette mehrfach zu überqueren, sechs- oder siebenmal, und wenn das trotzdem nicht glückte, würde ja auch inzwischen eine Suchkette von Fahrzeugen ausgeschwärmt sein.

Viktor war sich klar darüber, daß dieses Risiko notwendig war. Nie würden sie sich frei von Ängsten im Meer bewegen können, wenn sie es nicht trainierten. Er hatte in der einen Woche, die sie hier unten waren, zwar noch nicht direkt Beklemmungen empfunden, aber er mußte sich eingestehen, daß ein blauer Himmel und ein weiter Blick eine berauschende Vorstellung waren, selbst wenn man dafür die glühende Sonne von Silver Beam in Kauf nehmen mußte.

Nun gut, jetzt bestand eine klare Aufgabe, und sie war, sachlich gesehen, nicht allzu schwierig. Sie waren zwar unter Führung des Ausbilders eine ganze Weile geschwommen, aber er wußte, daß er auf keinen Fall weiter als hundert Kilometer von SC entfernt war, und er hatte dem geschwommenen Bogen nach das Gefühl, er müßte sich nordwestlich von SC befinden. Also legte er zunächst einen Südostkurs fest und ließ die Seeschlange losschwimmen. Vor sich auf einem halbkreisförmigen Schirm hatte er den Sonarhorizont oder richtiger, die in Fahrtrichtung liegende Hälfte davon, auf zwei kleinere Schirme holte er sich die Bodenkarte für den nordwestlichen Sektor und das Relief des überschwommenen Bodens, vom Sonar aufgenommen und registriert. Am einfachsten wäre es, wenn er irgendeinen markanten Punkt in der Bodenkarte fände, der auch auf dem Relief erschiene, aber solches Glück hatte selten einer, weil es so viele markante Punkte am Boden nicht gab, wenigstens nicht hier, in der unmittelbaren Umgebung von SC, das ja aus vielerlei guten Gründen auf dem Boden einer weiträumig ebenen, felsigen Senke der Nasca-Platte erbaut war, jener tektonischen Scholle, die Südamerika im Pazifik vorgelagert ist, vom Äquator aus nach Süden reichend.

Und nun tauchte doch voraus am Boden ein Sonarreflex auf, schwach nur, also kein Reflektor, sondern wahrscheinlich eine natürliche Bildung. Viktor senkte das Tempo, versuchte die Unebenheit schärfer ins Bild zu bekommen und zugleich, sie auf der Bodenkarte zu finden. Aber er war doch noch nicht geübt genug – er blieb zu schnell und hatte die Stelle schon überschwommen, bevor er etwas Erkennbares auf den Schirm bekommen hatte. Es dauerte eine Minute, bis er die Geschwindigkeit auf Null gesenkt hatte, dann drehte er um – aber da zeigte das Sonar nichts mehr an!

Wie war das möglich? Ein Tier, das inzwischen weggeschwommen war? Aber so große Tiere gab es hier unten nach Aussage der Zoologen nicht. War es ein Trick, mit dem der Eleve Viktor getestet werden sollte? Die Ausbilder hatten sich zugezwinkert und Andeutungen in dieser Richtung fallen lassen, als sie das Schwimmen vorbereiteten. Wie könnte denn ein solcher Trick aussehen? Wenn es etwa eine Scheibe aus irgendeinem nichtmetallischen Material war, deren Fläche schräg in die bisherige Fahrtrichtung zeigte, so daß er jetzt nur die Kante vor sich hatte, die zu flach war, um im Sonar zu erscheinen – das wäre eine Möglichkeit. Das mußte sich aber feststellen lassen, er brauchte nur tiefer zu gehen, ein kleines Stück weiter zu schwimmen und wieder umzukehren, dann mußte er sie groß im Bild haben. Er zweifelte zwar nun schon wieder an dieser Idee, aber er tat doch, was er sich ausgedacht hatte, sei es auch nur, um diese Möglichkeit auszuschließen.

Er fand nichts, ging direkt bis auf den Meeresboden hinunter, schwamm zickzack und suchte ihn ab – nichts.

Aber jetzt, was war das für eine Bewegung am Rande des Sonarschirms? Es gelang ihm nicht sofort, mit der Seeschlange dieser Bewegung zu folgen, der programmierte Zickzackkurs bog eben in die entgegengesetzte Richtung ein, er stoppte und setzte zur neuen Drehung an, da verspürte er einen leichten Ruck, er drehte weiter, auf dem Sonarbild erschien etwas, das sah aus wie ein davonschwimmender Krake, am Ende eines seiner Fangarme blinkte ein heller Reflex, einen Metallgegenstand mußte er dort tragen, dann war er aus dem Bild. Und danach mußte Viktor feststellen: Seine Seeschlange drehte sich immer weiter, obwohl er sie nicht so steuerte. Erst als er den Antrieb abschaltete, verlangsamte sich die Drehung und hörte nach einigen Minuten, vom Wasser gebremst, ganz auf. Ein weiterer Versuch, sich fortzubewegen, erzeugte wieder Drehung. Wenn Geradeaussteuern eine Drehung nach rechts erzeugt, vielleicht erzeugte Linkssteuern eine Geradeausbewegung? Tatsächlich, mit kleiner Kraft und mit vielen Korrekturen – es ging. Offenbar war die Quasimuskulatur auf der rechten Seite lahmgelegt. Bestimmt mit diesem Metallgegenstand, dessen Sonarreflex er gesehen hatte. Wer hatte das getan? Jemand von der Station? Aber hier hielt sich keiner auf, Arbeiten gab es hier nicht. Einer aus der Elevengruppe? Die schwammen alle in Seeschlangen. Und warum? Müßige Fragen jetzt, es war wichtiger nachzudenken, was weiter geschehen könnte und was er demzufolge tun mußte.

Ein kurzer Ruck war das gewesen. Kein sehr starker. Nicht so, als sei das ganze Fahrzeug zerschmettert. Das war auch gar nicht nötig. Jeder Quasimuskelstrang zog sich zusammen, wenn er vom Strom durchflossen wurde, und dehnte sich, wenn er keinen Strom erhielt. Wenn nun also der Metallgegenstand die Außenhaut irgendwo verletzt hatte, drang Meerwasser ein und legte die Strombahnen oder Anschlüsse still. Zuerst versagten die Muskelstränge in der Nähe der lekken Stelle, dann auf einer Seite, und schließlich mußte zwangsläufig der gesamte Antrieb ausfallen. Und das bald. Wenigstens so bald, daß er nicht wesentlich weiterkommen würde und keinen Kontakt aufnehmen konnte. Mehr noch: Er mußte befürchten, daß am Ende die Stromquelle kurzgeschlossen wurde, und das konnte zu einer erheblichen Explosion führen, soviel wußte er. Ob die Kapsel das aushalten würde, wußte er freilich nicht, aber es lag kein Sinn darin, es darauf ankommen zu lassen. Das mindeste Ergebnis würde sein, daß die Geräte ausfielen.

Wenn er dagegen den Antrieb abschaltete, bestand kein Kontakt der Muskulatur zur Suprabatterie mehr. Aber dann gab es auch keine Bewegung, er würde an dieser Stelle schweben, ein bißchen vielleicht von der schwachen Tiefenströmung mitgenommen, und nicht weit von hier würden seine Sauerstoffvorräte zu Ende sein.

Beides bot keine Lösung. Blieb die äußerste, letzte Möglichkeit: die gesamte Muskulatur, den Antrieb, den ganzen langen Körper der Seeschlange abzusprengen. Die Kapsel würde, ihrem Auftrieb folgend, an die Oberfläche steigen, vier bis fünf Stunden lang. Und er würde nie genau erfahren, was eigentlich passiert war. Denn die abgeworfene Muskulatur wiederzufinden, diese Chance stand wohl eins zu einer Million.

Nein, es gab keine andere Möglichkeit. Aber wenigstens, so fiel ihm ein, dieses Aufsteigen konnte er noch beschleunigen. Ein bißchen funktionierte der Antrieb noch, er konnte ihn nach oben richten und, wenn das ganze Fahrzeug eine gewisse Geschwindigkeit hatte, den Antrieb abschalten und die Muskulatur absprengen – dann würde auch dieser Stoß noch die Kapsel beschleunigen. Freilich, ein Wagnis blieb dabei. Er mußte auf jeden Fall abschalten, bevor das eindringende Wasser die Batteriekontakte erreichte und kurzschloß. Dieser Zeitpunkt ließ sich nicht genau bestimmen, wohl auch von erfahreneren Leuten nicht, aber schon gar nicht von einem Anfänger. Er nahm sich vor abzuschalten, wenn die Bewegung der Muskulatur so schwerfällig geworden war, daß auch der stärkste Linksausschlag der Steuerung nichts mehr bewirkte.

Jetzt mußte er versuchen, die Seeschlange in die Aufwärtsrichtung zu drehen. Zuerst schien es, als wolle ihm das nicht gelingen, aber dann stellte er sich die normalerweise ansetzenden Kräfte vor und errechnete im Kopf ein Steuerschema, das ihn mit der Kapsel nach oben drehen mußte. Und das funktionierte auch einigermaßen. Aber bei dreitausend Metern spürte er, daß der Antrieb immer schwächer wurde und trotz vollen Linksausschlags von der Senkrechten abwich: höchste Zeit, ihn abzuschalten. Er tat es, sprengte aber den nutzlosen Körper der Seeschlange noch nicht ab, denn eine brauchbare Eigenschaft hatte er immerhin noch: seine Masse, die die Kapsel noch eine ganze Weile schneller nach oben schieben würde, als sie vermöge des eigenen Auftriebs steigen könnte. Erst bei zweitausend Meter Tiefe war er so langsam geworden, daß er die Muskulatur absprengte.

Jetzt hatte er zum ersten Mal Zeit zum Nachdenken. Im

Steuersessel auf dem Rücken liegend, das matt und leer leuchtende Sonarpult in Bauchhöhe über sich, blickte er auf die absolute Schwärze des Sichtfensters. Er hatte keinerlei Angst. Es sah nicht so aus, als solle er ernsthaft geschädigt werden.

Verglich man diesen Vorfall mit dem ersten Entführungsversuch an Aram, mit dem die Ereignisse in Silver Beam begonnen hatten, so gab es Parallelen und Gegensätze. Parallelen waren: die relative Harmlosigkeit und der Anlaß zur Unruhe. Gegensätze waren die primitiv-laienhafte Ausführung dort und das professionelle Vorgehen hier. Oder machte er sich etwas vor? Er konnte ja nicht einmal genau sagen, was er wirklich gesehen hatte, und selbst, wenn er es hätte sagen können, bei seiner geringen Erfahrung mit dem Sonarbild war eine Fehldeutung nicht auszuschließen. Hoppla, steckte darin vielleicht der Sinn des Unternehmens? Der sowjetische Eleve hat eine Seeschlange zerstört, wahrscheinlich in Panik, und nun erfindet er irgendwelche Märchen ... Als Auftakt für eine Serie analoger Ereignisse gar nicht schlecht, später konnte dem noch weiterer Verdacht unterlegt werden ... Niemand konnte es ihm nachweisen, aber niemand auch konnte das Gegenteil beweisen, und mancher würde sich fragen, wo soll da wohl ein Krake hergekommen sein, dort hielt sich niemand auf ...

Das wäre das erste, was Viktor nachzuprüfen hatte. Jetzt aber mußte er aufpassen, er näherte sich dem Unterwasserschallkanal (USK), jener sonderbaren Wasserschicht zwischen tausend und tausendfünfhundert Meter Tiefe, die in der Lage ist, Schallsignale in bestimmten Frequenzbereichen Zehntausende von Kilometern weiterzuleiten, weil infolge des Wirkens verschiedener physikalischer und chemischer Faktoren wie Wassertemperatur und Salzgehalt hier die kleinste Schallgeschwindigkeit herrscht und aller Schall (wie alle Wellen) immer zur kleinsten Geschwindigkeit hin gebrochen werden. Jedenfalls hatte SC in dieser Schicht, die hier bei tausendvierhundert Metern lag, eine Satellitenstation, die sowohl der Erforschung des USK als auch ganz praktischen Aufgaben diente wie etwa der Einweisung von Materiallieferungen. Beim Passieren dieser Schicht wollte Viktor ein Schallsignal abgeben, das seine Kennung enthielt, richtiger: die Kennung seiner Seeschlange, und auf Grund dieses Signals würden sie ihn bald auffischen – oben. Gleich war es soweit, noch hundert Meter, noch fünfzig ... Jetzt! Viktor gab das Signal dreimal, dann mußte er lachen: Unfreiwillig hatte er sogar ein Experiment auf seinem künftigen Arbeitsgebiet ausgeführt, denn in der Forschungsgruppe Kommunikation sollte er arbeiten, und der USK gehörte dazu.

Er stieg jetzt nur noch langsam aufwärts, vielleicht ein Meter in der Sekunde, also hatte er noch etwa eine Viertelstunde Zeit, bis er den ersten Lichtschimmer im Wasser entdecken würde, danach noch mal die gleiche Zeit, bis er oben war. Und dann ...

Ja, dafür mußte er ein klares Programm haben. Feststellen lassen, wo alle außerhalb der Stadt befindlichen Kraken zu der Zeit gewesen waren, eine Frage, die jeder verständlich finden würde. Nächster Punkt: Wann wurden die Reihenfolge und der Ort festgelegt, an dem die einzelnen Eleven die Gruppe verlassen sollten, und wer kannte sie? Nein, diese Frage würde er lieber nicht offiziell stellen, sondern selbst recherchieren, denn ihr lag der Verdacht zugrunde, daß der Anschlag gezielt gegen ihn, Viktor, geführt worden war. Dafür sprach nur, was in Silver Beam geschehen war. Aber das wußte ja ohnehin jeder, das hatte sich längst herumgesprochen, also konnte er auch diese Frage sofort stellen. Was weiter – ja, richtig, das würde notwendig sein: sofortige Information an das Generalsekretariat der UN, Mercedes Cardo Fuentes. Er wußte nicht, wo sie sich zur Zeit aufhielt, sie wurde hier erst Mitte der nächsten Woche erwartet, aber eine so dringende Nachricht würde sie schon erreichen.

Da, was war das? Irrte er sich, oder – ja, es schimmerte tatsächlich ein wenig grau draußen. Tiefe siebenhundert Meter. Demnach war das Wasser heute sehr klar. Und das Sonar hatte auch gar nicht die Planktonschicht bei tausend Metern angezeigt, das waren vielleicht Tatsachen, mit denen die Ozeanologen etwas anzufangen wußten.

Jetzt aber mußte er sich auf das Auftauchen vorbereiten. Das Wasser war schon von einem hellen Grün, das Licht tat ihm wohl, auch weil es anzeigte, daß das Abenteuer schon beinahe überstanden war – noch zweihundert Meter vielleicht, drei, vier Minuten. Und hoffentlich eine ruhige See.

Den Ballon bereitlegen, den Antennendraht befestigen, die kleine Heliumpatrone anschließen – da war der blaue Himmel, einen Moment lang, dann tauchte die Kapsel wieder zurück, tauchte wieder auf, und ihre Bewegung ging in ein leises Wiegen über. Der blaue Himmel blieb. Gutes Wetter!

Viktor schraubte das Sichtfenster auf, das zugleich Mannloch war, hielt den Ballon hinaus und öffnete die Heliumflasche. Der Ballon blähte sich auf, wuchs und wuchs bis zur halben Größe der Kapsel. Viktor löste die Flasche, ließ den Ballon steigen und schaltete Mikrofon und Lautsprecher von Sonar auf Funk um.

«Hier Viktor Tolkin von SC auf havarierter Seeschlange», sprach er, «hier Viktor Tolkin, over!»

«Hier Transportschiff Isabela, wir hören Sie gut, unser Boot ist schon in Ihrer Nähe, wir peilen – ja, jetzt sehen wir auch Ihren Ballon, in fünf Minuten ist das Boot bei Ihnen, over!»

«Habe verstanden», sagte Viktor. «Bitte geben Sie über Albemarle Center an Diensthabenden in SC durch: erstens feststellen, wo jeder außerhalb von SC eingesetzte Krake während der letzten Stunde war. Zweitens feststellen, wer den genauen Einsatzplan für die Eleven beim Einzel-Orientierungsschwimmen kannte und seit wann. Drittens unverzüglich Generalsekretariat UN Mercedes Cardo Fuentes über den Vorfall informieren. Over.»

Einen Augenblick wartete Viktor. Dann fragte er: «Isabela, haben Sie verstanden? Over.»

Jetzt kam die Antwort sofort. «Haben verstanden. In Ordnung, wir geben das durch.»

Mercedes Cardo war nicht gerade in der Nähe, als die Nachricht sie erreichte, aber auch nicht so weit entfernt und nicht so eingespannt, daß sie nicht hätte umdisponieren können. Sie befand sich auf dem Flug von Panama, wo sie das Umfeld einer interamerikanischen Konferenz untersucht hatte, zu einer anderen Konferenz in Lima. Sie ließ ihren Jet Kurs nehmen auf Albemarle Center und schickte der «Isabela» ein Telegramm, worin sie Viktor bat, auch dorthin zu kommen. Ein Hubschrauber sollte ihn abholen.

Sie hatte zwar kein Recht, Anweisungen zu geben, das Unternehmen Submarine City unterstand direkt der Meeresbodenbehörde, aber sie kannte wie überall auch hier genügend Leute, die ihre Bitte gern erfüllten.

So kam es, daß sie fast gleichzeitig mit Viktor auf dem Flugplatz der Galapagosinsel eintraf, kurz vor ihm, und wiederum, wie bei ihrer Ankunft in Silver Beam, sprach sie zuerst mit Robin H. Lyndale, der in der Halle des Flugplatzes saß.

«Ich warte hier auf den neuesten Abenteuerhelden der Elevengruppe», erklärte er, «haben Sie schon gehört?»

«Ja, aber woher wissen Sie davon?»

«Hier passiert sonst nichts, und die Funker freuen sich, wenn sie auch mal was zu erzählen haben. Er wird jetzt geholt, mit dem Helicopter. Wenn das so weitergeht, wird mein Buch über die Elevengruppe der reinste Krimi.»

«Ich will mit ihm gleich nach SC hinunter. Kommen Sie mit?»

Lyndale schüttelte den Kopf. «Ich würde gern in ein paar Tagen kommen, ich habe hier noch zu tun, Sie wissen ja, ich bin nicht auf Aktualität versessen und arbeite am liebsten nach meinem eigenen Rhythmus.»

«Um so eiliger hab ich es, Sie entschuldigen mich. Wir sehen uns dann in ein paar Tagen unten, ja?»

Mercedes ging zur Flugdienstleitung. Es gefiel ihr nicht, daß auch hier wieder Lyndale der erste war, den sie sah, und daß der schon fast alles wußte. Sie verspürte eine starke, nicht begründbare Abneigung, jetzt auf dem gewöhnlichen Wege, per T-Boot, nach SC zu fahren.

Sie ließ eine Verbindung mit dem Hubschrauber herstellen, sprach mit dem Piloten und Viktor, regelte noch ein paar Dinge im Center telefonisch. Als eine halbe Stunde später der Hubschrauber landete, warteten Mercedes und ein Frachtpaket auf ihn.

Während des Fluges sprach Mercedes nur über den ungewöhnlichen Weg nach SC, den sie und Viktor nehmen sollten, und holte sein Einverständnis ein. Über die Vorkommnisse, die sie zusammengeführt hatten, schwieg sie.

Der Weg, den sie sich ausgesucht hatte, war der Weg der Frachtstücke. Die wurden in der Nähe von SC ins Meer gesetzt und später unten von Krakenfahrern aufgesammelt und eingebracht. Jede Form von ständiger Verbindung zur Wasseroberfläche hatte sich als zu aufwendig erwiesen – bei gutem Wetter klappte alles, aber wehe, wenn es stürmisch wurde!

Nun wurde das Frachtgut möglichst nur bei gutem Wetter transportiert. Das Schiff, die eigens dafür eingerichtete «Isabela», den spanischen Namen der Hauptinsel Albemarle tragend, ließ ein Meßgerät am Kabel tausendvierhundert Meter hinab bis in den Unterwasserschallkanal und stellte fest, aus welcher Richtung die Impulse von SC kamen, die die automatische Schallmeßstation im USK ausstrahlte. Die Entfernung wurde minimiert, und fast immer landeten die Frachtstücke zweihundert bis dreihundert Meter von den Schleusen der Tiefseestadt entfernt. Sie waren mit Sinkbremsen versehen und so groß gehalten, daß sie sich mit den Tiefseehilfsmitteln gut transportieren ließen.

An ein solches Gepäckstück würden sie sich beide hängen, jeder in einem Kraken, den der Hubschrauber vom Flughafen mitgenommen hatte. Sie hätten auch nach unten schwimmen können, aber das war ein sehr anstrengendes Unternehmen.

Viktor fragte, warum nicht generell dieser Weg beschritten wurde, zum Beispiel mit T-Booten für den Personentransport, und erfuhr, daß das aus Sicherheitsgründen nicht geschah: In den Schleusen, die meist mehrstufig waren, wurde der Druck schnell erhöht, etwaige Undichtheiten wurden sofort erkennbar, der Druck konnte zurückgenommen werden. Wenn das Fahrzeug dagegen langsam sank, erhöhte sich der Druck langsam, und undichte Stellen wurden erst erkannt, wenn eine schnelle Umkehr nicht mehr möglich war. Deshalb starteten die T-Boote im Hafen von Albemarle Center nicht von der Oberfläche, was technisch durchaus möglich und sogar einfach gewesen wäre, sondern aus dem U-Hafen, der schon in zweihundert Meter Tiefe lag.

Mit Bedauern nahm Viktor vom blauen Himmel Abschied. Sie hingen beide mit je drei Fangarmen an demselben Frachtstück, und es ging jetzt noch ziemlich schnell abwärts. Bald erreichten sie die Grauzone.

«Jetzt können wir uns unterhalten», sagte Mercedes über Sprechsonar, «hier hört uns keiner. Solch eine Gelegenheit werden wir so schnell nicht wieder haben!»

Tiefe Finsternis herrschte, als sie ihr Gespräch beendeten. Mercedes hatte die Fragen, die Viktor an den Diensthabenden gestellt hatte, gebilligt und übernahm es, an ihrer weiteren Klärung zu arbeiten. Viktor sollte sich nicht mit umfangreichen Recherchen exponieren. Danach verabredeten sie Treffpunkte in der Umgebung der Stadt und einen unauffälligen verbalen Code, mit dem sie einander zu solchen Treffen auffordern konnten, wenn das nötig werden sollte.

«Viertausendfünfhundert», stellte Mercedes fest, «gleich lösen sich die Bremsschirme, wir müssen abspringen.»

Sie nahmen ihre Fangarme von dem Frachtstück, das Zerren der Wirbel hörte plötzlich auf, sie lagen ruhig im Wasser, orientierten sich ohne Mühe an einigen Reflektoren und schwammen direkt auf die Schleuse zu.

Aram Udarjan saß in der kleinen fahrzeugtechnischen Reparaturwerkstatt, die für das kommende Vierteljahr sein hauptsächlicher Arbeitsplatz sein sollte. Hier wurden technische Kontrollen und Serviceleistungen und einige kleinere Reparaturen an den Fahrzeugen von SC vorgenommen. Hier war er am richtigen Platz. Was er allerdings gerade arbeitete, hatte damit nichts zu tun.

Das war so gekommen: Etwa zwei Kilometer von der Stadt entfernt wurde der Schacht für ein geothermisches Kraftwerk gebohrt, das später einmal das Atomkraftwerk ersetzen sollte. Plötzlich wurden alle verfügbaren Kräfte dorthin gerufen: Die Bohranlage stand still, weil in einen der Antriebsmotore Wasser eingedrungen war. Aram war in einen Kraken gestiegen, hingeschwommen und hatte geholfen, den alten Motor auszurücken und durch einen Reservemotor zu ersetzen. Den havarierten Motor hatten sie in die Werkstatt gebracht. Eine Stelle der drucksicheren Verkleidung war gerissen, und wenn das Innenleben noch in Ordnung war, was man eigentlich erwarten durfte, würde der Motor nach Säuberung und Ersatz des beschädigten Verkleidungsstücks wieder einsatzbereit sein. Die Techniker des Bohrtrupps hatten deshalb die gerissene Platte demontiert und in den Abfall geworfen. Arams Anteil an der Sache war damit erschöpft.

Dabei wäre es sicherlich auch geblieben, wenn nicht die Erlebnisse in Silver Beam und das Gespräch in Moskau gewesen wären. Danach aber war es wohl natürlich, wenn solche Ereignisse wie dieses ihn mit Mißtrauen erfüllten. Er hatte sich also die gerissene Platte aus dem Abfall herausgesucht, auf sein Arbeitspult gelegt und sie zunächst erst einmal etwas hilflos betrachtet. Was nun weiter? Eins war klar: Wenn diese Havarie absichtlich herbeigeführt worden war, dann mußten sich auf der Platte irgendwelche Spuren finden lassen. Und die wollte er, verdammt noch mal, dann wohl finden, schließlich hatte er als Fahrzeugingenieur mit gerissenem und verbeultem Blech hinreichende Erfahrungen.

Als erstes nahm er eine Lupe und suchte Millimeter für Millimeter den Riß ab, von außen und von innen. Nichts zu sehen. Die Platte mußte unter das Mikroskop. Das erforderte einige Vorbereitungen. Das Ergebnis der Untersuchung: Der Riß verlief etwa sechs Zentimeter schnurgerade, dann erst wurde er etwas krumm, wie das eigentlich zu erwarten gewesen wäre, wenn der Defekt auf Grund von Materialfehlern entstanden wäre. Diese Überlegung erleichterte ihm die Suche wesentlich.

«Was machst du denn da?» fragte einer der Techniker, die den Elektromotor zerlegt hatten und nun die Teile reinigten und überprüften, ein breiter, blonder Skandinavier.

«Guckt euch das mal an», sagte Aram, «ich gebe mal die Projektion auf den Sichtschirm. Das ist der gerade verlaufende Riß. Und nun an einer anderen Stelle – hier. Bemerkt ihr den Unterschied?»

«Soweit ich sehe», sagte der Skandinavier, «ist die Rißstelle auf der geraden Strecke oben ein Stückchen blank, wie – na, wie ein Schnitt, meinst du das?»

«Ja, das meine ich», sagte Aram grimmig.

«Und was bedeutet das?»

«Das Blech ist von außen angeritzt worden, mit einem superharten Werkzeug. Womit, kriegen wir auch noch heraus».

«Das heißt also Sabotage?» fragte der Skandinavier.

«Sehr wahrscheinlich, denn Sägefische mit superharten Zähnen gibt es wohl hier unten nicht!» sagte Aram.

«Jetzt glaub ich auch, was euerm Tolkin passiert ist. Sauerei, verdammte.» Er überlegte einen Augenblick. «Wieviel Zeit wird vom Anritzen bis zum Bruch vergangen sein?»

«Das müssen sie in Albemarle Center untersuchen, dafür reicht unsere Technik nicht», antwortete Aram. «Auf Anhieb würde ich sagen, zwischen Stunden und Wochen ist alles möglich.»

«Wochen glaube ich nicht», sagte der Skandinavier. «Das hängt doch alles irgendwie mit euch zusammen, mit den Eleven. Ihr habt doch schon in Silver Beam Ärger gehabt.»

«Meinst du, das war einer von uns?»

«Das nun auch wieder nicht.»

«Dann kann es ebensogut vorher gemacht worden sein. Der Termin für unsere Ankunft stand doch schon lange fest. Aber wozu? Was soll's? Das beschäftigt mich viel mehr.»

«Da hast du recht», sagte der Skandinavier bedächtig. «Eine wirklich effektive Sabotage würde ich ganz woanders ansetzen. Das hier hat uns doch gerade eine halbe Stunde aufgehalten. Das ist eigentlich mehr so, na, es soll so aussehen wie eine Sabotage. Unruhe schaffen. Unruhe, hm. Da müßte aber noch mehr geschehen, damit ich unruhig werde.»

«Siehst du, und schon dieser Gedanke muß doch unruhig machen!»

«Also eins steht fest», sagte der Skandinavier, «wenn noch mehr Derartiges passiert, müssen wir was unternehmen. Behalt du diese Geschichte im Auge, und sag uns, was sie in Albemarle rauskriegen. Halten wir die Augen offen, vor allem draußen!»

Wie man sich denken kann, waren viele Dinge knapp in Submarine City, aber am knappsten von allem war Raum. Ursprünglich hatte man wohl Speiseraum und Club und Kino und Lektionsraum installiert, aber inzwischen waren längst Werkstätten und Labors daraus geworden, vollgestopft mit Maschinen und Geräten, zwischen denen sich nur ein paar Menschen mühsam bewegen konnten. Alles andere wurde in den Zweimannkabinen erledigt, Essen und Trinken und Lernen und gegenseitige Kommunikation bis zu den allerdings sehr seltenen Versammlungen, die über das Videosystem abgehalten wurden. Übrigens war das nach und nach so gekommen, und immer auf Initiative und oft erst auf Drängen der Leute, die hier arbeiteten.

Die einzigen Räumlichkeiten, wo sich ein paar Leute oder notfalls auch eine größere Gruppe versammeln konnten, waren die ersten Stufen der Schleusen. Deshalb hatten sie sich zu viert in der kleinsten Schleuse, der für Kraken, verabredet: Mercedes Cardo, die eingeladen hatte, Wu Fan-ji, der Chief von SC, der Bürgermeister also, wenn man eine entsprechende Bezeichnung suchte, dazu Viktor und Aram.

«Der Sinn unserer Zusammenkunft ist einfach und die Aufgabe schwierig», sagte Mercedes. «Zwei Kollegen, Senor Tolkin und Senor Udarjan, sind auf Fälle gestoßen, in denen die Arbeit von SC durch Gewaltakte bedroht wurde. Wir müssen auf weiteres gefaßt sein und beraten, was zu tun ist, wenn das so weitergeht. Zuerst aber bitte ich unseren Chief, zu berichten, was bei den Untersuchungen herausgekommen ist.»

Chief Wu, der mit gekreuzten Beinen an der Ecke des Bekkenrandes saß, begann: «Im Falle Tolkin haben die Nachforschungen folgendes ergeben: Kein Krake von SC kann in der Nähe der Stelle gewesen sein, wo sich das Zusammentreffen ereignete. Den Rumpf der Seeschlange zu suchen, wäre unter den obwaltenden Bedingungen sinnlos gewesen. Wir haben also für die Vorgänge», er verbeugte sich ein wenig zu Viktor hin, der rechts von ihm saß und die Beine ins Bassin baumeln ließ, «nur Ihre Darstellung. Es sind nicht die ersten derartigen Zwischenfälle. Die gab es in der Zeit der Einrichtung von SC als Auswirkungen eines überhitzten Konkurrenzkampfes. Aber weiter: Wer hat ab wann von Kurs und Reihenfolge beim Einzel-Orientierungsschwimmen der Eleven gewußt? Die Antwort ist einfach: bis zum Ausschleusen der Gruppe niemand, da die Reihenfolge zufällig entstand. Von da an jeder, der sich innerhalb von SC befand und sich auskannte: Radius und Winkel des Kreisbogenstücks, von dem aus die Eleven zur Alleinfahrt gestartet sind, waren seit dem Vortag bekannt, da dieses Gebiet für alle anderen Arbeiten gesperrt wurde. Die Reihenfolge aber, in der Mann und Seeschlange die Schleuse verlassen, wird registriert, automatisch, und ist jederzeit und überall in SC abrufbar. Die einzige Frage, die im Moment nicht beantwortbar ist, lautet: Wie sollte jemand von hier drin andere informieren, die weit draußen operierten? Wären sie in Sonar-Rufnähe gewesen, hätte das Umgebungssonar sie registrieren müssen. Das ist aber nicht geschehen. Oder es hätte jemand in der darauffolgenden halben Stunde SC verlassen müssen, und zwar wenigstens ungefähr in Richtung auf den Treffpunkt. Das ist aber ebenfalls nicht geschehen.»

«Aber in anderer Richtung?» fragte Viktor.

«Ja, ein Dutzend Leute, in mehreren Gruppen. Ganz normal, denn wir hatten ja Ihr Einzelschwimmen in ein Gebiet verlegt, in dem keine laufenden Arbeiten zu erledigen waren.»

«Ich hätte gern die Namen von diesem Dutzend», sagte Mercedes.

«Gern. Aber fürs erste bleibt die Frage unbeantwortet, ob der Anschlag gegen irgendeinen Eleven oder gezielt gegen Kollegen Tolkin gerichtet war. Was nun die Beobachtungen des Kollegen Tolkin betrifft, Sie nehmen mir das bitte nicht übel, aber die sind zu ungenau, und Sie selbst sind wohl auch im Umgang mit dem Sonar zu unerfahren, als daß man daraus irgendwelche Erkenntnisse ableiten könnte. Die Biologen verneinen allerdings entschieden, daß es sich um ein Tier handeln könnte. Das leuchtende Objekt, das er gesehen hat, könnte der Sonarstrahler eines T-Schiffs gewesen sein, das sich im übrigen getarnt hatte und von dem auch der angreifende Schwimmer stammen könnte. Da aber fast alle größeren Staaten über T-Schiffe verfügen, bringt uns das auch nicht weiter. Sie gestatten, daß ich zum zweiten Fall übergehe. Ja?»

Aram hatte ihn unterbrochen. «Sie meinen also, daß sich hier ein T-Schiff unbekannter Nationalität herumtreibt, ohne daß wir – also ohne daß Sie es wissen?»

«Das ist durchaus möglich und auch schon vorgekommen, vor längerer Zeit zwar, aber – so ein Schiff würde doch nur durch Zufall entdeckt werden können. Das Sonar reicht nicht weit, und selbst innerhalb seiner Reichweite kann sich ein fremdes Objekt noch verstecken, direkt auf dem Meeresgrund zum Beispiel, eine kleine Senke findet sich immer. Aber nun zu der Abdichtungsplatte des Elektromotors. Die Platte ist tatsächlich, wie Kollege Udarjan vermutet hat, mit einem scharfen Instrument angeritzt worden, und zwar wahrscheinlich, den Materialspuren nach, mit einem Geologenwerkzeug, das zu Dutzenden von Exemplaren in Gebrauch ist, fast jeder, der unter Wasser arbeitet, hat so ein Ding bei sich, so eine Art kleiner Meißel. Das bringt uns nicht weiter. Wichtiger ist etwas anderes. Wir haben uns den Arbeitsablauf bei der Bohrung angesehen. Sie läuft rund um die Uhr, der Arbeitsplatz ist also immer besetzt. Das bedeutet nun aber nicht, daß es jemand von den Bohrtechnikern getan haben muß. Im Gegenteil. Es gibt da keine Arbeit, die einer allein ausführt, die Arbeitsgruppen bestehen aus zwei bis vier Mann und bleiben immer zusammen, auch aus Sicherheitsgründen. Es kommt freilich vor, daß die ganze Mannschaft oben arbeitet und unten, wo sich auch die eingerissene Platte befindet, kein Personal ist und der untere Teil auch nicht mehr im Bereich ihres Arbeitssonars liegt. Und wer achtet bei der Arbeit schon auf das Fernsonar? Es besteht also die Möglichkeit, sich da heranzuschleichen.» Er lächelte dünn. «Ich hab es selbst probiert und bin nicht bemerkt worden.»

«Gibt es Gemeinsamkeiten zwischen beiden Ereignissen?»

«Ja, Sie beide sind sowjetische Eleven. Wenn auch der eine der Entdecker und der andere der Betroffene ist. Aber in beiden Fällen ist die Sowjetunion beteiligt – einmal in Gestalt ihres Bürgers Tolkin und das andere Mal in Gestalt der Bohranlagen, die sie geliefert hat.»

Sie schwiegen eine Weile und dachten nach. Aram fragte: «Und die Zeit vom Anritzen bis zum Wasserdurchbruch, haben die Analysen darüber etwas ergeben?»

«Zwischen einer Stunde und zwei Tagen. Eine genauere Terminierung dürfte aber auch dem Täter nicht möglich gewesen sein.»

Sie unterhielten sich noch lange darüber, was man zu tun habe, falls diese Ereignisse sich fortsetzten, bis ein Ruf für Wu Fan-ji ertönte. Er meldete sich und schaltete das Video an. Das Bild des Diensthabenden erschien. «Eine Havarie am Bohrturm, einer der Techniker ist getötet worden!»

2

«Und was hältst du von diesem Trapper-und-Indianer-Spielen?» fragte Aram. Sie saßen zu dritt in ihren Kraken, Viktor, Aram und Winnie Kolaiu, Polynesierin, eine Kollegin Viktors, die schon seit acht Jahren in SC arbeitete, und sie schwammen Streife auf dem Gelände der Bohrung, nach einem ausgetüftelten Plan, mal in Bodennähe, mal an der Spitze des

Bohrturms, immer da, wo die Arbeitsgruppen gerade nicht waren.

Diese Streife gehörte zu einem ganzen System von Schutzmaßnahmen, beschlossen nach einer langen und aufgeregten Debatte, an der sich fast alle Bewohner von Submarine City beteiligt hatten. Jeder war erregt gewesen über die Vorfälle, besonders über den Tod des Kollegen. Ein herabfallendes Rohr hatte die Kapsel seines Kraken eingeknackt und ihn erdrückt. Das offizielle Protokoll konnte nur Tod durch Unfall feststellen. Aber daran glaubte niemand, auch nicht Chief Wu, der es hatte unterschreiben müssen.

Sie schwammen einen Bogen über dem Lager der Bohrrohre, hoch genug, um die Alarmanlage nicht auszulösen, fanden nichts zu beanstanden und nahmen wieder Kurs auf den Turm.

«Das haben wir doch schon dreimal durchgekaut», sagte Viktor endlich.

«Könnte ja sein, daß du deine Meinung geändert hast», erwiderte Aram. Es klang fast wie eine Frage, obwohl die Sonarübertragung Tonnuancierungen dämpfte.

Viktor war das unangenehm. Nicht zum ersten Mal hatte er das Gefühl, daß Aram ihn im Gespräch testete. Das war auch verständlich, der Armenier wußte nun, daß einer in seiner Umgebung ein Kundschafter war, und da gab es ja nicht allzu viele Landsleute. Am liebsten hätte er Aram gesagt: Ich habe auch nicht mehr Informationen als du. Aber besser war es wohl, von dem Thema abzulenken.

«Ich denke, Bewacher sind immer im Nachteil gegenüber einem möglichen Angreifer», sagte er, «denk lieber darüber nach, was wir tun, wenn wir wirklich angegriffen werden.»

«Das ist doch alles klar!» wunderte sich Aram. «Wozu haben wir unsere Ultraschallstrahler? Wir zwingen ihn, uns zur Identifizierung nach SC zu folgen.»

«Bitten, nicht zwingen.»

«Und wenn er nicht will, lassen wir ihn schwimmen, ja?»

«Ja.»

«Aber nicht bei mir!» ereiferte sich Aram. «Ich laß mich

nicht noch mal kidnappen. Und du solltest auch anders denken, dich hat es doch auch schon getroffen!»

«Vielleicht», entgegnete Viktor leichthin, «habe ich bloß jemand gestört, der nicht beobachtet sein wollte? Wir sind weder Latifundistas auf dem Meeresgrund noch Polizisten. Wir haben ausschließlich das Recht, unser Personal und unsere Anlagen gegen Übergriffe zu schützen. Weißt du alles selber».

«Natürlich weiß ich das!» sagte Aram ärgerlich.

Und trotzdem, dachte Viktor, was tun wir wirklich, wenn uns einer angreift?

«Wenn uns einer angreift», sagte Aram, als hätte er Viktors Gedanken gehört, «dann ist er in diesem Metier sicherlich tausendmal geübter als wir. Und hat vielleicht wer weiß was für Waffen. Und wir sind dann so blöd und schützen nicht uns vor ihm, sondern ihn vor uns.»

Das ist nun mal so, wenn man auf der richtigen Seite steht, wollte Viktor sagen, da mischte sich Winnie Kolaiu ein. «Still!» sagte sie leise.

Nachdem sie den Bohrturm umschwommen hatten, waren sie auf halbem Wege zum Rohrlager. Der Abstand war größer als die Reichweite des Sprech- und des Arbeitssonars, aber bedeutend kleiner als die der Fernorientierung. Die selbsttätige Alarmanlage des Bohrlagers schallte deshalb auf solcher Frequenz und mit solcher Intensität, daß ein normal eingestelltes Sonar nicht gestört wurde, daß aber im erweiterten Frequenzbereich der Streifen ein rhythmisch wiederkehrender Pfeifton zu hören war. Von Winnie darauf aufmerksam gemacht, hörten nun auch die beiden den Alarm.

Das Vorgehen in solchen Fällen war festgelegt und, wenn auch nur kurz, trainiert worden. Sie schwammen nebeneinander so schnell wie möglich zum Lager, Winnie in der Mitte, die beiden anderen rechts und links von ihr. Jeder mußte sich so bewegen, daß er den Schwimmer der mittleren Position am Rande seines Sonarbildes behielt, Winnie als die Erfahrenere mußte sogar auf zwei achtgeben. Und alle warteten gespannt darauf, daß ein Sonarreflex im Zentrum des Bildschirms die Ursache des Alarms anzeigen würde.

Aber nichts dergleichen geschah. Sie erreichten das Lager, Winnie ließ die anderen stoppen und das Lager umrunden – nirgends eine Spur. Der Alarm hatte inzwischen selbsttätig abgeschaltet, also war ein Fremdkörper eingedrungen und hatte sich wieder entfernt.

So schnell aber konnte der Eindringling nicht fliehen, daß er schon außerhalb der Reichweite des Orientierungssonars war, mochte es nun ein Mensch oder ein Apparat gewesen sein. Sie stellten sich mit den Fangarmen zueinander im Dreieck auf, und jeder suchte das vor ihm liegende Drittel der Umgebung ab.

«Ich hab's!» rief Aram. Die beiden anderen fuhren herum, aber Winnie sagte: «Nein, das ist ein Reflektor der Ost-Kette. Weitersuchen.»

Sie suchten, fanden aber keinen Reflex.

«Der kann doch nicht verschwunden sein!» knurrte Aram.

«Er hat sich versteckt», vermutete Winnie. «Wo kann er sich hier verstecken? Wartet mal ... Hier ist alles eben, bis auf – ja, bis auf das alte Lager! Fünfhundert Meter in Richtung Nordnordost. Folgt mir, immer dicht am Boden!»

Viktor war bei weitem noch nicht so erfahren, daß ihm der Sonarschirm das direkte Sehen ersetzen konnte, daß er sich also mit dem gleichen sicheren Gefühl bewegen konnte, als wenn er den Meeresboden und die Umgebung bei hellem Licht sehen würde. Wahrscheinlich war Winnie die einzige von ihnen, die sich voll auf das Sonarbild der vor ihnen liegenden Strecke konzentrieren konnte. Viktor mußte viel zu oft auf den Nachbarreflex am Rand des Schirms und auf den Höhenmesser sehen, und er verbuchte es vor sich selbst schon als achtbare Leistung, daß es ihm einigermaßen gelang, Kurs und Abstand zu halten, zumal sie nicht ganz geradlinig auf ihr Ziel zu schwammen. Wonach Winnie sich richtete, war ihm nicht klar, er sah keine Unterschiede der Bodenreflexe auf dem Schirm, und zum Fragen war die Situation nicht geeignet. Von Zeit zu Zeit kommandierte sie: zwei

Strich backbord – oder: drei Strich steuerbord, und schließlich: ganz langsam jetzt, es sind noch etwa zwanzig Meter, kein Sprechsonar mehr!

Einen Meter über dem Boden schwebten sie dahin, schweigend – der Boden senkte sich, und da lag etwas vor ihnen, ein Reflex wie von einem Kraken erschien auf dem Sonarschirm. Ja, es war ein Krake, er sprang auf, und plötzlich verlor der Reflex seine Deutlichkeit, wurde heller, zugleich rund, formlos, eine Wolke von Metallteilchen, die der Fremde ausgestoßen hatte, so stellten sie später fest. Zunächst sprangen sie ihm nach, aber als sie die Wolke durchstoßen hatten, konnten sie nur noch feststellen, daß der Fremde sich mit einer Geschwindigkeit entfernte, der sie kaum würden folgen können. Sie machten auch gar nicht erst den Versuch. Sie sollten ja die Anlagen und die Bohrarbeiter schützen, und sinnlose Jagden gehörten nicht zu ihrer Aufgabe. Was auch immer der Fremde beabsichtigt hatte – eins hatte er jedenfalls erreicht: Viktors Erlebnis war nun wenigstens zum Teil durch Tatsachen belegt worden.

Mitten in diese angespannte Situation fiel der Besuch eines sowjetischen Tiefseeschiffs. Es war nicht der erste derartige Besuch. Er war auch lange geplant und rechtzeitig angekündigt. Der Weg des T-Schiffs war verfolgbar für alle, die regelmäßig internationale Wissenschaftsnachrichten hörten: Es kam von der Teilnahme an japanischen Forschungsarbeiten über einen kurzen Hawaii-Besuch und Albemarle Center direkt nach SC. Trotzdem: Mißgünstige Bemerkungen und Verdächteleien blieben nicht aus.

Aber deswegen nahm der Besuch doch seinen normalen Verlauf, und die meisten, eigentlich fast alle, begrüßten die Abwechslung und die Gelegenheit des Umgangs mit den sowjetischen Tiefseeforschern. Das Schiff hatte eine Besatzung von dreißig maritimen und vierzig wissenschaftlichen Mitarbeitern, es verfügte über Schleusen für Kraken und Seeschlangen und eine spezielle Schleuse, über die sich eine stabile Verbindung mit anderen T-Schiffen und auch mit einem speziell dafür eingerichteten Zugang zu SC herstellen ließ. Nach dem Festmachen und der offiziellen Begrüßung setzte ein reger gegenseitiger Besucherverkehr ein. Kein Wunder, denn die Tiefseeforschungseinrichtungen waren international nur mit einer relativ kleinen Schar von Wissenschaftlern besetzt, die sich eigentlich alle kannten.

Der Kapitän lud Mercedes, Wu und die sowjetischen Eleven zu einem Essen ein und bot nach der erfreulich heimatlichen Mahlzeit den drei Eleven je einen Begleiter ihres Fachgebietes an, damit sie durch den Besuch des T-Schiffs mehr Vergleichsmöglichkeiten gewännen, während er mit den Spitzen von SC das Programm für die drei Tage des Besuchs festlegen wollte.

Viktor folgte also dem Intellektronik-Offizier des Schiffs, der ihn jedoch nicht zu den Computern führte, sondern in eine etwas abgelegene Kabine. Als er eintrat, erhob sich ein Offizier mit den Rangabzeichen eines Fregattenkapitäns. Der wartete, bis der Intellektroniker sich grüßend entfernt hatte.

«Machen wir uns bekannt», sagte der fremde Offizier, «ich heiße Semjon Iwanowitsch Baranow und bin Kommandant des Schwesterschiffs. Nehmen Sie Platz, Genosse Major.»

«Hauptmann», sagte Viktor, wobei er es in einer momentanen Unsicherheit unterließ, den Namen zu sagen – welcher war in dieser Lage der richtige?

«Sie werden doch einen Dienstgradälteren nicht korrigieren wollen!» sagte der Fregattenkapitän mit lächelndem Vorwurf und reichte ihm ein Schreiben, aus dem Viktor von seiner Auszeichnung und Beförderung erfuhr, vor allem aber davon, daß das Schiff des Kapitäns Viktor zugeteilt sei.

«Ich glaube, ich berichte Ihnen erst mal. Wir haben jetzt eine halbe Stunde Zeit, in den nächsten Tagen wenn nötig noch mal, aber je weniger, um so besser.»

Was Viktor als erstes erfuhr, erleichterte seine Lage nicht gerade. Die Experten hatten getagt. Ergebnis: null. Keine der in SC laufenden Arbeiten und Forschungen war derart, daß sich mit einer kleinen Triggerenergie große Schäden anrichten ließen. Sollte wirklich alles auf eine alberne Sabotage sowjetischer Einrichtungen und Technik hinauslaufen – albern, weil wirkungslos? Viktor konnte das nicht glauben. Aber eine andere Richtung war im Moment überhaupt nicht zu sehen.

Das Schiff des Kapitäns, TS 7, liege an einem bestimmten Platz, so erfuhr Viktor weiter, etwa drei Kilometer nordwestlich von SC, mit allem Notwendigen ausgerüstet für mindestens zwei Monate. Es sei so getarnt, daß niemand es finden könne, wenn es sich nicht selbst über Sonar melde, etwa auf ein vereinbartes Signal von einem anschwimmenden Kraken oder einer Seeschlange aus. Er selbst, der Kapitän also, würde dahin zurückkehren, sobald dieses Schiff SC verlasse.

«Im Augenblick», erklärte Viktor, «besteht Ihre wichtigste Mission wohl darin, unentdeckt zu bleiben – einfach auf Grund der Lage.» Er schilderte die Vorgänge, die SC in Aufregung versetzt hatten. «Wir sehen im Moment noch nicht, was das alles soll», fuhr er fort. «Es ist keine Linie zu erkennen. Oder sehen Sie eine? Wir brauchen noch andere Kontaktmöglichkeiten, da wir jetzt fürs erste nur noch zu zweit oder dritt schwimmen.»

Der Kapitän dachte nach. «Aufschlußreich scheinen mir die Begegnungen mit fremden Kraken zu sein. Es muß also ein T-Schiff in der Nähe sein, vielleicht ein amerikanisches, aber keins aus der Navy, von denen wissen wir ungefähr, wo sie sind. Es gibt jedoch auch private T-Schiffe, drei bis fünf, das weiß man nicht so genau, ich kann Ihnen aber die Namen der Reedereien geben, die offiziell als Eigner auftreten. Oder besser, Sie erfragen sie selber, sie sind nicht geheim. Da diese Firmen ihre Schiffe vermieten, werden sie auch im Computerangebot zu finden sein.»

«Ja, vielen Dank für den Tip.»

«Wissen Sie, was mir bei diesen Begegnungen auffällt? Es ist anzunehmen, daß die fremden Krakenschwimmer ausgebildete Kämpfer sind, während das auf Ihre Leute und Sie nicht zutrifft, wenigstens auf die Tiefsee bezogen. Wenn also die Fremden ernsthafte Schäden anrichten wollten, zerstören und töten, so hätten Sie und Ihre Kollegen das nicht verhindern können. Den Todesfall muß man demnach als unbeabsichtigt einschätzen. Wenn, sagen wir, noch zwei oder drei solche Begegnungen stattfinden, wird jeder erfahrene Tiefseemann auf diese Idee kommen. Dann also sehen diese Begegnungen und Sabotagen fingiert aus, vorgeschützt. Wer aber täuscht ein Verbrechen vor? Der, gegen den es gerichtet scheint. Das kann die Linie dieser Vorkommnisse sein – oder eine von mehreren Linien vielleicht. Nun, das muß man abwarten. Aber Sie haben selbstverständlich recht: Wenn wir in dieser Phase entdeckt würden, fiele der ganze Verdacht auf uns. Aber wir werden nicht entdeckt. Nun jedoch zu den Kontaktmöglichkeiten. Kommen Sie an die USK-Experimente heran?»

«Ich arbeite mit in dieser Forschungsgruppe.»

«Das ist gut, dann sehe ich eine Möglichkeit. Wir werden täglich zu einer bestimmten Zeit – die günstigste müssen Sie uns sagen – eine Mikrofonboje in die Höhe des Unterwasserschallkanals auflassen, sagen wir für eine Stunde. Wir verabreden ein unauffälliges Signal, und wenn wir das empfangen, komme ich mit einem Kraken an den zweitletzten Orientierungsreflektor der nördlichen Kette, dort können wir uns treffen. Sie müssen selbst organisieren, daß Sie allein sind, da kann ich Ihnen nicht helfen.»

«Und wo fährt dieses Schiff von hier aus hin?» fragte Viktor.

«Soviel ich weiß, zum Peru-Graben», antwortete der Fregattenkapitän. Dann kam der Computeroffizier Viktor abholen.

Ein wenig hatte die Erregung schon nachgelassen, eine Woche lang war nichts passiert. Man schwamm zwar noch Streife, hielt auch einige andere Schutzmaßnahmen aufrecht, und die Eleven wurden nun schon als vollwertige Kollegen angesehen. So kam es, daß Gwen Freeman und Ella Jansens ohne dritten Mann ihrer Arbeit nachgingen, allerdings nur in der unmittelbaren Umgebung von SC, sogar ganz dicht am Rand der Kuppel. Sie sollten erkunden, ob die Lebewesen des Meeresbodens, die nach dem Bau von SC ein bis zwei Meter zurückgewichen waren, sozusagen einen Abstand zwischen die Kuppel und sich gelegt hatten, diesen freien Streifen inzwischen wieder besiedelt hatten. Vor einem Jahr waren zum ersten Mal Ansätze in dieser Richtung festgestellt worden. Um den Prozeß nicht zu stören, hatte man ein Jahr gewartet, und jetzt sollten Stichproben vorgenommen werden, rings um die Kuppeln herum, immer im Abstand von zehn Metern. Das war eine Arbeit für mehrere Tage, aber sie war mit einem hier unten seltenen Luxus verbunden: Die beiden verfügten dabei über etwas, das außerhalb von SC so gut wie nirgends vorkam, nämlich über Licht. Mit dem Sonar hätten sie die kleinen Weichtiere und anderen Lebewesen nicht ausmachen können.

Früher hatte man angenommen, daß in der Tiefsee, wo es gar kein Licht gab und der fünfhundertfache Druck wie am Erdboden herrschte, kein Leben existieren könne. Inzwischen wußte man, daß es Leben gab, freilich nur in Formen, die sich von dem toten biologischen Material ernähren konnten, das aus den großen Planktonschichten viertausend Meter höher ununterbrochen herabrieselte. Der biologische Kreislauf in dieser Tiefe war durchaus noch nicht erforscht, von dem System aller Zusammenhänge waren erst wenige bekannt, und die Frage, wie dieses Leben auf SC reagierte, war gleichermaßen biologisch wie ökologisch von großem Interesse.

Gwen und Ella hatten die Scheinwerfer unmittelbar unter einem Sonarsprechkontakt an die Wand geklebt. Es gab zwei Dutzend davon rund um SC, man konnte sich mit einem drinnen Stehenden oder mit der Zentrale verständigen, wenn man sich im Umkreis von etwa fünf Metern aufhielt und das Sprechsonar eingeschaltet hatte.

Sie suchten hier den Sand ab, indem sie mit ihren Arbeitsarmen das verschiedenste Gerät bedienten, vom Sieb bis zur Lupe. Interessanterweise gab es hier keine Rückkehr des Lebens, im Gegenteil, der Abstand hatte sich noch erweitert – zweieinhalb Meter von der Wand entfernt fanden sie die ersten Lebewesen. Das war anders als an den meisten Stellen, die sie untersucht hatten, denn dort war der Abstand auf zwanzig Zentimeter geschrumpft. Eine Ausnahme hatten sie bisher nur an einer Stelle gefunden, die ebenfalls unter einem Sonarkontakt lag.

«Scheint, die Biester hören Sonar!» sagte Gwendolyn. «Wir müßten alle Sprechstellen daraufhin absuchen.»

«Oder hier die Kurve genauer feststellen, die der Besiedlungsrand um die Sprechstelle macht.»

Die erste Entdeckung, noch harmlos, aber nützlich, machten sie, als sie den Scheinwerfer von der Wand lösten und einige Meter entfernt in den Sand stellten, so daß der Bodenstreifen an der Wand seitlich beleuchtet war: Undeutlich zeichnete sich eine Farbgrenze ab, der Sand in unmittelbarer Nähe der Wand schien etwas dunkler auszusehen.

«Ist mir sofort klar», sagte Ella. «Wo keine Tiere sind, wird der Abfall aus den Planktonschichten nicht abgebaut und färbt den Sand dunkler. Hätten wir auch durch Nachdenken draufkommen können.»

«Vielleicht kann man mit Farbfiltern noch mehr rausholen?» schlug Gwen vor.

«Haben wir jetzt nicht hier. Ziehen wir weiter!»

Sie wanderten mehr, als sie schwammen. Der Rand blieb gleichmäßig breit, bis sie in die Nähe der nächsten Sprechstelle kamen. Dort begann das Leben noch eher und dann auch einen Meter weiter zurückzuweichen.

Gwen sprach wieder ihre Meßwerte vor sich hin, als Ella plötzlich überrascht ausrief: «Was'n das?»

«Stör mich nicht immer!» beschwerte sich Gwen und sprach ihre Meßwerte weiter. Erst als sie fertig war, sagte Ella: «Komm mal, ich glaube, das ist eine neue Art, die ist noch unbekannt.»

Trotz der nicht ganz vermeidlichen Deformation der Stimme schien es Gwen, als höre sie etwas Besonderes in Ellas Ton. Sie wandte sich ihr zu. Ellas Arm vor dem Scheinwerfer wies auf den Boden. Dort lag eine Art Stein, und von dem ging etwas aus – ein Kabel! Das war ..., das war doch ... eine fremde Sprechstelle! Im selben Moment begriff Gwen, daß das Ding da sicherlich kein verlorenes oder vergessenes

Gerät von irgendwann früher war, sondern etwas höchst Aktuelles, eine Spur, die zu den Urhebern der Sabotage führen konnte, wahrscheinlich sogar in Betrieb, und es gelang ihr, ohne große Verzögerung Ellas Faden weiterzuspinnen. In aller Beiläufigkeit sagte sie: «Ach wo, die ist schon im Ballinghouse Catalogue beschrieben. Im Anhang, glaube ich, komm weiter!»

Zwanzig Meter entfernt verhielten sie. «Was nun?» flüsterte Ella, obwohl sie gewiß aus der Reichweite jenes Mikrofons heraus waren.

Sie hatten sich so in den Sand des Meeresbodens gelegt, daß ihre Sichtfenster zusammenstießen. Das änderte zwar nichts an den Verständigungsmöglichkeiten, aber dadurch, daß jede wenigstens umrißhaft, vom Widerschein der Sichtschirme schimmernd, das Gesicht der andern sah, fühlten sie sich mehr zu zweit.

«Das Kabel verfolgen!» forderte Gwen aufgeregt.

«Oder eine Streife holen!» schlug Ella vor.

«Und inzwischen ist es vielleicht weg!»

«Dann machen wir doch beides», sagte Ella, «Vorsicht kann nichts schaden. Du hältst bei dem Kabel Wache, und ich schwimme zur nächsten Sprechstelle und fordere eine Streife an!»

«Meinetwegen, ist vielleicht besser», stimmte Gwen zu, «ich halte hier jedenfalls das Kabel fest!»

Ella schwamm zurück zu der Sprechstelle, die sie vorhin passiert hatten, rief die Zentrale an, und die versprach, sofort eine Gruppe zum Treffpunkt zu schicken. Als Ella zurückkam, fand sie Gwen nicht. Da lag der Scheinwerfer, dort war die Sprechstelle, nach dort waren sie ausgewichen – keine Gwen erschien auf dem Sonarbild.

Ella schaltete den Scheinwerfer an – das fremde Gerät war verschwunden, das Kabel auch. Eine Schleifspur war zu sehen. Ella schaltete das weitreichende Orientierungssonar ein und richtete es parallel zur Schleifspur. Undeutlich bewegte sich da etwas in größerer Entfernung. Was tun? Wie hatte Gwen gesagt – sie wollte sich am Kabel festhalten oder das

Kabel festhalten, egal, so war es wohl: Die Fremden holten das Kabel ein, und Gwen ließ sich mitziehen – sie war in Gefahr! Sollte Ella nun auf die Streife warten? Nein, die würden den brennenden Scheinwerfer finden und die Spur sehen und folgen – also vorwärts!

Mit höchster Geschwindigkeit schwamm Ella los, jetzt nur noch auf den schwachen Reflex ihres Orientierungssonars achtend. Plötzlich wurde der Reflex stark, dann wieder schwach. Das wechselte mehrmals. Ella wußte nicht, was das bedeutete, es machte ihr Angst. In diesem Augenblick verfluchte sie die Technik, die den menschlichen Muskeln keine Chance bot, das Tempo noch weiter zu beschleunigen.

Nach und nach wurde der Reflex deutlicher, und plötzlich wurde Ella klar: Sie bewegt sich ja nicht mehr!

Die Minuten, bis sie Gwen erreichte, kamen Ella wie Ewigkeiten vor. Sie merkte jetzt, wie ihr die Amerikanerin, über deren Geschwätzigkeit sie sich oft amüsiert hatte, ans Herz gewachsen war. Endlich erschien ihr Krake auf dem Arbeitssonar, es dauerte nur noch Sekunden, bis Ella ihr Sichtfenster an das Gwens gelegt hatte und im grünlichen Schimmer das Gesicht sah. Kein Gesicht sieht in grünlichem Licht sehr lebendig aus, und Ella war gerade dabei, ihre Fangarme um die Krakenkapsel der Kollegin zu schlingen, als zweierlei geschah: Gwen stöhnte leicht, was über das Sprechsonar gut zu hören war, und von hinten, aus der Richtung von SC, kam Licht – drei Kraken mit Lampen, die versprochene Streife.

Ella sprach auf Gwen ein, fragte, was passiert sei, aber erst nach einer Weile sagte Gwen: «Mensch, ist mir schlecht!»

«Die Ultraschallkeule!» sagte eine männliche Stimme. Sie gehörte dem vorderen Schwimmer der Streife, die inzwischen herangekommen war. «Das vergeht schnell, nehmen Sie eine Prise Sauerstoff zusätzlich. Der andere war schneller, wie?»

«Ach verdammt», sagte Gwen, «ich hab ja auch so 'n Ding, da bin ich gar nicht drauf gekommen!»

«Reden Sie nicht», riet der Streifenführer, «ich erzähle Ihnen den Hergang, und Sie wedeln mit dem Fangarm, wenn's stimmt. Also das Kabel fing an sich zu bewegen, da haben Sie es festgehalten, stimmt's?» Gwen bewegte den Fangarm. «Haben sich mitziehen lassen. Plötzlich war ein Krake vor Ihnen.»

«Ich kann schon wieder reden», sagte Gwen, «ja, so war es. Ich sah noch, wie er die Fangarme bewegte und daß er ein Gerät auf mich richtete, dann tat es weh, und es wurde dunkel. Ich muß wohl das Bewußtsein verloren haben.»

«Am besten, Sie bringen Ihre Kollegin zurück», sagte der Streifenführer zu Ella, «und wir verfolgen die Schleifspur weiter.»

«Kommt nicht in Frage!» protestierte Gwen. «Ich komme mit! Endlich mal dabei, wenn was passiert, und dann ausrükken?»

Sie folgten der Schleifspur, die nun im Licht der Lampen deutlich zu sehen war. Nach einigen Minuten endete sie in einer Sandmulde.

«Zurückbleiben!» forderte der Streifenführer.

«Hier ist doch nichts?» wunderte sich Gwen.

«Jetzt nicht mehr», sagte der Streifenführer grimmig. «Aber ich möchte sehen, wie groß das Schiff war, das hier gelegen hat.»

Im Betriebsraum des Boden-Seismo-Kanals war Platz für drei Mitarbeiter, aber schon zwei füllten ihn so aus, daß Viktor sich wie in einer alten Raumkapsel vorkam. Er war zwar noch nicht im Weltraum, aber in so einem Museumsstück hatte er schon mal gesessen. Dabei war er noch im Vorteil gegenüber Winnie Kolaiu, die größer als er war.

Solange es nur um den laufenden Betrieb ging, also um die Übermittlung der Ferngespräche und Fernschreiben an Radio Albemarle Center mittels seismischer Wellen, die im Untergrund von SC erzeugt und einige Kilometer vor Albemarle wieder in elektrische Signale umgewandelt wurden – solange brauchte sich keiner von beiden von seinem Arbeitsplatz zu erheben. Aber der Betriebsraum war ja zugleich ein Forschungslabor, zwischen den turnusmäßigen Übermittlungen liefen Testprogramme mit dem Ziel, auch Bilder und später sogar Fernsehprogramme zu übermitteln. Bei diesen Tests ging es naturgemäß bedeutend lebhafter zu, und Viktor hatte sich anfangs öfter blaue Flecke geholt.

Im Augenblick lief eine längere Übertragung von Informationen aus Albemarle Center an SC, und die beiden sahen nur zu, wie Farben und Lichter auf den Displays und Bildschirmen spielten.

«Die Zahl der blauen Flecke geht rapide zurück, hab ich recht?» fragte Winnie nach längerem Schweigen.

«Ja», sagte Viktor überrascht. «Das geht wohl jedem so?»

«Jedem. Vor allem, wenn er erst im USK-Raum war wie du, die haben ja dort mehr Platz. Forschung hat immer mehr Platz. Wenn die erst mal auf dem Unterwasserschallkanal so übermitteln können wie wir, dann ...» Sie schwieg plötzlich, es war klar, wie der Satz weitergehen sollte. Dann sah sie Viktor an. «Ich wollte dich was fragen.»

«Nur zu.»

«Es betrifft dieses Geisterschiff, das uns so zusetzt. Das heißt, vielleicht. Ich weiß nicht. Es wird gesagt, daß der ganze Ärger losging, als ihr hierher kamt.»

«Manche denken so», sagte Viktor zurückhaltend.

«Wenn das nun nicht stimmt?»

«Es stimmt sicherlich nicht», sagte Viktor und meinte damit zunächst den unterschobenen Zusammenhang, aber dann wurde er hellhörig. Diese Winnie wollte gewiß nicht mit ihm polemisieren, nein, das klang ja so, als ob ... «Du hast einen bestimmten Grund, das zu fragen?»

«Hab ich. Zuerst, als es nach eurer Ankunft losging, hab ich es nicht so wichtig genommen. Später ... wollte ich mich nicht einmischen ... Und als der Kumpel umkam, hab ich mich geschämt. Jetzt muß es raus. Wenn sie sogar Frauen angreifen.»

Also war schon vorher was, dachte Viktor und fragte danach. «In den letzten zwei Monaten vor eurer Ankunft war das. Und es hörte etwa vierzehn Tage vorher auf. Ging also über sechs Wochen. Nicht dauernd, aber regelmäßig.»

«Was war es denn?»

«Störungen im SBK. Keine schwierigen. Der Computer konnte sie leicht ausgleichen. Wir waren sogar dankbar dafür, weil wir den Kanal damit gut testen konnten.»

«Seismische Störungen!» Viktor hatte das Gefühl, etwas unerhört Wichtigem auf der Spur zu sein. «Habt ihr die Störungen archiviert?» fragte er aufgeregt.

«Natürlich! Es sah aus, als ob jemand in der Nähe eine Bohrung in den Fels trieb. Also was heißt Nähe – ein paar hundert Kilometer entfernt vielleicht. Jedenfalls war es keine Arbeit von SC. Wir haben die Sache damals an die Meeresbodenbehörde weitergereicht. Nach deren Auskunft war keine Genehmigung erteilt worden.»

«Kann man an Hand der Störungen herauskriegen, wo sich die Quelle befand?» fragte Viktor.

«Ungefähr ja.»

«Und du kennst dich in so was aus? Ich meine, könnten wir das gemeinsam ausrechnen?»

«Ich würde es gern mit dir allein klären, aber es ist wohl besser, wenn noch ein Geologe mitwirkt.»

Viktor schossen mehrere Gedanken gleichzeitig durch den Kopf. Was ist denn mit dem Mädchen los, sie – mit mir – ? Aber ein Geologe, Jerry also zum Beispiel, wieso zum Beispiel, ist das etwa darauf angelegt? Nein, wohl kaum. Also Jerry, das kommt natürlich nicht in Frage. Wenn er ..., aber wenn er nicht ... Ja, warum eigentlich nicht, selbst wenn er? Erfahren wird der Gegner sowieso, wonach ich suche. Also?

Orson Freeman war mit dem ersten T-Boot aus Albemarle gekommen, und er war so aufgebracht und zugleich zärtlich um Gwen bemüht, daß die gerührt lächelte.

«Am liebsten würdest du mich wohl ins Bett packen, mir Baldriantee bringen und dich ans Fußende setzen, bis ich ihn ausgetrunken habe», fragte sie im Scherz.

«Am liebsten», sagte Orson wütend, «am liebsten würde ich diese Banditen, also ich weiß nicht ...»

«Na, nun laß mal», sagte Gwendolyn, «es ist ja eigentlich nichts passiert.»

«Nein, du könntest nur tot sein wie dieser Mann vom Bohrtrupp! Weißt du, was ich mir überlegt habe? In Silver Beam ging das doch schon los, und es wird immer schlimmer. Sollten wir nicht von unserm Vertrag zurücktreten? Wenn die UNO nicht unsere Sicherheit garantieren kann, in vernünftigem Rahmen, meine ich, dann muß sie einer Vertragsauflösung zustimmen, jeder halbwegs erfahrene Rechtsanwalt ...»

«Das ist doch nicht dein Ernst!» protestierte Gwen. «Jetzt, wo's spannend wird ...»

«Das wird nicht nur immer spannender, das wird vor allem immer gefährlicher, begreifst du denn nicht?»

«Klar begreif ich das. Da rühren welche mit dem ganz großen Löffel die Suppe um. Na und? Worauf waren wir denn aus? Auf ein langweiliges Leben in Ruhe und Sicherheit? In zwanzig Jahren einverstanden, aber doch nicht jetzt!»

«Ist ja gut, in Ordnung, wir bleiben, zumal ja auch das Schlimmste schon vorbei ist, vielleicht.»

«Wie kommst du denn darauf?» fragte Gwen irritiert.

«Na ja», Orson bewegte unbehaglich die Schultern. «Es ist die gängige Meinung in Albemarle Center, daß das alles nur Scheinaktionen waren und der Unglücksfall eben eine Panne, und danach wird's wohl aufhören. Ihr habt die Veranstalter sozusagen nur beim Aufräumen gestört.»

«Hier ist die Meinung anders. Ich glaube, die meisten fürchten, daß das dicke Ende noch kommt. Aber vielleicht liegt das daran, daß wir hier näher dran sind. Frag Aram.»

«Lieber nicht.»

«Was soll denn das heißen?»

Orson legte seiner Frau beschwichtigend die Hand auf den Arm. «Versuch doch mal, eins und eins zusammenzuzählen. Der ganze Trubel in Silver Beam – eine Entführung ohne Forderungen und Folgen: Aram. Hier das gleiche mit Tolkin. Deine Ella schmeißt sich an den Amerikaner ran ...»

«Mann», sagte Gwen, «dich haben sie ja ganz schön verdorben da in Albemarle, höchste Zeit, daß du wieder in anständige Hände kommst!»

«Die Leute denken eben so», verteidigte sich Orson.

«Vielleicht sollen sie so denken! Vielleicht wünscht jemand, daß sie so denken!»

«Und wer sollte das sein?»

«Nun aber verkaufst du dich unter Wert. In diesem Fall wäre es eben die andere Seite.»

«Also wir?»

«Ich wüßte nicht, daß ich die Aktienmehrheit eines Konzerns hätte», antwortete Gwen. «Oder hast du die neuerdings?»

«Dich haben sie auch ganz schön verdorben», sagte Orson nun, «du redest ja schon fast kommunistisch, das laß mal zu Hause keinen hören!»

«Also gut, begraben wir den Streit», schlug Gwen vor. «Machen wir was aus, ja? Auf jeden Fall halten wir zu unseren Freunden, du zu Aram und ich zu Ella, wenigstens, solange sich nichts herausstellt, das ... na ja, das die Freundschaft sprengen würde.»

«O. k.», sagte Orson. «Und nun gehen wir zum gemütlichen Teil über!»

«Ich brauch deine Hilfe.»

«Schon gewährt. Worum geht's denn?»

Viktor hatte noch mehrmals im Geiste das Problem hin und her gewendet, ob er Jerry Baker zu den Berechnungen hinzuziehen sollte. Schließlich hatte, bei Gleichgewicht aller sonstigen Gründe dafür und dagegen, die Erwägung den Ausschlag gegeben, daß Jerry ohnehin von diesen Berechnungen erfahren würde und daß es dann absolut widersinnig erscheinen mußte, wenn er nicht ihn, seinen Freund, um Hilfe gebeten hatte, sondern irgend jemand anders.

«Du weißt ja, was mir passiert ist», erklärte Viktor. «Ich laß mich nicht gern verkohlen. Nun hat mir da jemand etwas geflüstert, dem möchte ich nachgehen. Ich brauche aber noch einen gestandenen Geologen dazu. Und zwar ...»

Viktor erläuterte Jerry sein Vorhaben. Der Geologe wirkte angenehm aufgeregt. «Und wann?» fragte er.

«Wenn du Zeit hast, gleich.»

Jerry dachte einen Augenblick lang nach. Viktor versuchte, seine Reaktion zu deuten, aber die war nicht ungewöhnlich, und Jerry brauchte auch gar nicht lange.

«Hab nichts Unaufschiebbares vor. Wo machen wir's?»

«Alles, was wir brauchen, liegt schon beim Rechner.»

Viktor konstatierte, daß Jerry keinen Versuch unternahm, irgendwen zu benachrichtigen, und er kam sich ein klein bißchen schäbig vor, den Freund so auf die Probe zu stellen. Doch eine Probe war's ja nur in dem Fall, daß ... Immer die gleiche lästige, unangenehme, aber leider unvermeidbare seelische Prozedur.

Aber etwas hatte sich verändert. Viktor empfand die Peinlichkeit nicht mehr so stark wie früher, und ihm wurde gerade jetzt klar, woran das lag. Der Tote vom Bohrtrupp hatte die Situation gewandelt.

Im Rechnerraum wartete bereits Winnie auf die beiden. Nach wenigen Minuten hatten sie sich über ihr Vorgehen geeinigt: Winnie würde aus den Störungen diejenigen Wellen herausfiltern, die etwas über die Koordinaten der Störungsquelle aussagen konnten. Jerry und Viktor modellierten unterdessen im Rechner den Untergrund in einem Umkreis mit dem Radius von sechshundert Kilometern, das müßte ausreichen bei der Stärke der Störungen, hatten sie übereinstimmend festgestellt – das heißt, Winnie und Jerry hatten das festgestellt, Viktor mußte ihrem Fachverstand vertrauen. Allerdings konnte man ja später, falls man nicht auf brauchbare Ergebnisse käme, den Kreis immer noch erweitern.

Es war eine recht umfangreiche Arbeit, die sie zu leisten hatten, aber keine sehr schwierige, und so stellte sich Viktor völlig auf den Rhythmus von Jerrys Ansagen ein, die er für den Rechner umzuformulieren hatte. Jerry studierte Karten an seinem Terminal und zog die benötigten Werte heraus. Mitten in der Arbeit wollte es Viktor scheinen, als habe sich im Rhythmus oder in der Stimme seines Partners etwas verändert, als kämen bestimmte Werte zögernd und mit einer Intonation, als wäre der Sprecher unsicher. Danach gab sich das wieder, aber nach einiger Zeit trat es noch mal auf und später ein drittes Mal. Anfangs hatte Viktor geglaubt, er täusche sich, aber bei den Wiederholungen erkannte er es klar. Er merkte sich die Stellen.

Nach zwei Stunden waren beide Teile fertig: das mathematische Modell des Untergrunds einerseits und die herausgefilterten seismischen Wellen andererseits. Nun mußte sich zeigen, ob sie etwas herauskriegen würden. Denn das war noch keineswegs sicher. Zwar war der Untergrund in unmittelbarer Umgebung von SC gut erforscht, aber schon ab fünf Kilometer Abstand gab es nur noch ein sehr weitmaschiges Raster von punktuellen Werten, zwischen denen alle möglichen Brüche und Anomalien liegen konnten, die sie nicht kannten und die auf die Ausbreitung der seismischen Wellen einigen Einfluß ausüben konnten. Es half nichts, sie mußten versuchen, mit diesem sehr groben Modell auszukommen.

Nun schaltete Viktor einen Zufallsgenerator dazu und ließ an etwa tausend zufallsverteilten Punkten des Modellraums ein Bohrgeräusch erzeugen – also das Modell eines Bohrgeräuschs; der Rechner nahm die am Modellpunkt SC einlaufenden Schwingungen ab und verglich sie mit Winnies Mustern. Er tat das sehr schnell, und schon nach einer halben Minute hatte sich ein Bereich unter siebenundachtzig Grad westlicher Länge und neun Grad südlicher Breite herausgestellt, der die beste Übereinstimmung aufwies. Das fragliche Gebiet lag fünfhundert Kilometer südöstlich von Submarine City und war beim jetzigen Stand der Messungen etwa hundert mal hundert Kilometer groß. Jeder Versuch, darin ein Objekt auf dem Meeresboden zu finden, das möglicherweise noch getarnt war, blieb aussichtslos, wenn es nicht gelang, das Gebiet einzuengen. Denn die einzige überhaupt brauchbare Methode wäre ein Absuchen mit Sonar gewesen, aber nicht mit dem Orientierungssonar, das nur große und ungetarnte Gegenstände erfaßte, sondern mit dem Arbeitssonar, und bei dessen geringer Reichweite hätten tausend Sucher je tausend Kilometer schwimmen müssen, um überhaupt das Gebiet einmal auszuleuchten – oder eigentlich richtiger: auszuhorchen.

Aber wie fand der Gegner sein Objekt? Das war einfacher – er brauchte dem getarnten Objekt nur einen Reflektor beizugeben, der ausschließlich auf eine sonst nicht gebräuchliche Sonarfrequenz ansprach, und außerdem kannte er ja die Koordinaten und konnte selbst bei den bekannten Orientierungsschwierigkeiten in der Tiefsee das Suchgebiet bedeutend kleiner halten. Drittens war es auch noch möglich, dem Objekt eine Ultraschallsirene beizugeben, die auf eine bestimmte Frequenz ansprach, und sicherlich gab es noch andere Möglichkeiten, die Viktor, dem Tiefseeneuling, noch nicht geläufig waren ...

«Was hältst du davon?» unterbrach Winnie Viktors Grübelei.

«Wir müssen versuchen, den Punkt genauer zu kriegen. Aber ein punktförmiges Objekt ist es, davon bin ich jetzt überzeugt. Wahrscheinlich hat dort wirklich jemand gebohrt. Aber wonach? Und wie tief? Jerry, kannst du das nicht aus der Bohrzeit schätzen?»

«Wonach nicht, aber wie tief vielleicht – grüble du mal mit deinem Computer zusammen weiter, ich mach das mit Winnie, ja?»

Die Frage hatte der Polynesierin gegolten, und die war selbstverständlich einverstanden.

Viktor also konnte sich seinem Problem widmen. Wie weiterkommen? Am einfachsten, wenn er das Ganze wiederholte, aber jetzt beschränkt auf das festgestellte Gebiet – also tausend zufallsverteilte Punkte in diesem Gebiet aussuchen, Bohrgeräusche dort modellieren und das Ergebnis wieder mit den gefilterten Originalgeräuschen vergleichen. Da war am Programm nicht viel zu ändern, ein paar Anweisungen genügten. Was konnte er erwarten? Im Idealfall einen erfaßbaren Punkt, an dem der Vergleich optimal ausfiel. Aber das wäre zu viel Glück. Eher wohl würde es irgendein Muster geben, eine Wahrscheinlichkeitsverteilung als Folge der unvermeidlichen Ungenauigkeiten. Auch das wäre schon ein Schritt weiter.

Aber nichts von alledem geschah. Das Ergebnis der Operation lieferte für alle Testpunkte den gleichen Wert. Was sollte das bedeuten?

Viktor warf einen Seitenblick auf die beiden anderen – sie hatten nichts bemerkt, im Gegenteil, sie waren eifrig mit der Sache und wohl auch miteinander beschäftigt. Viktor mußte lächeln bei dem Gedanken, was wohl Ella sagen würde, wenn sie die beiden so sähe, aber vielleicht würde sie auch gar nichts sagen und gar nichts dabei sehen, Viktor wurde sich wieder einmal bewußt, wie unsicher er in der Beurteilung von Menschen war, vor allem, wenn er keine starke Bindung zu ihnen hatte; aber dann mußte er doch bei Jerry sicher sein? Zu ihm hatte er ja wirklich eine feste Bindung. Was sollte das alles, es führte zu nichts, und was war jetzt mit dem Computer?

Ja, er würde nun einen anderen Suchprozeß programmieren, in gewissem Sinne den entgegengesetzten: Welche der eingegebenen Werte, die zu dem Modell geführt hatten, waren ungenau, wenn man von der Annahme ausging, daß der genaue Mittelpunkt des erhaltenen Gebiets der echte Bohrpunkt war?

Viktor wußte, daß die Frage viele Wenn und Aber hatte und daß der Computer sie wahrscheinlich nicht beantworten konnte. Erstens konnte der wirkliche Bohrpunkt ebensogut am Rande gelegen haben. Zweitens war ein eindeutiges Schließen auf bestimmte Fehler oder Ungenauigkeitsquellen nur im Ausnahmefall möglich. Drittens konnten diese Quellen überhaupt außerhalb der eingegebenen Werte liegen.

Es kam nichts heraus – wenigstens beim ersten Versuch. Aber warum sollte er nicht wiederum tausend Punkte wählen? Und tatsächlich, unter diesen tausend lieferten drei Punkte Ergebnisse. Allerdings lagen diese Punkte ebenso wie die Ergebnisse weit auseinander. In einem Falle aber waren die Ungenauigkeitsquellen – Viktor erinnerte sich genau an die Reihenfolge der Eingabe – diejenigen Werte, bei denen Jerrys Stimme etwas zögernd oder verlegen gewirkt hatte.

Viktor fühlte, wie ihm kalt wurde. Die Kälte begann an einem Punkt in seinem Nacken und breitete sich von da über den ganzen Körper aus. Bewiesen war nichts, sagte er sich, aber das war lächerlich: Was er immer befürchtet hatte, war nun sehr wahrscheinlich geworden, fast schon gewiß. Und jetzt durften die anderen nichts merken, vor allem Jerry nicht, nein, das war falsch, er durfte sich nicht zu einer Stimmung zwingen, die er nicht empfand, das Unechte würde sofort zu spüren sein. Aber schließlich konnte man seine Mißstimmung auf die Ergebnislosigkeit oder richtiger die schwachen Ergebnisse ihrer Rechnerei beziehen.

«Genauer kriegen wir es wohl nicht!» sagte er und schreckte damit die beiden anderen auf.

Was nun zu tun war, brauchte Vorbereitung. Erstens mußte Kapitän Baranow benachrichtigt werden, daß er zum Treffpunkt kam. Es war nach den getroffenen Absprachen nicht schwierig, während der Mittagsstunde ein entsprechendes kurzes Signal in den Unterwasserschallkanal zu geben, so, daß niemand Verdacht schöpfte. Da Viktor auf diesem Gebiet arbeitete, ließ sich das einrichten.

Zweitens aber durfte er nicht allein zum Treffpunkt schwimmen, denn wenn auch einige Schutzmaßnahmen nicht mehr so genau genommen wurden – an einer Regel hielt man eisern fest: Niemand durfte allein nach draußen!

So hatte sich von selbst der Zeitpunkt ergeben, an dem er Aram Udarjans Bereitschaft annehmen und ihn einweihen konnte. Trotzdem prüfte er noch mal gründlich, ob es nicht zu früh war und ob sich der Zeitpunkt nicht hinausschieben ließe. Denn eins war klar: Der einbezogene Aram war in weit höherem Maße gefährdet als der nicht einbezogene. Aber nicht nur bei dieser Aktivität, auch bei vielen anderen der kommenden Zeit würde er einen Begleiter oder anderweitig Unterstützung brauchen, und – der Armenier war ja gefragt und auf die Gefahren hingewiesen worden und hatte sein Einverständnis erteilt.

Viktor bat ihn um seine Begleitung, und Aram sagte zu, ohne viel zu fragen. Zur verabredeten Zeit trafen sie sich und schwammen hinaus. Nach einer Weile setzten sie sich auf den

Meeresgrund und leuchteten mit dem Sonar die Umgebung aus – sie waren allein.

Nun sprach Viktor die Losungsworte, den Anfang eines berühmten Poems des bekanntesten zeitgenössischen armenischen Dichters:

«Die Berge wandern unter der Sonne
und tauchen hinab in den Schatten der Nacht ...»

«Das dachte ich mir», sagte Aram.

Viktor weihte ihn in die wichtigsten Zusammenhänge ein und sagte dann: «Wir haben eine halbe Stunde Zeit bis zum Treffen mit Kapitän Baranow. Ich habe mir gedacht, du wirst viele Fragen haben.»

«Einen ganzen Hut voll», sagte Aram. «Ich habe ja seit dem Gespräch in Moskau Tag und Nacht darüber nachgedacht, ich weiß gar nicht, wo ich anfangen soll. Vielleicht damit: Mir ist nicht klar, was diese Sabotage bedeutet.»

Viktor hatte eigentlich schon gesagt, daß das noch unklar sei, aber er wußte, er mußte Geduld haben und manches mehrfach erklären. «Mir auch nicht», sagte er. «Das kann dazu dienen, einen Hintergrund für Stimmungsmache zu liefern. Es kann ebenso dazu dienen, unsere Aufmerksamkeit von etwas anderem abzulenken. Es kann beiden Zielen dienen. Oder keinem von beiden. Es kann auch sein, daß es uns nur verwirren soll.»

«Verwirren? Ich bin nicht verwirrt.»

«Wirklich nicht?» Viktor lächelte. «Ich aber. Wenn man sagen muß: Dies und das und jenes ist möglich oder auch nicht – was ist das denn anderes als Verwirrung? Und was ist daran so verwirrend? Oder wenn du willst, so sonderbar?»

«Daß die Sabotage nicht in die Landschaft paßt. Politisch nicht, und ökonomisch schon gar nicht.»

«Und warum paßt sie nicht?»

Zum ersten Mal zeigte sich Aram ein bißchen verärgert. «Willst du mich examinieren?»

«Ja, ich sag dir nachher, warum. Erst antworte.»

«Die friedliche Koexistenz und die Interessenverflechtung durch gegenseitige Abhängigkeiten sind wirkende Kräfte unserer Zeit. Sabotage verschafft keinem Vorteile, aber allen Nachteile.»

«Das hast du vollendet formuliert», lobte Viktor.

«Ich habe ja auch lange genug darüber nachgedacht», entgegnete Aram, immer noch etwas verdrossen.

«Und hast du auch bemerkt, daß sich darin eine Teilantwort auf deine Frage findet?»

«Nee», gab Aram verblüfft zu.

«Die Sabotagefälle berücksichtigen diese Prinzipien. Sie waren alle technologisch wirkungslos. Und nun der Grund, warum ich danach gefragt habe: Solange wir nichts Konkretes wissen, können wir unser Verhalten und unsere Entscheidungen nur aus solchen allgemeinen Prinzipien ableiten, und dazu muß man sie präzis im Kopf haben.»

«Gut, soweit klar. Aber woher sollen wir konkretes Wissen herbekommen, wenn wir nichts tun?»

«Wir tun ja was», sagte Viktor bedächtig. «Wir wehren uns gegen die Sabotage, mobilisieren die Belegschaft, und jetzt geben wir beide einen wichtigen Auftrag an unser T-Schiff.»

«Aber das ist doch alles … Ich meine, ich hatte mir diese Art Arbeit etwas anders vorgestellt.»

«Wie denn? Leute abhören, Zimmer durchsuchen, an den Schlüssellöchern lauschen? Da wirst du nichts erfahren. Die Gegenseite wird sich durch ihr Handeln verraten. Diese wilde Bohrung vor unserer Ankunft kann natürlich auch eine falsche Spur sein, aber ich glaube, es steckt mehr dahinter.»

«Ist das so eine Art Berufsgefühl, ein Riecher?»

«Nein, eine einfache Überlegung. Wer kann eine solche Bohrung vornehmen, rein von der technischen Kapazität her? Bohrwerk, Tiefseeschiff, Mannschaft – das haben außer den großen Staaten nur ein paar große Konzerne, Multis unter USA-Führung. Die Staaten melden ihre Bohrungen an und haben sich auch gegenseitig unter Kontrolle, die kannst du ausschließen. Aber auch die Multis brauchten nicht zu wildern, wenn es um normale Erkundung ginge, sie könnten sogar eine Menge sparen, wenn sie sich auf SC stützten. Statt dessen nehmen sie einen bedeutend höheren Aufwand in

Kauf, um die Sache geheimzuhalten. Also müssen sie wirklich etwas geheimzuhalten haben. Und das sollte nicht mit Three Cheers zusammenhängen? Und mit allem anderen, was hier so passiert? Ich bin sogar überzeugt: Das T-Schiff, das die Bohrung durchgeführt hat, und das, welches sich jetzt hier herumtreibt, sind ein und dasselbe.»

«Das ist einzusehen. Eine andere Frage, die mir vor lauter Verzweiflung gekommen ist, wenn ich mich beim Nachdenken immer im Kreis herumgedreht habe: Wenn wir, also unser Land, hereingelegt werden sollen, warum halten wir uns dann nicht einfach von der Sache fern? Ziehen unsere Leute zurück? Entschuldige, wenn ich es ausspreche, merke ich schon, daß es eine dumme Frage ist. Wir haben ja Verträge, Verpflichtungen, Aussteigen ist nicht.»

«Ja, wir sind genauso an die anderen gebunden wie die anderen an uns. Trotzdem hat die Frage interessante Aspekte, ich glaube, sie gehört zu den Fragen, die man alle zehn, zwanzig Jahre neu überdenken muß, nicht, weil die Antwort im Prinzip anders lauten könnte, sondern weil man dadurch auf veränderte Umstände aufmerksam wird. Ende des vorigen Jahrhunderts zum Beispiel war das so – wir konnten weder einseitig aus der Rüstung aussteigen noch konnten wir zulassen, daß die Spirale sich immer weiter drehte. Die Atomwaffen sind aus der Welt verschwunden, der Hunger auch. Dürfen wir jetzt zulassen, daß eine andere Art Massenmord organisiert wird?»

«Mit einem Wort», sagte Aram, und seine Stimme klang nach befriedigender Einsicht, «es ist immer noch Klassenkampf.»

«Eben», bestätigte Viktor, «nur daß wir die andere Seite zwingen, zivilisierte Formen einzuhalten. Oder nein, sagen wir: Die Entwicklung der Welt hat dahin geführt.»

«Woraus folgt», setzte Aram fort, «wir müssen verhindern, daß diese Formen gebrochen werden. Und da hat man nun gedacht, diese Zeit wäre endgültig vorbei!»

«Darauf scheinen die Planer von Three Cheers auch zu spekulieren», sagte Viktor. «Zuerst auf die allgemeine Sorglosigkeit und dann auf die Wut der Enttäuschung, wenn es doch zu so was kommt. Und diese Wut wollen sie gegen uns richten. Aber nun genug vom Allgemeinen, du hast doch sicherlich auch noch konkrete Fragen?»

«Höchstens eine. Etwas hat mich nachdenklich gemacht. Wir alle drei haben enge Beziehungen zu Amerikanern, du zu Baker, Ella auch und ich zu den Freemans. Ich meine, das kann ja nützlich sein – aber ist es nicht auch gefährlich? Ich bin ungeübt darin, jeden Moment zu überlegen, was ich sagen darf und was nicht, mal rutscht einem etwas raus?»

«Du darfst Wachsamkeit nicht mit Mißtrauen verwechseln. Vor allem, weil Mißtrauen zu Fehlern führt. Aber auch deshalb nicht, weil die Leute Mißtrauen sofort spüren. Im übrigen erzähle nicht zuviel, frag die Leute auch nicht zuviel, aber zeig immer Interesse, dann erzählen sie von ganz allein.» Viktor lachte. «Vor allem Freemans.»

«Dein Lachen ist unangebracht», protestierte Aram. «Die beiden sind freundlich, und Gwen ist manchmal etwas putzig mit ihrem Redefluß, aber lächerlich sind sie nicht. Sie haben für die Abrüstung gekämpft. Ja, auch Opfer gebracht ...»

«Ich weiß», unterbrach Viktor, «du hast recht, mein Lachen war falsch. Du hast sogar mehr recht, als du ahnst. Vielleicht habe ich wirklich etwas vernachlässigt. Halte engen Kontakt mit ihnen. Eines Tages brauchen wir die Unterstützung aller Vernünftigen. Sozusagen eine Koalition der Vernunft im kleinen Maßstab. Aber jetzt wird es Zeit. Wenn einer von uns beiden dem anderen etwas Wichtiges mitteilen muß, schwimmen wir zusammen hinaus. Aber nicht zu oft. Und jetzt vorwärts!»

Fregattenkapitän Baranow erwartete sie am vorletzten Reflektor der Nordkette. Viktor machte ihn mit Aram bekannt und berichtete dann, was sich in der letzten Zeit ergeben hatte.

«Ich möchte, daß Sie sich in dem Gebiet der Bohrung auf Grund legen, tarnen und beobachten. Nicht absuchen, nur beobachten. Sie dürfen auf keinen Fall bemerkt werden. Falls Sie etwas beobachten, lassen Sie mich aus der Heimat anrufen, unter irgendeinem Vorwand. Ich werde dann am nächsten Tag um dieselbe Zeit wie jetzt hier sein. Ich oder Aram oder wir beide.»

«Wird ausgeführt.»

«Ich möchte Ihren Rat, Genosse Kapitän. Ich habe vor, das Gebiet abzusuchen oder wenigstens so zu tun, als ob ich es absuche, gemeinsam mit Baker. Falls er mitmacht. Es geht mir mehr um Klarheit über die Person, als daß ich hoffe, irgend etwas zu finden. Was ist Ihre Meinung?»

«Sie gehen ein großes Risiko ein. Falls er ein Gegner ist und falls Sie etwas finden, was von Belang ist, kann er Sie nicht am Leben lassen. Sie müssen selbst entscheiden, ob die Klarheit, die Sie vielleicht gewinnen könnten, dieses Risiko wert ist. Denn wenn wir streng auf Beobachtung beschränkt sind, können wir Ihnen auch nicht helfen, selbst wenn wir den Vorgang beobachten.»

«Auf jeden Fall nur beobachten», sagte Viktor entschieden. «Aber ich werde mir das noch überlegen. Übrigens, Ihren Hinweis wegen des gemieteten T-Schiffes habe ich an Mercedes Cardo weitergegeben, sie wird das recherchieren.»

«Still, es nähert sich was!» sagte der Kapitän.

Sie duckten sich. Im Sonar hörten sie die Turbinen eines T-Bootes lärmen.

Als das Boot vorbei war, sagte Viktor: «Das ist die Truppe von den Erzschlämmen, zweihundertfünfzig Kilometer nordwestlich von hier, in den Ausläufern des ostpazifischen Rükkens. Wechseln alle vierundzwanzig Stunden ab.»

«Sie kennen sich schon aus in SC, was?» fragte der Kapitän.

«Ein bißchen», sagte Viktor bescheiden.

3

«Komm mal mit, der Chief möchte dich sehen!»

Zwei Hünen hatten rechts und links von dem kleinen Mann Aufstellung genommen, der jetzt von seinem Mikroskop aufblickte und dann eifrig mit dem Kopf nickte, aber keinen Ton herausbrachte.

Die beiden Hünen waren Mitglieder des Stadtrats von Submarine City, angesehene Leute, gern gesehen auch sonst, jetzt freilich von den anderen, die hier in der Versorgung arbeiteten, mit plötzlich erwachtem Argwohn betrachtet, Argwohn nicht gegen sie, sondern gegen den eigenen Mitarbeiter, denn jeder brachte selbstverständlich sofort diese Einladung zum Gespräch mit den Ereignissen der letzten Wochen in Zusammenhang.

Der Stadtrat war sonst kein besonders häufig beschäftigtes Gremium, und er war auch nicht eben das, was man oben, auf dem Festland, unter einer solchen Einrichtung verstand. Er war eigentlich Rat und Schiedskommission und Gewerkschaftskomitee zugleich und, wie nun heute zum ersten Mal in der Geschichte von Submarine City, auch Polizei. Die beiden erledigten ihren Auftrag mit Würde, wenn sie sich auch etwas steif dabei vorkamen, und lieferten den kleinen Mann im Zimmer des Chiefs ab. Der bat sie, draußen zu warten, denn ein Amtszimmer hatte er nicht, nur seine Wohnkabine, und darin war nicht so viel Platz, daß alle vier hätten sitzen können.

Der Chief sah dem kleinen Mann in die Augen und begann:

«Ich werde Ihnen sagen, was wir gemacht haben und was dabei herausgekommen ist. Wie auch Ihnen, haben wir allen Bewohnern zwei Fragen gestellt: Erstens – haben Sie in letzter Zeit von der Sprechstelle, Sie wissen welche, nach draußen gesprochen, zweitens – haben Sie jemand gesehen, der nach draußen gesprochen hat. Es waren natürlich mehrere, die von dort gesprochen haben, und es waren auch mehrere, die dabei gesehen wurden, was kein Wunder ist, denn unsere Stadt ist ja nicht sehr weitläufig.

Es war aber am Ende nur ein einziger, der zwar gesehen wurde, aber von sich behauptet hatte, er habe nicht von dort gesprochen. Und dieser einzige waren Sie. Das haben wir getan, und das ist dabei herausgekommen.

Und nun will ich Ihnen sagen, erstens, was wir denken,

zweitens, was wir nicht tun können, und drittens, was wir tun können.

Wir denken, daß Sie an einen uns noch unbekannten Empfänger Informationen weitergegeben haben. Damit verstoßen Sie an sich gegen keinerlei gültige Regelungen, denn alles, was wir hier tun, ist frei von Geheimhaltung, jeder kann publizieren oder erzählen oder was er sonst will. Wenn diese Informationen freilich zur Sabotage gegen SC benutzt werden und wenn im Verlaufe dieser Sabotage ein Menschenleben zu beklagen ist, dann, das werden Sie einsehen, verstoßen Sie mindestens gegen Ihren Arbeitsvertrag mit der Meeresbodenbehörde.

Was wir nicht tun können, ist, Ihnen das so nachzuweisen, daß ein Gericht daraufhin ein Urteil fällen kann. Sie sehen, wir sind offen und legen alle unsere Karten auf den Tisch. Wenn Sie einfach alles leugnen, können wir nicht viel tun. Wir könnten Ihnen höchstens freistellen, ob Sie hierbleiben oder kündigen wollen. Und wir könnten die Ergebnisse unserer Untersuchung öffentlich bekanntmachen. Nein, das können wir nicht nur, das müssen wir sogar, das sind wir unseren Leuten schuldig, und das werden wir unter allen Umständen tun. Es hängt jetzt von Ihrem Verhalten ab, ob wir diese Veröffentlichung vor oder nach Ihrem Weggang aus SC vornehmen. Sie können sich das ja überlegen, aber ich an Ihrer Stelle würde nicht zu lange überlegen, wir wissen ja beide, daß die wichtigen Dinge sich auch ohne spezielle Veröffentlichung sehr schnell herumsprechen.

Das war unsere Meinung, nun sind Sie dran.»

Chief Wu hatte das alles mit verbindlichem Lächeln gesagt, aber er strahlte dabei keinerlei Verbindlichkeit aus.

Der kleine Mann beteuerte, er habe sowieso zum Chief kommen wollen, schon seit dem schrecklichen Todesfall, denn er habe Zusammenhänge geahnt, obwohl er keinerlei Informationen in dieser Richtung weitergegeben habe, und er sei bereit, alles, aber auch alles zu sagen, wenn ihm die Konfrontation mit den Kollegen erspart bleibe, wenn er also auf dem Wege der Kündigung von hier aus über Albemarle Center verschwinden könne.

Gut, sagte Chief Wu, man stelle zwei Fragen: Erstens, was er alles übermittelt habe an Informationen und wann und welche zusätzlichen Aufträge er erhalten habe, das möge er aufschreiben, so genau wie möglich. Die zweite Frage wäre, wie es dazu gekommen sei, das möge er danach erzählen, möglichst konkret. Dann werde man weitersehen.

Es dauerte nicht lange, viel Beschäftigung hatte der Informant nicht gehabt. Die Informationen hatten nur einmal zu Anfang den gesamten Tagesablauf von SC betroffen, und zwar, als die Eleven in das sonst gleichbleibende Regime der Abschwimmenden und Zurückkehrenden einzuordnen waren. Später bezogen sich die Fragen und Auskünfte nur auf die sowjetischen und US-amerikanischen Eleven, so war auch die Reihenfolge der Eleven beim Einzel-Orientierungsschwimmen übermittelt worden, woraus nun wiederum endgültig bewiesen war, daß der Angriff auf Viktor seinerzeit der Person galt und nicht irgendeinem Eleven. Das war möglicherweise überhaupt das Wichtigste, was diese Aufzeichnungen enthielten. Alles andere würde man noch genauer prüfen müssen, aber es erschien erst einmal nicht von Belang. Weder die Auftraggeber noch die hiesigen Kontaktpersonen waren dem Informanten bekannt.

«Gut», sagte Chief Wu, «unterschreiben Sie jede Seite einzeln und mit vollem Namen. Und dann möchte ich die Geschichte hören, wie es dazu gekommen ist.»

Der kleine Mann stammte aus einem kleinen Land, und seine Geschichte war die übliche Erpressung zum Informantendienst: Sein Bruder, der in Westeuropa arbeitete, hatte durch eine Verkettung von Umständen, denen man das Management förmlich anroch, Spielschulden gemacht, und die Eintreiber bedrohten nicht etwa ihn, den Bruder, was den kleinen Mann kalt gelassen hätte, sondern dessen Frau, in die der kleine Mann seit je hoffnungslos verliebt war. Zur selben Zeit wurde dem kleinen Mann beim Urlaub in seinem mittelamerikanischen Heimatland dieses Angebot gemacht, und die

Anzahlung deckte genau die Spielschulden des Bruders. Die letzten Anweisungen erhielt er von einem Mann in Quito vor dem Flug nach Albemarle.

Wu stellte noch zwei, drei Fragen, deren Beantwortung die weltumspannende Organisierung dieses kleinen Teilunternehmens noch deutlicher hervortreten ließ, aber sonst keine verfolgbaren Hinweise brachte. Er ging mit ihm und den zwei Hünen zur Schleuse der T-Boote. Dort hatte sich eine Gruppe von fünf, sechs Mitarbeitern versammelt, die eine drohende Haltung einnahmen.

«Was wollt ihr?» fragte Wu in abweisendem Ton.

«Wenn das der Kerl ist, der das fremde Schiff informiert hat, dann wollen wir mit ihm sprechen!» sagte einer.

«Und wir wollen nicht, daß er klammheimlich verschwindet!» ergänzte ein anderer.

«Überlaß ihn uns», forderte ein Dritter. «Das sind wir unserm toten Kollegen schuldig.»

Wu betrachtete die Gruppc langc und schwieg. Der kleine Mann hielt sich in Deckung hinter den beiden Hünen.

«Na, was ist?» fragte der vierte.

«Er hat alles gesagt, was er wußte», berichtete Wu in beiläufigem Ton, «und es war nicht viel. Mit dem Tod unseres Kollegen hat es nichts zu tun. Er hat gegen kein Gesetz verstoßen. Er hat nur gekündigt. Dagegen würde jemand, der ihn jetzt am Verlassen von SC hindern wollte, gegen das Gesetz verstoßen. Willst du das, Collins? Und du, Nanga? Beetje? Nein? Na, dann trollt euch!»

Als das T-Boot mit den beiden Hünen und dem kleinen Mann in der Schleuse verschwunden war, kehrte Wu Fan-ji in sein Zimmer zurück. Mercedes, die der Vernehmung über das interne Videotelefon zugesehen hatte, erwartete ihn.

«Etwas Ärger mit unseren Jungs», sagte er lächelnd, «sie hätten ihn wohl gern ein bißchen verprügelt. An der Schleuse haben sie uns erwartet. Aber harmlos. Für einen Krawall ist SC der ungeeignetste Ort – dazu braucht man mehr Raum und mehr Leute. Was ist Ihnen an den Aussagen aufgefallen?»

«Der Aufwand, den sie betrieben haben. Ein so weltweites Management für einen kleinen Angeber. Das läßt mindestens zwei Deutungen zu. Erstens: Es ist nicht leicht für solche Unternehmen, in SC Fuß zu fassen, und zweitens: Man treibt nicht einen solchen Aufwand, um ein paar Leuten dumme Streiche zu spielen, wenn der Zweck den Aufwand rechtfertigt, dann ...»

«... kommt einem das kalte Grausen», vollendete Wu den Satz.

«Hallo, Jerry, haben Sie eine Stunde Zeit für mich? Ich lade Sie auf meine Jacht ein, Sie müssen mir erzählen, wie es unten vorwärts geht, und dabei können Sie sich mal den Hafen von weitem ansehen, es lohnt sich, fragen Sie Ihre Kollegen, ich hab schon ein halbes Dutzend mit hinausgenommen. Bis ich hinunterkomme, bin ich ja auf Ihre Berichte angewiesen, na, kommen Sie schon!»

Jerry Baker, der den Publizisten scheinbar zufällig getroffen hatte und sich nun, ebenfalls zum Schein, etwas sträubte gegen diese Einladung, ließ sich dann doch überzeugen und ging mit an Bord. Zehn Minuten später schaukelte das Boot außerhalb der Brandung sanft in der Dünung. Der Hafen von Albemarle Center bot einen sehenswerten Anblick; keinen fröhlichen zwar, dazu fehlte das bunte Treiben touristischer Badestrände. Aber auf Jerry hätte nach den Wochen in der Tiefsee wohl jeder einigermaßen sonnige Anblick überwältigend gewirkt.

«Die Brandung verhindert jeden Lauschangriff», sagte Robin H. Lyndale, «deshalb die Jacht. Und nun erzählen Sie.»

«Werden Sie denn beobachtet?» fragte Jerry statt dessen.

«Ich weiß nicht», sagte Lyndale, «ich könnte das kaum feststellen, ich habe nicht Ihre Ausbildung. Aber rechnen muß ich damit. Oder halten Sie die andere Seite für dumm?»

«Nein, das nicht.»

«Also war Ihre Frage überflüssig. Und nun wollen wir keine Zeit weiter verschwenden. Oder besser: Wir wollen die Stunde, die wir haben, für wirkliche Probleme verwenden.»

Jerry nahm den Tadel nicht sehr schwer. Zwar hatte sich in ihrer beider Verhältnis insofern manches geändert, als er jetzt dem Publizisten direkt unterstellt war, aber Lyndales Antwort hatte ja wiederum seine, Jerrys, Überlegenheit in methodischen Fragen der Arbeit anerkannt. Nun aber mußte er wohl oder übel berichten. Er tat das so, als wisse der andere überhaupt nichts, was ganz gewiß nicht stimmte. Aber das gab Lyndale die Möglichkeit, das Berichtete zu überprüfen, und das fand Jerry schon in Ordnung so. Ein bißchen gespannt war er, wie der Publizist auf die Ermittlung des Bohrgebiets reagieren würde, die er gemeinsam mit Tolkin betrieben hatte, wobei er selbstverständlich verhindert hatte, daß das Ergebnis zu genau ausfiel. Und es blieb ja nun auch die Frage zu entscheiden, ob er dem Drängen des Russen nachgeben und gemeinsam mit ihm das in Frage kommende Gebiet absuchen sollte. Wenn Robin H. diese Frage positiv entschied, dann mußte er ihm, Jerry, etwas mehr darüber mitteilen, was dort tatsächlich vorgegangen und was überhaupt im weiteren beabsichtigt war, denn darüber wußte er noch nichts. Es war das einzige, was ihm an dieser Zusammenarbeit mißfiel, aber er mußte Robin H. recht geben: Bei dem ständigen engen Kontakt, den er mit den Russen hatte – Liebe und Freundschaft –, war es wohl besser, wenn er nicht alle Pläne kannte; wie zum Beispiel hätte er sich gegen eine Befragung unter Hypnose wehren sollen, die ja doch denkbar wäre?

«Also doch Tolkin», konstatierte Lyndale. «Und er besteht darauf, mit Ihnen das Gebiet abzusuchen?»

«Beunruhigt Sie das?»

«Ja, weil ich nicht weiß, was er damit will. Er muß sich doch darüber klar sein, daß die Chance, etwas zu finden, eins zu eine Million steht. In Wirklichkeit ist sie noch viel kleiner, eigentlich kann er gar nichts finden. Es sei denn ... Ja, wir werden dafür sorgen, daß er etwas findet. Dazu aber ... Hören Sie, heute ist der siebzehnte Oktober, am ersten November ist sozusagen Tag Null, legen wir fest: Bis zum vierundzwanzigsten Oktober darf es nicht zu dieser gemeinsamen Suche kommen, dann aber soll sie stattfinden. Sie wird die

Russen in die Geschichte verwickeln. Überhaupt werden jegliche Handlungen die andere Seite nur noch tiefer hineinziehen. Wir brauchen also nichts zu verhindern, nur ein bißchen zu steuern.»

«Also ist Tolkin der Mann der Russen?»

«Wie sagen die Juristen – mit an Sicherheit grenzender Wahrscheinlichkeit. Und was für einen passenden Decknamen er hat! Gefällt mir. Behandeln Sie ihn gut, er zieht von jetzt an unsern Karren. Hat er übrigens Kontakte zur Heimat? Daß das russische T-Schiff da war, weiß ich, aber seitdem?»

«Nichts feststellbar. Es sei denn, er benutzt den Unterwasserschallkanal, das kann ich nicht kontrollieren, er arbeitet ja auf diesem Gebiet.»

«Irgendwelche Kontakte wird er haben. Halten Sie die Augen offen. Es ist aber nicht das Wichtigste. Alles, was geschehen soll, wird geschehen, es ist nicht mehr zu verhindern.»

«Und was wird geschehen?»

«Steckt der Tolkin oft mit der Cardo zusammen?» fragte Lyndale dagegen.

«Nein.»

«Sonst noch offene Fragen?»

«Wie bewerten Sie den Toten?» fragte Jerry.

«Das hängt davon ab, wem man ihn zur Last legt. Wie denken die Leute in SC darüber?»

«Die meisten neigen dazu, einen Eingriff der Multis anzunehmen, aber das sagt keiner mit Entschiedenheit. Es wäre ja auch kaum ein sinnvolles Motiv zu entdecken. Trotzdem sollte das nicht wieder passieren, meine ich.»

«Gut. Wir arbeiten jetzt den Plan aus für Ihren gemeinsamen Ausflug mit Tolkin.»

«Und der ausgewiesene Informant?» fragte Jerry.

«Weiß nichts. Außerdem brauchen wir ihn nicht mehr. Dies ...» – er zog eine Karte hervor – «ist das Bodenrelief in dem fraglichen Gebiet. Und nun ...»

Sie arbeiteten eine halbe Stunde, dann steckte Lyndale die Karte weg und lehnte sich zurück. Er überlegte einen Augenblick lang, ob es geraten sei, Jerry Baker etwas tiefer in die

Zusammenhänge einzuweihen, und er fand, es sei an der Zeit dazu. Baker war ein guter Mann, und wenn er jetzt Ungeduld zeigte und fragte, was zu fragen sich nicht gehörte in seiner Position, dann wohl nicht aus Neugier, sondern weil er in Situationen kommen konnte, wo er sich mangels Information unsicher zeigen würde, wie beispielsweise, als dieser Tolkin ihn aufforderte, aus den Geräuschen die Bohrstelle zu ermitteln. Hat übrigens hervorragend geschaltet, der Baker, muß man ihm lassen. Und gerade deswegen.

Konkretes über das laufende Unternehmen konnte er ihm freilich nicht sagen. Aber die Richtung im Ganzen konnte er ihm zeigen, auch das vorsichtig, gewiß, mehr an Beispielen – je nachdem, wie er reagierte ...

«Ich habe Ihre Frage von vorhin nicht überhört», sagte Lyndale, «aber ich kann sie Ihnen nicht beantworten, soviel müssen Sie einsehen. Damit Sie in schwierigen Fällen eine Entscheidungshilfe haben, werde ich Ihnen eine andere Frage beantworten, die Sie nicht gestellt haben, wenigstens nicht mir, aber ich denke, Sie haben sie sich selbst schon öfter gestellt: Wie vereinbart dieser Lyndale seine frühere politische Haltung, den ganzen Einsatz für Abrüstung, für Liberalität, für Menschenrechte mit dem, was er jetzt tut. Die Frage will ich Ihnen beantworten.» Er sah dem andern scharf ins Gesicht und fragte suggestiv: «Ist Ihnen eigentlich klar, daß man jetzt, nach der atomaren Abrüstung, wieder Kriege führen und auch gewinnen könnte? Der Krieg kann wieder werden, was er vor dem atomaren Wahnsinn immer war: der Vater aller Dinge.

Ich komme noch mal darauf zurück, aber erst mal dies: Ich liebe mein Land, so wie es ist, das heißt, so wie es für mich ist, also mit genau dieser Gesellschaftsstruktur. Ich kenne ihre Gebrechen besser als irgendeiner, das heißt, was die Welt Gebrechen nennt, was ich aber großenteils für Vorzüge halte. Beispielsweise, wenn es keine Armen gäbe, wohin dann mit der ganzen gesellschaftlichen Aktivität, die durch caritative Organisationen gebunden wird? Und das ist nicht wenig! Aber lassen wir das. Unsere Gesellschaft kann nur florieren, wenn das große Kapital floriert. Es hat seinerzeit viel zu lange gedauert, den Gedanken durchzusetzen, daß die Abrüstung auch ein Geschäft sein kann. Leichter würde es jetzt mit dem Gedanken, daß für das Geschäft eine neue Aufrüstung nötig wäre, denn der bewegt sich für viele noch in gewohnten Bahnen. Und eigentlich sind dafür auch schon Weichen gestellt. Der Witz ist, daß das alles im Rahmen der getroffenen Abkommen geschieht. Wir können die Kampfkraft unserer Streitkräfte verfünf- bis verzehnfachen, ohne einen einzigen Mann mehr, ohne die festgelegte Zahl der Panzer, Flugzeuge und so weiter zu erhöhen. Und die übrige Welt ist viel zu sehr mit sozialen Zielen beschäftigt, um da mitzuhalten. Wie? Technik. Jeder Soldat wird zum Sergeanten, der fünf bis zehn Roboter befehligt. Ein Flugzeug, das von einem Roboter gesteuert wird, ist kein Flugzeug, sondern eine Flügelbombe. Mehr noch: Da die Roboter klein gehalten werden können, entstünden Kampfmittel, die noch von keiner Vereinbarung erfaßt sind – Tanks von der Größe eines Karussellautos etwa, na, Sie können sich das selbst weiter ausmalen, Sie haben ja von Technik mehr Ahnung als ich. Nein, ich bin nicht für den Krieg. Aber das Geschäft damit brauchen wir. Und was wir hier tun, ist nun wohl klar: Wir bereiten eine außenpolitische Situation vor, in der der Wandel unserer Politik vor sich gehen kann.»

Jerry Baker hatte keine Fragen mehr.

Viktor wußte selbstverständlich wie jeder in Submarine City, daß zwischen 3000 und 6000 Meter Meerestiefe fünfhundert Milliarden Tonnen Manganknollen lagerten, und er kannte auch den größten Teil der mannigfaltigen technologischen und materialökonomischen Bedeutungen, die SC für die ganze Welt hatte. Die Tagesnachrichten, die in Albemarle Center zusammengestellt und hier unten von den meisten regelmäßig auf den Bildschirm geholt wurden, brachten ständig weitere Meldungen zu diesem Thema. Heute zum Beispiel waren es diese:

«Die druckfesten Legierungen, die zum Aufbau von SC entwickelt wurden, haben sich beim Bau von Druckkammern für die Produktion metallischen Wasserstoffs bewährt, der wiederum Grundlage für eine zunehmende Zahl von Hochtechnologien ist. Der spezifische Energiebedarf sank dabei um siebzig Prozent.»

«Zum biologischen Abbau der Sinkstoffe, die bei der Meeresfarmproduktion von Eiweiß im Schelfgebiet der Kontinente anfallen, sind mit großem Erfolg Mikroorganismen aus der Tiefsee eingesetzt worden, die von der ökologischen Forschung in SC entdeckt wurden. Damit schließt sich das letzte Glied in der Kette einer Nahrungsmitteltechnologie, die heute schon zwanzig Prozent des in der Welt benötigten Primäreiweißes liefert. Man rechnet nun mit einer schnellen Steigerung dieses Prozentsatzes auf das Doppelte in den nächsten zehn Jahren. Die Entlastung der Landbewirtschaftung wird helfen, ein ganzes Bündel ökologischer Probleme zu lösen, darunter als wichtigstes die Erhöhung der Pro-Kopf-Zahl an Bäumen.»

Obwohl solche und andere, täglich wechselnde Beispiele überzeugend genug waren, Viktors Selbstverständnis als Mitarbeiter von SC zu stützen, freute er sich doch darauf, jetzt eine der wichtigsten Produktionen von SC direkt kennenzulernen: die Gewinnung der Sulfidschlämme. Denn Jerry hatte ihn dazu eingeladen.

«Komm mit, wenn du fünf Stunden Zeit hast, erstens ist es eine Abwechslung für dich, und zweitens kann ich deine Hilfe gebrauchen. Heute fällt die Entscheidung über meine Theorie!»

Da konnte Viktor wohl nicht nein sagen, zumal Jerry ja auch versprach, ihm am kommenden Sonnabend suchen zu helfen, in jenem Gebiet, das sie nach den Bohrgeräuschen ermittelt hatten, bis dahin habe er keine Minute Zeit, aber dann sei er sicher, daß er das Wichtigste geschafft haben würde, und natürlich interessiere er sich nicht weniger als Viktor für diese seltsame Geräuschquelle, obwohl er nicht erwarte, daß sie da etwas finden würden, aber dagewesen zu sein und nachgeschaut zu haben, sei schon ein beruhigender Gedanke.

Sie bestiegen zwei Seeschlangen und machten sich auf den Weg zu den Erzschlämmen, zweihundertfünfzig Kilometer nordwestlich in den Ausläufern des ostpazifischen Rückens.

Während der ersten Stunde ruhigen, aber pfeilschnellen Schwimmens, das automatisch gesteuert wurde, erklärte Jerry Viktor, worum es eigentlich ging.

An mehreren Stellen des ostpazifischen Rückens traten aus den sich auffaltenden Gesteinsschichten heiße, sulfidische Erzschlämme aus, die einen hohen Prozentsatz von Zink, Eisen, Kupfer, aber auch Gold, Silber, Blei, Vanadium und andere Metalle enthielten. Der geologische Mechanismus, der das bewirkte, war zwar im Prinzip klar, aber gerade in den Einzelheiten, die für die Technologie und Ökonomik der Ausbeutung dieser Vorkommen entscheidend waren, herrschte noch weitgehende Ungewißheit. Das im Prinzip abbauwürdige Feld, das sie jetzt aufsuchten, war einer der ausschlaggebenden Gründe für die Wahl des Standortes von SC gewesen. Der Abbau selbst ließ sich zwar von der Meereshöhe Null aus bewerkstelligen, mit Hilfe von Pumpen und drei Kilometer langen Saugrohren, entsprechend der dortigen Meerestiefe. Aber bis zur vollständigen technologischen Beherrschung des Prozesses war informative Hilfe und Kontrolle durch Tiefseeschwimmer notwendig.

Der Erzschlamm, da schwerer als das reine Wasser, strömte nach dem Austreten zur tiefsten Stelle, die er erreichen konnte, und bildete dort Tümpel oder Seen, die abgesaugt werden konnten. Entscheidend für die Wirtschaftlichkeit war nun die Frage: Wie groß war der Nachstrom, wie schnell füllten sich die Tümpel wieder, wenn man sie leergesaugt hatte. Da ihre Füllung sicherlich Jahrtausende gedauert hatte, war zuerst angenommen worden, es würde nun auch wieder Jahrtausende dauern. Das aber war nicht so, der Nachstrom war viel schneller, allerdings unterschiedlich, die Zeiten lagen zwischen Stunden und Monaten. Alle Theorien gingen nach dieser Erfahrung von einem Gleichgewichtszustand zwischen den Quellen im untermeerischen Fels und den Schlammablagerungen aus, aber gleich danach faserten sie sich auf. Jerry hatte sich der Meinung der Ganzfeldsystematiker angeschlossen, und es war ihm gelungen, für eine bestimmte Austrittsstelle nach Analyse aller bekannten Werte eine Aussage über die gegenwärtige Austrittsgeschwindigkeit zu formulieren. Wenn die Praxis diesen Wert bestätigte, war eine fruchtbare Weiterarbeit in dieser Richtung möglich. Das war es, was er etwas lax mit «seiner Theorie» bezeichnet hatte.

Jerry war schon mehrmals dort gewesen und kannte den Weg genau. «Gleich beginnt sich die Gezeitendrift auszuwirken, du erkennst es am Sonarschimmern, es ist, als ob der Horizont sich auf dem Sonarschirm aufhellt, wir müssen dann einen Strich weiter westlich halten.»

Sie waren jetzt eine Stunde geschwommen, hatten also etwa hundertfünfzig Kilometer zurückgelegt, und schon eine Minute nach Jerrys Hinweis trat ein, was er vorausgesagt hatte. Sie korrigierten die Richtung und schwammen weiter. Zehn Minuten später führte Jerry sie fünfhundert Meter aufwärts, um nach einem Reflektor-Wegweiser Ausschau zu halten, den sie auch leicht fanden, sie waren kaum vom Kurs abgekommen. Kurz darauf mußten sie durch eine Art Schlucht ziemlich schräg aufwärts schwimmen, die Flackerschlucht, wie Jerry sie nannte, weil sie ein Flackern des Sonarschirms auslöste.

Da Jerry jetzt mit der Navigation beschäftigt war, überließ sich Viktor seinen Gedanken. Der Begriff Wegweiser, vorhin von Jerry gebraucht, hatte eine Kette von Assoziationen in ihm ausgelöst. Wegweiser wohin? Nordwestwärts. Also genau entgegengesetzt der Richtung, die ihn interessierte, der südöstlichen, in der das seltsame Bohrloch lag. Eine gedachte gerade Linie ... Wo mochte sie noch hinführen, wenn man sie verlängerte? Irgendwo mußte sie auf Peru stoßen. Aber das waren wohl rein geographische Spekulationen ohne informativen Wert. Immerhin: War das nun Zufall oder Absicht, sollte es ablenken, war die Verlegung der Suche auf Sonnabend mit anderen Plänen synchronisiert, oder kam ihm das nur so vor, weil er jetzt überall einen Hintersinn suchte? Übrigens seltsam, er wäre nie auf die Idee gekommen, diese Richtung für etwas von Bedeutung zu halten, wenn er jetzt nicht entgegengesetzt hierher geschwommen und auf den Begriff Wegweiser gestoßen wäre. Oder dachte er das nur deshalb, weil er wie viele Mathematiker im stillen einen großen Respekt vor der Anschauung hatte?

Vielleicht brachte der Treff etwas Neues. Kapitän Baranow hatte über Post von zu Hause um einen Treff gebeten, er mußte Neuigkeiten haben, zum Glück hatte Viktor jetzt Aram, den er schicken konnte, denn hätte er Jerry die Bitte abgeschlagen, dann hätte das alles kompliziert. Und die Beschränkungen beim Ausschwimmen waren ja nach der Abreise des kleinen Manns aufgehoben worden. Im Grunde genommen war das ein Opfer, das er brachte, denn er war sehr neugierig auf die Nachrichten. Hatte das T-Schiff etwas beobachtet? Gab es Informationen aus der Heimat? Nun, was es auch sein mochte, alles war besser als diese Ereignislosigkeit der letzten Zeit.

Viktor wußte wohl, daß eine einzige kleine Tatsache tausendmal mehr Wert war als ein ganzes Schock weitgespannter Überlegungen. Aber wenn man keine hat …

Jetzt wurde die Landschaft interessant. Landschaft war allerdings ein höchst zweifelhafter Ausdruck für die Bildungen des Meeresbodens, die man ja noch dazu nicht direkt, nicht optisch sah, sondern nur in ihrer Wiedergabe auf dem Sonarschirm, in einfarbiger Wiedergabe immer noch, Farbunterschiede konnten noch nicht mit dem Sonar ermittelt werden. Trotzdem – der eintönige Sandboden war einem zerklüfteten Areal gewichen, sie schwammen jetzt ganz langsam, Felswände und Nadelklippen gab es, dazwischen Abgründe, die auszuleuchten das Arbeitssonar nicht ausreichte und die folglich schwarz erschienen, und jetzt, da sie anhielten, sah Viktor eine hell strahlende Kaskade auf seinem Schirm, wie die unendlich gedehnte Zeitlupenaufnahme eines Wasserfalls, Erzschlamm, der irgendwo weiter oben austrat und seinem Tümpel zusickerte.

«Ist doch ein Bild, nicht?» fragte Jerry in fast naiver Freude.

«Ja», sagte Viktor, «schade, daß man kein Licht hat!»

Jerry lachte. «Da würdest du gar nichts sehen. Der Schlamm trübt das Wasser optisch bis zehn Meter höher, und da, wo er abgesaugt wird, sogar bis zu hundert Metern. Aber komm, das hier ist erst der Anfang, eigentlich nur eine schöne Stelle, die wir den Wasserfall getauft haben, aber ohne theoretische Bedeutung. Jetzt mußt du aufpassen, halt dich genau hinter mir, sollten wir uns trotzdem verlieren, steig einfach hundert Meter auf, dann find ich dich schon.»

Jerry kannte hier anscheinend jeden Stein, jede Nische, jede Felswand, denn er bewegte sich zielsicher durch ein verzwicktes Labyrinth von Felsen, in dem Viktor schon nach wenigen Minuten die Orientierung verloren hätte. Ein paarmal wäre das auch beinahe geschehen, weil irgendein Detail an einer Felswand, das leuchtende Muster auf seinen Schirm warf, seine Aufmerksamkeit auf sich zog. Aber im letzten Augenblick konnte er doch immer wieder den Anschluß halten.

Sie hatten den Punkt erreicht, den Jerry kontrollieren wollte. Die Arbeit bestand im Ablesen von Werten – aber in einem sehr mühseligen Ablesen, und Viktor verstand sehr gut, warum der Freund um seine Hilfe gebeten hatte. Um die Werte auf den Meßgeräten im Sonar erkennen zu können, mußte man sehr nahe heran, auf zehn bis zwanzig Zentimeter. Das bedeutete in den meisten Fällen, daß man die Seeschlange sozusagen auf den Kopf stellen mußte und der Ableser in den Gurten seines Sitzes hing, die unbequemste Stellung, die in diesem Transportmittel überhaupt möglich war. So konnten sie sich abwechseln: mal las Viktor ab und mal Jerry. Nur was diese Werte bedeuteten und was sie für Jerrys Theorie besagten, war Viktor ein Buch mit sieben Siegeln.

Er erfuhr es wenig später. Nach der Ablesung schwamm Jerry weiter bis zu einem der Rüssel, die Schlamm absaugten. Er hielt in etwa zwanzig Meter Höhe neben dem Rüssel und rief: «Seestern, bitte kommen. Hier Baker für Seestern!»

Am Rüssel war, wie Viktor schnell begriff, ein Sonarsprechgerät angebracht, über das sich nun die Geologen vom Förderschiff «Seestern» meldeten. Viktor verstand beileibe nicht alles, was da verhandelt wurde, aber die Glückwünsche der Geologen da oben, die Jerry galten, verstand er durchaus.

Er freute sich wirklich über Jerrys Tüchtigkeit und über seinen Erfolg. Merkwürdigerweise schwächte das seinen Verdacht nicht ab. Leistung imponiert immer. Und einem hervorragenden Fachmann traut man weniger als anderen zu, daß er gleichzeitig noch eine andere Tätigkeit ausübte. Machte er, Viktor, es denn nicht auch so?

Aram machte das Schwimmen im Kraken oder in der Seeschlange großes Vergnügen. Als erfahrener Fahrzeugingenieur war er mit fast allen Arten apparativer Fortbewegung vertraut. Aber nichts, was er in der Vergangenheit kennengelernt hatte, war so leicht und leise vonstatten gegangen. Kein Flug in der Luft und kein Fahren auf dem Land war so erschütterungsfrei. Ohne das Sonar würde man kaum einen Unterschied bemerken zwischen Stillstand und Höchstgeschwindigkeit. Nur wenn man sehr stark beschleunigte oder bremste, gab es kurzzeitig geringe Vibration.

Aber über dieses berufliche Vergnügen hinaus beherrschte ihn jetzt die Freude, daß er als Helfer des Kundschafters endlich selbständig etwas erledigen sollte, nämlich Kapitän Baranow treffen.

Er freute sich zwar, aber er verstand Viktor nicht, dem der Ausflug mit dem Amerikaner offenbar wichtiger war. Vielleicht wollte er ihn im Auge behalten. Trotzdem, dieses freundschaftliche Verhältnis zwischen den beiden ... Nun, Tolkin war der Natschalnik, er mußte wissen, was er tat.

Diesmal war ein südlich von SC gelegener Reflektor als Treffpunkt verabredet. Aram war eine Minute vor der Zeit da und ließ seinen Sonarblick schweifen: kein Kapitän zu sehen.

Eine Viertelstunde später begann Aram, sich Sorgen zu machen. Er gestand sich zwar, von diesem Metier im Grunde keine Ahnung zu haben, aber aus der Literatur glaubte er zu wissen, daß man Treffs auf die Minute einhalten sollte. Andererseits war hier freilich auch nicht eine Straßenkreuzung in der Großstadt, wo man auffiel, wenn man sich lange herumdrückte. Und außerdem, fiel ihm nun ein, war ja wohl nicht ohne Grund eine Stunde vereinbart worden, dreizehn bis vierzehn Uhr. Na gut, er würde also warten. Hoffentlich war dem Kapitän nichts passiert. Oder – nein, das war wohl doch ein abwegiger Gedanke: Einen Moment lang hatte er sich gefragt, ob er etwa auf die Probe gestellt werden sollte. Die Probe hatte er ja wohl schon bestanden – damals im Schaltraum in Silver Beam.

Also warten.

Aram saß etwa drei Meter neben dem Reflektor und ließ seinen Sonarstrahl in südöstlicher Richtung spielen, mal parallel zum Boden, mal etwas höher. Ein paarmal glaubte er, einen schwachen Reflex zu sehen, aber es schien immer eine Täuschung zu sein.

Plötzlich sprach ihn die Stimme des Kapitäns mit der Losung an, er drehte sich zur Seite, sah ihn nun im Arbeitssonar und antwortete.

«Ich mußte ein paar Haken schlagen, um Verfolger abzuschütteln», entschuldigte sich der Kapitän. «Kommen Sie, wir schwimmen noch ein paar Kilometer weg von hier, dann kriechen wir unter die Decke, damit uns niemand stört.»

Die Decke, unter die sie kriechen sollten, entfaltete der Kapitän, nachdem sie sich weit weg vom Reflektor in den Sand gelegt hatten, Köpfe beieinander, so daß sie sogar im matten Schein der Sonarschirme ihre Gesichter schimmern sahen.

«So, jeder spannt mit zwei Armen dieses Netz über uns, und die anderen Krakenarme wühlen wir in den Sand. Im Sonar sind wir jetzt nicht mehr zu sehen und zu hören, wir können uns normal unterhalten, das Netz schirmt uns ab. Allerdings sehen und hören wir selbst auch nichts mehr. Macht nichts, ich werde ab und zu die Nase rausstecken. Also, machen wir es uns gemütlich, eine Stunde möchte ich hier bleiben, dann werden sie wohl aufgehört haben, mich zu suchen.»

«Wer sind sie?» fragte Aram.

«Das ist die erste von zwei Neuigkeiten, die ich bringe», erklärte der Kapitän. «Im Bereich, den wir beobachten, ist ein

T-Schiff aufgetaucht. Die charakteristischen Abmessungen entsprechen dem Abdruck, der bei SC beobachtet wurde, und deuten auf einen USA-Typ, der bei privaten Firmen benutzt wird. Die zweite und wichtigere Neuigkeit kommt aus der Heimat: Viktor soll sich um das Projekt Peru-Graben kümmern, es gehört nicht zu SC, aber es entspricht den Bedingungen, nach denen gefragt war.»

«Was ist das für ein Projekt», wollte Aram wissen, «und was sind das für Bedingungen?»

Das Projekt Peru-Graben, erklärte der Kapitän, sei ein Gemeinschaftsprojekt der Republiken Peru und Ekuador zur Bekämpfung von Vulkanausbrüchen und Erdbeben, das sei so ziemlich alles, was er darüber habe in Erfahrung bringen können, und was mit den Bedingungen gemeint sei, wisse er auch nicht, deshalb sei es nötig, die Botschaft möglichst wörtlich zu übermitteln. «Und nun erzählen Sie», bat der Kapitän, «wie gefällt es Ihnen hier? Oder vielleicht haben Sie auch Fragen? Wir haben ja jetzt Zeit.»

«Mir gefällt es gut», sagte Aram, «aber noch besser würde es mir gefallen, wenn ich mal einen von denen in die Finger kriegte, die uns da dauernd Knüppel zwischen die Beine werfen wollen.»

Der Kapitän lachte. «Das glaube ich, das Gefühl kenn ich. Aber die wahre Stärke besteht darin, Konfrontation zu verhindern – wie in der großen Politik. Das wissen Sie ja selbst. Und wie ertragen Sie die Dunkelheit?»

Die Dunkelheit – das war in SC eine Art Sammelbegriff für die vielen psychischen Belastungen, die sich aus den Lebensbedingungen ergaben: das Fehlen von Sonnenlicht, trotz raffiniertester Nachahmung, vor allem auch das Fehlen eines weiten Blicks – immer war ein paar Meter weiter das schwarze, alles Licht verschluckende Meer; schließlich die Enge überhaupt. Denn eng war es ja auch in den Kapseln der Fahrzeuge.

«Bis jetzt komme ich damit zurecht», sagte Aram langsam, «ein freier Tag ab und zu in Albemarle Center ist dann ein besonderer Genuß. Ob ich allerdings ständig hier arbeiten möchte, also jahrelang – ich weiß nicht. Sie haben es doch in dieser Hinsicht viel schlimmer, wie lange haben Sie die Sonne nicht gesehen?»

«Länger als Sie. Aber das ist unser Dienst.»

«Dienst sagen Sie. Entschuldigen Sie mal eine dumme Frage, Sie müssen ja nicht antworten, wenn ..., also ich meine: Sind Sie ein Kriegsschiff?» Aram mußte gleich lachen, weil er vor Verlegenheit die Frage kindlich formuliert hatte, aber der Kapitän stieß sich nicht daran.

«Wenn Sie das in bezug auf Zweck und Ausrüstung fragen, muß ich sagen: nein. Es gibt keine Tiefseekriegsschiffe, und wir haben auch keine Waffen, wenn man Messer und Harpune nicht rechnen will. Wir sind ein Forschungsschiff. Nur hat der Gegenstand unserer Forschung meist mit Sicherheitsfragen zu tun. Mehr – ist nicht zu erklären.»

«Und wie sind Sie jetzt hierhergekommen?» fragte Aram. «Sie sind doch nicht die ganzen fünfhundert Kilometer im Kraken geschwommen?»

«Mit dem Schiff. Wir haben einen Beobachtungsposten dagelassen. Das Schiff hat aber keiner gesehen, berichten Sie das bitte auch Viktor. Wir haben noch ein paar Tarnungstricks mehr drauf als ein gewöhnliches T-Schiff. Die Burschen vom anderen Schiff müssen aber hier um SC ein paar Posten stationiert haben, in Seeschlangen, einer hat mich im selben Moment aufgefaßt wie ich ihn, da war's nicht einfach, mit dem Kraken zu entkommen. Ich habe übrigens noch zwei solcher Netze mitgebracht, für Sie und für Viktor, sie sind verpackt und passen in jede Werkzeugtasche, ich gebe sie Ihnen nachher, wenn wir aufbrechen. Ich werde Sie noch bis kurz vor die Schleuse bringen.»

«Warum das?»

«Wenn Sie einen Ring um SC gelegt hätten, und plötzlich krebst da jemand rum und entkommt Ihnen in Richtung SC, was täten Sie dann?»

«Den Ring zusammenziehen», sagte Aram. «Und was tun wir dagegen? Ich meine, wenn sie uns angreifen?»

«Ich glaube nicht, daß sie das tun. Solange sie nicht wissen, wer wir sind, wäre das sinnlos. Sie halten ja jetzt schon eine Weile Ruhe, im Vergleich zu den ersten Wochen. Wahrscheinlicher ist, daß sie beobachten wollen. Alle Fahrzeuge von SC haben ja eine Kennung, an der sie im Sonar identifizierbar sind. Sie wollen wahrscheinlich wissen, ob sich außer ihnen noch jemand hier herumtreibt, also wir. Außerdem sitzen sie in Seeschlangen, können also gar keine Wirkungen ausüben. Wenigstens die, auf die ich gestoßen bin. Wir werden sie unterschwimmen. Ich gebe Ihnen jetzt die Netze, lassen Sie sie verpackt, und halten Sie sich hinter mir. Die Burschen müssen sich, wenn sie Überblick haben wollen, mindestens zehn Meter über dem Boden aufhalten. Wenn wir in Höhe von einem Meter unter meinem Netz schwimmen, können sie uns kaum in ihrem Sonar sehen. Wir schalten aber besser das Fernorientierungs- und das Sprechsonar ab und beschränken uns auf das Arbeitssonar. Oder halt – Sie lassen das Sprechsonar an, damit ich Ihnen notfalls Hinweise geben kann, und ich schalte es nur bei Bedarf ein. Und langsam schwimmen – ich hab zwei Arme weniger dazu, die das Netz hochhalten!»

Sie waren eine Viertelstunde geschwommen, als Aram hörte, daß der Kapitän das Sprechsonar einschaltete. «Wir gehen auf den Boden, graben Sie sich ein. Über uns sind zwei, die möchte ich belauschen. Ich lasse Sie hier unten, weil die einen anderen Frequenzbereich im Sprechsonar haben und Sie sie nicht hören können. Ich aber kann, und allein ist es einfacher. Los, graben Sie!»

Schnell hatte Aram sich im Sandboden verborgen. Es dauerte kaum zehn Minuten, aber die wurden ihm lang, weil er sich plötzlich tausend Dinge fragte, auf die er keine Antwort wußte, zum Beispiel, wie wollte der Kapitän ihn jetzt wiederfinden? Doch dann klopfte es gegen seine Kapsel, er schaltete das Sonar ein und sah und hörte aufatmend den Kapitän.

«Sie haben nichts versäumt», sagte der.

«Was haben sie gesprochen?»

«Englisch. Besser: amerikanisch. Wenn mich meine Sprachkenntnisse nicht täuschen. Und gesprochen haben sie über die Langeweile, die sie plagt. Nichts, was Aufschlüsse gibt. Ich hab mir überlegt, wir machen es so: Ich bringe Sie mit dem Netz bis fünf Meter vor die Krakenschleuse und verschwinde.»

«Also rechnen Sie doch mit Gefahr?»

«Nein. Aber dort können die Burschen Sie nur von hinten auffassen, also Ihre Kennung nicht identifizieren. Sollen sie sich ruhig wundern, woher Sie plötzlich aufgetaucht sind. Vorhin haben sie mich aufgespürt, dann bin ich plötzlich verschwunden, jetzt Sie. Verstehen Sie – die sollen denken, es handle sich um denselben, und zwar einen aus SC!»

Wann hatte er zum ersten Mal vom Peru-Graben-Projekt gehört? Viktor kramte in seinem Gedächtnis, und dann kam er darauf: Damals, an Bord von TS6 bei dessen offiziellem Besuch in SC, hatte ihm Kapitän Baranow auf die Frage, wohin das Schwesterschiff von hier aus fahre, geantwortet: zum Peru-Graben. Oder so ähnlich. Dann hatte er das Wort ein paarmal nebenbei aufgenommen, aus irgendwelchen Nachrichten und Terminplänen, da es aber mit SC nichts zu tun hatte, war es ihm gleichgültig geblieben. Erst im Zusammenhang mit der Richtung, in der die illegale Bohrstelle lag, war ihm öfter Peru ins Bewußtsein gedrungen. Nun hatte die Heimat gestern durchgegeben, er solle sich um dieses Projekt kümmern, und heute kam der Leiter des Projekts, Jaime Diaz, nach SC zu einem offiziellen Besuch.

Jetzt war Viktor sicher, daß es sich nicht nur um ein Zusammenfallen der Himmelsrichtung handelte. Er hatte immer schon geahnt, daß die Geschehnisse in SC nur Begleiterscheinungen der feindlichen Pläne waren, aber er hatte sich doch von ihnen so gefangennehmen lassen, daß er zeitweise abgelenkt wurde. Nun, das war unvermeidbar gewesen: Solange man nicht wußte, wohin die Reise ging, hatte man nur dem Gegner folgen können. Das war jetzt anders. Vieles ordnete sich nun besser ein, und vor allem war Viktor jetzt sicher, daß die Terminierung seines Ausflugs zum Gebiet des Bohrlochs einen Hintersinn haben mußte, irgendeinen zeitlichen Zusammenhang mit den Plänen des Gegners. Er hätte von sich aus das Gebiet schon eher untersucht – oder auch gar nicht –, aber Jerry Baker hatte ihn auf diesen Termin festgelegt, und jetzt wollte Viktor auf jeden Fall dorthin, gemeinsam mit dem Feind-Freund, trotz der Warnung des Kapitäns, die er durchaus ernst nahm. Er durfte sich aber die Möglichkeit nicht entgehen lassen, auf irgendwas zu kommen, um den Zweck dieser Terminierung zu erkennen, denn dadurch wurden vielleicht auch andere zeitliche Zusammenhänge deutlicher.

Nun aber erst mal das Projekt Peru-Graben. Es kostete Viktor ein paar Stunden Arbeit, bis er sich aus den öffentlich zugängigen Quellen einen Überblick verschafft hatte.

Der Peru-Graben selbst war eine Subduktionszone entlang der Küste dieses Staates, wo der Kontinentalschelf sehr schnell abbrach und der Meeresboden plötzlich Tiefen stellenweise über sechstausend Meter erreichte, weil die kontinentale tektonische Platte sich über die maritime schob und sie herunterdrückte, was natürlich Spannungen erzeugte, die sich in den letzten Jahrzehnten bedrohlich gesteigert hatten und – so hatten die Geologen prognostiziert – über kurz oder lang schwere Beben hervorrufen würden, sicherlich begleitet von Vulkanausbrüchen. Kurz oder lang waren hier zwar relativ zu sehen, geologisch sind hundert Jahre eine sehr kurze Zeitspanne, aber immerhin sollte hier nun zum ersten Mal in der Welt ernsthaft versucht werden, solchen Katastrophen vorzubeugen. An sieben Punkten des Grabens, in Tiefen zwischen vier- und fünftausend Meter, sollten kräftige Sprengungen vorgenommen werden, um lokal begrenzte Beben zu erzeugen, die zwar nicht bis an Land reichten, aber die tektonischen Spannungen lösten.

Selbstverständlich waren diesem Vorhaben jahrelange, sogar jahrzehntelange Untersuchungen, Berechnungen und Teilexperimente vorausgegangen, und Ausschnitte aus den Nachrichten, die unter diesem Stichwort gesammelt waren, besagten außerdem, daß das Problem Gegenstand stürmischer innenpolitischer Auseinandersetzungen vor allem in den beiden beteiligten Staaten Peru und Ekuador gewesen war – verständlich, denn wenn nicht alles so ablief, wie die Geologen berechnet hatten, wenn Erdbeben und Vulkanausbrüche die Region heimsuchten nach diesem Experiment, das sie eigentlich verhindern sollte, dann konnten zwar die Verantwortlichen zur Rechenschaft gezogen werden, aber das machte die Toten nicht wieder lebendig, die Obdachlosen nicht heimisch. Die natürlichen Beben und Ausbrüche, die den Subkontinent immer wieder heimsuchten, waren schon schlimm genug.

Viktor fühlte eine dunkle und erschreckende Gewißheit, daß die illegale Bohrung mit diesem Vorhaben im Zusammenhang stehen mußte. Der Hinweis aus der Heimat war zwar wortkarg, aber eindeutig: Bei diesem Projekt sollte also eine relativ kleine Triggerenergie genügen, um riesige Schäden auszulösen, und das konnte doch nur bedeuten, die Beben und Ausbrüche hervorzurufen, die verhindert werden sollten. Dafür sollte die Sowjetunion verantwortlich gemacht werden! Konnte nicht das Bohrloch eine Mine sein, die die Sprengungen des Projekts so verstärkte, daß die lokale Begrenzung aufgehoben wurde und das ganze Andengebiet in den beiden Ländern in Aufruhr geriet?

Diese Vermutung war freilich zugleich so spekulativ und so ungeheuerlich, daß Viktor sich nicht traute, sie mit jemandem zu besprechen, nicht einmal mit Mercedes Cardo Fuentes, jedenfalls nicht, bevor er nicht wenigstens ein paar direkte oder indirekte Indizien dafür hatte. Trotzdem würde er ihre Hilfe in Anspruch nehmen, und sie würde sie ihm nicht verweigern, dessen war er sicher: Er wollte Einsicht nehmen in die Gutachten und anderen Verhandlungsunterlagen der Konferenz, die vor Jahren das Verbot geophysikalischer Massenvernichtungswaffen ausgearbeitet hatte. Schon aus dieser Forderung würde die Rechercheurin seinen Verdacht ableiten können, auch wenn er ihn nicht aussprach, und sie würde ihm helfen, denn wen mußte man vor allen Dingen überzeugen? Doch diesen Leiter des Projekts, Professor Jaime Diaz. Und den wollte Viktor sich jetzt angucken – nicht direkt allerdings, denn bei den Platzverhältnissen in SC konnten sich nur die Honoratioren mit dem Gast unterhalten; aber über Video erlebte fast die ganze Mannschaft den Besuch mit, wer gerade da war, in der unmittelbaren Übertragung, wer Dienst hatte, später in der Aufzeichnung.

Jaime Diaz war ein kleiner, weißhaariger Mann mit scharfen Gesichtszügen, sympathischen Runzeln und einer lebhaften, aber beherrschten Gestik. Er beschrieb sein Projekt verständlich und trotzdem eindringlich und kündigte die Durchführung für Anfang November an.

Das Gespräch, das seinem kurzen Vortrag folgte, war für Viktor von einem seltsamen Gegeneinander der Gesprächspartner getragen, das ihm sicherlich nicht aufgefallen wäre, wenn er ohne die Informationen der letzten Tage und ohne seinen Verdacht zugehört und zugesehen hätte. Unter den Gesprächspartnern war nämlich auch dieser amerikanische Publizist, der Viktor schon mal interviewt hatte, Robin Lyndale, Robin Hood, wie er genannt wurde, dazu selbstverständlich Mercedes, Wu und der Chefgeologe von SC. Zweimal hatte Viktor das Gefühl, gleich müsse Diaz auf die früheren Pläne von Massenvernichtungswaffen zu sprechen kommen, jedesmal unmerklich dahin geleitet von Mercedes; aber beide Male sorgte Lyndale mit – zugegeben – hochinteressanten Fragen für einen Themenwechsel.

Sollte Viktor sich mit Fragen einmischen? Die Möglichkeit hätte er gehabt, aber er unterließ es und achtete statt dessen mehr auf die Personen, nun auch auf den Publizisten. Warum sollte er jetzt schon verraten, daß er mehr vermutete, jetzt, da er noch nichts beweisen konnte– besser, den andern im Glauben zu lassen, man ahne nichts.

Diesem Lyndale hatte Viktor immer den Respekt entgegengebracht, den man gegenüber einem fortschrittlichen Menschen hat, der in einem imperialistischen Land gegen den Strom schwimmt. Aber er hatte ihn auch von Anfang an nie ohne Argwohn betrachtet, und es gefiel ihm nicht, daß der so gute Beziehungen zu Mercedes Cardo hatte. Und der gefiel es wohl auch nicht, wie der Publizist ihren Fragen entgegenwirkte. Sie ließ es sich zwar nicht merken, aber Viktor war sicher, daß sie das aufmerksam registrierte. Und wie kam sie überhaupt auf diese Zielrichtung? Hatte sie auch schon einen entsprechenden Verdacht? Er würde doch eher mit ihr sprechen müssen. Es war nicht mehr viel Zeit bis Anfang November, zehn Tage noch oder nur neun, einen Termin hatte der Projektleiter nicht genannt. Halt, jetzt kam etwas, das war wichtig: Für den Tag des Experiments war in den beiden Ländern allgemeine Alarmbereitschaft vorgesehen. Viktor konnte sich vorstellen, was das für einen Aufwand bedeutete, und daraus wiederum folgte: Man würde den Termin nicht willkürlich verschieben können. Und Viktor hatte noch nichts in der Hand! Aber Mercy schien ja den Diaz gut zu kennen, man sah es ihren Gesichtern an, wenn sie direkt miteinander sprachen. Also würde er gleich nach der Abfahrt des Professors mit ihr sprechen.

Eine Viertelstunde später rief er sie an, erreichte sie aber nicht. Dann rief er Wu an und erfuhr, Mercedes Cardo sei mit Professor Diaz abgereist, sie müsse nach New York zum Sitz der Vereinten Nationen. Wann sie wiederkäme? Sie habe nichts hinterlassen.

In diesem Augenblick war Viktor froh, daß sein Zimmergefährte Aram nicht da war – so brauchte er den Ärger über sich selbst nicht zu unterdrücken. Hätte er gleich nach Empfang der heimatlichen Botschaft einen Termin mit der Rechercheurin vereinbart, käme er jetzt nicht ins Gedränge. Und hatte er nicht selbst gefühlt, daß die Zeit schneller lief? War dieser Fehler überhaupt wieder gutzumachen? Sie morgen in New York anrufen? Das könnte der Gegner als Zeichen und Bestätigung registrieren, nicht schlimm, aber eine Einzelheit, und jede Einzelheit kann im Zusammenhang viel mehr verraten, als man glaubt, das brauchte ihm keiner zu erzählen, nicht mal er sich selbst, und nun Schluß mit dem Räsonieren, wenn irgend etwas die verlorene Zeit wieder einholen konnte, dann nur eins: schnelle Arbeit.

Sie hatten Seeschlangen für die Fahrt zum Bohrgebiet genommen, weil es sehr weit war. Viktor hatte dabei noch den

Hintergedanken, daß man ja aus einer Seeschlange heraus nicht handeln kann, daß folglich der Partner ihm nicht schaden konnte; es sei denn, er rief jene Schwimmer zu Hilfe, denen Aram und der Kapitän begegnet waren, die Leute vom fremden Schiff. Die aber müßten in Kraken sitzen, wenn sie ihn angreifen wollten, und dann konnte er ihnen notfalls schnell entkommen.

Viktor ging nicht leichtfertig und unvorbereitet in dieses mit Warnungen und Befürchtungen vorbelastete Unternehmen, und als Aram ihn am Vortag gefragt hatte, was er eigentlich erwarte, da hatte er es nicht sagen können. Aber er erwartete etwas. Zu gut paßte dieser Termin in den Zeitablauf der Dinge. Viktor hatte Aram sogar einen Brief an Mercedes Cardo dagelassen, in dem er seine Vermutungen aufgeschrieben hatte – für den Fall, daß er nicht zurückkäme.

«Wie machen wir's denn?» fragte Jerry, als sie SC hinter sich gelassen hatten und nun Stunden des gleichförmigen Schwimmens vor ihnen lagen, in denen sie nichts anderes zu tun hatten, als in größeren Abständen zu überprüfen, ob Magnetfeld und Tiefe mit den geplanten Kurswerten übereinstimmten.

«Was, das Absuchen?» fragte Viktor, eine rhetorische Frage, denn was sonst sollte Jerry gemeint haben. Er sprach schnell weiter und unterbreitete seine Vorstellungen, die er selbstverständlich parat hatte, nämlich daß sie – außen beginnend – eine Spirale schwimmen sollten, die sich ständig verengte. Innerlich aber ärgerte und wunderte er sich über seine Reaktion, über diese Rückfrage, die so geklungen hatte, als wolle er Zeit gewinnen zum Überlegen oder als sei Vorsicht dem anderen gegenüber notwendig, eine Vorsicht vor Mißverständnissen, wie gerade Freundschaft und Kameradschaft sie nicht kennen; ein Zeichen also, daß die Verbundenheit mindestens auf seiner Seite sich zu lockern begann. Aber verschwunden war sie noch nicht, denn nun war ihm der Wunsch, den andern nichts merken zu lassen, peinlich wie eine Heuchelei.

Jerry gab zu bedenken, daß so ein Spiralkurs schwer einzuhalten sei, womit er recht hatte: Man konnte ihn nicht programmieren, sondern mußte selbst lenken, was wiederum mindestens einen beim Beobachten stören würde. Außerdem war nicht zuverlässig zu orten, wo sie sich befanden, beim geradlinigen Schwimmen waren Abweichungen geringer und auch leichter festzustellen. Es zeigte sich, daß Jerry über diesen Teil ihres Vorhabens weit gründlichere Überlegungen angestellt hatte als Viktor. Allerdings hatte er nun, nach anderthalb Monaten in SC, auch weit mehr Schwimmerfahrung.

Jerry schlug vor, man solle auf eine Höhe von fünfhundert Metern über dem Meeresboden gehen und von dort aus mit dem Orientierungssonar einen Vier-Kilometer-Streifen abtasten, wozu beide im Abstand von zwei Kilometern parallel zueinander schwimmen sollten. Um sich nicht zu verlieren, sollte jeder den anderen jede Minute anleuchten, um eine halbe Minute versetzt. Sollte einer etwas entdecken, konnte er mit O-Sonar dreimal blinken, der andere würde dann zu ihm stoßen. In den zwei Stunden, die sie sich vorgenommen hatten zu suchen, würden sie auf diese Weise allerdings nur tausendzweihundert von den zehntausend Quadratkilometern ausleuchten können, und das auch nur sehr oberflächlich, denn das O-Sonar zeigte ja nicht viel, und deshalb war es wohl am besten, zwei benachbarte diagonale Streifen zu wählen.

«Du hast dir ja einen Haufen Arbeit gemacht!» staunte Viktor.

«Ja, ich hab mir gedacht, ich war ja ein bißchen öfter im Wasser als du. Vor allem in der Seeschlange.»

Etwas war falsch zwischen ihnen, jetzt spürte Viktor es genau. Es lag nicht im Ton, den das Sonar sowieso nicht nuanciert übertragen konnte. Aber solches Bla-bla hatten sie früher nicht nötig gehabt, beide nicht, und da Viktor wußte, daß seine Äußerung nur den halben und harmloseren Teil des Gedankens wiedergab, vermutete er das auch von Jerrys Satz. Viktor hatte außerdem gedacht: doch nicht bloß, um mir zu helfen? So genaue Überlegungen haben doch mehr zu bedeuten? Und eben dieses Mehr, so glaubte Viktor, hatte auch als unausgesprochener Nachsatz hinter Jerrys Bemerkung gestanden. Viktor war nun überzeugt, daß sie etwas finden würden. Und er glaubte immer weniger, daß ihm selbst dabei eine Gefahr drohte. Trotzdem aber wollte er vorsichtig sein und nachher, bei der Suche, außerdem das Arbeitssonar angeschaltet lassen, das die nähere Umgebung wiedergab.

Was würden sie finden? Es mußte etwas sein, woran die Gegenseite auch interessiert war. Genauer: Sie mußte daran interessiert sein, daß sie beide es fanden. Das ging aus einem einfachen Umstand eindeutig hervor: Bei diesen unvermeidlichen Unsicherheiten in der Tiefseenavigation hätte niemand mit Sicherheit sagen können, wer von beiden auf das zu Findende stoßen würde – wenn überhaupt einer von beiden und wenn es überhaupt einen solchen Gegenstand gab. Nun, man würde sehen. Für Viktor war diese Suche zu einer Angelegenheit geworden, die er erledigen mußte, weil sie einmal vorbereitet war, und die ja auch vielleicht gewisse Aufschlüsse liefern konnte. Was ihn viel mehr in Unruhe versetzte, war die Tatsache, daß Mercedes Cardo nicht erreichbar war – gerade jetzt, da er sie doppelt brauchte: Einerseits kam er ohne sie nicht an das Material der früheren Planungen von geophysikalischen Waffen heran, wenigstens nicht an den Teil, der ihn interessierte, die konkreten Berechnungen nämlich. Andererseits kam er ohne Mercy auch kaum an diesen Diaz heran. Es sei denn, er versuchte es über Chief Wu. Halb war er schon entschlossen dazu, es morgen zu versuchen, falls er auch heute abend die Rechercheurin nicht erreichen würde. Die Zeit begann zu rasen. Noch sieben, acht oder neun Tage? Er durfte auf keinen Fall allein weiter wursteln. Er hatte es gestern den halben Tag lang versucht, aber ohne einen Geologen kam er nicht voran. Und das ging nun nicht mehr mit Jerry. Das ginge nicht mal, wenn sicher wäre, daß der kein Gegner war.

Sie näherten sich jetzt dem Ende der Diagonale durch das in Frage kommende Gebiet, und da gab Jerry auch schon ein fünffaches Blinken mit dem O-Sonar, das Zeichen zur Umkehr, zum Treffen zunächst, Viktor hielt an, das ging wunderbar leicht mit der Seeschlange, man mußte nur aufpassen, daß die Riemen richtig saßen, weil man sich bei dem Bremsdruck sonst ganz schön klemmen konnte, von hundertfünfzig auf null in zehn Sekunden, fast die halbe Erdenschwere noch einmal dazu, nach vorn gerichtet.

«Nichts gefunden.»

«Auch nichts.»

«Also, kehren wir um.»

Sie schwammen zwei Kilometer zur Seite, dann blieb Viktor am Ort, während Jerry noch zwei Kilometer weiterschwamm. Viktor stellte die Richtung ein und wartete auf Jerrys Signal. Bald kam es, Viktor blinkte zurück und schwamm los.

Keine zehn Minuten später sah Viktor einen Reflex am rechten Rand seines Blickfeldes. T7 konnte das nicht sein, das lag ganz woanders, und das T-Schiff sicher auch nicht. Gleich darauf empfing er ein Blinken von Jerry, der den Reflex wohl auch gesehen hatte. Darauf zu!

Schon bevor sie sich trafen, erkannte Viktor, worum es sich handelte. Was da auf dem Sonar leuchtete, war ein sehr langer, dünner Metallgegenstand, und er hatte genau die Form der Bohrrohre, die Viktor im Lager und an der Bohrstelle des künftigen geothermischen Kraftwerks gesehen hatte. Nun war die Sache klar: Das war der – oder einer der – Aufhänger für die Provokation, und er war von Jerry zielsicher hierhergeführt worden, um hier, in der Nachbarschaft der illegalen Bohrstelle, das Bohrrohr zu finden. Viktor zweifelte keinen Augenblick, daß es sich um ein solches Teil sowjetischer Herkunft handelte.

4

Der Generalsekretär der Vereinten Nationen hatte Mercedes Cardo für den Freitag zu einem Gespräch gebeten, es dann aber auf den Samstagabend verlegen müssen. Mercedes war das nicht unlieb gewesen, sie hatte die wichtigsten Recherchen, die sie von hier aus betreiben wollte, vorher erledigen können, und vor allem erhielt sie noch vor dem Gespräch einen Anruf von Chief Wu, der sie über das gefundene Bohrrohr informierte wie auch darüber, daß Viktor Tolkin ihn nach dem Weg zu Jaime Diaz gefragt habe und er es für richtig gehalten hatte, ihm diesen Weg zu zeigen.

Mercedes hatte also allerhand zu berichten, als sie dem GS gegenübersaß, diesem unauffälligen älteren Herrn, den Fremde vielleicht für einen mittleren Angestellten in irgendeiner Verwaltungshierarchie hätten halten können, wenn sein Bild nicht so bekannt gewesen wäre. Mercedes hatte großen Respekt vor diesem Mann, mochte ihn sehr und wäre ungern nur mit unsicheren Vermutungen zu ihm gegangen. Vermutung war zwar auch jetzt noch das meiste, was sie zu berichten hatte, aber doch schon gut begründbare Vermutung.

Es schien klarer zu sein, als es zu vergleichbarer Zeit in Silver Beam gewesen war, daß hier eine Provokation gegen die Sowjetunion betrieben wurde. Die Nachforschungen nach dem fremden T-Schiff und seiner Herkunft hatten zu den gleichen Kreisen geführt, die in Silver Beam aktiv geworden waren. Das illegale Bohrloch wies die Richtung zum Peru-Graben, und der Fund des Bohrrohrs bestätigte sie. Und noch ein Verdacht war ihr bei jenem Gespräch mit Jaime Diaz gekommen, ein Verdacht, den sie vorerst noch für sich behielt, der Verdacht gegen Lyndale. Seine Rolle war ihr sonderbar vorgekommen, und sein Verhalten bei dem Gespräch, als er zweimal die von ihr angestrebte Wendung vereitelte, hatte sie mißtrauisch gemacht. Er hatte wissen müssen, daß ihr das nicht entgehen würde, und damit ihr bisheriges gegenseitiges Einvernehmen aufs Spiel gesetzt. Harte Notwendigkeiten mußten ihn gedrängt haben. Erreicht hatte er, wenigstens bei ihr, das Gegenteil: Schnell entschlossen hatte sie sich von Professor Diaz mitnehmen lassen und hatte ihn unterwegs direkt gefragt nach Zusammenhängen mit den alten Plänen und Berechnungen für geophysikalische Waffen. Diese Zusammenhänge bestanden durchaus, das Projekt Peru-Graben hatte einen Teil der Berechnungen und experimentellen Ergebnisse genutzt, die von den ersten Waffenforschungen vorlagen, und die Projektautoren waren stolz darauf, daß so wenigstens ein Teil dieser unmenschlichen Forschungen einem nützlichen Zweck zugeführt war. Ihren Verdacht freilich, den sie noch nicht genauer belegen konnte und wollte, fand der Professor unnötig, er klärte sie darüber auf, daß in der Vorbereitung des Projekts – vor allem in Presse und Parlament – dieses Problem hin und her und kreuz und quer diskutiert worden sei und sie sich die Heidenarbeit hatten machen müssen, jedes Argument wissenschaftlich zu widerlegen, so daß nun nichts, aber wirklich nichts mehr davon übriggeblieben sei. Mercedes hatte er freilich nicht überzeugt, aber sie berichtete die Dinge so, wie sie lagen, verschwieg weder die Sicherheit von Diaz noch ihr eigenes Mißtrauen.

Mehrmals während ihres Vortrags hatte der GS den Eindruck auf sie gemacht, als höre er nur mit einem Ohr zu. Der Eindruck täuschte freilich, wie Mercedes wußte, aber irgend etwas mußte den GS noch stärker beschäftigen als die vorgetragenen Probleme, und die waren brisant genug.

Als Mercedes geendet hatte, nickte der GS dreimal stumm und fast gemächlich. Dann sagte er: «Ich habe ein Anliegen an Sie.»

Es mußte ein fast unzumutbares Anliegen sein, daß er wiederum eine halbe Minute schwieg und dann noch weit ausholte.

«Es gibt ein Papier, das gegenwärtig in Kreisen der Hochfinanz unseres Gastgeberlandes zirkuliert. Ich habe es selbst nicht gelesen, aber hier und da einiges aufgeschnappt. Danach zielt es auf einen Versuch, die USA-Politik neu zu orientieren. Der Kern ist eine neue Aufrüstung, vorerst im Rahmen der abgeschlossenen Verträge, begleitet von innenpolitischer Rigorosität und außenpolitischem Chauvinismus. Zurückrollen des Kommunismus und all die alten Sprüche. Verdrehung der Realitäten: Die atomare Abrüstung habe den Krieg wieder möglich und gewinnbar gemacht. Wie es aussieht, soll das keine Perspektivplanung sein, sondern sehr kurzfristige

Absicht. Der Witz ist, daß das mit dem jetzigen Präsidenten nicht geht und daß dieser Präsident noch drei Jahre seiner zweiten Amtsperiode vor sich hat. Ich habe den Eindruck, er nimmt das nicht ernst genug. Ich habe den Eindruck, man muß ihn warnen.»

Das war es also. Mercedes schloß die Augen. Sie konnte nicht verhindern, daß ihr Gesicht jetzt hart und abweisend aussah, sie wußte es. Und zugleich wußte sie, daß sie sich überwinden würde.

Worauf der GS hoffte, war dies: Unter den nahen Mitarbeitern des gegenwärtigen Präsidenten war ein Mann, mit dem Mercedes fast zehn Jahre gelebt hatte – wenn man regelmäßiges Treffen zwischen den Reisen durch alle Kontinente ein Zusammenleben nennen wollte. Er hatte sich von ihr getrennt aus Karrieregründen, und er hatte das auf eine sehr schäbige Weise bewerkstelligt. Sie hatte jeden Kontakt abgebrochen und hatte es fertiggebracht, ihn seit mehr als fünf Jahren nicht zufällig zu treffen.

Andererseits aber, wie sollte der GS sonst eine solche Warnung zuverlässig an den Mann bringen – also an den Präsidenten? Wer konnte wissen, ob ein offizieller Versuch nicht gerade über jemand lief, der schon bestochen oder gar in die anzunehmende Verschwörung einbezogen war? Von ihrem Ehemaligen wußte sie und wußte auch der GS, daß er zuverlässig war, soweit man das überhaupt von jemand wissen konnte. Er war, trotz allem, was sie trennte, stets ein Mann von Überzeugung gewesen.

«Gut», sagte Mercedes.

Der GS schien ungeheuer erleichtert. Er kam sogleich und ohne weitere Rückfragen auf den Bericht zu sprechen, den die Rechercheurin gegeben hatte. Es schiene ihm sehr wahrscheinlich, sagte er, daß dieses Unternehmen Three Cheers die außenpolitische Begleitmusik zu dem Machtkampf liefern solle. Man habe nicht mehr die achtziger Jahre des vorigen Jahrhunderts, wo ein paar kleinkarierte aggressive Militäraktionen wie in Grenada und Libyen genügt hatten, einen großen Teil des Volkes in den USA in eine abenteuerliche

Kriegshysterie zu versetzen; heute werde da mehr gebraucht, allerdings sei dieses Volk trotz aller Fortschritte immer noch sehr anfällig für Antikommunismus und Großmachtgefühle, und wenn ihm jemand die entsprechenden Ereignisse oder Scheinereignisse liefere, müsse man – ja, er würde das so ausdrücken: müsse man mit dem Schlimmsten rechnen.

Mercedes suchte noch am Abend ihren ehemaligen Freund zu Hause auf, nachdem sie vorher angerufen hatte. Offensichtlich liebte er die Frau, die er um der Karriere willen geheiratet hatte, und sie ihn auch. Sie kam ihr zunächst etwas abweisend entgegen, aber das gab sich bald, und als sie die beiden zu ihrem vertraulichen politischen Gespräch allein ließ, tat sie es – da war Mercedes sicher – ohne die geringsten Vorbehalte.

Die Mitteilungen, die Mercedes zu machen hatte, nahmen nicht viel Zeit in Anspruch. Sie mußte an die damalige Trennung denken, und am Ende fragte sie sich, ob diese gewisse Schäbigkeit, mit der der andere damals agiert hatte, nicht vielleicht ein Ausdruck von Hilflosigkeit gewesen sei.

Der Gesamteindruck bestärkte sie in dem Gefühl, die Warnung dem richtigen Mann übergeben zu haben.

Viktor schwamm nicht einfach geradewegs auf den Punkt zu, an dem er die SIMON BOLIVAR, das Forschungsschiff des Jaime Diaz, zu treffen hoffte, entsprechend der Auskunft von Chief Wu.

Er hatte sich eine ganze Nacht Zeit genommen, über den Kurs, den er wählen wollte, gründlich nachzudenken.

Er hätte ins Flachwasser hinaufschwimmen können und dann Kurs Südost. Es wäre angenehm gewesen, im Hellen zu schwimmen, und das Sonar des gegnerischen T-Schiffs und seiner Schwimmer hätte nicht bis hinauf gereicht. Aber oben gab es viele Strömungen, nicht alle ließen sich in die Berechnung einbeziehen, er konnte in Wirbel geraten, das war sogar wahrscheinlich, und der Seeschlange fehlten alle Peil- und Orientierungseinrichtungen, über die ein normales Schiff verfügt, ausgenommen der Kompaß. Er konnte auch keine Funkverbindung aufnehmen, außer über den Rettungsballon, aber da kam dann vielleicht ein unerwünschter Retter.

Ein Schwimmen in mittlerer Höhe, zwischen zwei- und dreitausend Metern, blieb zwar auch noch außerhalb des Sonarbereichs, aber hier war er den Strömungen noch mehr ausgeliefert.

Der beste Weg, dafür hatte er sich dann entschieden, blieb doch ein Kurs mit Bodenkontakt. Die Strömungen am Boden waren im ganzen Bereich, durch den der Kurs ging, unbedeutend. Er konnte sich sogar nach etwas mehr als der Hälfte des Weges an einer Bodenmarkierung orientieren, an einer Bodenerhebung, in deren Nähe ein gesunkenes Schiff lag.

Unterwegs hatte Viktor viel Zeit, über sein Vorhaben nachzusinnen. Jetzt, da er sich entschieden hatte und bereits unterwegs war, verspürte er ein leichtes Staunen, worauf er sich da eingelassen hatte. Er, der Rechner, der systematische Denker, in einem Abenteuer mit ungewissem Ausgang! Wenn er das Schiff nun gar nicht fand? Wenn die auf dem Schiff ihn auslachten? Oder gar nicht zu Jaime Diaz ließen? Gegen ein einziges Wenn hatte er sich versichern können: Wenn er nicht ankam, würde spätestens am Dienstag Aram dem Chief einen Brief für Mercedes Cardo übergeben, in dem alles stand, was er, Viktor, wußte und vermutete.

Viktor hätte sich, in normaler Situation danach befragt, nie vorstellen können, daß er sich für ein solches Vorgehen entscheiden würde. Er war bei früheren Analysen öfter auf solche Handlungsweisen gestoßen, hatte sie zwar nicht mißbilligt, aber auch nie ganz verstanden. Jetzt fühlte er zum ersten Mal, was einen operativen Mitarbeiter vorwärtsstoßen kann: der unerbittliche Ablauf der Zeit. Heute war Sonntag. Noch fünf, sechs oder sieben Tage, dann fand die Katastrophe statt. Ihre Verhinderung, wenn sie noch möglich war, würde Tage in Anspruch nehmen. Er hatte nicht mehr warten können.

Vier Stunden war Viktor unterwegs, alle fünfzehn Minuten hatte er den Kurs kontrolliert und die Werte der Messungen mit den errechneten in Übereinstimmung gefunden. Er hatte diese Arbeit gründlich gemacht, ab der zweiten Stunde sogar zweimal, weil er sich etwas müde fühlte, die Schwärze fing an, ihn zu bedrücken, darum arbeitete er sehr intensiv an der Navigation und schlief jeweils fünf Minuten bis zum nächsten Meßpunkt.

Nun würde bald der Orientierungspunkt auf dem Sonar erscheinen, das gesunkene Schiff am Fuß des Unterwasserberges. Er legte jetzt in der Minute zweieinhalb Kilometer zurück, die ersten kleinen Unebenheiten des Meeresbodens ließen ihn das Tempo drosseln und etwas nach oben ausweichen. Nun begann er mit dem O-Sonar zu suchen. Er ließ den Strahl im weiten Winkel pendeln. Es war noch eine Minute zu früh, und so beunruhigte es ihn noch nicht, daß er keinen Reflex empfing. Die Minute verging, immer noch zeigte das Sonar nicht das Wrack an, da war der Berg, falls es ebendieser Berg war, aber kein Wrack, schon war er daran vorbei, das Sonar zeigte noch ein paar kleinere Erhebungen, die alle mit der Karte übereinstimmten – hatte er sich verfahren, oder hatte jemand das Schiffswrack gestohlen? Oder getarnt, um ihm die Orientierung zu erschweren? Mochte es so sein, mochte es anders sein, Viktor beschloß, seiner Orientierung zu vertrauen. Er hätte zwar umkehren und nachsehen können, aber vielleicht war gerade das beabsichtigt, vielleicht war das eine Falle?

Noch knapp drei Stunden Fahrt, dann würde es sich zeigen, ob er den richtigen Kurs geschwommen war. Trotzdem wollte er nicht blind vertrauen. Er sah sich noch einmal gründlich die Bodenreliefkarte an, fand ein paar ähnliche Stellen, die er bei Kursabweichung hätte erreichen können, aber in einem Falle stimmte die Bodentiefe nicht, im anderen fehlten ein paar recht beachtliche Erhebungen.

Andererseits konnte er sich nicht vorstellen, daß jetzt jemand schon seine Abwesenheit in SC bemerkt und eine solche Tarnung organisiert haben könnte. Und wenn das gar nicht speziell ihm galt? Es konnte ja auch Teil einer Abschirmung des ganzen Gebietes sein, die das Auffinden der Bohrstelle erschweren sollte? Alles möglich, alles nicht nachprüfbar, fürs erste wenigstens. Also vorwärts!

Nichts ereignete sich beim Weiterschwimmen, als daß Viktor einmal unkontrolliert einschlief, für Sekunden nur, aber er bekam doch einen Schreck. Die Ausbilder hatten sie in den ersten Wochen immer wieder vor dieser Müdigkeit gewarnt, die sich bei langen Strecken manchmal einstellte, es gab Mittel dagegen, jeder hatte so etwas bei sich, es gehörte zur Ausrüstung, aber Viktor wollte es nicht nehmen – er wußte nicht, was ihm bevorstand, wenn er das Schiff gefunden hatte, aber er war fast sicher, daß er dort seine Fähigkeiten und seine Spannkraft in vollem Maße brauchen würde, und die Nachwirkung aufmunternder Präparate wäre dazu wohl das ungeeignetste Mittel.

Es gelang ihm auch, wach zu bleiben, bis er die Zielkoordinaten erreicht hatte. Er stoppte die Horizontalbewegung, drehte die Seeschlange mit dem Kopf nach oben und stellte auf vollen Schub.

Das war ein anderes Aufsteigen als damals nach dem Angriff auf sein Gefährt! Diesmal vergingen nicht einmal zwei Minuten, und es wurde hell. Er schwamm jetzt langsamer, bremste den Schub immer mehr, denn die Seeschlangen waren zwar hervorragende Fahrzeuge im tiefen Wasser, aber im bewegten Oberflächenwasser ließen sie sich schlecht steuern. Ein Delphinsprung wäre bei voller Geschwindigkeit möglich gewesen, aber wie die Seeschlange und vor allem er das Aufklatschen aufs Wasser vertragen hätte, war nicht vorauszusehen – denn ein beherrschtes Wiedereintauchen würde das gewiß nicht sein. Aber immerhin wollte Viktor versuchen, den Kopf der Schlange mit der Kanzel drei, vier Meter über Wasser zu halten, nicht lange, nur bis er sich umgesehen hatte. Daß das möglich war, hatte ihm Chief Wu gesagt.

Viktor merkte, daß ihn die Helligkeit umflutete wie eine große Freude, aus seinem Kopf wich ein Druck, der ihm vorher gar nicht bewußt gewesen war, und bald fühlte er sich voller Kraft und allen Anforderungen gewachsen.

In etwa zweihundert Meter Tiefe hielt er an und ließ sein Orientierungssonar im Kreis herumstreichen. Es gab ein paar ungewöhnliche schwache Reflexe, vielleicht von Oberflächenwellen, dachte Viktor, aber ein Schiff war im Umkreis von zwei Kilometern offenbar nicht zu finden. Seltsam übrigens, daß die Tiefseenavigation in Kilometern rechnete, während die Oberflächenschiffahrt immer noch an der Seemeile festhielt. Unten war ihm das nicht aufgefallen.

Der erste Versuch, sich über die Meeresoberfläche zu erheben, endete kläglich: Er kippte sofort zur Seite und mußte neu ansetzen. Beim zweiten Mal gelang es schon besser, aber er hatte noch keine Zeit, wirklich Ausschau zu halten. Dazu brauchte er noch ein Dutzend Versuche. Dann aber beherrschte er diese Steueraufgabe. Zuerst blickte er nach Osten. Er stand fünf Meter hoch, also konnte er fast acht Kilometer weit sehen. Aber seine Augen entdeckten weder die Küste noch irgendein Schiff. Nun gut, dann nach Norden. Das hieß noch einmal tauchen und die Seeschlange neu aufrichten – jetzt ging es ohne Schwierigkeiten. Auch im Norden nichts. Und nun nach Süden – da, am Horizont, schien ein Schiff zu sein. Eine Täuschung? Viktor schwamm in zwanzig Meter Tiefe vier Kilometer nach Süden, dann erhob er sich abermals über den Meeresspiegel. Jetzt war das Schiff schon deutlich zu sehen, aber noch nicht zu identifizieren. Noch einmal drei Kilometer, er hatte es jetzt schon deutlich auf dem O-Sonar, noch einmal erhob er sich, ja, das war die SIMON BOLIVAR, das Forschungsschiff des Jaime Diaz. Er tauchte wieder unter und näherte sich nun langsam dem Schiff, das, wie er von Chief Wu wußte, Schleusen für Unterwasserfahrzeuge hatte und ein Sprechsonar auf der gleichen Frequenz wie SC.

«Hier Seeschlange siebzehn von Submarine City über Sprechsonar», meldete er sich. «Ich rufe die Simon Bolivar. Bitte kommen.»

«Hier Simon Bolivar, Seeschlange siebzehn bitte kommen!»

«Viktor Tolkin von Submarine City bittet, an Bord kommen zu dürfen.»

«Einverstanden, entsenden Kraken, der Sie bugsiert. Ende.»

Fünf Minuten später kletterte Viktor aus der Kapsel seiner

Seeschlange in den Schleusenraum des Schiffes, wo er von zwei nicht sehr freundlich blickenden Matrosen in Empfang genommen wurde.

«Bitte hier entlang.»

Das Bitte war eine Floskel – sie hatten ihn in die Mitte genommen, und ihm blieb gar nichts übrig, als mit ihnen zu gehen, wenn er sich nicht mit körperlicher Gegenwehr sträuben wollte. Und das hätte nun gar keinen Sinn gehabt.

Er wurde zu einem Mann in Marineuniform gebracht. Viktor kannte die hiesigen Dienstgradabzeichen nicht, aber er erriet, daß es sich um einen Stabsoffizier handeln mußte.

«Capitano Alonso», stellte der Offizier sich knapp vor, «und mit wem habe ich die Ehre?»

«Ich heiße Viktor Tolkin und bin UNO-Eleve in Submarine City.»

«Weshalb kommen Sie zu uns?»

«Ich möchte Professor Diaz sprechen.»

«Warum?»

Das Gespräch hatte mit kühler Höflichkeit begonnen und war zunehmend feindlich im Ton geworden. Die Pausen von Viktors Antwort bis zur nächsten Frage des Offiziers wurden immer länger. Trotzdem entschloß sich Viktor, eine wenigstens ungefähr orientierende Antwort zu geben.

«Ich bin bei meiner Arbeit in SC auf Erscheinungen und Zusammenhänge gestoßen, die mit Ihrem Projekt zu tun haben können und die ich Professor Diaz vortragen möchte.»

«Tragen Sie sie mir vor.»

«Nein.»

Zum ersten Mal spürte Viktor eine Reaktion in seinem Rükken, wo die beiden standen, die ihn hierhergebracht hatten, und er bemerkte, daß der Offizier ganz leicht den Kopf schüttelte; eigentlich deutete er das nur an, indem er die Augen leicht hin und her bewegte. Darauf trat in Viktors Rücken wieder Ruhe ein.

«Sie werden sie mir vortragen müssen», sagte der Offizier, «denn das ist die einzige Chance, daß Sie Professor Diaz vielleicht zu sehen bekommen.»

Viktor überlegte. Dies war gewiß keine Situation für Prestigekämpfe. Darum machte er ein Angebot.

«Wenn Sie mir sagen, warum Sie mich nicht zum Professor lassen wollen, sage ich Ihnen, warum ich meine Gedanken nur ihm vortragen will.»

«Sie werden bis morgen Zeit haben nachzudenken, was Sie wollen», sagte der Offizier und erhob sich. «Ich bin Polizeioffizier der Republik Peru und nehme Sie vorläufig fest wegen des Verdachts der Beteiligung an Sabotage gegen das Unternehmen Peru-Graben. Abführen.»

«Wo ist Tolkin? Verdammt noch mal, wo ist dieser Russe hin? Warum wissen Sie das nicht? Der Hauptzweck Ihres Hierseins besteht darin aufzupassen, was die Russen tun, und jetzt lassen Sie den wichtigsten aus den Augen! War wohl nicht weit her mit der Freundschaft, wie? Oder haben Sie sich so ungeschickt benommen, daß er Lunte gerochen hat?»

Noch nie hatte Jerry den zwar immer etwas grämlichen, aber auch immer gleichmütigen Publizisten so erregt gesehen. Selbstverständlich bedrückte es ihn ebenfalls, daß Viktor seiner Kontrolle entschlüpft war, aber noch mehr fast bedrückte ihn das Abbröckeln ihrer Freundschaft. Wenn er ehrlich war, mußte er zugeben, daß er dieses Abbröckeln schon vorher verspürt hatte, nicht erst jetzt beim plötzlichen Verschwinden Viktors, und daß er also mit so etwas hätte rechnen müssen. Aber so ehrlich war er nur zu sich selbst.

Er wollte gerade zu einer Entgegnung ansetzen, erklären, daß es ihm wichtig erschienen war, das gefundene Rohr zu bergen, für das Viktor Tolkin so befremdend wenig Interesse gezeigt hatte, das doch aber wohl ausersehen war, eine wichtige Rolle zu spielen, und anderes mehr. Aber er brauchte sich nicht dazu aufzuraffen – das Telefon klingelte. Auf dem Videoschirm erschien das Gesicht von Winnie Kolaiu, die einen Anruf aus San Franzisko ankündigte, dann wurde die Mattscheibe wieder dunkel, Bilder wurden ja noch nicht über den Boden-Seismo-Kanal übertragen.

Robin H. Lyndale meldete sich, es folgte das übliche aufgeräumte Hallo, Fragen nach den Kindern und Details, die Außenstehenden nichts sagten. Dann wurde Lyndales Miene ernst. Er hörte eine ganze Weile zu, ohne zu unterbrechen, und sagte dann: «Also wenn es so schlimm steht mit Ihrer Großmutter, dann würde ich doch zur Operation raten.»

Auf das Bla-bla hörte Jerry nicht, ihm war klar, daß dieser Satz mit der Operation den Kern des Gesprächs bildete, die Anweisung, etwas Bestimmtes zu unternehmen. Großmutter? Operation? Angeblich war doch alles schon abgeschlossen? Jerry mußte sich eingestehen, daß er noch nie in ein Unternehmen verstrickt gewesen war, von dem er so wenig gewußt hatte.

«Los, erkundigen Sie sich, wo dieser Tolkin steckt», verlangte Lyndale, nachdem er den Hörer aufgelegt hatte. «Sie können überall herumfragen, jeder weiß, daß Sie mit dem Russen befreundet sind. Trägt diese seltsame Freundschaft wenigstens einmal Früchte! Ach, und schicken Sie mir doch mal Ihre Freundin her, diese Lettin, ich möchte sie interviewen. Oder halt, nein, damit warten wir noch. Lieber diesen Udarjan. Ach, lassen Sie, ich mach das selber.»

Der ist aber nervös heute! dachte Jerry Baker, während Lyndale umhertelefonierte, deutete mit der Hand einen Gruß an und ging.

Dem Publizisten war es mittlerweile gelungen, Aram an den Apparat zu bekommen. Der sagte auch zu, daß er gleich käme, er habe gerade Schichtschluß, und es sei auch nichts Wichtiges zu tun.

Viel erhoffte sich Lyndale von diesem Gespräch nicht. Falls es aber stimmte, daß Tolkin der Kundschafter und dieser Armenier nur ein normaler Eleve war, dann konnte er ihm vielleicht ein Körnchen Information entreißen.

Als der Armenier vor ihm saß, spürte Lyndale sofort: Dieser da ist gegen mich. Dieser da riecht den Feind in mir. Wie die Flügel seiner großen Nase leise beben! Welchen unbewußten Zug von Hochmut die Absicht, verschlossen zu sein, auf seinem Gesicht hervorruft! Warum ist er überhaupt zu diesem Gespräch gekommen?

Lyndale begann die Unterhaltung wie üblich, zeigte sich informiert über die Geschichte des armenischen Volkes, unterließ nicht zu erwähnen, wie viele Armenier nach den Türkengreueln in den USA eine neue Heimat gefunden hatten, alte Geschichte nun schon beinah, fragte auch, wie Aram das Milieu hier unten ertrüge, und vieles andere mehr. Bei den Fachfragen gelang es ihm, Aram etwas aufzulockern. Der Armenier fühlte, daß er dem Auftrag Viktors zu freundlichen Kontakten mit allen Amerikanern nicht gerecht würde, wenn er die ganze Zeit über einsilbig und uninteressiert blieb. So ließ er auf fachlichem Gebiet die Zügel etwas locker, und schon brach sein natürlicher Enthusiasmus durch.

Jetzt hatte Lyndale ihn da, wo er ihn hinhaben wollte. Nun konnte er das Gespräch in der beabsichtigten Form beenden.

«Vielen Dank für das Gespräch», sagte er, «übrigens, wenn Ihr sympathischer Zimmergenosse irgendwie in Schwierigkeiten kommen sollte – ich helfe gern. Ich habe viele Beziehungen im Center und anderswo.»

Aram tat ihm nicht den Gefallen, auch nur das Geringste über Viktor von sich zu geben.

«Ach ja?» sagte er und verabschiedete sich.

Am Sonntagnachmittag rief Mercedes noch einmal ihren ehemaligen Freund an.

«Hast du den Präsidenten schon gesehen?» fragte sie.

«Ja. Ich hab ihm von dir erzählt.»

Das sollte selbstverständlich heißen: Die Warnung war weitergegeben. Mercedes war erleichtert.

«Als ich gestern abend von euch ging, wurde ich beschattet. Waren das eure Leute?»

«Moment.» Es dauerte einige Minuten. «Nein, niemand von uns.»

«Danke, das war alles. Nimm dich in acht.»

«Du auch.»

Die freundliche Sorge, die trotz des kargen Wortwechsels von einem zum andern und zurück gegangen war, wärmte Mercedes. Es tat gut: Eine Bitterkeit ihres Lebens hatte sich so weit gesetzt, daß der Gedanke daran keinen Schmerz mehr hervorrief.

Ihre weiteren Schritte aber mußte sie nun sorgfältig durchdenken und vorbereiten. Ein gewisses Gefühl für solcherlei Abläufe, aus Erfahrungen hervorgegangen, sagten ihr, daß sie jetzt aufpassen müsse. Ihre Person war ins Blickfeld der Handelnden gerückt. Mindestens würden sie versuchen, sie von SC und vor allem von der SIMON BOLIVAR fernzuhalten. Schlimmstenfalls ..., nun, der schlimmste Fall war der gleiche für alle, die auf diesem Gebiet arbeiteten. Und wie hatte der GS gesagt? Rechnen Sie mit dem Schlimmsten ...

Sie mußte aber nach SC und zu Diaz. Also war es das beste, zunächst mal ein Verwirrspiel für die Beobachter zu organisieren. Sie bestellte ihr Sonderflugzeug für sechzehn Uhr startbereit zum Flug nach Albemarle Center und einen Wagen für die Fahrt zum Sonderflugplatz. Einen ihrer Mitarbeiter beauftragte sie, mit diesem Wagen dem Piloten einen Brief zu überbringen, den er sofort öffnen und anschließend sichtbar in einen Papierkorb werfen sollte, und in dem ein falsches Ziel stand. In einem Telex an den Piloten teilte sie verschlüsselt das wahre Ziel mit: Kuba. Dort wollte sie ihr Flugzeug besteigen. Telefonisch bestellte sie im Kennedy Airport für sechzehn Uhr dreißig einen Flug nach irgendwohin, ihr Name würde also einige Male vergeblich aufgerufen werden. Dann aber würde sie schon nicht mehr in New York sein.

Die folgende halbe Stunde benutzte sie, um sorgfältig Toilette zu machen. Sie kam nicht oft in die Lage, sich verkleiden zu müssen, trotzdem beherrschte sie diese Kunst und hatte auch alles Erforderliche dazu in ihrer Suite.

Zum festgelegten Zeitpunkt schaltete sie den Bildschirm ein, der den entsprechenden Eingang zeigte. Sie sah ihren Wagen bereitstehen, den Beauftragten einsteigen und abfahren und einen anderen Wagen dem ersten folgen. Sie seufzte leise – sie glaubte zwar nicht, daß ein direkter Angriff bevorstand, aber unmöglich war ein Attentat nicht. Auch nicht ein Anschlag auf das Flugzeug. Immerhin wußten ihre Leute um diese Gefahr und würden ihre Vorkehrungen treffen, sie brauchte sie nicht extra zu informieren, das ganze Vorgehen in diesem Fall war ausreichend Alarmsignal.

Bald darauf verließ eine ältere, etwas müde und gebückt wirkende Puertoricanerin das UNO-Gebäude durch den Haupteingang, setzte sich in ein Taxi, gab ein Ziel in der Stadt an und änderte das Ziel später. Sie fuhr zu einem kleineren Flugplatz und buchte einen Inlandflug nach Miami.

Trotz aller Sorgen (nicht um sich, aber um seine Aufgabe) hatte Viktor gut und fest geschlafen, als der schnelle tropische Sonnenaufgang ihn weckte. Es war keine Gefängniszelle, in die sie ihn gesperrt hatten, sondern eine luxuriöse Kabine – luxuriös jedenfalls im Vergleich zu SC.

Er war noch bei der Morgentoilette, als die Tür aufgeschlossen und ein reichhaltiges Frühstück hereingebracht wurde. Bei aller Unsicherheit seiner Lage hielt Viktor das für ein gutes Zeichen: So zuvorkommend behandelt man doch nur einen Gefangenen, dessen Status sich jederzeit in den eines Gastes verwandeln kann.

Er wurde zunächst enttäuscht. Wieder vor Capitano Alonso gebracht, mußte er stehen.

«Haben Sie gut geschlafen?» fragte der Capitano mit deutlicher Ironie.

«Sicher besser als Sie, denn ich muß keine ungerechtfertigte Festnahme verantworten», sagte Viktor.

Der Capitano zwinkerte, und von links kam die Faust eines der Wächter. Viktor gelang es, ihr so weit auszuweichen, daß sie ihn zwar noch traf, aber nicht schmerzhaft.

«Ich habe eine Bitte», sagte Viktor.

«Ich höre.»

«Wenn Sie vorhaben, mich noch öfter prügeln zu lassen, dann ist es vielleicht besser, wenn Sie mir vorher die Hände fesseln. Ich habe ein bißchen Kampfsport getrieben und möchte hier keinen Schaden anrichten.»

Der Capitano lachte. «Nehmen Sie Platz», sagte er. «Und Sie sind wirklich Russe? Sie treten auf wie ein Yankee.» Und zu den beiden Wächtern sagte er: «Sie können gehen.»

«Wie ein Westernheld», bestätigte Viktor. «Tut mir leid, ich habe keine anderen Verhaltensmuster für solche Fälle.»

«Nun gut, schließen wir Frieden. Chief Wu hat Sie identifiziert. Sie sind mir doch wegen des kleinen Tests eben nicht böse? Auch Bilder können täuschen. Aber jetzt glaub ich, daß Sie Tolkin sind. Und nun zu dem Grund dafür, daß wir anfangs Ihnen gegenüber etwas zurückhaltend waren.»

Der Capitano reichte ihm ein Fernschreiben, das einen Artikel aus einer New-Yorker Zeitung enthielt nebst Nummer und Datum der Ausgabe, Seitenangabe und so weiter. Der Artikel war überschrieben: Wer mischt mit im Peru-Graben? Er enthielt eine Reihe Verleumdungen gegen die Sowjetunion, erwähnte die Sabotage in SC, den Besuch eines sowjetischen T-Schiffs im Peru-Graben und als Höhepunkt den Fund eines sowjetischen Bohrrohres halbwegs zwischen SC und dem Graben.

«Dem Datum nach», sagte Viktor langsam, «ist das die Ausgabe von Sonnabend. Können Sie rückfragen, zu welcher Tageszeit sie erschienen ist?»

«Interessant», sagte der Capitano. «Da fragen wir doch am besten gleich, wann sie ausgedruckt war. Moment.»

Er setzte sich, halb herumschwenkend, an einen Fernschreiber und tippte eine Adresse und Anfrage ein. «Warum fragen Sie danach?» wollte er wissen.

Viktor sah keinen Grund, ihm die Auskunft zu verweigern – nun, wo der Capitano seiner Bitte nachgekommen war. «Das Rohr habe ich selbst gefunden», sagte er, «zusammen mit dem Geologen Jerry Baker, und wir waren gegen achtzehn Uhr wieder in SC. Da konnte man aber allenfalls vermuten, daß es sich um ein Rohr sowjetischer Herkunft handelte. Mir scheint, mit diesem Artikel ist jemandem ein Fehler im Szenarium unterlaufen. Vor achtzehn Uhr konnten nur die davon wissen, die das Rohr dort deponiert haben.»

Der Fernschreiber begann zu rattern.

«Na, wollen mal sehen», sagte der Capitano. «Aha – ausgedruckt um achtzehn Uhr. Patt also.»

«Kein Patt», sagte Viktor ruhig. «Sie vergessen die Zeitdifferenz. Wenn es in New York achtzehn Uhr ist, dann ist es hier erst sechzehn Uhr, und da schwammen wir noch dreihundert Kilometer entfernt von SC in der Tiefsee.»

«Sie haben recht. Also gut – wollen Sie mir nun sagen, weshalb Sie Professor Diaz sprechen wollen?»

Viktor überlegte. Die Situation hatte sich verändert. Der Capitano war jetzt nicht mehr unbedingt die Hürde, die zu überwinden war. Er hatte sich kooperativ gegeben. Also ...

«Ich bin, wie ich schon sagte, als UNO-Eleve in SC eingesetzt, und zwar in der Gruppe Kommunikation. Von den verschiedenen sonderbaren Ereignissen in SC werden Sie wissen. So was macht natürlich wachsam. Nun bin ich bei meiner Arbeit auf einige Erscheinungen gestoßen, die mit Ihrem Unternehmen zu tun haben könnten. Und wenn Sie vielleicht auch wissen, was in Silver Beam geschehen oder vielmehr nicht geschehen ist, dann werden Sie verstehen, daß ich hier wiederum eine Katastrophe wittere.»

«Was geschehen ist, weiß ich. Aber was ist seinerzeit dort nicht geschehen?»

«Der Zusammenbruch eines ganzen Staates durch Verseuchung des Wassers mit Pflanzengiften. Wenn Sie können, behalten Sie das bitte für sich, es wissen nicht viele davon.» Viktor lächelte. Er hatte noch sagen wollen: ich zum Beispiel auch nur zufällig. Aber das hätte wohl bedeutet, den Capitano zu unterschätzen. Vielleicht hatte er mit dieser Äußerung zuviel von sich preisgegeben. Aber wichtiger war jetzt, daß er hier vorwärts kam.

«Sie werden es nicht leicht haben mit dem Professor», sagte der Capitano. «Er ist im letzten halben Jahr von der Opposition so oft mit Katastrophenwarnungen bombardiert worden, daß er auf diesem Ohr nicht mehr gut hört. Ich werde Sie nach Kräften unterstützen, aber ich hoffe, Sie haben auch Fakten zu bieten.»

«Durchaus», sagte Viktor. «Und überprüfbare.»

«Na, dann kommen Sie, der Professor erwartet uns jetzt.»

Das Arbeitszimmer des Professors war voll von Menschen.

Sie alle blickten mit einer Mischung von Neugier und Ärger auf Viktor.

«Das ist also unser zugeschwommener Gast aus Submarine City», sagte der Professor, und in seinem Ton lagen wie im Wortlaut noch alle Möglichkeiten der Weiterführung. «Sie haben das Wort.»

So hatte sich Viktor aber die Sache nicht gedacht. Bei so vielen Menschen wäre es ein wahres Wunder, wenn seine Mitteilungen nicht in durchlässige Kanäle gerieten.

«Es ist sehr voll hier», sagte er.

Der Professor hob die Augenbrauen, sah den Capitano an, der nickte leicht. «Wenn wir nun schon soweit sind, meinetwegen», sagte er. «Meine Damen und Herren, bitte lassen Sie uns allein.»

Die Damen und Herren gingen, teils mit spöttischem, teils mit neugierigem Blick auf Viktor und den Capitano.

Viktor ersparte sich zu wiederholen, was er dem Capitano bereits gesagt hatte, und erklärte: «Unter siebenundachtzig Grad westlicher Länge und neun Grad südlicher Breite, also knapp fünfhundert Kilometer von hier nordwestlich, sind im Juli und August dieses Jahres über mehr als sechs Wochen hinweg illegale Tiefseebohrungen durchgeführt worden. Bestimmte Erfahrungen des letzten halben Jahres lassen mich befürchten, daß hier ein ungeheuerliches, zehntausendfaches Menschenopfer gebracht werden soll. Ich hätte Ihnen mit Berechnungen aufwarten können, wenn mir das UNO-Material über geophysikalische Waffen zugängig gewesen wäre. Ich habe gehofft, daß ich es bei Ihnen nutzen kann.»

«Das ist von allen Einwänden gegen unser Projekt, die bisher vorgebracht wurden, der dümmste. Er ist so irrsinnig, so ganz und gar unmöglich ...» Diaz schwieg. «Unmöglich!» wiederholte er entschlossen, biß sich aber dann auf die Lippe. «Unmöglich ist das freilich nicht, ich meine, technisch ...» Er blickte auf die Karte, die eine Wand des Raumes füllte, ging an sein Rechnerterminal, tippte ein Dutzend Tasten an, löschte alles wieder. «Erklären Sie mir, wie Sie auf diese Koordinaten gekommen sind. Übrigens – wenn mich nicht schon Frau Cardo in dieser Richtung angesprochen hätte, würde ich Ihnen gar nicht erst zuhören.»

Viktor berichtete über die Bohrgeräusche, über das mathematische Modell des Untergrunds, über die Vergleichsrechnungen.

Professor Diaz setzte sich ein weiteres Mal hinter sein Terminal. Diesmal dauerte es länger. Er erhob sich kopfschüttelnd.

«Ich bin Ihnen Dank schuldig und eine Antwort», sagte er zu Viktor. «Selbst wenn sich alles als Unsinn herausstellen sollte. Sie sind, soviel ich weiß, kein Geologe? Ich will versuchen, es Ihnen mit mageren Worten zu erklären. Wir werden an sieben Stellen nacheinander im Minutenrhythmus Sprengsätze im Kilotonnenbereich zünden. Sie wirken als Trigger auf bestimmte tektonische Spannungsherde, die dadurch so weit aktiviert werden, daß sie einen Teil der angestauten Spannungsenergie an die Umgebung abgeben, aber nicht explosiv, sondern kontinuierlich, im Verlauf mehrerer Tage. Wenn nun ein weiterer energiereicher Stoß dazukommt, besteht theoretisch die Gefahr, daß die Energieabgabe explosiv wird, also: Beben, Vulkanausbrüche und ähnliche Auswirkungen. Auch dazu würde im angegebenen Gebiet ein Sprengsatz im Kilotonnenbereich genügen. Dagegen spricht außer der Ungeheuerlichkeit des Vorhabens vor allem eins: Jeder Fachmann sieht sofort, daß die Sache mit vielen Fragezeichen versehen ist. Der Impuls muß unter dem Graben durchlaufen, und da kann er gestaut, abgelenkt, reflektiert und auf tausend Arten verändert werden. Angenommen, alles verhielte sich so, wie Sie, Herr Tolkin, meinen, dann schätze ich die Wahrscheinlichkeit für das Mißlingen auf neunundneunzig Prozent.»

Der Professor schwieg. Viktor wagte den Einwurf: «Aber das eine Prozent ...»

«... ist ein Prozent zuviel. Übrigens kann ich mich auch irren, aber das ist jetzt nicht wichtig. Haben Sie ein Erdbeben erlebt? Oder einen Vulkanausbruch? Wenn ganze Dörfer verschwinden, Städte unter Lava oder Schlamm begraben werden? Nein, das eine Prozent ist zuviel. Und deshalb müssen wir uns der Sache ernsthaft annehmen. Ich gebe die Leitung der Vorbereitungen an meinen Stellvertreter ab und berufe einen Krisenstab unter meiner Leitung – ja?»

Viktor hatte die Hand gehoben. «Es steht mir nicht zu, Ihre Entscheidungen zu beurteilen, aber ich möchte gesagt haben, daß ich wenigstens zu Anfang eine leisere Methode vorziehen würde.»

Der Professor sah den Capitano an. Der sagte: «Ich muß Herrn Tolkin recht geben. Ja, ich habe anfangs das, was er sagte, für Unsinn gehalten. Aber nachdem Sie selbst die Möglichkeit bestätigen, Professor, muß ich umdenken. Und da sage ich: Wenn es Leute gibt, die so etwas planen und vorbereiten, dann haben sie auch ihre Informanten in unserm Kreis. Es ist um so günstiger für uns, je weniger die erfahren und je später.»

«Einzusehen», sagte der Professor. «Also beraten wir die Sache erst einmal unter uns, bis wir wissen, was zu tun ist und in welcher Reihenfolge. Herr Tolkin, Sie haben von uns dreien am längsten darüber nachgedacht?»

«Vielleicht darf ich einige Fragen stellen», bat Viktor. «Seit wann steht das Sprengregime fest, das Sie vorhin erläutert haben? Und seit wann steht der Sprengtermin fest? Bitte, ich frage nicht nach dem Termin, nur, seit wann er feststeht.»

«Das Sprengregime, auch die Stellen, wo gesprengt wird, stehen seit einem halben Jahr fest. Es war also Zeit zur Ausarbeitung dieses Verbrechens. Der Sprengtermin – ja, der Tag steht seit etwa zwei Wochen fest, der genaue Zeitpunkt jetzt noch nicht.» Der Professor schwieg einen Augenblick und setzte fort: «Ich fange an zu begreifen, was Sie mit den Fragen wollen. Die Zündmethode, nicht wahr?»

Viktor nickte. «In solchen Dingen hat sicherlich Capitano Alonso die größeren Erfahrungen.»

Der Capitano nickte. «Man müßte noch einen Spezialisten der Marine befragen», sagte er. «Trotzdem können wir mit einiger Wahrscheinlichkeit aus den genannten Terminen folgendes ableiten: Ein Zeitzünder ist auszuschließen. Ebenso Fernzündung. Sie wäre in der Tiefsee nur über ein mehrere

Kilometer langes Kabel möglich, und das wäre zu leicht zu entdecken. Einwände?»

Viktor hatte einen Einwand. «Nicht zum zweiten, sondern zum ersten. Angenommen, die Mine hat einen Zeitzünder, aber er ist noch nicht eingestellt, sondern wird erst kurz vor der Sprengung, wenn die Uhrzeit festgelegt ist, gestellt. Er braucht nur Zentimeter unter dem Sand zu liegen, leicht auszuscharren, aber für andere unauffindbar.»

«Er ist uns einen Zug voraus», sagte der Professor mit einem Kopfnicken zu Viktor hin. «Sie haben schon mehr erlebt in dieser Sache, scheint mir. Ich glaube, es wäre nützlich, wenn Sie uns alles erzählen. Alle Fakten, meine ich.»

Viktor hielt das auch für nützlich und berichtete über die Ereignisse aus Silver Beam und über die in SC, und er verschwieg auch nicht seine Überzeugung, daß aller Schaden, der entstünde, ihm, seinen Landsleuten und seiner Heimat angelastet werden sollte. Er spürte selbst nach diesem Bericht, daß sich die Atmosphäre verändert hatte. Die beiden anderen, der Professor und der Capitano, besonders letzterer, nahmen die Sache nun wirklich als drohende Gefahr.

«Man müßte als erstes versuchen, das Gebiet genauer einzugrenzen», sagte der Professor. «Allerdings, nach dem, was Herr Tolkin berichtet hat, wird das wohl kaum möglich sein.»

«Da kann ich vielleicht helfen», sagte eine Frauenstimme. «Sechsundachtzig Grad siebenunddreißig Minuten westlicher Länge, neun Grad elf Minuten südlicher Breite.»

Überrascht sahen die drei Mercedes Cardo Fuentes in der Tür stehen.

«Ich muß mich entschuldigen, daß ich hier so eindringe. Ihr Stellvertreter informierte mich, daß Sie nicht gestört sein wollten, aber da er unsere Freundschaft kennt, hat er sich überreden lassen, mich bis vor die Tür zu bringen, und, wie es scheint, gerade zur rechten Zeit!»

Die drei begrüßten die Rechercheurin, der Professor mit großer Freude, der Capitano zurückhaltend, aber mit Hochachtung, und Viktor mit stiller Dankbarkeit.

«Woher diese Weisheit, liebe Freundin?» fragte der Professor schließlich.

«Ich hätte auch gern meine kleinen Geheimnisse», sagte Mercedes scherzend, wurde aber gleich wieder ernst. «In diesem Fall wäre das wohl unangebracht. Winnie Kolaiu, die den Boden-Seismo-Kanal bearbeitet und überhaupt erst auf diese Bohrgeräusche aufmerksam gemacht hat, ist noch auf ein anderes Geräusch gestoßen, kein Bohrgeräusch, sondern ein Explosionsgeräusch einige Tage nach Abschluß des Bohrens, und diesmal ließ sich der Ort genauer bestimmen, da auch Echos verschiedener Horizonte vorlagen. Es war ihr aber seltsam vorgekommen, daß da ein Russe und ein Amerikaner gemeinsam diesen Geräuschen nachforschten, und da hat sie ihre Entdeckung lieber für sich behalten, bis ich wieder da war.» Sie wandte sich an Viktor. «Seien Sie ihr nicht böse deshalb, diese Großmachtfurcht ist bei vielen Leuten aus den kleineren Staaten noch weit verbreitet. Und ich bin auf diese Weise in die Lage gekommen, auch noch einen kleinen Beitrag zur Verhinderung der Katastrophe zu leisten.»

«Sie sind also auch überzeugt, daß so etwas droht?» fragte der Professor.

Das Gesicht der Rechercheurin wurde hart. «Um zu verhindern, daß ich noch rechtzeitig hierherkomme und Herrn Tolkin unterstütze, wurde in New York mein Wagen beschossen. Einer meiner Mitarbeiter kam dabei ums Leben.» Und leise fügte sie hinzu: «Ich hatte ihn angewiesen, an meiner Stelle zum Flugplatz zu fahren.»

Alle schwiegen. Mercedes fuhr fort: «Ich habe auch noch andere Informationen, die unsere Befürchtung stützen. Ich kann aber nicht alle meine Quellen offenlegen. Ich denke, Capitano Alonso hat dafür berufliches Verständnis, und Sie, Professor, werden mir wohl auch so glauben.»

Der Professor nickte, und der Capitano verbeugte sich leicht.

«Ich habe auch», fuhr Mercedes fort, «Aufnahmen mit allen Geräuschen mitgebracht, damit Sie sie noch einmal überprüfen können.» Sie legte eine Diskette auf den Tisch. «Und nun entschuldigen Sie mich bitte, ich muß zurück nach SC. Es wäre vielleicht auch gut, wenn Herr Tolkin bald zurückkehren würde, etwa morgen, jedenfalls aber, bevor Sie hier etwas unternehmen.» Sie verabschiedete sich von den drei Männern.

«Dann wollen wir mal», sagte der Professor, und, an Viktor gewandt, fuhr er fort: «Wären Sie bereit, mit mir gemeinsam noch einmal alles durchzurechnen?»

«Ja, selbstverständlich», antwortete Viktor, «aber ich habe vorher noch ein paar Schlußfolgerungen aus dem, was Frau Cardo berichtet hat. Wenn das nämlich zutrifft und es sich bei dem letzten seismisch belegten Ereignis um eine Sprengung handelt, wurde offenbar das Bohrloch zugesprengt. Und dann gibt es keine andere Möglichkeit der Zündung als die seismischen Wellen Ihrer Sprengungen, Professor. Wir müssen also entweder verhindern, daß die seismischen Wellen die Mine erreichen, ich weiß nicht, ob das geht, oder wir müssen sie verstecken. Die Wellen. Unter vielen anderen.»

«Oder», sagte der Capitano, «wir müssen die Mine vorher sprengen. Mit simulierten seismischen Wellen. Das sollte eigentlich möglich sein, wenn wir nahe genug an den Ort herangehen und Wasserbomben verwenden. Die müssen wir aber in eine Tiefseekapsel einbauen, sonst kommen sie gar nicht unten an, sondern explodieren vorher. Ich glaube, ich werde gleich mal auf alle Fälle Kontakt mit der Marine aufnehmen. Einverstanden?»

«Ja, tun Sie das», sagte der Professor. «Und Sie, Herr Tolkin? Fangen wir gleich an?»

Am Freitagnachmittag saßen Mercedes und Viktor im Arbeitsraum des Boden-Seismo-Kanals. Viktor hatte ihr, als er von der SIMON BOLIVAR zurückgekommen war, sogleich berichtet. Am Freitagnachmittag sollte mit Hilfe von sieben Wasserbomben die Mine gesprengt werden, von deren Vorhandensein nun auch der Professor und der Capitano fest überzeugt waren. Sie saßen und warteten auf das seismische Echo dieser Sprengung. Den Zeitpunkt so spät zu legen, vierundzwanzig

Stunden nur vor der echten Sprengung, war riskant gewesen. Niemand hatte eine überzeugende Lösung für den Fall, daß die Mine nicht darauf reagierte. Andererseits hatte die Analyse aller möglichen Zündregime ergeben, daß zwar die direkte Auslösung durch die seismischen Signale aus dem Peru-Graben erfolgen mußte; es konnte aber sein, daß der Zünder erst kurz vor diesem Zeitpunkt durch irgendein anderes Signal oder auch durch eine Uhr scharf gemacht wurde, und dafür wäre heute der letzte geeignete Termin.

Mercedes unterrichtete Viktor davon, was sie für morgen geplant hatte. Sie wollte eine Ansprache halten, eine Grußbotschaft des Generalsekretärs an die Eleven überbringen, genau zu dem Zeitpunkt, wenn im Peru-Graben gesprengt wurde, und sie wollte die Meldung über die erfolgreiche Sprengung als Anruf von Professor Diaz gerade zum Ende ihrer Ansprache empfangen. Die Eleven sollten sich dazu in der Vorschleuse der T-Boote versammeln, die wenigstens für die Dienstfreien unter ihnen gerade so ausreichte. Man würde einzelne, in Frage kommende Leute im Auge haben können, wenn sie die Nachricht bekanntgab.

Beide schwiegen und sahen auf die Uhr. Jetzt – jetzt mußte die Mine schon explodiert sein, falls es sie gab und falls sie auf die simulierten Signale reagiert hatte. Neun Minuten brauchten die seismischen Wellen von dort bis hier. Es war möglich, aber nicht sicher, daß sie die Explosionen der Wasserbomben empfingen, aber wenn, dann jedenfalls nur ganz schwach. Viktor mußte daran denken, was wohl Kapitän Baranow jetzt empfand. Er hatte sich noch einmal mit ihm getroffen und ihm größeren Abstand befohlen und, falls die Mine detonierte, was er ja leicht messen konnte, die Rückkehr in die Heimat beziehungsweise die Verfügbarkeit für andere Aufgaben. Wie mochte ihm zumute sein – über einen Monat auf dem Meeresboden stillgelegen, praktisch für nichts? Aber das war eben der Dienst.

Noch drei Minuten. Auch Aram wußte noch nichts von dem heutigen und dem morgigen Termin. Nachher würde er es ihm sagen müssen – er sollte morgen mit achtgeben auf die Reaktionen speziell von Jerry und Lyndale, der auch mit dabeisein sollte, aber auch die der anderen Amerikaner. Denn von der Detonation der Mine – falls sie detoniert war, was man in zwei Minuten wissen würde –, also davon würden sie nichts erfahren. Und sie erwarteten wohl auch nicht, so kurz vor der Grabensprengung noch etwas zu erfahren.

Da – ein leises Ausschlagen des Zeigers: Das konnte die Mine nicht sein, das war die erste Wasserbombe. Da – die zweite. Die dritte. Vierte. Fünfte. Sechste. Siebente. Und? Nichts?

Da, jetzt: ein gewaltiger Ausschlag des Zeigers. Auch andere, nicht auf höchste Empfindlichkeit geschaltete Geräte sprachen an. Echos tieferer Gesteinshorizonte wurden registriert.

Die Gefahr einer Katastrophe war behoben. Mercedes nahm Viktors Hand und drückte sie.

So voll war die Vorschleuse noch nie gewesen. Über zwanzig Eleven standen eng aneinandergepreßt. Links neben Viktor stand Jerry Baker, rechts Aram. Jerrys Verhalten war fast unverändert gewesen, als Viktor zurückgekommen war, aber eben nur fast. Er hatte nicht gefragt, wo Viktor gewesen war, was er sonst unbeschwert getan hatte. Und es gab auch Minuten, in denen er still und ohne aufmunternde Worte und Gestik war.

Jetzt aber hörten sie alle Mercedes Cardo Fuentes zu, die ihnen nun schon gut bekannt war und die wie eine ständige Betreuerin angesehen wurde. Dabei teilte sie kaum Neues mit, die Grüße des GS hätten die Grenzen der Formalität nicht überschritten, wenn sie nicht einige neue Regelungen enthalten hätten, die soziale Leistungen betrafen.

Im stillen erwarteten aber wohl die meisten, daß die UNO-Beamtin das eine oder andere Wort sagen würde zu den Vorgängen, die noch vor kurzem alle erregt hatten. Sie wollte sich darum nicht drücken, und deshalb erklärte sie, zu diesen Vorfällen sei das letzte Wort noch nicht gesprochen, sie selbst glaube aber, daß es damit nun sein Ende haben würde.

Das genügte selbstverständlich den meisten nicht, und es gab Zwischenrufe: Warum vermuten Sie das? Was wissen Sie, was wir nicht wissen?

Mercedes hob die Hand, und es trat wieder Ruhe ein. «Ich weiß eine Reihe von Einzelheiten, deren ich mir sicher bin, die ich aber nicht beweisen kann. Und ebenso habe ich einige Vermutungen, von denen ich felsenfest überzeugt bin. Wenn ich an Ihrer Stelle wäre, nämlich Eleve in SC, würde ich sie unbeschwert aussprechen. Ich bitte Sie aber zu verstehen: In meinem Beruf, den ich liebe und mit dem ich Nutzen statt Schaden stiften möchte, muß ich jede öffentliche Äußerung vorher daraufhin überprüfen, ob sie nicht gegen mich verwendet werden kann. Und das ist bestimmt der Fall, wenn ich in einem solchen Zusammenhang unbeweisbare Dinge ausspreche. Ich handle lieber. So, mehr werde Ich heute nicht dazu sagen. Und nun ...»

In diesem Augenblick tönte die Stimme des Diensthabenden vom SBK: «Eine Nachricht für Frau Cardo, bitte melden!»

Sie stand in der Nähe des Telefons, meldete sich, hörte einen Augenblick lang zu, sagte danke und daß sie später zurückrufen würde.

«Der Anruf, das wird Sie alle interessieren, kam von Professor Diaz, der neulich hier war. Vor einer Stunde sind die Sprengungen im Peru-Graben durchgeführt worden, und überall erfolgreich: Die kritischen Gebiete wurden in einen angeregten Zustand versetzt, in dem sie nun die angehäufte Spannungsenergie kontinuierlich an die Umgebung abgeben. Damit ist zu erwarten, daß Erdbeben und Vulkanausbrüche in diesem Bereich für einige Jahrhunderte verhindert sind.»

Viktor, der ja gewußt hatte, was jetzt kommen würde, blickte Jerry Baker von der Seite an. Aber was er erwartet hatte, blieb aus: keine Überraschung, keine Bestürzung oder Enttäuschung, sondern ganz normale, nicht sehr tief gehende Freude drückte sich in seinem Gesicht aus, wie man sie eben empfindet, wenn anderen etwas Erfreuliches gelungen ist. Hatte er sich doch in Jerry getäuscht? Hatte er ihm die ganze Zeit Unrecht getan? Es war undenkbar, daß er zur anderen

Seite gehören und nichts von dem Anschlag gewußt haben sollte.

Viktor konnte nicht weiter darüber nachdenken, denn Aram versetzte ihm einen Rippenstoß. Viktor blickte zu ihm und folgte dann seinen Augen. Da sah er das Gesicht von Robin H. Lyndale. Es sah grau und alt und verfallen aus.

Fünf Wochen später saß Viktor wieder mit dem General zusammen, diesmal in einer Gebirgsbaude. Sie waren beide keine Bergsteiger, aber die Spaziergänge waren herrlich, denn der Winter führte sich hier mit sonnigem Wetter ein, und der Schnee lag nicht so hoch, daß die Wege unerkennbar geworden wären.

Zuerst gingen sie die Ereignisse chronologisch durch, und Viktor staunte, wie viele Anweisungen der General diesmal zwischendurch über Funk an seine Mitarbeiter gab – dieses zu überprüfen, jenes genauer festzustellen, beispielsweise, woher das Bohrrohr stammte, das Viktor und Jerry unweit der Mine gefunden hatten. Es wurde regelrecht zur Hauptaufgabe dieses Rekapitulierens, weitere Untersuchungen daraus abzuleiten. Gewertet wurde vorerst nicht.

Bei einem Vormittagsspaziergang begann der General: «Der größte Fehler, den wir gemacht haben und der zu unserm Glück und dank Mercy Cardo keine Auswirkungen gehabt hat, war die Unaufmerksamkeit gegen Winnie Kolaiu. Echte, gute Quellen sind nicht allzu häufig. Man muß immer sorgen, daß sie fließen. Darf sie nicht verstopfen lassen.»

Viktor war überrascht, daß der General das für einen Fehler hielt, und noch dazu für den größten. Andere Dinge hatten ihm viel mehr Kopfzerbrechen verursacht. Aber vielleicht lag gerade darin der Fehler, nämlich, daß er keine Gedanken auf ihre Motive verwendet hatte.

«Hab verstanden», sagte er.

«Wirklich?» fragte der General und schwieg eine Weile. «Ich möchte den Gedanken ausweiten. Ich meine nicht nur die Person, sondern in ihr als Beispiel auch Gruppen von Menschen. Familien. Bewegungen. Organisationen von Parteien und Gewerkschaften. Kleine Nationen. Unsere Widersacher wollen unter anderem erreichen, daß die Sache als ein Antagonismus zwischen uns und ihnen aufgefaßt wird und dabei alle anderen auf ihre Seite ziehen. Sie wollen die Macht. Und rüsten. Und letzten Endes Krieg führen.» «Und das geht alle an.»

«Und ist ein Widerspruch. An dem sie scheitern müssen. Diese Zielsetzung muß alle anderen außerhalb der extremen Gruppe an unsere Seite treiben, sogar die gegenwärtig in den USA bestimmenden Monopolkreise. Ich beziehe sogar deren staatliche Institutionen ein, auch wenn sie wie die CIA teilweise durch die Three-Cheers-Gruppe unterwandert zu sein scheinen. Verstehen Sie gut: Fast alle Menschen dieser Erde hatten auf die eine oder andere Weise persönlich mit dem Kampf um die Abrüstung zu tun, haben Kräfte aufgewandt, Opfer gebracht, Erfahrungen gesammelt. Fast alle Menschen werden uns also, wenn es nötig ist, helfen. Es wird in der letzten Phase äußerst wichtig sein, sich jeden Augenblick dieses Zusammenhangs bewußt zu sein. Ich meine nicht nur, ihn zu propagieren, sondern auf seiner Grundlage zu handeln.»

«Ich glaube, jetzt habe ich verstanden», erklärte Viktor, «wenn auch nur in Umrissen.»

«Mehr ist im Moment noch nicht möglich», sagte der General. «Gibt es einen allgemeinen Zug in der Entwicklung, der Ihnen besonders auffiel?»

«Was mich beschäftigt, ist dieser Widerspruch zwischen professionellem und amateurhaftem Vorgehen. In Silver Beam traten beide Tendenzen getrennt auf, mal so und mal so. In Submarine City schien es mir zuerst, als sei nur noch Profi-Arbeit zu registrieren, aber wenn ich die Vorgänge im Ganzen überschaue, finde ich doch amateurhafte Züge darin. Zum Beispiel die Illusion, wir würden nicht darauf kommen, daß der Peru-Graben das Zielobjekt ist. Jeder Profi hätte sich sogar ausrechnen können, wieviel Zeit wir etwa dafür brauchen würden.»

«Das ist richtig und auch nicht», erwiderte der General nachdenklich. «Nehmen wir einmal an, wir hätten niemals die

Botschaft erhalten. Niemand wäre darauf gekommen, so etwas zu vermuten. Selbst wenn sich in Silver Beam die geplante Katastrophe ereignet hätte, würden wir nicht zwangsläufig daraus abgeleitet haben, daß sich in SC Ähnliches ereignen würde. Nein, das Amateurhafte steckt schon im Ansatz. In der Unterschätzung unserer Möglichkeiten. In der Illusion, man könne, nachdem man uns hingelockt hat, mit uns Katz und Maus spielen. Am Anfang war das eine Aktion einer mächtigen Monopolgruppe, die aber noch nicht über einen eigenen Apparat von Profis verfügte und die sich deshalb an eine direkte CIA-Aktion anhängen mußte. Ihr Mittelsmann scheint dieser Publizist zu sein. Es gibt in den USA neue Theorien über die Möglichkeiten eines konventionellen Weltkrieges, wobei dieser Mann zwar nicht als Autor genannt wird, aber unsere Fachleute haben mit ihren Computern eine Stilanalyse gemacht und meinen, er ist der Verfasser. Oder sagen wir vorsichtiger: derjenige, der das ausformuliert hat.

Inzwischen hat sich einiges verändert. Soweit wir sehen, scheint diese Gruppe Teile der CIA wieder ziemlich fest in der Hand zu haben, und auch sonst tut sich manches Ungute in der Innenpolitik der USA. Der zweite Abschnitt war deshalb schon profimäßiger organisiert. Der dritte, in Gagarin, wird es noch mehr sein. Allerdings, den Grundfehler können sie nicht mehr rückgängig machen – nämlich daß sie uns und die UNO darauf aufmerksam gemacht haben. Dadurch haben sie immer zwei Seiten gegen sich.

Zu Jerry sage ich nichts, da müssen Sie sehen, wie Sie zurechtkommen.»

An diesem Tag machten sie eine große Wanderung. Am nächsten wandten sie sich der Zukunft zu.

«Drei Dinge sind wichtig im Zusammenhang mit Gagarin», dozierte der General. «Erstens ist das der Höhepunkt der Dreierkette, und es ist nicht schwer darauf zu kommen, was sie vorhaben, solange man allgemein bleibt: eine Provokation in Richtung auf ein US-amerikanisches Raumobjekt. Leider gibt es dazu tausend verschiedene praktische Möglichkeiten. Zweitens können, wenn diese Provokation gelingt, die Ereignisse von Silver Beam und Submarine City immer noch als zusätzliches Material gegen uns verwertet werden. Drittens, und das ist nun positiv, haben wir hier etwas mehr Zeit und Möglichkeit gehabt, uns vorzubereiten. Sie können dort über ein Netz verfügen. Und das müssen Sie jetzt, in den restlichen Tagen Ihres Urlaubs, bis ins Kleinste studieren und auswendig lernen. Viel Erfolg!»

SPUTNIK GAGARIN

1

Es ist keine leichte Aufgabe, in einer neuen, fremden Welt so heimisch zu werden, daß man sich in ihr bewegen kann, ohne befürchten zu müssen, ständig irgendwo anzustoßen oder etwas Selbstverständliches nicht zu wissen. Um wieviel schwerer aber wird dieses Eingewöhnen, wenn dabei die Aufgabe steht, das Terrain zu beherrschen und heimtückische Angriffe zu vereiteln, Angriffe, die hier in der Raumstadt schlimmste Folgen haben konnten. Denn hier sollte offenbar das Unternehmen Three Cheers seinem Höhepunkt zustreben. Ohne seine Paten hätte Viktor diese erste Aufgabe nur mit großen Schwierigkeiten lösen können.

Die Eleven, in Gagarin angekommen, wurden sogleich erfahrenen Raumarbeitern zugeteilt. Viktors Pate wurde ein Raummonteur namens Boris Gronski. Viktor erkannte in ihm den Leiter des inzwischen aufgebauten sowjetischen Kundschafternetzes, dessen Bild er in Moskau gesehen hatte. Boris machte sich mit Viktor bekannt wie mit einem Fremden, und Viktor hielt es ebenfalls so – der andere mußte besser wissen, wo Ort und Zeit einer offenen Aussprache gegeben waren.

Wie alle Eleven hatte Viktor vorher einen groben Überblick über Sputnik Gagarin erhalten, das weit eher als Submarine City den Namen Stadt verdient hätte, aber der Name sollte nun einmal an den ersten Raumflugkörper und an den ersten Raumflieger erinnern. SG war ein riesiges Rad, das im Raum rotierte, so daß in seinem Außenring, in dem die rund zweitausend Mitarbeiter wohnten, die Zentrifugalkraft völlig die fehlende Schwerkraft ersetzte.

Das Rad hatte einen Durchmesser von tausend Metern und drehte sich in fünfundvierzig Sekunden einmal um sich selbst. Dabei umkreiste es die Erde einmal in knapp zwölf Stunden auf einer polumlaufenden, fast kreisförmigen Bahn in zwanzigtausend Kilometer Höhe.

Der Außenring des Rades bildete einen Torus von kreisförmigem Querschnitt, dessen Durchmesser zehn Meter betrug. Vom Außenring führten drei Speichen zur Nabe, deren Mitte das Kosmodrom bildete, umgeben von Lager- und Maschinenräumen, um die sich wiederum ein Kranz von Labors und anderen wissenschaftlichen Arbeitsräumen zog, in denen die Zentrifugalkraft immerhin schon bis zu einem Viertel der Schwerkraft ersetzte. Andere wissenschaftliche Arbeitsstätten waren im näheren, umliegenden Raum angeordnet, teils noch mit dem Rad verbunden, teils frei schwebend. Gut die Hälfte der Belegschaft, also etwa tausend Mann, waren wissenschaftliche Mitarbeiter, die andere Hälfte bestand aus raumtechnischem und Versorgungspersonal.

Dieser allgemeine Überblick besagte freilich noch gar nichts über die Besonderheiten des Lebens in diesem Gebilde, und so bestand die erste Lektion, die Viktor erhielt, in den drei Grundregeln für den Aufenthalt im Wohnring.

«Im Wohnring», sagte der Pate, «haben wir die fast vollständige Illusion irdischer Verhältnisse. Außerhalb davon werden wir ständig daran erinnert, daß wir uns im Raum befinden, und verhalten uns dementsprechend vorsichtig und zweckbezogen. Im Ring dagegen neigt man dazu, das zu vergessen. Deshalb die Regeln.

Die erste besagt: Den Wohnring verläßt man nur im Schutzanzug. Der Wohnring ist besser gesichert, außerdem hängen überall Schutzanzüge und andere Rettungseinrichtungen herum. Sobald du ihn aber verläßt, kannst du in unvorhergesehene Situationen geraten, selbst wenn du die Absicht hast, innerhalb des hermetisch abgeschlossenen Teils der Speichen oder der Nabe zu bleiben.

Zweite Regel: große, heftige Bewegungen unterlassen. Es wird dir zuerst komisch vorkommen, wenn du siehst, wie bedächtig sich die anderen bewegen, vor allem, was die Arme und Beine betrifft. Das hat aber einen guten Grund: Fast jede Bewegung der Extremitäten ist eine Kreisbewegung, und die erzeugt, wie du wohl aus dem Physikunterricht weißt, zusammen mit der großen Kreisbewegung des Rades eine Präzession, und die läßt deine Faust oder deine Fußspitze ganz woanders landen, als du wolltest. Bei langsamen und kleinen Bewegungen ist das nicht zu spüren, aber bei großen schon. Und die dritte Regel hat die gleiche Ursache wie die zweite: keine Geräte verwenden, die schnell rotierende Teile haben. Sie neigen dazu, auseinanderzufliegen. Na, das betrifft bei dir höchstens den Rasierapparat. Aber wenn du mal in deiner Kabine – so heißt das hier – etwas zu reparieren hast, mach es nicht selbst, ruf die Versorgung an.

Das alles gilt für den Ring. Außerhalb gilt anderes. Vor allem eine Regel: Kommst du in einen Raum, in dem du dich länger als zwei, drei Minuten aufhalten wirst, studiere als erstes die Verhaltensregeln, die dort angeschlagen sind. Alle Neuen finden das zuerst ein bißchen lächerlich, aber im Ernstfall rettet es dein Leben und das Leben anderer, wenn du nur zum Beispiel weißt, wo du dich festhalten kannst und wo nicht. Na, das wird ja in den nächsten Tagen noch alles geübt. Hast du noch Fragen?»

«Keine», sagte Viktor. «Oder zu viele. Mach mal weiter.»

«Gut. Wir sind also jetzt im Wohnring, auf dem Mittelgang. Der Querschnitt ist einfach: Rechts und links vom Gang sind Kabinen, in den Segmenten drüber und drunter Leitungs- und andere technische Anlagen. Zu je fünfzig Kabinen gehört ein Speiseraum, der ist klein und steht dir dreimal am Tag für eine halbe Stunde zur Verfügung, zusammen mit anderen, je nach Schicht. Wenn du außerhalb dieser Zeit kommst, mußt du sehen, wie du Platz findest. Du kannst dir aber jederzeit dort etwas holen und in deiner Kabine essen. Hier ist sie.»

Boris hatte all diese Erläuterungen während ihres Weges vom Kosmodrom in der Nabe über die Speiche in den Wohnring gegeben. Jetzt hielt er Viktor zurück, der gleich den Türknopf drehen wollte.

«Leg deine Hand auf diese Fläche, und sag deinen Namen, dann ist die Tür auf dich geprägt. Künftig genügt eins der beiden Signale, um die Tür zu entriegeln, du kannst sie aber auch so einstellen, daß beide nötig sind.»

Viktor tat, wie ihm geheißen, und öffnete die Tür. Die Kabine war dreieinhalb mal drei Meter groß, eine Sanitärecke ging ab, die Einrichtung bestand aus Schlafstelle, Sitzecke und einem Terminal mit der üblichen Tastatur, Einbauschränken und einem Illusionsfenster, vor dem man sich eine ganze Auswahl an Landschaften, Wettersituationen und dergleichen zaubern konnte, aber auch Filme oder Reproduktionen von Meisterwerken der Malerei oder schließlich die Telesendungen von SG.

Boris erklärte dem Neuling noch die Schlaf- und Weckhilfen des Bettes und einige andere Einzelheiten, und dann sagte er: «Wenn du nicht müde bist, zeig ich dir jetzt einiges Interessante von SG, ich muß nämlich in anderthalb Stunden auf Schicht. Du hast heute noch frei, aber im Prinzip sind wir in derselben Schicht, damit ich dir in der Freizeit für die ersten Wochen immer zur Verfügung stehe. Kommst du mit?»

Selbstverständlich ging Viktor mit. Ihm war klar, daß der Genosse ihm auch noch ein paar andere Dinge zu sagen hatte.

Sie fuhren zurück zur Nabe. Es war ein sonderbares Gefühl, wie der Körper langsam immer leichter wurde. Gleichzeitig wurde er gegen die Wand gedrückt, das kannte er schon aus der entgegengesetzten Bewegung vorhin, als die Wand des Lifts ihm die wachsende Tangentialgeschwindigkeit vermittelte – jetzt war es die Wand gegenüber, die ihn bremste.

Als sie in der Nabe ausstiegen, bat Boris Viktor, er möge sich den Weg einprägen, falls er ihn einmal dringend sprechen müsse und nicht über die Zentrale gehen wolle, würde er ihn direkt erreichen können vom Umkleideraum B8 aus, der zu seiner Sektion gleichen Namens gehöre. Wenn er jemanden frage, dann solle er sich nicht nach dieser Chiffre, sondern nach den Drehwürmern erkundigen, denn Sektion B8 umfasse alle Arbeiten, die mit der Kontrolle und Aufrechterhaltung der Rotation zu tun haben.

Der Raum war klein und leer und ungemütlich. Boris nahm aus seinem Schrank ein Kästchen und lief damit durch den Raum, steckte es weg und nickte. «Keine Wanzen. Während der Schicht werden wir hier kaum gestört, ich schlage vor, daß wir uns hauptsächlich hier treffen. Was wir über Bildtelefon sprechen, muß unverfänglich sein. Bei Verabredungen schlage ich vor, Falschtermine zu benutzen, die nach einem Modus umzurechnen sind, den wir täglich ändern können. So, und nun laß dich richtig begrüßen, Major!»

Boris umarmte ihn und küßte ihn herzhaft auf beide Wangen, und Viktor, der sonst etwas zurückhaltender war, tat das gleiche mit Boris. «Wie lange bist du schon hier?» fragte er.

«Drei Jahre», sagte Boris, «ich bin der Dienstälteste in unserem Netz. Die anderen vier sind erst ein knappes halbes Jahr hier, haben sich aber schon gut eingearbeitet. Du kennst sie?»

«Nur ihre Fotos», sagte Viktor, «mehr soll auch nicht sein. Du weißt, der Gegner hat Psychopharmaka, da kann man einen Namen verraten, ein Bild aber kaum, es sei denn, es wird einem vorgelegt. Sag mir – wie siehst du die Lage?»

«Wir haben zwei vom Netz des Gegners ausgemacht, schon seit einigen Monaten, aber weiter sind wir nicht gekommen. Alle ihre Kontaktpersonen sind total unverdächtig. Und das kommt wir verdächtig vor. Vielleicht sind die beiden eine Scheinfährte, die speziell für uns gelegt wurde?»

«Was tun sie?»

«Ein Mann, Stauer im Kosmodrom, bedient Ladetechnik. Eine Frau ist Köchin. Hier die Bilder und die genauen Personalien, präg sie dir ein.»

Viktor betrachtete die Fotos eine Weile, drehte sie um und lernte die Angaben auf der Rückseite, ehe er sie Boris zurückgab, der sie in die Recyclingbox warf. Auf einen fragenden Blick von Viktor erklärte Boris: «Was du da reinwirfst, ist weg. Zuverlässig.»

«Daß die beiden eine falsche Spur sind, glaube ich nicht», sagte Viktor langsam. «Sie werden aber nicht die Kerntruppe sein. Kennst du die Erfahrungen aus Silver Beam und Submarine City?»

«Aus Silver Beam ja, deinen Bericht habe ich studiert. Aus SC nicht, da könntest du mir noch ein bißchen erzählen.»

Viktor gab eine geraffte Darstellung.

«Ja», sagte Boris nach einigem Nachdenken, «ich glaube nun auch, daß sie die Hauptkräfte erst kurz vor der Aktion hierherbringen. In einem Raumschiff bestimmt. Außer den Transportern docken hier auch Schiffe verschiedener Herkunft und Zweckbestimmung an. Man sollte vielleicht Raumschiffe privater US-Firmen besonders aufmerksam betrachten.»

«Kommen öfter welche?»

«Mehrmals wöchentlich. Die meisten von den Mannschaften haben hier Bekannte, die sie während der Ladearbeiten und des Tankens besuchen. Die alle zu observieren, reichen unsere Kräfte nicht.»

«Wie lange bleiben die normalerweise hier?»

«Zwischen drei und fünf Stunden.»

Viktor lachte. «Ihr habt schon fast alles recherchiert, was wir brauchen.»

«Ich hab ein flaues Gefühl bei der Geschichte. Mir ist nicht bekannt, was der Gegner über uns weiß. Wir haben uns doch gründlich vorbereitet, und es wäre dumm anzunehmen, der Feind hätte das nicht getan. Da kommen mir die beiden Figuren ein bißchen ärmlich vor. Selbst wenn wir annehmen, daß die Hauptkräfte noch kommen. Es gibt bestimmt noch gut abgedeckte Figuren im Hintergrund.»

«Wir werden sie erkennen, wenn sie zu handeln beginnen. Als erstes wird der Gegner jetzt dich unter die Lupe nehmen, weil du mein Pate bist. Wenn wir es geschickt anstellen, kann uns das schon weiterbringen. Und nehmt ein bißchen diesen Publizisten und meinen Jerry in euern Beobachtungsplan auf.»

«Wir können mehr als beobachten», sagte Boris.

«Ich fürchte, das werdet ihr auch noch müssen!» seufzte Viktor.

«Prägen Sie sich das Drehbuch ein», sagte Robin H. Lyndale zu Jerry Baker, «vor allem Ihre Rolle und Ihre Stichworte. Jetzt. Innerhalb der nächsten fünfzehn Minuten.»

Sie saßen in einem der Speiseräume, gerade allein, und das Drehbuch war getarnt als Interviewtext – für jeden, der zufällig dazugekommen wäre, hätte es so ausgesehen, als ginge Jerry noch einmal den Text des Publizisten durch, um sein endgültiges o. k. zu geben.

Daß es ein Drehbuch für die geplante Provokation war, wußten nur die beiden, und daß es nur eins von vielen, nicht ganz identischen Drehbüchern war, wußte nur Robin, der sie ausgearbeitet hatte. Den gesamten geplanten Ablauf der Dinge kannte nur er selbst – die einzelnen Mitarbeiter, die entscheidenden wenigstens, bekamen Drehbücher zu lesen, die ein bißchen gefälscht waren, ein bißchen annehmlicher gemacht für den Betreffenden, aber trotzdem so, daß sie perfekt ineinandergriffen.

Das mußten sie diesmal auch. Wenn alles funktionierte, wie es sollte, würden die vorangegangenen Mißerfolge keine Pleiten mehr sein, sondern verwendbares Material. Wenn das aber nicht eintrat, dann würde es mit Lyndales Karriere zu Ende sein, und vielleicht, nein wahrscheinlich, nicht nur mit der Karriere, sondern mit dem ganzen Kerl. Die Mächtigen, für die er Regie führte, würden den Versager fallenlassen. Vielleicht nur ökonomisch. Vielleicht aber auch aus einem Fenster im zwanzigsten Stock. Oder mit dem Auto einen Abhang hinunter. Lyndale wußte das, als er den Auftrag übernahm. Die Sache hatte ihn gereizt. Gewinn und Zuwachs an Einfluß hatten ihn dabei auch motiviert, aber im Vordergrund hatte die Befriedigung gestanden, die eine weltbewegend aktive Rolle verleiht. Er wußte, es gab in dieser umfassenden Verschwörung noch vier oder fünf Leute, die in einem bestimmten Bereich die Fäden in der Hand hielten, in der Armee, im Staat, in den Massenmedien und so weiter, er kannte sie nicht, aber es war klar, daß sie gemeinsam nach dem Umsturz die Politik bestimmen, das Land regieren würden, im Auftrag freilich derselben Herren wie jetzt, aber dagegen war ja nichts einzuwenden, die wirkliche Macht war das Kapital, und das war richtig so.

Wenn alles gelänge ... Und nicht nur hier, in seinem Bereich ...

Jerry Baker war mit dem Studium fertig. Er ließ die Mappe offen vor sich liegen, so daß jeder eventuell Eintretende sofort den Interviewtext mit seiner charakteristischen Frage-Antwort-Einteilung sehen konnte.

«Fragen? Probleme? Einwände? Mißbehagen?» Der Publizist gab zu erkennen, daß er für alles ein offenes Ohr hatte.

Jerrys Gesicht sah nicht besonders fröhlich aus. «Schon gut, daß man diesmal wenigstens vorher weiß, was und wie. Wenn das auch für mich eine ziemlich kleine und schäbige Rolle ist.»

«Wenn Sie klein quantitativ verstehen, dann haben Sie recht», sagte der Publizist langsam, «aber wenn Sie Ihre Aktivität im Zusammenhang mit dem ganzen Ablauf sehen – merken Sie nicht, daß Ihre Sekunde Tätigkeit die wichtigste ist? Ihr Auftreten entscheidet alles. In jedem anderen Punkt kann die Sache auch ein wenig anders laufen – nur bei Ihnen darf das nicht passieren. Von Ihnen hängt alles ab. Und niemand anders kann das tun, unser Mann würde ihn nicht an sich heranlassen. Deshalb auch sind Sie von jetzt an bis zur Sekunde X aus allem herausgehalten. Unser Gegner wird das eine oder andere von unseren Vorbereitungen bemerken, er ist nicht dumm, und er hat gewiß hier auch sein Netz ausgeworfen – in keinem Fall dürfen Sie etwas damit zu tun haben ...»

«Ja ja», sagte Jerry halb widerwillig, «ist mir schon klar.»

«Und nun zu dem anderen Epitheton, das Sie gebraucht haben: schäbig. Was sind das für Maßstäbe? Wir sind doch hier nicht bei den Pfadfindern. Im Kampf der Welten gegeneinander wird alles zur Waffe, es gibt keine schäbigen und noblen Waffen, nur wirksame und unwirksame. Und Sie müssen sorgen, daß Ihre Waffe wirksam wird. Selbst wenn der Mann dabei stirbt, was sehr unwahrscheinlich ist und was uns gar nicht lieb wäre – das ist doch Berufsrisiko. Nun sehen Sie sich noch einmal in Gedanken das Drehbuch an – unser Mann hat ein Dutzend Möglichkeiten, auf die Ereignisse zu reagieren. Er kann sich sogar davonstehlen. Das ist doch gerade der Unterschied zu den vorigen Aktionen – nach Ihrem Eingreifen kann er tun, was er will, gleichgültig, was seine Reaktion prägt, Dummheit, Angst oder Opfermut, er befördert immer unsere Pläne. Gehen wir das Drehbuch noch mal durch, ohne Manuskript, ich sehe gleich, ob Sie sich alles richtig eingeprägt haben.»

Robin H. Lyndale hatte selten so viele Worte gemacht in ihrer Zusammenarbeit, und fast wäre Jerry dieser Umstand sonderbar vorgekommen, aber der andere ließ ihm keine Zeit, Gedankenfühler in abseitige Richtungen auszustrecken. Die kleine Fälschung im Drehbuch durfte Baker nicht einmal ahnen. Sie war aber so gut verborgen, daß Robin H. sich keine großen Sorgen darum machte – zumal sie für die Ereignisse selbst unerheblich war. Und es war Ablenkung genug, wenn er Jerry Baker jetzt auf die Ereignisse selbst trimmte.

Bei Jerry hatte inzwischen sein fröhliches Naturell im Bunde mit der Einsicht, daß er ja nun in alles eingeweiht sei, die Bedenken überwunden, und er widmete sich vorbehaltlos dem Drehbuch – vor allem durch kritische Einwände, wie sie in solchem Stadium gern gehört werden, da ja auch der andere mit ihrer Hilfe die Perfektion des Plans prüft und bestätigt findet.

«Warum im Gang des Wohnrings?» fragte Jerry zum Beispiel. «Es wäre doch risikoärmer, die Szene gleich in das Kosmodrom zu verlegen!»

«Ohne Schwerkraft kann sich niemand prügeln», antwortete der Publizist, «und wenn doch, dann sieht es auf dem Film nicht überzeugend aus.»

«Wie kriegen wir die Zielperson dorthin?»

«Durch Verabredung. Wir bieten ihm eine Information an, die zu diesem Zeitpunkt für ihn wichtig ist.»

«Und wenn er nicht allein kommt?»

«Alle, die ihm helfen können, werden blockiert.»

«Zufällige Passanten?»

«Werden eliminiert. Das geht dann zu seinen Lasten.»

«Wie? Schußwaffen und Laser sind nicht ratsam hier drinnen.»

«Mit dem gleichen Nervengift, das auch später Verwendung findet, im Schiff.»

«Gut. Nun zu den Personen. Ich darf doch fragen?»

«Ja, fragen dürfen Sie alles.»

«Also – A bin ich, B eins bis drei sind drei vom Raumschiff, C – wer ist das?»

«Müssen Sie nicht wissen. Er holt den Film bei Ihnen ab.»

«D bis G sind nur Informanten?»

«Im wesentlichen ja. Kann sein, daß der eine oder andere davon noch einen kleinen Auftrag bekommt zur Abdeckung des Vorgangs, aber sie kennen niemand, auch untereinander nicht.»

«Und Sie selbst? Überwachen Sie nur, oder greifen Sie auch ein?»

«Das wird sich herausstellen», sagte Robin H. Lyndale. «Es kann auch so kommen, daß ich gar nicht mehr hier bin. Sie und ich, wir sind nach Silver Beam und Submarine City schon zu exponiert, deshalb ist es besser, wenn wir nicht in Erscheinung treten. Das heißt, Sie nur in diesem einen Augenblick.»

Jerry dachte eine Weile nach. Lyndale wollte ihm Zeit lassen, damit der Geologe nicht hinterher, beim Durchdenken des ganzen Gesprächs, das Gefühl haben konnte, gesteuert gewesen zu sein. Aber als ihm die Pause zu lang wurde, fragte er doch: «Was meinen Sie, was tut der Gegner?»

«Vermutlich wird er versuchen herauszubekommen, wer unsere Leute sind. Vielleicht hat er schon jemand von den vier ermittelt, D bis G meine ich. Nach diesem Plan würde das nicht viel Schaden anrichten können.»

«Und natürlich stehen wir beide im Visier», sagte der Publizist. «Deshalb ist dieses Gespräch unser letztes. Lassen Sie sich nicht irre machen, was auch in der Welt geschieht. Und es wird einiges geschehen. Machen Sie Ihre Sache gut, mein Junge!»

In diesem Augenblick zeigte der Publizist fast eine Spur

von Sentimentalität. Aber Jerry Baker war mit dem zuletzt Gesagten so beschäftigt, daß er das nicht bemerkte.

Die meisten Wissenschaftler und Raumtechniker in Sputnik Gagarin kamen aus der dritten Welt – für diese Länder war die Raumstadt ja auch geschaffen worden. Die einzige sozusagen offizielle Person war der von der UNO eingesetzte Gouverneur. Und nur wenige wußten, daß es noch etwas sehr Offizielles gab in diesem Riesenrad, eine ungemein wichtige Stelle, deren Tätigkeit darin bestand, nichts zu tun, aber immer bereit zu sein: die zweiseitige Raum-Abrüstungs-Kontroll-Kommission, besetzt mit zwei Offizieren, dem sowjetischen Oberst Sergej Stepanowitsch Bunin und dem US-amerikanischen Oberst William J. Tailor sowie einer kleinen Anzahl technischer Mitarbeiter.

Oberst Bunin war über Viktors Aufgabe informiert und empfing ihn in seiner Kabine.

«Ich muß Ihnen ein bißchen was erzählen», sagte der Oberst, nachdem sie die ersten unvermeidlichen Formalitäten erledigt hatten. «Ich weiß natürlich, daß Sie im großen und ganzen über die internationale Lage und über unsere Kommission informiert sind. Aber da wir miteinander rechnen müssen, Sie mit uns und wir mit Ihnen, genügt das nicht. Sie müssen wissen, unsere Kommission ist weniger, als sie sein könnte, aber weit mehr, als sie sein sollte. Ich will Ihnen das an meiner Person deutlich machen, Sie werden mir wohl nicht unterstellen, daß ich mich wichtig machen will. Ich bin im Grunde genommen General, sowohl was die dienstlichen Beziehungen als auch die Bezüge angeht, und mein amerikanischer Kollege ebenfalls. Aber seinerzeit bei den Abrüstungsverhandlungen wollte die amerikanische Seite die Dienstgrade in dieser Kommission möglichst niedrig halten, und so sind wir eben Oberste, weil das so festgeschrieben ist. Ähnlich geht es mit vielen anderen Dingen. Die nötigen Kompromisse engen uns formal ein, aber da beide Seiten bis zu einem gewissen Grade übereinstimmen, wächst unsere Bedeutung praktisch, besonders, seit die entsprechenden Kontrollkommissionen auf der Erde reduziert wurden. Praktisch haben wir beide, Tailor und ich, größeren Einfluß in unseren Ministerien und größere Kompetenz, als es unserem Dienstgrad zukommt. Damit müssen und können Sie rechnen.

Auch die militärische Lage, die wir kontrollieren, hat einige solche Besonderheiten. Sie wissen, daß die Raumrüstung in die Abrüstung einbezogen wurde, bevor sie sich voll entfalten konnte – zum Glück für die Menschheit, sonst wäre eine Kontrolle der Abrüstung fast unmöglich geworden. Sie war auch so schon schwierig genug. Heute gibt es an militärischen Objekten nur noch die sogenannten nationalen Kontrollmittel, also Satelliten zur Erdbeobachtung und die dazugehörigen Nachrichten- und Navigationssysteme. Sie haben, wie Sie sicherlich wissen, einen Doppelcharakter: Einerseits dienen sie jeder Seite zur Überwachung der Abrüstung insgesamt, und insofern wirken sie positiv. Andererseits können sie auch dazu benutzt werden, Land-, Luft- und Seestreitkräfte auf der Erde unerhört effektiv zu leiten – auch und gerade bei kleinen Operationen, und da steckt der Haken. Bei einer militärischen Auseinandersetzung etwa mit einem kleineren Nachbarn, der nicht über solches System verfügt, wäre man auch bei einer geringeren Stärke der Streitkräfte immer noch weit überlegen. Können Sie sich ja denken: volle Information über die Bewegungen des Gegners, Feuerlenkung bis auf Punktziele, Zielkontrolle und so weiter. Nun betrachten die kleineren Nachbarn der USA sehr aufmerksam, was hier geschieht, und die Bulletins, die unsere Kontrollkommission herausgibt, werden genau durchforscht, obwohl fast immer das gleiche darinsteht. Ohne diesen Zusammenhang gäbe es vielleicht diesen zweiten Aspekt gar nicht mehr. Die anderen Großmächte und Machtgruppierungen, die es sich leisten können, haben auf ein eigenes System verzichtet, nur die USA nicht, und da mußten wir unseres auch beibehalten. Aber der Druck der meisten Staaten in der UNO geht dahin, unsere beiden auch abzuschaffen.

Aber das nur zum Verständnis für die Arbeit unserer Kommission. Ich glaube nicht, daß das im Zusammenhang mit einer Provokation von Interesse ist. Alle diese Kontrollmittel, unsere wie die amerikanischen, sind unbemannt. Und sie sind nirgends zentral zu treffen, so daß das ganze System lahmgelegt würde. Eine Provokation, dagegen gerichtet, würde niemanden aufregen, außer ein paar Generalen vielleicht. Weil sich inzwischen auch bei USA-Militärs weitgehend der Gedanke durchgesetzt hat, daß die Armee ein Instrument zur Erhaltung des Friedens sein soll.»

«Danke für den Vortrag», sagte Viktor. «Er enthielt durchaus neue Gesichtspunkte für mich. Aber was ist denn nun Ihre Meinung – gegen welches Objekt oder welche Klasse von Objekten würde sich denn eine Provokation richten?»

«Wenn sie eine Verschärfung der politischen Widersprüche unterstützen soll, dann müßte sie geeignet sein, das Denken großer Massen fehlzuleiten. Dazu aber muß sie sie erregen. Also müßte sie sich gegen bemannte Objekte richten. Und wenn sie eine Steigerung zu den anderen beiden Versuchen darstellen soll, müßte sie sich gegen ein USA-Objekt richten. Und dann schon gegen das größte – die Raumstation Kolumbus. Wenn die zerstört würde, müßte auch Gagarin geräumt werden. Und unsere Mir zweitausend auch.»

«Warum das?» fragte Viktor erschrocken. Das war ein Gesichtspunkt, der in den vorbereitenden Studien nicht aufgetreten war.

«Weil die etwa durch eine Explosion erzeugten Bruchstücke innerhalb weniger Tage über den ganzen Orbit streuen. Gagarin hat zum Beispiel eine Geschwindigkeit von fast viertausend Metern in der Sekunde. Können Sie sich vorstellen, was geschieht, wenn uns auch nur ein Schrotkörnchen mit der gleichen Geschwindigkeit, aber aus der Gegenrichtung trifft?

Also soweit ist die Sache klar: Eine Provokation müßte sich mit großer Wahrscheinlichkeit gegen Enterprise richten. Aber alles andere ist unklar. Es müßte ja ein sowjetisches Raumschiff Enterprise angreifen. Wie will der Gegner das erreichen? Er müßte eins kapern. Das würde bemerkt. Unsere Kommission würde die Sache entschärfen, noch ehe etwas geschieht. Ich sehe keine einigermaßen plausible Möglichkeit.»

«Ja, da müssen wir uns noch bemühen. Aber etwas anderes – haben Sie in der Kommission schon Streitigkeiten beigelegt?»

«Ja durchaus. Sie interessieren sich für den Ablauf?»

«Wo man einhaken kann, wenn man etwas verhindern will.»

«Möglichkeiten dafür gibt es natürlich», räumte der Oberst ein. «Am besten sehen Sie sich mal die Protokolle von zwei, drei Fällen an, ich hab sie vorsorglich mitgebracht. Hab mir schon gedacht, daß Sie darin sicherlich eher etwas entdecken als ich. Befassen Sie sich nur gründlich damit, ich lese inzwischen ein wenig. Sie können mich aber jederzeit ansprechen, wenn Sie eine Frage haben. Recht so?»

Viktor warf einen Blick in die Unterlagen und sagte: «Es tut mir leid, aber zum Lesen werden Sie kaum kommen. Ich sehe hier rein wie das Schaf ins Uhrwerk. Allein die Abkürzungen! Die Positionsbestimmungen! Sie müssen mir schon helfen.»

«Also gut, gehen wir die Sache gemeinsam durch!»

Viktor kannte das Abkommen mit all seinen Klauseln, auf Grund dessen die Kommission arbeitete, es hatte zum vorbereitenden Studium in der Heimat gehört, da ja auf alle Fälle diese Kommission eine große Rolle spielen würde. Aber es war eben wie immer ein Unterschied zwischen den Paragraphen und ihrer praktischen Handhabung, die die Bestimmungen mit Auslegungen und Anwendungen umgab, indem sie Präzedenzfälle schuf, auf die gegebenenfalls zurückgegriffen werden konnte. Sehr beeindruckend fand Viktor aber die Tendenz zur guten Zusammenarbeit, die von beiden Seiten eingebracht worden war. Die beiden Obersten schienen sich – bei voller Wahrung ihrer jeweiligen Staatsinteressen – gut zu verstehen. Und das konnte wichtig werden.

Sie waren noch beim zweiten Fall, als es plötzlich plopp machte. «Die Post!» sagte der Oberst und entnahm einem Korb eine Rohrpostpatrone, aus der er einen Brief zog. Der Brief war versiegelt. Apparate überprüften die Unverletztheit des Siegels. Erst dann öffnete der Oberst den Brief. «Meine Post genießt Diplomatenstatus!» erklärte er.

Der Brief enthielt mehrere Blätter und einen Zeitungsausschnitt. «Hier, lesen Sie mal!» sagte der Oberst und reichte Viktor den Ausschnitt. «Das andere ist nur Routinepost.»

Der Ausschnitt war ein Artikel einer nicht sehr seriösen New-Yorker Zeitung, in dem eine Artikelserie mit Enthüllungen über die «Machenschaften der Russen in den UNO-Objekten» angekündigt wurde. Der Artikel erwähnte SB, SC und auch SG, brachte zwar noch nichts Konkretes, stellte nur Fragen, aber die waren eigentlich schon Behauptungen – Verleumdungen herkömmlicher Art. Es war noch nicht zu ersehen, welche Informationen den einzelnen Artikeln zugrunde liegen würden, ob Detailwissen über die tatsächlichen Vorgänge benutzt werden würde oder nur Spekulationen mit Geschichten vom Hörensagen. Auch wurde über die Zahl und den Rhythmus der Fortsetzungen nichts gesagt. Immerhin konnte nach einer beigefügten Einschätzung der Pressefachleute mit einer Zeit von höchstens vier Wochen gerechnet werden. Das hieß also, daß die Provokation wahrscheinlich in diesen Zeitraum fallen würde.

«Etwa in die Mitte, in den Anfang der zweiten Hälfte, also in zwei bis drei Wochen!» mutmaßte der Oberst.

«Dafür wissen wir verdammt wenig.» Viktor war nun doch beunruhigt. «In den anderen beiden Phasen des Unternehmens Three Cheers haben wir abgewartet, bis der Gegner sich regte, ich glaube, das dürfen wir diesmal nicht.»

«Er regt sich ja schon!» sagte der Oberst trocken und zeigte auf den Zeitungsausschnitt.

«So gesehen ja», stimmte Viktor zu. «Was halten Sie eigentlich davon, wenn wir Ihrem amerikanischen Kollegen eine Information zukommen ließen – es wäre natürlich zu überlegen, wann, wie und in welchem Umfang?»

«Ich habe auch schon daran gedacht», sagte der Oberst. «Am besten in einem inoffiziellen Gespräch unter vier Augen, zwischen ihm und mir. Das ist übrigens längst eine offizielle Form geworden. Den Umfang würde ich etwas vage halten, damit der Gegner nicht im weiteren Verlauf der Information daraus abschätzen kann, wieviel wir wissen. Nur wann – da möchte ich mich auf Ihr Zeitgefühl verlassen.»

«Sie meinen», fragte Viktor, «Oberst Tailor gibt die Sache weiter?»

«Selbstverständlich, ich hab doch schon gesagt, solche Gespräche sind längst ein normales Mittel des Verkehrs.»

«Und Sie könnten ihn nicht bitten, die Information zurückzuhalten? Wenigstens einige Tage? Oder glauben Sie, daß er vielleicht zusagt und sich dann nicht dran hält?»

«Letzteres gewiß nicht», antwortete Oberst Bunin. «Aber verstehen Sie bitte – es ist bisher noch nicht vorgekommen, daß einer von uns beiden den anderen gebeten hätte, er möchte gegen seine Dienstvorschriften verstoßen. Das wäre eine ziemlich massive Bitte, sie würde unser Verhältnis stark belasten. Und ich fürchte, daß da noch andere Belastungen auf uns zukommen und daß wir dann seine Mitarbeit viel dringender brauchen. Ebendeshalb hab ich ja gedacht, daß wir uns den Zeitpunkt genau überlegen sollten.»

«Sie meinen also, er wird den Text weiterleiten, auf dem Dienstweg, und irgendwo unterwegs werden die gegen uns handelnden Gruppen davon erfahren. Sagen wir, innerhalb der darauf folgenden vierundzwanzig Stunden?»

«Da bin ich ziemlich sicher», sagte der Oberst.

«Dann könnte uns diese Skandalzeitung sogar helfen. Wenn Sie ihn informieren, dann mit einer Andeutung, in die Sie stimmlich so viel Gewicht legen, daß man es nachher dem geschriebenen Wort nicht mehr ansieht. Oder schneiden Sie bei solchen Gesprächen mit?»

«Nein, das ist nicht üblich. Es verstieße gegen die Form, und an der Form sind beide Seiten interessiert!»

«Gut. Den Text erarbeiten Sie am besten selbst. Was den Zeitpunkt betrifft – ich schlage vor, in etwa zehn Tagen. Es ist sicherlich möglich, gegebenenfalls diesen Zeitpunkt zu verändern?»

«Das ist immer möglich. Ich kann ein solches Gespräch innerhalb von drei Stunden haben.»

«Gut, dann habe ich noch eine Bitte. Ich weiß, daß es nach Ort und Zeit eine unbegrenzte Anzahl von Möglichkeiten gibt, eine Provokation auszulösen. Vielleicht läßt sich diese Unbegrenztheit etwas einschränken. Die Provokation wird doch erst wirksam, wenn wir in sie hineingezogen werden – entweder in Gestalt von Technik oder in Gestalt von Personen. Können Sie mir als Fachmann zwanzig bis dreißig Varianten liefern, wie das vor sich gehen könnte, auch, wenn es Ihnen vielleicht wenig wahrscheinlich erscheint? Ich werde noch bei anderen solche Varianten bestellen, und alle zusammen möchte ich mit dem Computer bearbeiten, mal sehen, was da rauskommt.»

«Soll ich ungehemmt phantasieren?»

«Na ja», sagte Viktor lachend, «ganz unmöglich sollen die Varianten auch nicht sein!»

Zum ersten Mal seit ihrer Ankunft in Gagarin hatten Ella Jansens und Gwendolyn Freeman wieder eine gemeinsame Aufgabe. Ella arbeitete am Stoffkreislaufsystem der Raumstadt und Gwen in der mikrobiologischen Kontrolle. Was sie heute zu tun hatten, war Routinearbeit – Entnahme von Proben aus verschiedenen Algenbatterien, in denen Kohlendioxid aufgespalten und zu Sauerstoff und Biomasse verarbeitet wurde. Dennoch war die Arbeit lebenswichtig: Auch Algen hatten Parasiten, und deren Wirksamkeit war neuerdings sprunghaft angestiegen, wahrscheinlich infolge der hier oben größeren Mutationsrate.

Das hinderte sie freilich nicht, bei ihren Hantierungen ausgiebig über ihre persönlichen Angelegenheiten zu schwatzen.

«Du hast dich also von deinem Jerry getrennt?» fragte Gwen, die wie üblich dies und das gehört hatte. «Sehr vernünftig, muß ich sagen. Wie kam's denn? Warte, laß mich raten – hatte er dich satt? Nein, ich glaube nicht, er scheint mir etwas gequält zu wirken, aber so ein Typ wie er ist immer sehr zufrieden, wenn er eine Verflossene abgestoßen hat. Also hast du ihm gekündigt? Warte mal, sag nichts ..., irgendwas mit Fremdgehen oder dergleichen war nicht der

Grund, deswegen würdest du nicht gleich ... Ich glaube, du bist dahintergekommen, daß das Bild von ihm falsch war – stimmt's?»

«Ja, so ungefähr», sagte Ella etwas gequält.

«Und nun weißt du nicht genau, ob das richtig war? Berechtigt?»

«Du bist mir direkt unheimlich!»

«Da ist nichts Besonderes dran, das passiert immerzu und überall und allen möglichen Leuten. Nun erzähl aber mal!»

Ella beschriftete gerade eine Probe, das gab ihr die Möglichkeit, die Antwort noch ein wenig hinauszuzögern. Es war seltsam mit dieser Gwen – bei jedem oder jeder anderen hätte sie sich solche Fragen verbeten. Gwens Neugier aber war so frei von allem Böswilligen und Kleinkarierten und von so zwingender Freundlichkeit, daß sie sich einfach nicht sperren konnte.

«Er ist nicht aufrichtig», sagte sie.

«Frauen?»

«Nein, eigentlich nur Winzigkeiten. Aber ebendarum.»

Sie nahmen die nächste Probe, und Ella wußte, daß sie nun weitererzählen mußte – Gwen konnte ein Schweigen von sich geben, das man nicht aushielt.

«Seit wir hier oben sind, ist er nicht der Alte, nicht mehr der immer gut Gelaunte, Fröhliche. Das kann man freilich keinem zum Vorwurf machen, es kann ihn ja was bedrücken. Wenn er Grund hat, das für sich zu behalten, kann man das auch noch verstehen. Aber er kann es wenigstens zugeben, daß er einen Grund hat. Doch nein – sprech ich ihn daraufhin an, spielt er ein paar Stunden lang den alten Jerry und fällt wieder in die jetzt vorherrschende Laune zurück. Aber auch da kann man doch sagen, daß das vielleicht vorbeigeht. Bis dahin war ich auch nur besorgt. Besorgt um ihn, in erster Linie, aber es hat mich auch schon motiviert für die Trennung. Und dann, stell dir vor, so eine Winzigkeit, so ein Blödsinn, eine völlig unnötige Lüge, ich frage, wo warst du denn, er sagt, im Observatorium, aber wenn er aus dem Observatorium kommt, riecht er nach dem Parfüm seiner Chefin, nein, nicht was du denkst, ich habe nur leider eine ganz unverschämt feine Nase.»

«Und?»

«Er roch nach dem blöden Rasierwasser, das dieser Amerikaner benutzt, der Publizist, weißt du? Also ich hab das noch bei keinem andern gerochen, muß was ganz Exquisites sein. Ich sage: Du hast mit diesem Robin Hood gesprochen, kann er doch, was kümmert's mich, warum gibt er's nicht zu, nein, er streitet Stein und Bein, er hätte den Mann schon tagelang nicht mehr gesehen, und was ich überhaupt wolle ...»

«Und du bist sicher, daß du dich nicht irrst?»

«Du lieber Himmel, es ist natürlich möglich, daß auch die Dinge anders lagen, aber nicht in seinem Erdobservatorium, ich bin extra zu verschiedenen Zeiten hingegangen, bis mir schließlich die Sache zu dumm wurde. Und er wurde danach auch immer verschlossener.»

«Frag mal euern Viktor, der ist dick mit Jerry befreundet. Hat ihm das Leben gerettet oder nein, umgekehrt, der Jerry ihm – ich meine, wenn dir noch was daran liegt ...?»

«Den nun am wenigsten», sagte Ella. «Und außerdem, das ist wirklich vorbei.»

«Was hast du gegen euern Viktor?» wunderte sich Gwen.

«Das ist gar kein richtiger Mann!»

«Ob du dich da nicht irrst? Wenn so ein Prachtweib wie die Cardo von ihm angetan ist ...»

«Das glaub ich nicht!»

«Gut, ich kann mich irren. Aber es wird erzählt ..., was ist denn das hier?»

Gwen hatte einen Deckel des Algenkreislaufsystems zur Probeentnahme losgeschraubt und aufgeklappt. An seiner Innenseite hing ein Foliebeutel, in den irgendein Gerät eingeschweißt war, das sie nicht kannten, das aber auf keinen Fall dahin gehörte. Schließlich hatten sie schon ein Dutzend anderer Deckel geöffnet, ohne daß ihnen etwas Ähnliches vorgekommen wäre.

«Das stinkt mir aus der Tasche», bekannte Gwen. «Wenn wir nicht schon so viele Gemeinheiten erlebt hätten, würde ich ja sagen, da hat sich jemand ein Werkzeug beiseitegelegt, das nicht so leicht zu kriegen ist, aber nach allem ...»

«Zur Ausstattung des Stoffkreislaufsystems gehört es jedenfalls nicht, die kenn ich nun schon!» behauptete Ella. «Geh lieber nicht ran!» fügte sie hinzu, als sie sah, daß Gwen den Beutel hin und her drehte.

«Ich will bloß mal sehen, wie das festgemacht ist – sieh mal, einfach nur angehängt», sagte Gwen, hob den Beutel etwas an und hielt ihn zwischen zwei Fingern.

«Und nun?» fragte Ella beunruhigt.

Gwen wog das Foliepäckchen in der Hand. «Ich weiß was – wir gehen zu Rana Ratnari.»

«Wer ist das nun wieder?» fragte Ella verwundert.

«Sicherheitsdirektor von Sputnik Gagarin. Eine Inderin. Großartige Frau. Ich hab schon mal zehn Minuten mit ihr gesprochen. Bei der sind wir vor der richtigen Schmiede.»

Sie hatten Glück und trafen die Direktorin in ihrem Arbeitszimmer, schon im Schutzanzug. Ein paar Minuten später, und sie hätten Stunden warten müssen. Rana Ratnari war eine freundliche, energische Frau um die Fünfzig. Nach Gwens ersten Sätzen zog sie den Schutzanzug wieder aus, rief dann jemanden an, den sie zu kommen bat, und entschuldigte Gwen und Ella in ihren Arbeitsbereichen.

«So», sagte sie, «Sie sind also Eleven. Man sagt, wo die auftauchen, passiert etwas. Wir wollen also vorsichtig mit dem Fund umgehen. Ich danke Ihnen, daß Sie gleich zu mir gekommen sind. Sie haben das also bei der Probenentnahme gefunden, genau wo?»

Gwen beschrieb den Ort und die Befestigung auf der Innenseite des Deckels.

«Was Sie dort jetzt machen, ist das eine Arbeit, die ständig vorgenommen wird?» fragte die Inderin.

Gwen und Ella sahen sich an, daran hatten sie noch gar nicht gedacht.

«Es ist zwar Routinearbeit», sagte Ella, «aber nur die Entnahme selbst, der Vorgang also, die einzelne Handhabung. Die gesamte Aktion ist neu, die Probenserie wurde eingeführt, weil vermutlich mutierte Bakteriophagen den Algen neuerdings sehr zusetzen, deshalb ist auch Gwen dabei, die in der mikrobiologischen Kontrolle arbeitet ...»

«Ja, und seit wann läuft die Serie?»

«Seit gestern.»

«Und wie lange brauchen Sie, bis Sie einmal herum sind?»

«Etwa drei Tage.»

Rana Ratnari dachte nach. Es klopfte. Ein jüngerer Mann trat herein.

«Nehmen Sie den Fund hier mit ins Labor, und prüfen Sie ihn. Mit aller Vorsicht.»

«Mit aller Vorsicht!» bestätigte der Mann, nahm das Foliepäckchen und ging hinaus.

«Wenn ich Sie also richtig verstanden habe, verhält es sich so: Ohne diese Mutation bei den Phagen gäbe es keine Probenentnahme, und der Deckel würde nicht geöffnet. Wird er sonst oft geöffnet, zu anderen Zwecken?»

«Ich weiß nicht, ich glaube, nein!» sagte Ella.

Die Direktorin rief den Chef des Stoffkreislaufsystems an. «Hier Ratnari. Ich habe eine Frage wegen der Schraubdeckel, durch die man vom Gangboden in die Algenbatterien kommt. Zur Zeit läuft eine Aktion der Probenentnahme. Ohne diese Aktion – würden diese Deckel oft geöffnet? Gar nicht? Wieso gar nicht? Aha, alle vier oder fünf Jahre zur Neubeschickung. Ja, danke, das wollte ich wissen. Nein, Ihren Algen droht keine Gefahr. Danke, Ende.»

«Wer das Päckchen dahinein getan hat, war sich sicher, daß es dort niemand auffällt», sagte Ella. «Er muß also diese Einrichtung kennen. Aber er kann nicht direkt aus dem Bereich Stoffkreislauf sein, weil er nicht weiß, daß wir da jetzt Proben entnehmen.»

«Im Prinzip richtig gedacht», sagte Rana lächelnd. «Es gibt allerdings auch andere Möglichkeiten. Der Betreffende kann zur Zeit auf Urlaub sein, er müßte ihn aber angetreten haben, bevor die Probenentnahme zu ahnen war. Das werden wir nachprüfen. Es kann aber auch sein, daß es sich um eine Art Briefkasten handelt, das heißt, der das Päckchen dort deponiert und der es abholt oder für den es bestimmt ist, sind zwei verschiedene Personen. Auf jeden Fall ist es aber wohl ein Versteck, und harmlose Dinge braucht man nicht zu verstekken.»

«Mir ist jetzt auch noch was aufgefallen», sagte Gwen fast schüchtern. «Ich habe doch den Deckel aufgedreht. Ich glaube, er ging leichter auf als die anderen.»

«Guter Hinweis, das sollen mal unsere Techniker prüfen», sagte die Inderin und notierte sich etwas.

«Aber wenn dort jemand etwas hineinlegt oder herausholt, das müßte doch auffallen, da kommen doch Leute vorbei ...» Ella verstummte, ihr wurde in diesem Augenblick klar, daß sie Unsinn redete. Sie hatten ein halbes Dutzend Deckel auf- und wieder zugeschraubt, und viele Leute waren vorbeigekommen, und keiner hatte daran etwas Besonderes gesehen.

Rana Ratnari schien Ellas Überlegungen verfolgt zu haben, sie nickte ihr zu. «Der oder die Betreffende brauchte nur Arbeitskleidung zu tragen, dann fällt das niemandem auf. Ich könnte Ihnen jetzt danken und Sie wieder an die Arbeit schikken, aber Sie werden sicher genauso gespannt sein wie ich, was bei der Untersuchung herauskommt!»

In diesem Augenblick klingelte das Telefon.

Die Direktorin hob ab und meldete sich. Gleich darauf fragte sie: «Jemand verletzt? Nein, gut. Und was habt ihr sonst herausbekommen?» Diesmal hörte sie eine ganze Weile zu, bedankte sich und sah die beiden ernst an.

«Der Gegenstand hat sich beim Versuch, ihn zu öffnen, selbst zerstört. Übriggeblieben ist nur die Hülle aus Edelstahl. Und eine vorher gemachte Röntgenaufnahme. Unsere Techniker kennen das Gerät nicht, vermuten aber einen Laser – als Werkzeug oder ... Waffe ...»

«Waffe?» fragte Ella entsetzt.

Aus dem Gesicht der Inderin war alle Freundlichkeit gewichen. «Ich muß Sie bitten, diese Sache drei Tage lang für sich zu behalten. Wir werden eine Suchaktion organisieren, vielleicht finden wir noch mehr Derartiges. Aber dazu brauche ich etwas Zeit.»

Plötzlich erfüllte das Heulen einer Sirene den Montageteil des Kosmodroms, ein blaues Licht leuchtete auf, erlosch wieder, leuchtete auf, erlosch …

«Los, komm mit!» rief der Pate Aram zu, sprang mit einem Riesensatz auf ein Loch zu, das zu einer Bugsier- und Montagerakete führte, die hier im allgemeinen Sprachgebrauch Bulle hieß. Der Pate war schon verschwunden, ehe es Aram gelang, in diesem nahezu schwerelosen Zustand das Loch zu erreichen. Dort war es einfacher: Handgriffe führten durch den Schlauch zu der Rakete.

«Helm zu!» kommandierte der Pate, schloß zugleich das Mannloch und schaltete den Magnetschieber ein, der das Fahrzeug aus der Halterung in die Mitte der Nabe hob.

«BMR vierzehn startbereit, besetzt mit …» Er gab die Personalchiffren von sich und Aram an.

Aram hörte die Stimme des Diensthabenden ebenso wie die seines Paten mit. Start wurde befohlen, der Bulle setzte sich mit kleinem Schub in Bewegung, dann kamen Koordinaten, und nur aus wenigen Sätzen wie aus den Umständen konnte Aram entnehmen, was los war: Ein Mensch trieb ab, ein Monteur wahrscheinlich, der vom Außenring weggeschleudert war, die Sicherungsleine mußte gerissen sein, oder nein, nicht gerissen, denn die Geschwindigkeit, mit der der Monteur sich entfernte, betrug siebzig Meter in der Sekunde, das war exakt die Tangentialgeschwindigkeit des Wohnrings, also mußte sich die Leine vorher gelöst haben … Unwichtig. Was Aram nicht wußte und worüber auch nichts gesagt wurde, war der Zustand des Verunglückten.

Inzwischen war der Bulle auf Kurs. «Ich fliege so, daß wir ihn abfangen. Du brauchst nur das Dach zu öffnen und ihn hereinzuziehen, traust du dir das zu?»

«Ja», sagte Aram. «Was ist mit ihm, lebt er noch?»

«Ich hoffe», sagte der Pate. Dann wurde er aber doch ausführlicher, weil ihm einfiel, daß er seinen Anfänger bei sich hatte. «Er meldet sich nicht, aber das muß nichts besagen. Der Schock kann auch einem Monteur hart zusetzen. Paß auf nachher, wenn die Leine lang an ihm hängt, mußt du sie hereinziehen. Dann Dach zu. Aber erst, wenn die Innenwerte normal sind, öffnest du dein Visier und dann seins. Da ist er. Noch ungefähr zwanzig Sekunden, dann sind wir in richtiger Position – so – und so – und nun – jetzt!»

Aram öffnete das Verdeck, es war nicht schwierig, da inzwischen die Kanzel evakuiert war, der Verunglückte schwebte direkt herein, Aram brauchte nur ein wenig zu korrigieren. Von der Sicherungsleine war nichts zu sehen. Aram schloß das Dach wieder und ließ Luft einströmen, er merkte, wie der Pate auf Gegenkurs ging, sanfter als beim Start, und nun sah Aram zum ersten Mal nach dem Gesicht des Verunglückten. Bei der Belüftung der Kanzel war das Visier des Monteurs beschlagen, jetzt verdunstete der weiße Film.

Das Gesicht war aufgequollen, die Augen traten fast aus den Höhlen, und nichts regte sich.

Aram blickte noch einmal auf die Werte der Luft in der Kanzel, dann öffnete er das eigene Visier, atmete, fand alles in Ordnung und öffnete nun das des Verunglückten.

Der Monteur war tot.

Zuerst wollte Aram das nicht glauben, aber auch der erfahrenere Pate bestätigte das. Und dann gab er es an das Kosmodrom durch, dem sie sich jetzt schon wieder näherten. Im Kosmodrom erwarteten sie bereits Rana Ratnari, der Arzt und der erste Monteur der Rotationskontrolle, Boris Gronski.

Der Arzt bestätigte den Tod, vermutete als Ursache plötzlichen Druckabfall, Näheres würde eine genauere Untersuchung ergeben. Sie zogen den Toten aus und untersuchten jedes Teil des Raumanzugs, während der Arzt die Leiche auf eine Bahre schnallte und sie in den Aufzug schob. «Nein, nicht nötig», wies er Aram zurück, der ihm helfen wollte. Die Fahrstuhltür schloß sich, und für einen Augenblick war es Aram, als hätte es den Toten nicht gegeben. Es war der Moment zwischen Mitleid und Trotz. Es ging also auch hier wieder los!

Die anderen hatten inzwischen die technische Ursache des

Unglücks gefunden. Sicherungsleine und Raumanzug waren an einer Stelle, wo sie nebeneinander lagen, gerissen.

Rana Ratnari sprach das Ergebnis in ein Bandgerät, das sie wie eine Armbanduhr am Handgelenk trug. Sie sagte: «Ich sehe, daß wir alle unsere Zweifel haben.»

«Jedes Material kann einen Fehler haben, das kann trotz aller Tests vorkommen. Aber zwei verschiedene Gegenstände an zwei Stellen, deren einzige Gemeinsamkeit ihre räumliche Nachbarschaft ist? Nein.»

«Wenn nun ein Gegenstand die Leitungen zerrissen hat», vermutete Boris Gronski. «Kein Meteorit, aber irgendein Bruchstück menschlicher Tätigkeit, das im Raum herumtrudelte? Immerhin bewegt sich Gagarin mit fast viertausend Metern in der Sekunde.»

Aram verstand diesen Boris Gronski nicht. Es war klar, daß hier Sabotage vorlag! Und der war nun Viktors Pate!

Auch die anderen waren wohl nicht mit solcher Erklärung einverstanden. «Ich verstehe, daß du deinen Stall sauberhalten willst», sagte Arams Pate, «aber Reiß- oder Schnittstellen sehen anders aus. Guck mal, das Ende von der Leine sieht wie geschmolzen aus. Das sehen wir uns mal unter dem Mikroskop an!»

«Einverstanden», sagte Boris, «doch da ziehen wir einen Chemiker hinzu!»

«Tun Sie das», sagte Rana Ratnari, «aber vorher möchte ich noch etwas von Ihnen wissen. Das ist der normale Raumanzug, den dieser Monteur immer trug und der also bis vor – bis vor anderthalb Stunden in seinem Spind hing?»

Sie sahen nach der Nummer und prüften sie gleich von hier aus an einem Computerterminal. Es stimmte – der Anzug war an Allan Murdock, so hieß der Tote, ausgegeben worden. Bisher keine Reparatur. Letzte Überprüfung turnusmäßig vor sieben Tagen.

Dann gingen Boris Gronski und Arams Pate mit dem Raumanzug ins Labor, während Rana Ratnari Aram als Zeugen mitnahm – sie untersuchte zuerst die Kabine des Toten, flüchtig nur, vor allem daraufhin, ob der Schutzanzug fehlte, ob der Monteur also seinen Anzug angehabt hatte, was eigentlich nur bestätigt werden konnte, da es von der Anzugnummer her schon gesichert war. Die Direktorin mußte doch aber auch mehr dahinter vermuten, schien es Aram, denn sie versiegelte die Kabine und bat ihn, entweder gleich mitzukommen oder sich in einer Viertelstunde bei ihr einzufinden. Aram, der nichts vor hatte und alles tun wollte, damit diese Sache aufgeklärt wurde, ging gleich mit. Er erlebte dadurch, wie gründlich die Direktorin vorging, und sah bald ein, daß seine Befürchtungen gegenstandslos waren. Rana Ratnari befragte alle, teils direkt und teils fernmündlich, die mit der Aufnahme des Notsignals und mit den eingeleiteten Maßnahmen zu tun gehabt hatten, und auch alle, die eventuell etwas gesehen haben konnten. Wen sie nicht erreichte, den bestellte sie für später zu sich.

Nach etwa zwanzig Minuten kamen die beiden Paten und brachten einen Chemiker mit, gleich darauf erschien der Arzt.

Die Zerstörung von Leine und Anzug hatte sich als Folge einer punktuellen starken Hitzeentwicklung erwiesen. Besonders am Anzug waren spektrografisch Spuren von Hypertherm festgestellt worden, einem neuen Stoffgemisch, das bei Zündung extreme Hitze entwickelte. Der Chemiker kannte es aus der Fachliteratur, hatte zwar noch nie praktisch damit zu tun gehabt, konnte es jedoch zweifelsfrei identifizieren. Einen derartigen Stoff gab es offiziell in Gagarin nicht.

Der Arzt hatte festgestellt, daß der Monteur am Druckabfall im Anzug gestorben war, außerdem aber dort, wo der Raumanzug zerstört war, eine Brandwunde hatte.

Der Mann traf ein, der den Alarm ausgelöst hatte: ein Kollege des Toten, ein Monteur, der ebenfalls in einiger Entfernung an der Außenseite des Wohnrings gearbeitet hatte.

Er hatte geglaubt, schon alles gesagt zu haben, aber nun sei ihm noch was eingefallen, es könne eine optische Täuschung sein, aber er wolle es trotzdem nicht verschweigen: Ihm sei, als habe er Momente vorher, also vor dem Abtrudeln des Verunglückten, einen kleinen Lichtblitz an dessen Gestalt gesehen.

Rana Ratnari faßte noch einmal alles zusammen, was sie nun wußten, und endete, nachdem sie das Protokoll abgeschaltet hatte, mit dem Satz: «Selbst wenn wir nicht alles aufklären können, aber ich glaube, ein Unglücksfall war das nicht. Das war Mord.»

2

Mercedes Cardo Fuentes war etwa um die Zeit des Mordes nach Sputnik Gagarin gekommen. In der Verwaltung wartete ein Brief ohne Absender auf sie, er war von jemandem aus der Raumstadt abgegeben worden, von wem, war nicht festzustellen. Der Brief war anonym und enthielt nichts als eine Fotokopie. Aber die war für Mercedes wie ein Schlag ins Gesicht, und das, obwohl sie schon seit längerem etwas in dieser Richtung befürchtet hatte. Sie zeigte einen Vertrag jenes New-Yorker Blattes, das die Artikelserie angekündigt hatte, mit einem Informanten. Und dieser Informant war Robin H. Lyndale.

Mercedes war sich sofort darüber im klaren, daß es Robin Hood nicht um das für seine Verhältnisse lächerliche Honorar ging, sondern lediglich darum, die Provokation auch von dieser Seite her vorzubereiten. Dann aber mußte er einer der Lenker und Leiter dieses Unternehmens Three Cheers sein. Ging die Schlußfolgerung nicht zu weit? Als Randfigur wäre er sich für so etwas zu gut. Andererseits – wenn diese Pressekampagne oder vielmehr die Anheizung einer solchen mit Hilfe einer Skandalzeitung für ihn bloß eine Nebenbeschäftigung, eine Randaktivität war, warum dann ein Vertrag unter seinem Namen? Warum hatte er keinen Strohmann eingesetzt?

Doch, dafür konnte es einen Grund geben. Mercedes überlegte: Selbst wenn er eine wichtige Figur in diesem Spiel war – und gerade dann! –, bekam er seine Aufträge keinesfalls in nachweisbarer Form. Es konnte einmal der Fall eintreten, daß er irgendeinen Beweis brauchte, und dann könnte er solchen Vertrag vorlegen.

Wer nun aber in Gagarin käme an solche Fotokopie? Schließlich kann man nicht im Urlaub einfach Pistole, Einbruchswerkzeug und Kamera nehmen und in die Redaktion gehen, die so was gewiß auch unter vielfachen Sicherungen verwahrte. Nein, ein einzelner konnte das nicht zuwege gebracht haben. Nur eine Organisation. Aber welche? Eigentlich konnte nur die betroffene Seite so konsequentes Interesse daran haben, die Provokation zu verhindern beziehungsweise ihre Drahtzieher zu entlarven und auszuschalten. Die Russen also. Aber waren sie denn allein die Betroffenen? Und hätten sie nicht bessere Möglichkeiten? Wer aber sonst? Mercedes beschloß, Viktor Tolkin jedenfalls diesen Brief zu zeigen und ihn dabei zu beobachten. Wußte die sowjetische Seite von diesem Brief, so würde er es auch wissen, dessen war sie sicher.

Bevor sie das tun konnte, bat Rana Ratnari um ein Gespräch. Die Direktorin besuchte Mercedes in ihrer Kabine, die Frauen kannten sich flüchtig, aber jede kannte auch den Ruf der andern, und Rana Ratnari ging das Thema sehr direkt an.

«Es sind zwei Dinge geschehen, die ich ohne Beweis miteinander in Zusammenhang bringe und auch in Zusammenhang mit Ihrem Aufenthalt hier bei uns. Denn ich weiß natürlich, daß Sie gute Gründe haben, den Elevenlehrgang durch seine drei Stationen zu begleiten, wenn ich auch die Gründe selbst nicht kenne. Aber es ist ja schon allerhand geschehen, von dem ich gehört habe, und sicherlich noch mehr, von dem ich nicht gehört habe. Ich denke deshalb, wir sollten von Anfang an zusammenarbeiten.»

Mercedes nickte. «Ich würde das begrüßen. Was in SB und SC geschehen ist, erzähle ich Ihnen später ausführlich. Wichtiger sind jetzt Ihre Neuigkeiten.»

«Erstens, es wurde in einem normalerweise unzugänglichen Versteck durch Zufall eine Art Waffe gefunden. Zweitens, vor etwa einer Stunde wurde ein Mann ermordet, ein Monteur.»

«Und ich habe ein drittes Ereignis. Auf mich hat dieser Brief hier gewartet.» Sie reichte Rana den anonymen Brief und zeigte auf den Namen Lyndale. «Der ist Ihnen doch bekannt? Und dieser Ankündigungsartikel auch?»

«Allerhand», sagte die Direktorin. «Im Moment neige ich dazu, alles mit allem in Zusammenhang zu bringen. Ob der Ermordete diesen Brief geschrieben hat? Das heißt, geschrieben hat er ja nichts, aber geben Sie mir mal den Umschlag, der ist doch normal verschlossen gewesen, also hat der Absender den Klebstoff angeleckt. Das muß sich doch mit dem Speichel des Toten vergleichen lassen, so viel Biochemie bringen wir hier auch ohne Kriminaltechnik.»

«Und die gefundene Waffe, gehörte die dann dem Ermordeten oder dem Mörder? Aber Spaß beiseite, schaden kann es ja nichts. Wer ist der Ermordete?»

«Allan Murdock, achtunddreißig, Raumtechniker, gebürtiger Australier, seit zwanzig Jahren USA-Staatsbürger, unverheiratet, seit fünf Jahren auf Gagarin.»

Plötzlich kam Mercedes eine Idee. «Als Amerikaner hat er doch eine Sozialversicherungsnummer, kann ich die haben?»

Die Direktorin rief die Verwaltung an und ließ sich die Nummer geben, Mercedes notierte sie. Dann verabredete sie sich mit Rana zu einem späteren Zeitpunkt. Als die Direktorin gegangen war, rief Mercedes die Zentrale an und verlangte die Nummer von Viktor. Der war gerade in seiner Kabine, bedankte sich für den Anruf und trat Minuten später bei Mercedes ein.

Viktor freute sich, die Rechercheurin wiederzusehen, die Freude war nicht ohne Zuneigung, Mercedes bemerkte das und freute sich ihrerseits.

«Ich habe zwei Bitten», sagte sie. «Die erste ist schnell zu erfüllen. Sehen Sie sich diesen anonymen Brief an, der hat hier auf mich gewartet.»

Mercedes beobachtete den Russen scharf, während dieser sich in der Fotokopie des Vertrages zurechtzufinden suchte. Sie sah, daß Viktor ruhig und entspannt war, daß er sich in ihrer Gegenwart keine Anstrengung des Beherrschens auferlegte. Kein Aha zuckte über sein Gesicht. Seine Hände waren ruhig. Einmal lächelte er, verächtlich, wie es Mercedes schien, wahrscheinlich war er gerade auf Robin Hood gestoßen. Aber das schien ihn nicht sonderlich zu erregen. Er wirkte eher nachdenklich, und Mercedes hätte viel darum gegeben, seine Gedanken lesen zu können. Aber gekannt hatte er den Brief nicht, das stand für Mercedes fest. Das ließ sie aufatmen, und es beunruhigte sie zugleich. Wer schaltete sich hier in die Vorgänge ein, welche neue Kraft, Seite, Interessengruppe?

Eine ähnliche Richtung hatten Viktors Gedanken eingenommen. Der anonyme Brief erinnerte ihn an den unbekannten Warner, der vor einem guten halben Jahr angerufen und gesagt hatte: «Hütet euch vor Three Cheers!» Bestand hier ein Zusammenhang? Der Gedanke war gar nicht so abwegig. Sonderbar wäre es eher gewesen, wenn sich bei einem so abgeschirmten Unternehmen zwei voneinander unabhängige Warner gefunden hätten. Aber sollte man deswegen die Suche nach dem Warner, dem anfänglichen, intensiv betreiben? Viktor erinnerte sich an die Worte des Generals: besser ein unbekannter Freund, der lebt, als ein bekannter, der tot ist. Wenn sie mit ihrer Suche auch nur in die Nähe des Unbekannten kämen, wäre er schon so gut wie tot. Aber diesen hier, den Briefschreiber, den konnte man suchen, von dem Brief wußten schon mehr Leute als er, Viktor. Und außerdem, nein, er konnte sich nicht vorstellen, daß sich jemand aus dem Dunstkreis der Mächtigen – und das mußte der erste Warner doch sein – nun hier in Gagarin aufhielt.

Das Telefon klingelte, jemand berichtete, der Speichel auf dem Briefumschlag stimme mit dem Speichel des Ermordeten überein. Mercedes hielt den Hörer so, daß Viktor die Worte mithörte. Demnach …

«Demnach hat der Ermordete den Brief geschrieben», sagte Mercedes. «Und ermordet wurde er wohl, weil er den Provokateuren zu dicht auf den Fersen war. Aber sicherlich nicht wegen des Briefes, davon haben sie kaum gewußt, sonst hätten sie einfach den Brief abfangen können.»

«Man müßte wissen, wer der Tote war», sagte Viktor. «Selbstverständlich müßten die Mörder überführt werden, es genügt nicht zu wissen, wo sie zu suchen sind, man muß sie finden und ausschalten. Aber das ist nicht Ihre und meine Sache. Am meisten interessiert mich, wer sich da einmischt.»

«Eben das betrifft meine zweite Bitte», sagte Mercedes. «Hier habe ich die Sozialversicherungsnummer von diesem Allan Murdock. Die Datenbank ist zwar gesichert, aber ich hab da mal was von Computerhackern gehört.»

«Die Nummer der Datenbank haben Sie nicht zufällig auch?» fragte Viktor.

«Hab ich zufällig auch», sagte Mercedes, blätterte in ihrem Notizbuch, schrieb sie auf einen Zettel und gab sie Viktor.

Der nickte, sagte, er würde sich wieder melden, und ging. Unterwegs zu seinem Arbeitsplatz am Computer wurde ihm plötzlich bewußt, daß die Situation nicht nur ernst und kompliziert, sondern in gewisser Weise auch kurios war. Im Grunde arbeitete er mit dieser Frau zusammen fast wie mit einer Genossin. Und noch etwas war kurios: Eine der höchsten Beamtinnen der UNO forderte ihn auf, ein internationales Abkommen zu brechen, nämlich die Informationssicherheit, und er übernahm diese Aufgabe, als sei das gar nichts. Mit solchen Dingen, erinnerte er sich, waren schon manche Kundschafter hereingelegt und ausgeschaltet worden. Konnte er dieser Frau wirklich so sehr vertrauen?

Er vertraute ihr.

Nach ein paar Stunden hatte er alle Angaben über Allan Murdock, die in der Datenbank gespeichert waren, darunter auch die bisherigen Arbeitsstellen. Er ließ alles ausdrucken, und gleich zweimal. Ein Exemplar lieferte er bei Mercedes ab, das andere gab er wenig später Boris Gronski, mit dem er im Umkleideraum verabredet war. Danach ging er noch bei Oberst Bunin vorbei und holte sich die Varianten ab, die sich der Oberst ausgedacht hatte als mögliche Szenarien für die Einbeziehung der sowjetischen Seite in die Provokation. Von ihm erhielt er sechs solcher Ablaufpläne; bei Boris, den er auch darum gebeten hatte, waren es sogar acht gewesen.

Viktor zog sich damit in seine Kabine zurück, er wollte die Tatsachen in einen Zahlencode übersetzen, bevor er damit an den Computer ging, wo ihn ja andere beobachten konnten. Aber es zeigte sich, daß er gar keinen Computer brauchte. Es gab bei aller Unterschiedlichkeit im einzelnen nur zwei Punkte, wo sich Übereinstimmungen häuften: Zehn von den vierzehn Varianten rechneten damit, daß jemand an Bord eines US-Raumschiffs verschleppt wurde, und neun damit, daß er, Viktor, dieser jemand sein würde. Über das, was dann weiter geschehen würde, erhielt Viktor bei keiner Variante eine befriedigende Auskunft. USA-Besatzung verläßt Raumschiff kurz vor dem Blackout – die eine. Geisel wird in einen Raumflugkörper gesetzt und auf Kurs gebracht – die zweite. Mannschaft landet in USA und gibt sich vor Gericht als von Viktor gekauft aus – und so weiter. Viktor erschienen diese Varianten zu matt oder zu umständlich, zu anfällig.

Ein Umstand allerdings beschäftigte Viktor in zunehmendem Maße. Bevorzugte Geiselperson war er selbst, das wurde sichtbar, und das stimmte wohl auch. Aber in keiner der Varianten war er, Viktor, unersetzbar. Jeder andere sowjetische Genosse konnte dem Gegner zwar nicht ebensogut, aber doch annähernd so effektiv als Geisel dienen.

Vielleicht war das das wichtigste Ergebnis dieses ohnehin etwas spekulativen Variantentests.

Die große Suchaktion führte Viktor und Jerry wieder einmal zusammen. Nach dem Waffenfund und dem Mord hatte Rana Ratnari insgeheim diese Aktion gründlich vorbereitet. Es waren alle Stellen im ganzen Objekt ermittelt worden, an denen ein Gegenstand bis zu einem Vierteljahr sicher vor Entdeckung deponiert werden konnte. Wie sich herausgestellt hatte, waren das gar nicht so sehr viele Stellen, so daß man versuchen konnte, sie alle zu kontrollieren. Gut, wenn das Ganze negativ ausging – aber so unwahrscheinlich war es gar nicht, daß noch mehr geheimgehaltene Gegenstände irgendwo versteckt waren, deutete doch alles auf weitreichende Zusammenhänge hin. Wenn hier eine Gruppe von

Menschen in nächster Zeit etwas vorhatte, was das Licht der Öffentlichkeit scheute, dann würde sie auch die benötigte Ausrüstung dafür zu diesem Zeitpunkt schon bereit haben.

Es suchten immer zwei bis drei Personen gemeinsam, und das jeweilige Suchgebiet war genauso sorgfältig überlegt worden wie die Zusammensetzung der Suchgruppen. Viktor und Jerry hatten einen Bereich erhalten, in dem sie als Neulinge keine Ortskenntnisse und auch keine speziellen technischen Einblicke brauchten: Sie hatten die Lagerung der Alarmreserven im Kosmodrom zu überprüfen, die grundsätzlich nur zweimal im Jahr umgewälzt wurden. Das Kosmodrom in der Nabe von SG war besonders reichlich mit solchen Reserven bestückt, da hier in einem Notfall nicht nur die hiesigen Techniker, sondern auch eventuell zu Hilfe eilende Raumschiffbesatzungen versorgt werden mußten, und zwar außer mit Sauerstoff und Verpflegung auch mit Material und Geräten für die Rettung von Menschen im Wohnring oder außerhalb des Rades.

Da das Lager im Kosmodrom und das Kosmodrom in der Nabe lag, herrschte hier Schwerelosigkeit. Es gab keine Regale, Laufschienen, Leitern, Transportkarren und was man sich sonst noch an Lagerhaltungstechnik vorstellen mochte. Oder vielleicht gab es sie doch, hinter der großen Wand, vor der sie standen? Ihre Arbeit war so einfach und anspruchslos, daß eine Einweisung von drei Minuten genügt hatte, die sie gemeinsam mit einem Dutzend anderer Kontrollgruppen empfingen.

Sie mußten nacheinander alle Container abrufen, die seit der letzten Umwälzung schon einmal abgerufen worden waren. Sie brauchten nur jedesmal einen Knopf zu drücken, und der Lagercomputer schickte den nächsten Container, auf den das zutraf. Eine Lade sprang auf, und sie zogen den Plastkarton von der Größe eines mittleren Paketes, den Container also, heraus. Der Computer zeigte den Inhalt an, sie öffneten den Kasten, stellten fest, daß alles stimmte, schoben ihn wieder hinein, schlossen die Lade und drückten den Knopf. Das alles war nötig, weil es bei den Technikern üblich war, sich in eiligen Fällen manchmal gleich hier zu bedienen. Es stellte ja keine Gefährdung dar, denn der entnommene Container wurde automatisch aus dem zentralen Lager zugeführt, so daß Minuten später die Alarmreserve wieder komplett war.

Aber es hätte eben auch jemand, der mit den Umständen vertraut war, einem Container Material entnehmen, etwas anderes hineinlegen und den Container an seinen Platz zurückschicken können. Die Möglichkeit, daß ein solches Versteck vor der nächsten Umwälzung der Bestände entdeckt wurde, stand etwa bei Null Komma null null eins.

So einfach die Arbeit auch war – aufpassen mußten die beiden doch sehr, daß sich bei der herrschenden Schwerelosigkeit nicht kleinere Teile aus den Containern selbständig machten. Und wenn das gar mehreren Gruppen gleichzeitig passiert wäre, dann hätte es ein ziemliches Durcheinander gegeben. Nur wenn die Lade geschlossen war, in der Pause zwischen zwei Containern, hatten sie Gelegenheit, ein paar Worte zu wechseln.

«Ich wollte dich schon immer mal fragen», sagte Viktor in einem solchen Augenblick, «was macht denn deine Theorie aus SC? Wir haben uns ja schon lange nicht mehr gesehen.»

«Ich dachte schon, du bist sauer wegen Ella», entgegnete Jerry.

«Eure Sache», sagte Viktor. Dann kam schon der nächste Kasten.

«Ich bereite eine Publikation vor», berichtete Jerry in der nächsten Pause. «Na ja, zugegeben, das nimmt mich auch ziemlich in Anspruch, es wird schon an mir liegen, wenn wir uns nicht sehen. Aber das wird sich jetzt ändern.»

Auch der folgende Kasten enthielt, was er sollte. Danach erzählte Jerry begeistert von der prinzipiellen Richtigkeit seines theoretischen Ansatzes, die als erwiesen gelten konnte, und den unerhört interessanten Einzelheiten, die sich bei den Versuchen ergeben hatten und die längst noch nicht aufgearbeitet waren, so daß die Publikation weit eher ein Arbeitsprogramm als ein Ergebnis fixieren würde.

«Ich bin gespannt, ob wir etwas finden werden», bemerkte Viktor nach dem nächsten Kasten.

«Vielleicht nicht wir», erwiderte Jerry, «aber irgendwas wird bei Kontrollen immer gefunden.»

Und richtig, ein paar Minuten später tönte es aus dem Lautsprecher: «Bitte den Lagervorraum räumen! Alle Kontrollgruppen bitte vorübergehend den Lagerraum räumen!»

Sie schwebten in einen anderen Raum, und nur die Fachleute blieben im Vorraum. Schnell stellte sich heraus, daß eine Kontrollgruppe einen Container entdeckt hatte, der nicht die katalogisierten Gegenstände enthielt, sondern irgendwelche sonderbaren Päckchen. Sie rätselten herum, ob das nun etwas zu bedeuten habe oder nicht, aber dann wurden sie schon wieder zurückgerufen, um die unterbrochene Kontrolle weiterzuführen.

Als die Kontrollgruppen fertig waren, versammelten sie sich wieder im Nebenraum. Jeder wollte wissen, ob bei der Aktion etwas herausgekommen sei. Die Erwartung war nicht grundlos, war doch schon in ihrem kleinen Bereich etwas gefunden worden. Der die Aufsicht führte, hatte nachgefragt und zur Antwort bekommen, Direktor Ratnari werde in Kürze eine erste Auswertung geben. So wartete man also.

Viktor sah Jerry an und fand bestätigt, was er von anderen gehört hatte: Das war nicht mehr der alte, fröhliche Kumpel. Er gab sich nur noch manchmal so, wohl immer dann, wenn ihm der Unterschied zu früher selbst auffiel. Und er, Viktor, wie stand er nun zu dem Amerikaner? Diese Sympathie, dieses Hochgefühl, das er dem anderen entgegengebracht hatte, beispielsweise, als sie sich nach der ersten Trennung in Albermarle Center wiedertrafen, das existierte nicht mehr. Und der Grund war nicht der fast schon Gewißheit gewordene Verdacht …

«Ich wende mich an alle Suchgruppen», ertönte da die Stimme von Rana Ratnari, «und spreche Ihnen den Dank der Administration für Ihre sorgfältige Arbeit aus. Was ich Ihnen als erste Ergebnisse mitteilen kann und muß, ist beunruhigend, aber ich bin sicher, Menschen wie Sie, die an Gefahr gewöhnt sind, werden deshalb nicht in Panik fallen. Wir wollen aber, daß offen darüber gesprochen wird, damit alle sich Gedanken machen und die weitere Kontrolle der Ereignisse in die Hand nehmen. Es sind Mengen von Hypertherm und eine Reihe von Gerätschaften gefunden worden, die insgesamt einen bestimmten Schluß zulassen. Zu einem Zeitpunkt, den wir nicht kennen, sollten die Schleusen des Kosmodroms zerstört werden. Es ist möglich, daß wir einiges übersehen haben, aber mit dem eventuell noch versteckten Rest wird eine großangelegte Aktion nicht mehr durchzuführen sein. Dank Ihrer Kontrolle besteht im Augenblick keine akute Gefahr mehr. Bitte kehren Sie an Ihre Arbeit zurück.»

Die in näherer Umgebung von Gagarin stationierten Labors und Observatorien bewegten sich zwar kräftefrei auf Erdumlaufbahnen, die fast mit der des großen Rades identisch waren. Trotzdem mußten sie von Zeit zu Zeit auf diesen Bahnen justiert werden. Aus mancherlei Gründen traten geringfügige Abweichungen auf, unter anderem auch deshalb, weil bei jedem Wechsel der Besatzung das An- und Abdokken einen wenn auch winzigen Schub erteilte. Diese Justierungen wurden jeweils von einem Bullen vorgenommen, erfahrene Monteure wie Boris Gronski wurden damit beauftragt, und zu so einer Arbeit hatte Boris Viktor eingeladen, erstens, damit er lernte, sich im freien Raum zu bewegen, auch mit einem Bullen umzugehen und manches andere, was von Wichtigkeit werden konnte, vor allem aber, weil die Arbeit selbst zwar volle Aufmerksamkeit forderte, An- und Abflug jedoch und die Meßpausen genügend freie Zeit zur Unterhaltung bieten würden – bei noch größerer Sicherheit als im Umkleideraum. Und zu besprechen gab es eine Menge wichtiger Dinge.

Dieser Ansicht waren beide. Einer hatte dem anderen Neues zu berichten, vor allem aber wollte Viktor zum ersten Mal dem Genossen zusammenhängend seine Strategie darlegen.

«Zuerst die Sachfragen», entschied Viktor. «Die Suche der

offiziellen Organe nach dem Mörder hat den Personenkreis zwar eingeengt, aber noch nicht zu konkreten Ergebnissen geführt. Die Analyse der Sprengstoff- und Gerätefunde bei der gestrigen Suchaktion wird den Kreis weiter einengen. Freilich unter der Voraussetzung, daß es Zusammenhänge zwischen dem Mord und den versteckten Dingen gibt, und zwar auch personelle. Aber ich glaube, das darf man getrost annehmen. Es ist auch der Gedanke aufgetaucht, daß der Mörder schon Gagarin verlassen hat. Aber ich glaube das nicht.»

«Nein, das würde den Mord sinnlos machen», stimmte Boris zu. «Ich weiß von den Kollegen, daß das kein Mord war, der irgendwie im privaten Bereich motiviert war. Der Grund dafür muß mit den Ereignissen zusammenhängen, die uns noch bevorstehen.»

«Diesen Gedanken verfolgt auch die Sicherheitsdirektorin. Und daraus folgt, daß der Mörder noch hier ist. Man kann nach Gagarin nicht einfach wie seinerzeit nach Silver Beam berufsmäßige Killer einfliegen. Die Leute, die hierherkommen, haben Qualifikation und lückenlose Vergangenheit, die kann man im Einzelfall vielleicht simulieren, aber nicht massenhaft, nicht so, daß man für jede Teilaktion einen neuen Mann nimmt. Wir werden also mit dem Mörder noch zu tun bekommen.

Genauso wichtig wäre es, wenn wir den Grund für den Mord kennen würden oder wenigstens etwas mehr über die Person des Ermordeten. Hat die Heimat da etwas herausgefunden?»

«Ja, wenn auch nicht viel», berichtete Boris. «Seine australische Herkunft ist Legende. Es steht ziemlich fest, daß der Murdock, der zu dem angegebenen Datum am angegebenen Ort geboren wurde, bereits vor Jahren verstorben ist. Und noch etwas: Kundschafter eines unserer befreundeten Länder war er nicht.»

«Und man kann, glaube ich, auch davon ausgehen, daß für die Legende keine kriminellen Ursachen vorliegen», sagte Viktor.

«Glaube ich auch. So, wir sind gleich da, nachher weiter. Zunächst einmal docke ich an, das ist Fingerspitzenarbeit.»

Tatsächlich, Viktor bemerkte nicht den leisesten Ruck, als die Kopplungsmechanik einrastete, lediglich auf den Geräten wurde der Vorgang angezeigt. «Unser Bulle kann auch sehr sensibel sein!» sagte Boris vergnügt. Dann aber verbot sich jedes weitere Gespräch. In Verbindung mit dem Eichzentrum von Gagarin wurden die minimalen Schübe errechnet, die das Observatorium justieren sollten. Außerdem war auch die Besatzung an dem Vorgang beteiligt. Der Schub selbst dauerte nicht mal eine Minute, dann legte der Bulle wieder ab.

«Jetzt haben wir eine halbe Stunde Zeit», sagte Boris. «So lange dauert es, bis die Justierung bestätigt ist. Danach, wenn keine weitere Korrektur nötig ist, werden wir beide um das Observatorium herumkriechen, im Raumanzug, und hier und da etwas Raumstaub abfegen und sammeln und an bestimmten Stellen der Außenhaut Mikroresonanzen messen, das zeig ich dir dann. Jetzt also schieß los.»

Viktor preßte die Lippen zusammen und dachte zehn Sekunden lang noch einmal nach. War er wirklich bereit, sich festzulegen? Sie konnten nicht endlos warten, und sie konnten auch nicht dauernd zusammenhocken. Es mußte sein, obwohl noch manches unklar war.

«Ich gehe davon aus, daß Zielpunkt der Provokation die USA-Station Kolumbus ist. Die Ergebnisse der Suchaktion weisen zwar auf Gagarin, aber entweder ist das eine falsche Spur, oder es hängt irgendwie anders damit zusammen, auf eine Weise, die wir noch nicht verstehen. Sie brauchen dazu einen von uns, also einen sowjetischen Bürger, einen Fachmann, einen von Gagarin also, und ich denke, sie haben mich für die Rolle vorgesehen. Gehen wir so weit konform?»

«Ja», stimmte Boris zu. «Also müssen wir dich rund um die Uhr bewachen.»

«Im Gegenteil», sagte Viktor.

«Wie soll ich das verstehen?» fragte Boris, und seiner Stimme war die Verblüffung anzumerken.

«Sehr einfach. Ich bin darauf vorbereitet und außerdem

ausgebildet, mit solchen Schwierigkeiten fertig zu werden. Wenn sie mich nicht erwischen, weil ihr mich bewacht und sie das natürlich merken, dann greifen sie sich einen andern. Das darf nicht geschehen, auch aus moralischen Gründen, aber vor allem deshalb: Ein Unerfahrener wird ihnen unterliegen, sie werden leichtes Spiel mit ihm haben. Und zweitens: Ich werde mich nicht wehren, solange wir in Gagarin sind, und damit jede Gefahr von Gagarin abwenden, dazu sind wir auch verpflichtet.»

«Da hast du gewiß recht», sagte Boris, immer noch verwundert, «aber ...»

«Was aber?»

«Aber – nichts. Nein, es gibt keinen Einwand gegen deine Strategie des Opferlamms.»

Viktor lachte. «Das wäre sie vielleicht, wenn das alles wäre. Aber hieraus folgt, daß alle anderen Sowjetbürger in SG bewacht werden müssen, daß sie sich nur paarweise und gesichert bewegen und so weiter. Darüber müssen wir noch sprechen. Aber nun zur anderen Hälfte der Sache. Die erste betraf mich, die zweite betrifft euch, alle anderen also – eigentlich überhaupt alle. Wir müssen für diese Sache einen politischen Hintergrund schaffen, der den Gegner fortlaufend einengt, und das in doppelter Hinsicht: Erstens muß er gezwungen sein, wenn er nicht überhaupt aufgeben will, seine Pläne so durchzuführen, wie wir es einschätzen, oder anders: Er darf keine Gelegenheit haben, seine Strategie noch zu ändern. Und zweitens müssen wir erreichen, daß die geplante Schuldzuweisung an der Provokation bereits fehlgeschlagen ist, wenn die Aktion beginnt.»

«Bißchen abstrakt, wie?» fragte Boris und rieb mit dem Zeigefinger seine Nase. «Was stellst du dir darunter konkret vor, kannst du das wenigstens ungefähr sagen?»

«Darüber müssen wir eben beraten. Ein paar Ansätze habe ich schon. Aram hat mir berichtet, Gwendolyn Freeman will ein Komitee gründen, das sich auf ehrenamtlicher Grundlage mit der Sicherheit von Gagarin befaßt – eine Möglichkeit. Zum Beispiel können sie kontrollieren, daß nichts hereingeschmuggelt wird, und überhaupt verhindern, daß in Gagarin selbst etwas geschieht.»

«Vielleicht kann man dafür sorgen, daß auch der Gegner mit in das Komitee gewählt wird, zum Beispiel dein Jerry.»

Viktor war überrascht, aber der Gedanke leuchtete ihm sofort ein. Was das Komitee trieb, war ja nicht geheim, und wenn der Gegner unterrichtet war, welche Stimmung gegen ihn herrschte, würde er vielleicht davon absehen, noch irgendwelche Akte in Gagarin zu inszenieren. Nur Jerry – das war ihm zu direkt.

«Lieber einen von der Peripherie», sagte er. «Ihr kennt doch schon ein paar, nehmt einen davon.»

«Gut. Und weiter?»

Sie besprachen alles, was derzeit schon abzusehen war, auch die Begegnung der beiden Oberste, die Zusammenarbeit mit Mercedes Cardo und Rana Ratnari. Und dann bat Viktor seinen Genossen, noch einmal die Strategie von allen Seiten und mit allen verfügbaren Argumenten anzugreifen. Es stellte sich heraus, daß sie allen Attacken standhielt. Selbst für den Fall, daß die gegnerischen Pläne ganz andere Zielpunkte hätten, was man immerhin als Möglichkeit einrechnen mußte, war diese strategische Linie die wirkungsvollste Entgegnung.

Eine so großangelegte und mehrere Stunden dauernde Versammlung hatte es in Gagarin schon lange nicht mehr gegeben. Alle Bereiche, Abteilungen und sonstige Gliederungen des großen Rades hatten Delegierte entsandt, es waren fast hundert Personen zusammengekommen, und Rana Ratnari sprach über die Ergebnisse der Suchaktion. Was dazu unmittelbar zu sagen war, deckte sich mit ihren Ausführungen gleich danach. Im Zusammenhang mit dem Mord aber waren diese Ergebnisse fast noch wichtiger.

«Wir haben zwei Kreise von Menschen festgestellt», sagte sie. «Der kleinere Kreis umfaßt zwanzig Personen. Unter ihnen befindet sich aller Wahrscheinlichkeit nach der Mörder. Wir sagen nicht, um welche Personen es sich handelt, denn neunzehn davon sind sicherlich unschuldig. Aber wir werden weiterforschen, weiter solche Personen aussondern, die es nicht gewesen sein können. Und die Wachsamkeit des Komitees, das wir heute wählen wollen, kann uns dabei helfen. Wie, das wird nachher Gwen Freeman sagen, ich stelle nur allgemein fest: Denen, die finstere Pläne verfolgen, müssen wir es so schwer wie möglich machen, um so mehr müssen sie riskieren und um so eher werden sie sich verraten. Der zweite Kreis umfaßt außer diesen zwanzig noch dreißig weitere Personen, die zwar nicht den Mord ausgeführt haben können, aber doch irgendeine andere Tätigkeit im Zusammenhang mit den verschiedenen Vorgängen. Ich verspreche hier: Niemand wird verdächtigt, dessen Schuld nicht bewiesen werden kann. Aber die Schuldigen werden gefunden.

Nun noch ein Wort zu unserer Kollegin Gwendolyn Freeman. Sie hat einen der ersten Funde gemacht, und sie hat dieses Komitee angeregt. Ich muß aber noch dazu erwähnen, was viele sicherlich schon gehört haben: Der Elevenlehrgang, dem sie angehört, war schon in früheren Monaten, bei seinen vorangegangenen Stationen in Silver Beam und Submarine City, wiederholt das Opfer verbrecherischer Angriffe, auch sie selbst. Wer immer die Urheber dieser Gefahren sein mögen – an uns sollen sie sich die Zähne ausbeißen. Mißtraut niemandem, aber achtet auf euern Nebenmann, daß ihm nichts geschieht! Die Administration wird jeden Schritt, den das Komitee beschließt, nach Kräften unterstützen!»

Es hagelte Fragen. In der Mehrzahl freilich solche, die nicht oder noch nicht beantwortet werden konnten. Zum Beispiel: Was sollte das für einen Zweck haben, die Schleusen zu zerstören, wenn man Gagarin in eine Katastrophe führen wollte, dann gab es hundert andere Möglichkeiten dafür, die alle effektiver waren als dieser Schaden, der innerhalb weniger Tage zu beheben war! Oder: Ob bei der Suche alles gefunden worden war? Die Auswertung schätzte, daß achtzig bis fünfundachtzig Prozent der versteckten Gegenstände gefunden waren, aber es war eben nur eine Schätzung, deren Wert sehr mittelbar über eine Reihe unsicherer Parameter errechnet worden war.

Allmählich aber wandte sich die Diskussion dem Thema zu, was man denn tun könne, um weiteren Schaden zu verhindern. Sehr bald wurde der Gedanke geäußert, man müsse alles unter strenge Kontrolle nehmen, was nach Gagarin käme, und zwar sowohl Güter wie Personen. Ja, Kontrolle. Mit Leibesvisitation. Wird niemand beleidigt sein? Die hierherkommen, sind ja keine Touristen, sie werden gern zu unserer Sicherheit beitragen und dazu, daß man solche Banditen faßt. Also gut, das ist eine Möglichkeit, was noch? Keiner darf mehr allein sein. Personen, die sich zur Arbeit ausschleusen, sollen sich gegenseitig checken, daß niemand mehr Opfer eines Anschlags werden kann. Gut, was noch ...

Als Gwen das Wort ergriff, brauchte sie nur noch die Vorschläge zusammenzufassen und eine geeignete Organisationsform vorzuschlagen: ein relativ kleines Komitee, von dem immer zwei zusammen für einige Stunden Dienst taten, indem sie die Kontrolle organisierten und für alle anderen erreichbar waren. Das war die eine Seite – und der Einsatz aller Delegierten dieser Versammlung bei den Kontrollen die andere. Immer zwei sollten gemeinsam tätig werden, täglich zwei bis drei Stunden, und das zunächst für vierzehn Tage, danach würde man wieder zusammenkommen und die Erfahrungen vergleichen. Wer von den Anwesenden aus irgendwelchen Gründen nicht daran teilnehmen könne oder wolle, möge gehen, niemand würde es ihm übelnehmen.

Es ging keiner.

Das Komitee wurde entsprechend einem Vorschlag von Rana gewählt. Es trat zusammen und bestimmte Gwen als seine Vorsitzende.

Mercedes Cardo hielt eine Art Schlußwort. «Ich breche hier eine Regel, an die ich mich jahrzehntelang gehalten habe. Ich sage etwas oder deute etwas an, das ich nicht beweisen kann, und ich bitte Sie trotzdem um Ihr Verständnis, wenn ich dabei einigermaßen allgemein bleibe. Aber die Gefahr, die sich hier vor uns auftut, verpflichtet mich dazu, und Ihre Bereitschaft, diese Gefahr zu bannen, berechtigt mich dazu. Ich meine, es geht hier nicht einfach darum, Gagarin einen Schaden zuzufügen, was doch schon schlimm genug wäre. Ich fürchte, die Sache ist noch viel schlimmer. Die meisten von Ihnen sind so jung, daß sie die schweren Kämpfe für die Abrüstung als Kinder oder bestenfalls als Studenten erlebt haben. Für sie ist das schon Geschichte. Ich muß Ihnen sagen, ich habe Grund zu fürchten, daß das Rad der Geschichte zurückgedreht werden soll. Beobachten Sie mit Aufmerksamkeit, was hier geschieht, aber beobachten Sie bitte mit der gleichen Aufmerksamkeit, was in der Welt geschieht, auf unserer Erde, in der Politik. Ich müßte mich sehr täuschen, wenn Sie da nicht bald selbst zu bestimmten Ergebnissen kommen würden. Und glauben Sie mir: sehr gern, liebend gern würde ich mich täuschen!»

Der Beifall, den sie bekam, war etwas dünn. Viele konnten mit ihren Worten nichts Rechtes anfangen. Noch nicht.

Während Oberst Bunin noch zögerte, seinen amerikanischen Kollegen um ein vertrauliches Gespräch zu ersuchen, kam dieser ihm zuvor und überraschte ihn mit der gleichen Bitte. Sie vereinbarten einen Termin in ein paar Stunden, und Sergej Stepanowitsch Bunin setzte sich mit Viktor in Verbindung. Beide hatten das Gefühl, daß die Lage sich zuspitzte, und deshalb verabredeten sie, daß Viktor während des Gesprächs erreichbar sein sollte. Es war besser, sie hatten die Möglichkeit, eventuell überraschende Informationen des Amerikaners sofort zu besprechen.

Die beiden Oberste trafen sich in den Räumen der Kommission. Es hatte sich eingebürgert, daß jeder die Sprache des anderen benutzte, wenn sie sich unterhielten, aus Höflichkeit wie auch zur eigenen Übung. Nur den direkten Text der Mitteilung formulierte jeder in seiner Muttersprache. Aber soweit war es noch nicht, man sprach erst über belanglose Tagesereignisse, erkundigte sich nach Neuigkeiten aus der Familie auf der Erde, schließlich waren beide Großväter, und der Dienst hier oben bedeutete jeweils vier Wochen Trennung von den Lieben und eine Woche Heimaturlaub, falls nichts Aufregendes geschah.

Schließlich aber war man genügend aufeinander eingestimmt, und Oberst Tailor sah seinen sowjetischen Kollegen ernst an. «Meine Seite legt Wert auf die Mitteilung, daß Ihre Seite im Falle des ermordeten Leutnants der Navy Allan Murdock nicht der direkten oder indirekten Beteiligung an diesem Verbrechen verdächtigt wird. Selbstverständlich ist diese Mitteilung in der üblichen Weise als vertraulich aufzufassen.»

Oberst Bunin nickte gelassen, obwohl es ihm in diesem Fall nicht leichtfiel, sein Erstaunen zu verbergen: Die amerikanische Seite teilte Murdocks Identität mit und auch, daß bei seiner Ermordung keine staatlichen Institutionen der USA am Werke gewesen waren.

Bunin überlegte, was er darauf erwidern sollte. Es wäre gut, wenn er gleichfalls etwas von informatorischem Wert zu bieten hätte. Das wollte er aber mit Viktor abstimmen.

«Ich danke Ihnen für die vertrauliche Mitteilung. Ich hätte Sie morgen oder übermorgen um ein Gespräch gebeten. Nach Ihrer Eröffnung allerdings möchte ich vorschlagen, daß wir jetzt eine Pause von zehn Minuten einlegen und dann unsere Zusammenkunft fortsetzen.»

Die zehn Minuten reichten kaum, um das Problem zu besprechen, und Viktor und Oberst Bunin mußten sich entscheiden, wie weit sie gehen wollten, ohne alles gründlich durchdenken zu können, ohne mit Boris darüber zu sprechen, der im Augenblick Außendienst hatte und nur über das offene Betriebsnetz erreichbar gewesen wäre.

Die Mitteilung, für deren Stichhaltigkeit sich Oberst Bunin noch einmal verbürgte – beiden Seiten sei dieser Kontakt viel zu wichtig, als daß sie ihn mit Falschinformationen oder Spielmaterial entwerten würden –, die Mitteilung bedeutete ja, daß progressive Teile des Staatsapparates der USA, die die herrschende Politik des friedlichen Konsens vertraten, dem Unternehmen Three Cheers auf die Spur gekommen waren, anscheinend der Geheimdienst der Armee oder der Navy, und daß sie nötigenfalls bis zu einem gewissen Grade als Verbündete gerechnet und vielleicht sogar zu abgestimmtem Handeln veranlaßt werden konnten. Das war schon eine entsprechende Gegeninformation wert!

Exakt nach zehn Minuten betrat Oberst Bunin wiederum das Zimmer, in dem sie das Gespräch begonnen hatten. Oberst Tailor lächelte. «Wie immer, die Pünktlichkeit in Person!» lobte er.

«Ihnen zum Verwechseln ähnlich.» Oberst Bunin ging auf den fröhlichen Ton ein. «Nun, etwas muß ja hängenbleiben nach einem ganzen Leben bei der Armee.»

Sie setzten sich beide, und Oberst Bunin begann: «Ich bitte Sie zunächst um Ihre persönliche Meinung in einer Frage, die vielleicht in der nächsten Zeit von Bedeutung werden kann. Was meinen Sie – darf unsere Kommission tätig werden in einem Fall, der nicht direkt zum Gegenstand unserer Überwachungsfunktion gehört, also nicht die Sicherheit des Raums vor militärischem Mißbrauch betrifft, sondern eher ..., nun ja, die Sicherheit unserer Kommission und unseres Standortes in Gagarin selbst?»

«Das haben Sie schlau formuliert», sagte Oberst Tailor mit ehrlicher Anerkennung, aber ohne das geringste Bemühen um einen offiziellen Ton, und er fuhr gleich fort: «Ich denke, wir sind vorhin schon in dieser Richtung tätig geworden, und es ist nicht einzusehen, warum wir nicht notfalls auch weitergehen sollten. Jedermann steht das Recht der Selbstverteidigung zu, also auch einer Kommission.»

«Es freut mich, daß Sie die Sache so sehen. Dann darf ich mitteilen, daß unsere Seite zunächst von sich aus alles versuchen wird, um eine Gefahr von SG fernzuhalten oder, falls sie doch entsteht, zu entfernen.»

Tailor lächelte, und es schien Bunin, als sei sein Lächeln eine Spur flüchtiger als sonst. Gewiß war diese Antwort allein enttäuschend, sie enthielt wenig mehr als das, was sich der Oberst selbst denken konnte. Lediglich das letzte Wort gab eine Richtung an, wenn auch sehr allgemein. Oberst Bunin sprach weiter: «Ich gebe Ihnen hier vertraulich einen Zettel mit Namen von Mitarbeitern von SG, die unserer Seite auf die eine oder andere Weise aufgefallen sind. Es könnte sein, daß es sich um Kollegen von Allan Murdock handelt, wir halten das aber für unwahrscheinlich.»

Oberst Tailor steckte den Zettel ein, ohne einen Blick darauf zu werfen, bedankte sich ebenfalls für die Information und schloß: «Meines Wissens waren Kameraden des Ermordeten bis zu seinem Tode hier nicht tätig.»

Bei all der Arbeit in den letzten Tagen erschien es Mercedes Cardo Fuentes zuerst nebensächlich, als sie am Rande etwas erfuhr, das mit dem Anschlag zu tun hatte, der vor einiger Zeit einen ihrer Mitarbeiter das Leben gekostet hatte und der, wie sie fest überzeugt war, ihr gegolten hatte. Die kleine Mitteilung, die ihr ein untersuchender Beamter aus alter Freundschaft hatte zukommen lassen, bestätigte ihre Überzeugung. Sie besagte, der Anschlag war bei den Ausübenden unter dem Codewort «Operation Großmutter» gelaufen. Erst später, in einer Denkpause, wurde ihr bewußt, daß die Bezeichnung sie ärgerte. Es steckte eine zusätzliche Bosheit darin, falls nämlich der Namensgeber sie und ihr Leben kannte, und das war ja wohl anzunehmen: Freilich hätte sie dem Alter nach Großmutter sein können, aber – und da lag das Kränkende – sie war es eben nicht. War diese Kränkung Absicht? Eine überflüssige Frage, aber sie brachte sie auf einen anderen Zusammenhang: auf das Gespräch mit Robin H. Lyndale, das sie in der nächsten halben Stunde führen wollte. Wenn dieser Mann, den sie immer für einen Freund oder mindestens Verbündeten gehalten hatte, wirklich ein Exponent dieser verbrecherischen Kräfte war, dann konnte er sehr wohl auch mit dieser Operation zu tun haben oder gar ihr Namensgeber sein, das war sehr wahrscheinlich. Freilich war die Kränkung Nebensache, die Absicht, sie umzubringen, nicht nachweisbar und der tatsächliche Mord nicht von ihm ausgeführt, und obendrein, wenn sie das alles gewußt hätte, würde sie es doch nicht nachweisen können – aber sie wollte es wissen.

Doch war und blieb das eine Nebensache bei diesem Gespräch, und auf den Ausgang der Unterhaltung hatte das keinen Einfluß mehr, es würde allenfalls ein kleines Anhängsel werden.

Der Publizist erschien pünktlich. Mit gerunzelter Stirn fragte er sehr direkt: «Ein Gespräch unter vier Augen – was mag das bedeuten? Gutes oder Schlechtes?»

«Ja, wir sind ganz unter uns», sagte Mercedes in einem höflich-sachlichen Ton und ohne jedes Keep-smiling, «und ganz unter uns möchte ich Sie bitten: Verlassen Sie Gagarin mit der nächsten Rakete.»

Der Publizist mochte etwas in der Richtung erwartet haben, er machte jedenfalls nicht den geringsten Versuch zu protestieren. Aber er wollte doch wissen, wieviel die Rechercheurin über seine Rolle und seine Pläne wußte, und er sagte: «Eine Bitte erfülle ich immer gern, so weitgehend, wie es mir möglich ist, vor allem wenn sie von alten Freunden kommt. Aber diese erscheint mir doch – nun, etwas groß. Womit ich nicht sagen will, daß ich ihr nicht nachkomme.»

Mercedes verstand den Wunsch Lyndales, sie über den Grad ihrer Informiertheit auszuhorchen, und noch mehr: Sie begriff in diesem Augenblick, daß der andere sowieso bereit war abzureisen, und das wiederum konnte nur bedeuten, daß der Zeitpunkt der geplanten Ereignisse nahe bevorstand und deren Planung und Organisation abgeschlossen war. Daraus ließ sich weiter schließen, daß der Schlag nicht oder nicht hauptsächlich gegen Gagarin gerichtet war, denn sonst hätten erst die inzwischen aufgefundenen und beschlagnahmten Waffen und Sprengstoffe ersetzt und für die Provokation bereitgestellt werden müssen, was aber nun durch die Kontrollen so gut wie unmöglich geworden war. Ein wenig erleichterte sie diese Schlußfolgerung. Ihr Ziel also war schon fast erreicht, der Publizist würde abreisen. Sollte sie zeigen, wieviel sie wußte? Manchem wäre das an ihrer Stelle nicht klug erschienen. Aber sie hatte die Erfahrung gemacht, daß es in unübersichtlichen Situationen am besten war, offen zu sein.

«Sie wollen wissen, worauf sich meine Bitte stützt?» Sie reichte ihm eine Kopie der Fotokopie jenes Vertrages, den er mit dem Skandalblatt abgeschlossen hatte. Mit flüchtiger Erbitterung dachte sie daran, daß sie dem Überbringer dieser Information mit ihrer Offenheit nicht mehr schaden konnte, er war tot, ermordet.

Robin Lyndale gab ihr das Blatt zurück. «Und wenn ich trotzdem hierbleibe?» fragte er und grinste.

Mercedes wußte und hörte es auch am Tonfall: Das war nicht mehr ernst gemeint, das war Rückzug, abschließende Konversation, für Robin H. Lyndale war alles klar, er würde abreisen. Aber sie wollte doch noch einen Schritt weitergehen und sprach zunächst aus, was auszusprechen eigentlich nicht nötig gewesen wäre, da es beiden ohnehin klar war.

«Ich habe Ihnen gesagt, was ich weiß, und werde es den fleißigen Leuten von Sputnik Gagarin nicht verschweigen. Ich bezweifle, ob danach noch jemand mit Ihnen spricht. Sie werden Ihnen nichts tun, nein, das glaube ich nicht, mit Morden und Töten haben sie nichts im Sinn. Von den Eleven will ich erst gar nicht reden. Aber jeder fährt mal nach Hause, und da wird er gefragt, und er erzählt, was es Neues gibt. Vielleicht macht mancher auch eine Eingabe, womit die Sache zum Gegenstand offizieller und vielleicht gerichtlicher Untersuchung würde.»

«Ich hatte sowieso vor, in den nächsten Tagen abzureisen», erklärte der Publizist. «Auf Ihren Wunsch werde ich meine Abreise beschleunigen.»

«Morgen in den Mittagsnachrichten wird diese Fotokopie gezeigt», sagte Mercedes.

«Tun Sie das!» erwiderte Lyndale gelassen, aber doch nicht ganz so gleichgültig, wie er es wohl gewollt hätte. Er erhob sich. «Ich darf mich dann wohl verabschieden.»

«So ist es», sagte Mercedes. «Die Operation Großvater ist damit abgeschlossen.»

Er hatte ihr schon den Rücken zugedreht, als sie das sagte, aber sie bemerkte, daß seine Bewegungen für einen winzigen Moment erstarrten, sein Schritt blieb gleichsam in der Luft hängen, fing sich jedoch sofort wieder. Ja, er war es.

Zwei Tage später ging die Nachricht um die Welt, daß auf den Präsidenten der USA ein Attentat verübt worden sei.

Eine bange Stunde verging. Jeder fühlte mehr oder weniger deutlich, daß die in Jahrzehnten gewachsene Sicherheit des Menschengeschlechts bedroht war. Denn wer kannte nicht die Anfeindungen, denen der jetzige Präsident seit Beginn seiner ersten Legislaturperiode ausgesetzt gewesen war! Und die waren sämtlich von der Seite der extremen Reaktionäre gekommen. Niemand zweifelte, daß das Attentat aus der selben Richtung kam, und keiner glaubte, daß es sich um den Versuch eines einzelnen handelte.

Nach einer Stunde wurde bekanntgegeben, daß der Präsident operiert und außer Lebensgefahr sei und daß er bei gutem Verlauf in kurzer Zeit wieder die Amtsgeschäfte übernehmen könne.

Einzelheiten wurden erläutert. Das Fernsehen zeigte, wie der Präsident eine Freiluftausstellung besichtigte, eine Straße, gesäumt von haushohen technischen Anlagen und Geräten, eine Menschentraube, in der Mitte der Präsident, umgeben von Leibwächtern, jemand, der ihm etwas erklärte. Plötzlich fiel ein Mann um, ein Leibwächter sprang vor den Präsidenten, er stürzte, auch der Präsident krümmte sich, ein zweiter deckte ihn, die Mehrzahl der Begleiter hatte sich jetzt zu Boden geworfen, einige knieten und feuerten schräg nach oben, die Hände mit den Pistolen auf den Unterarm gestützt, dann kam der erste Ton, die Schüsse hatte man nicht gehört, und jetzt kamen von fern die Sirenen. Die Sendung wurde in der nächsten halben Stunde ein paarmal wiederholt, dazwischen gab es Befragungen von Polizisten, Beamten des Weißen Hauses und anderen kompetenten Leuten.

Nach einer weiteren halben Stunde machte die Fernsehberichterstattung eine jähe Wende. Plötzlich wurde der «Mann auf der Straße» ins Bild gerückt, seine Betroffenheit, seine Empörung, keine Stimme, die für den oder die Attentäter gesprochen hätte, das nicht, aber hier und da wurde doch schon die Forderung nach einer starken Hand erhoben.

Um diese Zeit bekam Mercedes einen Anruf. «Erkennst du

meine Stimme?» fragte der Anrufer – es war ihr früherer Gefährte, der Berater des Präsidenten. «Keine Namen bitte. Es geht ihm gut, aber die politische Krise ist noch nicht überstanden. Gib acht, was geschieht. Bei euch da oben ist eine Schweinerei geplant, mehr weiß ich noch nicht. Halt dich notfalls an Oberst Tailor. Mach's gut.»

Mercedes hatte die anderthalb Stunden seit dem Ereignis nicht mit nutzloser Geschäftigkeit ausgefüllt. Sie hatte nachgedacht, Erwägungen angestellt, Entschlüsse vorbereitet. Es war eindeutig: Das Unternehmen Three Cheers, das allerdings seinen Urhebern bisher nicht zu einem einzigen Hochruf Anlaß geboten hatte, war Teil einer Verschwörung in den USA gegen den jetzigen Präsidenten und seine Politik. Mercedes würde im Interesse aller Regierungen, auch der USA, handeln, wenn sie sich hier kräftig einmischte. Und das wäre wohl nötig, nicht umsonst hatte ihr Anrufer gesagt, die politische Krise sei noch nicht überstanden. Sicherlich würden die Verschwörer die zeitweilige Abwesenheit oder Handlungsunfähigkeit des Präsidenten benutzen wollen, die Dinge doch noch in ihre Hand zu bekommen. Dazu mußte ihnen jeder Weg verbaut werden, unter anderem auch der, den sie hier in Gagarin beschreiten wollten.

Nach dem Anruf war klar, wo sie beginnen mußte: bei Oberst Tailor. Da rief er schon selber an, kam kurz darauf zu ihr, informierte sie, daß der Geheimdienst der Army seit längerem Verdacht und Hinweise auf eine Verschwörung gehabt habe wie auch darauf, daß Gagarin in den Plänen der Verschwörer eine Rolle spielte. Die Schwierigkeit habe darin bestanden, daß die Verschwörer bereits einen Teil der CIA für sich eingespannt hatten. Leutnant Murdock, damit beauftragt, die entsprechenden Leute der CIA hier ausfindig zu machen, sei wohl einigen auf der Spur gewesen und deshalb ermordet worden. Oberst Tailor berichtete auch über Kontakte mit den Russen, die über vertrauliche Gespräche mit Oberst Bunin liefen, und Mercedes gestattete sich ein flüchtiges Lächeln: Daher also wußte Viktor Tolkin Dienstgrad und Auftrag des Ermordeten, die er ihr schon vor einigen Tagen mitgeteilt hatte. Sie bedankte sich bei Oberst Tailor für das Vertrauen und sagte: «Ich glaube und fürchte, wir werden alle noch sehr direkt und offen zusammenarbeiten müssen, um die kritischen Stunden, die auf uns zukommen, zu bewältigen.»

«Ich bin dazu bereit», erklärte der Oberst und verabschiedete sich.

Mercedes wollte nun eigentlich Viktor anrufen, aber da wirbelte Gwendolyn Freeman herein. Als sie im Sessel saß, war sie sehr ruhig, bewegte keine Miene und sagte entgegen ihrem sonstigen Auftreten kein Wort.

«Sie wollen wissen, was Sie tun können?» fragte Mercedes.

«Was das Komitee tun kann.»

Richtig, das Komitee. Die Frage brachte Mercedes ein wenig in Verlegenheit – sie hatte im Augenblick keine Antwort. Oder doch?

«So weitermachen wie in den letzten Tagen. Sie werden bestimmt noch mehr zu tun bekommen, aber ich kann noch nicht sagen, was. Wichtig wäre vielleicht schon jetzt, in Gesprächen darauf aufmerksam zu machen, daß es sich nicht einfach um ein Attentat handelt, daß nicht ein Mann beiseite geschafft werden sollte, sondern eine Politik.»

«Das ist mir klar», sagte Gwen, «ich spüre seit zwei Stunden die Schläge wieder, die ich damals bekommen habe.»

«Es sind Situationen denkbar, in denen es darauf ankommt, daß das allen in Gagarin klar ist.»

«Darauf hätte ich auch selbst kommen müssen», sagte Gwen. «Ach, noch was. Ich weiß von Aram, von Udarjan, die Russen wirken darauf hin, daß in Gagarin selbst nichts passiert. Ich weiß zwar nicht, wie das aussehen soll, aber ich finde das richtig.»

«Ich auch», erklärte Mercedes, die bestimmte Zusammenhänge erkannte. Sie mußte unbedingt mit Viktor sprechen.

Viktor kam nach wenigen Minuten von sich aus.

«Ich meine, wir sollten jetzt alles offenlegen», sagte Mercedes.

«Ich auch», antwortete Viktor, «die Lage erfordert einfach, daß alle zusammenarbeiten.»

«Was, glauben Sie, wird geschehen?»

«Wir rechnen fest damit, daß einer von uns gekidnappt werden wird, damit er bei einer Provokation als Schuldiger vorgeführt werden kann. Und wir glauben, daß ich dazu vorgesehen bin, diese Rolle zu spielen. Wir meinen, daß ich das auch tun soll.»

«Denn wenn Sie es nicht tun», ergänzte Mercedes, «dann nehmen sie jemand anders, oder es kommt zu Kämpfen, die Gagarin schwer beschädigen können.»

«Ja», sagte Viktor.

Sie schwiegen beide, denn sie wußten, welches Risiko er da auf sich nahm. Es war ja nicht gesagt, daß sie ihn lebend brauchten. Und es war auch nicht gesagt, daß es ihm gelingen würde, ihre Pläne vollständig zu durchkreuzen.

Mercedes öffnete eine Schublade und entnahm ihr zehn Fotos. «Eins davon zeigt wahrscheinlich den Mörder.»

«Danke», sagte Viktor. «Das wird mir helfen, da erkenne ich die kritische Situation schneller.»

«Man könnte sie alle zehn überwachen», warf Mercedes ein.

«Nein», sagte Viktor. «Wir wollen die größtmögliche Sicherheit, daß die Ereignisse von Gagarin weg verlagert werden. Jede Behinderung würde ihr Handeln nur noch abenteuerlicher machen. Und damit gefährlicher.»

Ihm war jetzt sonderbar zumute. Es war vielleicht die Angst, nicht mehr leben, nichts mehr erleben zu können. Und ihm gegenüber saß diese Frau, die ihm immer sehr anziehend erschienen war. Als er die Augen schloß, spürte er, daß sie seine Gefühle erwiderte.

«Läßt es sich einrichten», fragte sie fast schüchtern, «daß ich benachrichtigt werde, wenn Sie ... Gagarin verlassen?»

Der Tonfall noch mehr als der Inhalt der Frage bestätigten Viktors Eindruck.

«Das werden wir so einrichten», sagte er und stand auf.

3

«Hier ist Boris. Kannst du mal schnell zu den Drehwürmern kommen, wir haben etwas Seltsames gefunden.»

«Ja, gleich», sagte Viktor und legte auf. Der Anruf war nicht von Boris gekommen. Sie hatten bestimmte Anreden abgesprochen, variiert nach Tageszeit, als Kennung. Es ging also los.

Er rief Mercedes Cardo an und sagte Bescheid, danach Aram, der würde Boris informieren, und dann überlegte er noch eine halbe Minute. Sollte er die Injektion nehmen? Bei einem Psychoangriff wie damals bei Aram wäre es bestimmt von Vorteil, wenn er diese Gefügigkeit nur zu spielen brauchte. Aber es war ungewiß, welches Gift sie verwenden würden, es konnte eine Neuentwicklung sein, von der man nicht wußte, wie sie mit dem Schutzmittel reagierte, und so ließ er es lieber.

Als er den Mittelgang des Wohnrings betrat, war das Segment, das er überblicken konnte, von Schott zu Schott leer. Der Lift war im nächsten Segment, also würden sie dort lauern. Und richtig, als er das Schott öffnete, kamen ihm von der anderen Seite her drei Männer entgegen, die den Skaphandern nach zu einem fremden Raumschiff gehören mußten.

Ein Augenblick genügte ihm, die drei Gesichter zu erfassen und zu erkennen, daß kein bekanntes darunter war, auch keins von den Fotos, die er sich eingeprägt hatte. Der letzte der drei blieb am Lift stehen. Der vorderste ging an Viktor vorbei, ohne ihn zu beachten, er trug etwas in der Hand, es mochte eine Kamera sein, aber nun kam der mittlere, der würde ihn angreifen. Erst einmal rempelte der Fremde ihn heftig, beide wurden gedreht und drehten sich weiter, bis sie einander wieder frontal gegenüberstanden, und Viktor sah, daß der erste filmte. Der zweite griff an, und zwar so, daß Viktors Abwehr auf dem Film aus der Perspektive der Kamera wie ein Angriff aussehen mußte, darum also ging es, gut, daß sie vorgesorgt hatten. Er wehrte sich mit mäßiger Kraft, mehr war nicht nötig und auch nicht möglich, im Grunde genommen war hier überhaupt kein echter Kampf möglich, weil die Präzession ja doch keine Präzision der Bewegungen zuließ.

Ebendiese Abweichungen, die den irdischen Kampferfahrungen widersprachen, hatten aber auch ihre Tücken. Jetzt traf ihn ein Schlag, den er hatte kommen sehen und für harmlos gehalten hatte und der wohl auch so angelegt war, auf die Nase, nicht mit voller Wucht, aber doch so stark, daß Blut hervorschoß und der Schmerz Viktor einen Augenblick benommen machte. Er hörte Bewegung hinter sich, drehte sich einmal wie ein Kreisel herum und sah Jerry kommen. Viktor sah, daß sein Gegner, der zweite, seine Kampfhaltung aufgab und locker dastand. Viktor drehte sich halb um, so daß er beide im Auge hatte. Ach, Jerry, dachte er kummervoll, spielst du hier auch eine Rolle? Er hörte, wie Jerry mit schlichtenden Worten auf sie einredete, ach, Jerry, wie falsch klingt deine Stimme. Jerry hatte ein Taschentuch in der Hand und näherte es Viktors Nase, und da wußte Viktor: Das ist also seine Rolle! Aber er hatte ihn schon zu nahe herankommen lassen und konnte nur noch die Luft anhalten, ein wenig zu spät. Etwas von dem Spray, das Jerry ihm unter die Nase sprühte, atmete er doch ein, seine Sinne wurden unscharf, ihm wurde wunderbar zumute, er fühlte sich beim Arm genommen und folgte willig, und er wußte nicht genau, wieviel von dieser Willfährigkeit dem Psychopharmakum und wieviel seiner vorgefaßten Absicht zuzuschreiben war.

Jerry nahm dem ersten die Kamera ab, wie es vorgesehen war, und ging zurück in seine Kabine. Ihm war elend zumute. Er war gewiß nicht sentimental, aber es war ihm nicht leichtgefallen, das warme Gefühl der Freundschaft, das er einmal für den Russen empfunden hatte, dem Beruf zu opfern. Eigentlich hätte ihm das gar nichts ausmachen dürfen, und es beunruhigte ihn, daß ihm so etwas geschehen konnte. Warum wollte sich die Erleichterung, die er sonst nach einem Aus-Vorbei-Erledigt empfand, bei Frauen vornehmlich, in diesem Fall nicht einstellen? Nun ja, er war im Augenblick vielleicht ein wenig einsam, die Lettin hatte ihm den Laufpaß gegeben. Aber warum war das so, warum zog er nicht statt dessen andere an sich heran? Es schien wirklich, als habe er sich verändert. Es schien, als wirke die alte Ausstrahlung, die er doch immer auf andere Menschen ausgeübt hatte, nicht mehr wie früher. Und empfand er sich selbst nicht manchmal als fade und abgestanden? Schlimmer: Er war sich manchmal selbst zuwider. Grübelte. Grübeln – eine Haltung, die er immer verachtet hatte, weil sie Unsicherheit, Ungewißheit ausdrückte!

Er war unsicher. Das war es. Das war der Grund für das Schwinden des gesellschaftlichen Glanzes, der ihn sonst begleitet hatte, wie von selbst aus ihm herausgestrahlt hatte, mühelos, fast ohne sein Dazutun, eine Naturgabe, ein Geschenk des Himmels für diesen Beruf. Er war unsicher gewesen seit seiner Anreise nach Gagarin. Gewiß, er hatte den klaren Befehl, Robin Hoods Aufträge auszuführen. Aber die Luft war voll gewesen von Gerüchten, als er abreiste, sonderbar unbestimmte Gerüchte, Veränderungen andeutende Gerüchte, personelle Veränderungen zunächst, aber dahinter steckte ja meist irgendeine sachliche Wendung. Dann Robin Hoods Erklärung über die Ziele seines Handelns, die durch die Teilnahme – Auftrag hin und her – schließlich auch seine, Jerrys, Ziele wurden. Und dann dieses Attentat auf den Präsidenten. Nicht, daß er den Mann bedauerte oder etwa besonders an ihm hing oder an seiner Politik – nein, daß es mißlungen war, das machte Jerry Sorgen. Es war eine Verschwörung, das konnte ein Blinder sehen, und es hätte Jerry nichts ausgemacht, sich zu den Verschwörern und ihren Zielen zu bekennen, wenn sie Erfolg gehabt hätten. Aber das Attentat war schon einige Tage alt, und nichts hatte sich geändert daheim. Wenn eine Verschwörung gelingen soll, muß sie eine Lawine auslösen. Davon war nichts zu spüren. Die Rufe nach der starken Hand in Fernsehen und Presse tauchten zwar hier und da noch auf, aber sie wurden nicht zum Chor. Jerry zweifelte, ob das, was sie jetzt begonnen hatten, noch viel bewirken konnte.

Der Mann, der die Kamera holen sollte, mußte nun bald

kommen, er flog mit der nächsten Kursrakete ab. Dann war für ihn, Jerry, die Sache überstanden, wie auch immer sie sonst ausgehen sollte.

Mercedes Cardo hatte mit wachsender Erregung das Geschehen im Wohnring und den weiteren Weg der amerikanischen Astronauten bis zu ihrem Raumschiff verfolgt – zusätzlich installierte versteckte Kameras gaben alles deutlich wieder, sie sah die Begegnung, sah Jerry in Funktion treten, aha, also doch, dachte sie ohne große Überraschung, nur etwas angewidert. Sie sah, wie die beiden Amerikaner Viktor führten und in ihr Raumschiff brachten. Der dritte, der gefilmt hatte, war nicht dabei. Die Zahl der ausreisenden Personen mußte ja stimmen, sonst rebellierte der Computer. Man würde den Kerl also suchen müssen. Sie rief Rana an und bat sie, das nach dem Abflug des Raumschiffs zu tun und auch darauf zu achten, daß der Amerikaner nicht mit der Kursrakete, die noch vor dem Gastraumschiff starten würde, davonkam.

Nun schloß sich die Schleuse des fremden Raumschiffs hinter Viktor und den beiden Amerikanern. Es war, wie sie mit einem Blick ins Register erfahren hatte, das Schiff eines multinationalen Konzerns. Die Aufnahmen waren tadellos und eindeutig, alles lief fast so ab, wie sie vermutet hatten, nun gut, bis auf diesen Jerry, Viktor hatte gedacht, den würde der Gegner nicht mehr einsetzen. Und trotzdem spürte Mercedes den heftigen Drang einzugreifen, zu verhindern, daß das Raumschiff mit dem gekidnappten Viktor Tolkin startete, denn ob auch danach alles so verlaufen würde, wie sie hofften, das war ungewiß. Oder richtiger: Sie hatten ja keine klare Vorstellung davon, was danach geschehen sollte. Es sah so aus, als ob die Verschwörung in den USA schon fehlgeschlagen sei, aber wer konnte das genau sagen, und abgesehen von all diesen Spekulationen hatte Viktor eben recht: Man mußte verhindern, daß irgend etwas Schlimmes hier in Gagarin geschah, denn diese UN-Objekte waren Symbole für die Zukunft der Menschheit, und dafür hätte auch sie selbst, wenn sie in Viktors Lage gewesen wäre, ihr Leben riskiert.

Also hatte sie kein Recht einzugreifen. Sie hatte noch drei Minuten die Möglichkeit, denn eben startete die Kursrakete, und das amerikanische Raumschiff sollte folgen, es schwebte schon in der Mitte der Nabe von Gagarin, noch gehalten und ausgerichtet von kräftigen magnetischen Feldern. Doch sie fühlte sich nicht berechtigt, gegen die Absprache zu handeln. Und sie wußte auch aus Erfahrung, daß es in Wirklichkeit viel gefährlicher für Viktor sein würde, wenn sie gegen den Plan verstieße, mit wie guten Absichten auch immer. Gerade der Partner, der in Gefahr ist, wird am besten damit fertig, wenn er sich auf die anderen minutiös verlassen kann.

Erst wenn das Raumschiff den Umkreis von Gagarin verlassen hatte, war sie frei in ihrem Handeln. Dann wollte sie dafür sorgen, daß Viktor in diesem Riesenrad ein festes und zuverlässiges Hinterland besaß.

Jetzt war der Zeitpunkt, mit Oberst Tailor zu sprechen. Sie rief ihn an. «Kann ich in fünf Minuten zu Ihnen kommen?»

Viktor fand sich wieder in einem ihm unbekannten Typ von Raumschiff. Er saß in seinem leichten Schutzanzug, wie man ihn im Wohnring trug, zwischen zwei Astronauten, die zwar das Helmvisier offen hatten, aber die Gesichter ihm abgewandt hielten, mit Blick auf die Armaturen, und er hörte gerade noch die Stimme Arams aus dem Tower, der als Diensthabender den Start freigab. Es tat ihm gut, als hätte ihm der Landsmann und Freund ein aufmunterndes Wort zum Abschied mitgegeben.

Die Startphase über, in der die beiden keine Zeit hatten, sich mit ihm zu beschäftigen, nutzte Viktor, um sich zurechtzufinden. Er schielte den beiden Astronauten auf die Finger und erkannte bald die grundlegenden Bedienelemente, die in fast allen Raumschiffen ähnlich sind, was freilich noch nicht hieß, daß er das Schiff auch steuern konnte. Gleichzeitig prüfte er, wie zusammenhängend seine Erinnerung und wie stark sein jetziger Zustand noch von dem Narkotikum beeinflußt war.

Es gelang ihm, den Weg vom Wohnring in das Raumschiff

lückenlos zu rekonstruieren. Auch an die Gespräche mit dem Tower erinnerte er sich jetzt komplett, sie hatten der Kursrakete den Vortritt lassen müssen, ehe sie starten konnten, dann mußte Aram aber schon gewußt haben, daß er, Viktor, hier an Bord war, und er stellte sich vor, wie schwer es dem Armenier gefallen sein mußte, Disziplin zu wahren und sich nichts anmerken zu lassen, als er diesem Schiff den Start freigab.

Die Erinnerung war lückenlos, das zu wissen war erst einmal wichtig. Was nun weiter? Viktor versuchte vorsichtig, die Arme zu bewegen – sie waren wie sein Körper festgeschnallt. Fesselung oder Fürsorge? Jetzt zündeten die Triebwerke, ein heftiger Andruck warf ihn zurück, er schloß die Augen.

Nach Brennschluß, als plötzlich Schwerelosigkeit einsetzte, öffnete er sie wieder.

«Unser Baby ist wach», sagte der links neben ihm, er hatte eine angenehme Stimme.

«Mach schon», sagte der rechts neben Viktor.

«Nicht doch», sagte der links, «er soll Gelegenheit haben, sein letztes Gebet zu sprechen. Ach so, Kommunisten beten ja nicht, also, mein Junge, dann mach dich auf deine Weise bereit. Wir beide schließen jetzt unser Visier, ich lege diesen Hebel da um, und dann tritt die Sicherung in Kraft, die unsere Raumschiffe gegen Unbefugte schützt – ein bißchen Gas, und wir liefern in Kolumbus einen toten Banditen ab, der unser gutes Schiff für seine schlimmen Zwecke mißbrauchen wollte.»

«Red nicht soviel!» sagte der rechte.

Viktor sah, wie der geschwätzige linke Nebenmann sein Helmvisier schloß, der rechte hatte das schon getan, Viktor hatte es einrasten gehört. Er entspannte den Körper und schloß wiederum die Augen, vermutlich zum letzten Mal.

Nun sollte er also sterben. Aber sein Tod würde nicht den Feinden helfen, wie diese glaubten, sondern den Freunden, die bis zum Betreten des Raumschiffs alles nachweisen konnten. Es war ein dummer Tod, er hatte den Feinden mehr Intelligenz und klügere Pläne zugetraut, aber er spürte weder

Angst vor dem Nichtsein noch Reue über seine Entscheidungen, er hielt das für normal und blieb ruhig. Muß man nicht Angst vor dem Sterben haben? Hat man nicht einen instinktiven Lebenswillen oder wie man das sonst nennen will? Er wußte wohl zu genau, daß er mit seinem Tod dem Leben nützen konnte.

Er hörte es klicken, der Astronaut hatte den Hebel bewegt, jetzt würde es geschehen. Im Augenblick des Todes heißt es, sieht man sein Leben noch mal an sich vorüberziehen! dachte Viktor. Ach nein, nicht das ganze Leben, so interessant war das nicht, aber diesen letzten Teil, von Silver Beam an, Aram und Jerry, der letztere war sein Freund gewesen, der erstere war es geworden. Und Mercedes, Mercy, die ihm in diesem Augenblick am nächsten war, er spürte sie, als sei sie neben ihm, auch sie hatte gewarnt wie alle Freunde und Genossen, mit weniger Worten freilich, aber um so intensiver in der Haltung und Ausstrahlung. Vielleicht hatten sie alle ein bißchen recht und er ein bißchen unrecht gehabt, aber im ganzen und großen war seine Entscheidung doch richtig gewesen, selbst wenn die Dinge nun etwas anders liefen, als er gedacht hatte. Und die Eltern? Die Mutter würde weinen, der Vater finster blicken. Und im Gegensatz zu anderen Fällen von Kundschaftern würden sie sogar aus der Weltpresse erfahren, wie er ums Leben gekommen war. Und noch mehr: Es bestand begründete Aussicht, daß so etwas bald nicht mehr nötig sein würde, daß er selbst vielleicht der letzte Kundschafter wäre, der fiele, der letzte Krieger sozusagen ... Es war sonderbar, wie viel und wie lange man im Augenblick des Todes denken konnte. Viktor entsann sich, bei Ambrose Bierce gelesen zu haben, wie ein Erhängter das Sekundenticken seiner Uhr als hallende Glokkenschläge hört ... Er öffnete die Augen.

Nein, er war nicht tot. Hatte das Gas nicht gewirkt? Oder sollte das Ganze ein Psychoschock sein? Er sah nach rechts und links. Die beiden Astronauten rührten sich nicht, ihre Gesichter konnte er nicht erkennen, da es ihm nicht gelang, sich vorzubeugen.

Plötzlich ergriff ihn schreckliche Angst, die beiden könnten merken, daß er lebte.

Er hatte Mühe, die leichte Panik niederzukämpfen. Konnte er sich nicht von den Fesseln befreien? Das war sicherlich keine speziell für ihn angebrachte Vorrichtung, sondern die normale, die bei Antriebsvorgängen benutzt wurde. Dann aber mußte es im Griffbereich der Finger eine Taste oder etwas Ähnliches geben, um die Gurte zu lösen.

Er fand an seiner Armstütze eine Raste und drückte sie auf der linken Seite. Die Spange, die seinen Unterarm festhielt, verschwand. Rechts – das gleiche. Nun konnte er die anderen Gurte lösen, die normale Verschlüsse hatten.

Die beiden Astronauten hatten von alledem nichts bemerkt. Viktor wunderte sich darüber, auch, daß sie so ruhig dasaßen, sich nicht unterhielten, den Ablauf und Erfolg ihrer Operation nicht überprüften. Er hielt sich mit den Händen an den Lehnen fest und stand schnell auf, bereit, aus dieser Stellung sofort zur Abwehr von Angriffen überzugehen – aber die beiden rührten sich nicht.

Einen Augenblick lang glaubte Viktor an eine zwar unverständliche, aber immerhin mögliche Taktik des Belauerns. Dann griff er nach der Armstütze seines rechten Nebenmanns, stieß den eigenen Körper vom Sitz ab und zog sich so hinüber, daß er durch das Helmfenster sehen konnte. Er blickte in ein verzerrtes Gesicht und aufgerissene Augen. Er schüttelte den Astronauten an der Schulter – keine Reaktion. Beim linken Nebenmann das gleiche Ergebnis. Nicht er war getötet worden, sondern seine beiden Entführer.

Viktor atmete tief durch und unterdrückte die Freude und Lebenslust. Nein, der Feind war nicht so dumm, wie er einen Augenblick lang gedacht und gefürchtet hatte. Jetzt lebte er, aber jetzt mußte er kämpfen – einen viel schwierigeren, komplizierteren Kampf, und er würde alle Kräfte und alle Klugheit brauchen. Und alle Hilfe. Denn in dieser Lage war er als Opfer wohl nicht mehr glaubhaft, außer für seine Freunde.

«Gut, ich gehe mit, wenn du unbedingt einen Anstandswauwau brauchst», sagte Gwendolyn Freeman. «Aber gleich, nachher habe ich Komiteedienst.»

Ella nickte. Sie hatte eine seltsame Abneigung dagegen, jetzt allein zu Jerry zu gehen und das bißchen Kram zu holen, das noch bei ihm geblieben war, als sie im Zorn davongegangen war. Nun, wo Gwen mitkam, war ihr sehr viel leichter.

Bald standen sie vor Jerrys Tür. Ella klopfte, aber niemand öffnete. «So was!» sagte sie ärgerlich. «Wir waren doch verabredet. Nicht vor zehn Uhr fünfzehn, hat er gesagt, und jetzt ist es schon achtzehn, ob die Tür noch auf mich geprägt ist? Was meinst du, können wir einfach so reingehen, wenn er nicht da ist? Na klar, ich hab ja dich als Zeugen!»

«Du redest soviel», sagte Gwen und drehte den Türgriff. «Ist ja offen!» wunderte sie sich und drückte die Tür nach innen.

Jerry lag auf dem Boden, den Kopf unnatürlich nach hinten gereckt, den Mund weit geöffnet, die Augen starr und leblos.

Gwen sah sich in der Kabine um. Ella neben ihr schluchzte trocken. Gwen legte den Arm um die Lettin, schloß mit dem anderen die Tür und sagte: «Hier, halt dich am Griff fest.»

Dann ging sie zum Videophon und rief Rana Ratnari an.

«Ella Jansens und ich sind in der Kabine von Jerry Baker. Sie war mit ihm verabredet und hat mich mitgenommen. Wir haben Baker tot aufgefunden. Keine Wunden sichtbar. Er sieht aus wie erstickt oder vergiftet.» Eine halbe Minute lang hörte sie zu, dann sagte sie «Ja!» und legte auf.

Ella starrte Gwen mit großen Augen an. Sie hatte sich wohl etwas beruhigt, hielt sich aber immer noch am Türknauf fest.

«Daß du so – so sachlich hart sein kannst!» sagte sie.

«Bleib mal ruhig, mein Kind», antwortete Gwen, «das hier ist noch nicht alles. Vor wenigen Minuten wurde Viktor Tolkin von einem amerikanischen Raumschiff gekidnappt. Wann hast du die Verabredung mit dem hier getroffen?»

«Vor – na, so vor einer Stunde!» Ella schluchzte auf, faßte sich aber gleich wieder.

«Und da hat er gesagt, nicht vor zehn Uhr fünfzehn?»

«Ja, genau so.»

«Zehn Uhr fünfzehn hat das amerikanische Raumschiff planmäßig abgelegt. Also hing er mit drin. Wahrscheinlich hat er zuviel gewußt. Sie müssen jetzt die Spuren verwischen, nachdem das Attentat mißglückt ist.» Sie wandte sich Ella direkt zu. «Wir bleiben hier, bis ein Mann von der Sicherheitsdirektion kommt. Dann gehen wir zu Rana. Du kommst doch mit?»

Ella nickte etwas verschüchtert. Nur jetzt nicht allein sein müssen! Denn sie verstand nun gar nichts mehr.

Was hatte Gwen gesagt? Tolkin entführt? Und Jerry hing mit drin? Dann war also Jerry, auch als er wirklich ihr Jerry gewesen war, zugleich mit all den Verbrechen in Verbindung gewesen, die rings um die Elevengruppe geschehen waren? Und Tolkin, den sie für einen Trottel gehalten hatte, dieser pausbäckige Junge, der war entführt und in Gefahr? Aber die waren doch beide dicke Freunde gewesen? Ella begriff nichts mehr.

«Kann ich euch irgendwie helfen?» fragte sie.

«Du kannst», sagte Gwen.

In diesem Augenblick leuchtete der Videoschirm auf. Rana war zu sehen, und sie fragte: «Seid ihr noch da, Gwen? Bitte sieh dich mal um, ob du in der Kabine eine Videokamera findest. Möglichst ohne viel anzurühren.»

«Auf Anhieb sehe ich nichts», antwortete Gwen.

«Das hab ich befürchtet, danke. Ist unser Mann noch nicht da?»

«Er kommt gerade», antwortete Gwen, denn in diesem Augenblick klopfte es, und Ella ließ den Angekündigten herein.

«Dann kommt ihr jetzt zu mir», sagte Rana.

Bei Rana trafen sie auch Mercedes Cardo. «Wir zeigen euch jetzt einen Film von der Entführung Tolkins», sagte Mercedes, und Rana fügte hinzu: «Dieser Film und sein Inhalt müssen vorläufig geheimbleiben. Sie sind ein Trumpf in unserer Hand, der zur rechten Zeit ausgespielt werden muß. Gwen, von dir weiß ich, daß du das verstehst. Was ist mit deiner Freundin? Bürgst du für sie?»

«Ich bürge», erklärte Gwen knapp.

Sie sahen den Ablauf der Ereignisse. Als die zwei Astronauten Viktor in den Lift führten, wurde abgeschaltet.

«Begreift ihr, warum die Aufzeichnungen so wichtig sind?» fragte Rana. «Sie beweisen zweierlei: erstens, daß Baker die Kamera mitnahm und sie jemand anders bei ihm abgeholt hat, und der wird wohl der Mörder sein, und zweitens, daß nicht Tolkin der Mörder sein kann.»

Rana bat das Komitee offiziell, gemeinsam mit den Sicherheitsbeauftragten der einzelnen Abschnitte Gagarin nach dem fremden Kameramann abzusuchen. «Er muß doch hier sein», sagte sie. «Tolkin ist an seiner Stelle mitgeflogen, sonst hätte der Computer gestreikt. Und jetzt sehen wir uns an, wer alles mit der Kursrakete abgeflogen ist.»

Sie holte sich die Liste auf ihr Terminal. Mercedes sah ihr über die Schulter.

«Alles Leute von hier», sagte Rana. «Der Kameramann ist wirklich noch in Gagarin.»

«Und Nummer zwölf steht auf deiner Liste», sagte Mercedes.

«Richtig. Dann wird er wohl der Mörder sein. Rechnen wir mal nach, ob er Zeit hatte, die Kamera bei Baker zu holen und an Bord zu gehen. Eine Minute, fünf Minuten, sieben – sogar eine Pufferzeit von vier Minuten. Genau geplant.»

Ella hatte einen seltsamen Gedanken. Wenn das alles jetzt passierte, dachte sie, dann könnte man es ja noch verhindern. Aber wieso hatten die denn hier alles aufgezeichnet? Dann hatten sie doch gewußt, was kommen würde? Hätten sie es nicht verhindern müssen?

«Ihr – ihr habt das alles vorher gewußt?» fragte sie entsetzt.

Die beiden älteren Frauen sahen sie an, mit ehrlichem Verständnis und Mitleid.

«Sucht ihr erst mal den Mann», Rana wandte sich an Gwen, «dann erklärst du ihr alles. Soweit wir es wissen.»

Als die beiden gegangen waren, fragte Rana: «Und an wen reichen wir den Mörder weiter?»

«Ruf Oberst Tailor an», sagte Mercedes.
«Tailor? Bist du sicher?»
«Ja. Auf ihn ist Verlaß.»

Beide Astronauten waren dem Ansehen nach tot. Auch die Biosensoren, die sie nach internationalem Brauch am rechten Handgelenk trugen, zeigten ihren Tod an. Trotzdem fragte sich Viktor, ob das nicht eine weitere Täuschung sein konnte. Aber wenn ein Giftgas im Spiel war, würde es nicht ungefährlich sein, ihre Skaphander zu öffnen. Wozu hätte eine solche Täuschung dienen können? Nein, es war wohl doch so, daß er mit diesen beiden Leichen belastet werden sollte. Nein, seine Fingerspuren sollte niemand an den beiden Toten finden.

Als er überlegte, wie er sich Informationen über Kurs und Bestimmung des Flugs verschaffen könne, sagte eine Stimme: «Setzen Sie sich, und hören Sie zu!»

Die Stimme wiederholte den Satz noch zweimal, aber schon bei der ersten Wiederholung wußte Viktor, daß sie aus der Konserve kam. Er setzte sich und schaltete sein eigenes Aufnahmegerät ein – es gehörte zu dem kleinen Satz von Hilfsmitteln, die er für den erwarteten Ernstfall am Körper verborgen getragen hatte.

«Bitte lassen Sie sich zunächst Ihre Lage erläutern», sagte die Stimme. Sie befinden sich an Bord eines Raumschiffs, das automatisch gesteuert auf die Raumstation Kolumbus zufliegt und in etwa fünf Stunden dort ankommen, explodieren und sie zerstören wird. Das werden dann Sie getan haben, nachdem Sie die beiden Astronauten mit Cyangas vergiftet und somit das Raumschiff gekapert haben. Sie werden zwar selbst dabei sterben, aber damit haben Sie der edlen Sache Ihrer Weltanschauung und der Heimat gedient. Jede andere Deutung der Vorgänge wird die Menschheit als Phantasiegeschichte ablehnen.

Zur Erörterung Ihrer Lage ist es wichtig, alles das festzustellen, was Sie tun oder nicht tun können. Sie haben eine für diese Situation bemerkenswert große Auswahl an Möglichkeiten, die zwar alle den gleichen Effekt, aber durchaus unterschiedliche Wirkungen auf Ihr Selbstwertgefühl haben.

Das einfachste wäre, Sie lassen alles laufen, wie es läuft. Das ergibt einen klaren und unkomplizierten Ablauf, wie er schon beschrieben wurde, mit den entsprechenden Schlußfolgerungen für die Weltöffentlichkeit.

Sie könnten aber auch versuchen, von Bord zu gehen, um sich von einem anderen Raumschiff bergen zu lassen. Das hat zwei Schwierigkeiten: Erstens brauchten Sie dazu den dritten Skaphander, der sich an Bord befindet, und es ist zu vermuten, daß auch bei diesem das Atemgas gegen Cyangas ausgetauscht wurde – weil ja niemand vorher so genau wissen konnte, welche die beiden Astronauten anziehen würden. Und zweitens, falls Sie doch davonkämen, müßten Sie Rede und Antwort stehen für das, was Sie mit den beiden Astronauten und dem Raumschiff und Kolumbus getan und warum Sie es getan haben. Und niemand wird glauben, daß Sie das alles allein organisierten. Und wenn Sie schweigen, wird Ihnen auch niemand dieses Schweigen glauben.»

Der Textsprecher machte eine Pause. Viktor fand es bemerkenswert, welche Mühe sich die Verfasser machten, ihm zu suggerieren, daß seine Lage aussichtslos sei. Die Drohungen mit der Weltöffentlichkeit ließen ihn nicht kalt, aber seit der Zeit, da dieser Text verfaßt wurde, hatte sich manches verändert, er wußte Gagarin hinter sich und fast die ganze Welt einschließlich der regierenden Kräfte in den USA. Und was hatten die Verschwörer hinter sich? Ein mißglücktes Attentat.

Aber etwas an dem Text kam ihm sonderbar vor. Wenn die Verfasser es für notwendig hielten, ihm Ausweglosigkeit zu suggerieren, dann waren sie wohl doch nicht so ganz von der Perfektion ihrer Planung überzeugt? Oder nein, es konnte auch umgekehrt sein, sie waren davon überzeugt und wollten nicht ihn irritieren, sondern mehr sich selbst berauschen … Das war dann wieder dieses Abweichen vom professionellen Verbrechen, und es war schon vorstellbar, wenn man nicht an mehrere, gesichtslose Verfasser dachte, sondern an einen, sogar an einen bestimmten … Nun, damit konnten sich die

Stilanalysatoren mit ihren Computern beschäftigen, das war jetzt nicht so wichtig. Mochte der ehrenwerte Autor an seine Unfehlbarkeit glauben oder nicht, objektiv gab es keine Aussichtslosigkeit. Aber wenn er richtig vermutete, dann würden jetzt nach dieser eindrucksvollen Pause weitere Mitteilungen folgen.

Und er hatte recht.

«Sie werden inzwischen daran gedacht haben, das Raumschiff mit irgendwelchen Mitteln von seinem Ziel abzubringen. Das ist nicht ratsam. Jeder Versuch, die Steuerung zu beeinflussen, würde eine Explosion in der Kanzel auslösen, die Sie tötet, ohne den Kurs des Schiffs zu verändern. Auf jeden Fall würde das Schiff sein Ziel erreichen. Sie selbst wären freilich dann früher erlöst.

Das gleiche geschieht übrigens, wenn Sie der Sprengladung oder ihrem Zündmechanismus zu nahe treten. Mit Durchschneiden von Leitungen erreichen Sie entweder gar nichts oder aber die besagte Explosion. Und wenn Sie versuchen, den Steuerungsblock abzuschalten, erfolgt das gleiche.

Nun wollen wir Ihnen aber auch sagen, was Sie gefahrlos benutzen können. Zum Beispiel die Funkanlage. Sie können empfangen und senden und sprechen, mit wem sie wollen. Sprechen Sie nur – je mehr Sie sprechen werden, um so weniger wird man Ihnen glauben. Denn in wenigen Minuten wird bereits die Bevölkerung der Erde oder wenigstens der USA einen eindrucksvollen Film sehen, wie Sie in Gagarin die Besatzung des Raumschiffs kampfunfähig geschlagen haben.

Vielleicht beschränken Sie sich doch lieber auf den Bordcomputer des Raumschiffs? Sie sind ja Fachmann – auf ihm können Sie herumspielen, solange Sie wollen, die Navigation zum programmierten Ziel ist als absolutes Vorrangprogramm eingegeben.

Wir sehen mit großem Interesse Ihrer Entscheidung entgegen.

Diese Aufzeichnung vernichtet sich selbständig, sobald sie abgespielt ist. Jetzt.»

Ein Glockenzeichen ertönte, gleich darauf ein leises, puffendes Geräusch. Dann roch es nach Chemikalien.

Viktor, der die ganze Zeit unbewußt in großer Anspannung dagesessen hatte, lockerte seine Haltung und entspannte den Körper, wobei er freilich darauf achtete, daß er nicht dem Sessel entschwebte.

Der Text hatte ihm schon auf Anhieb einiges verraten. Sicherlich steckte noch mehr darin. Er entschloß sich, ihn noch zweimal anzuhören und zwischen dem zweiten und dritten Mal einige Verhaltensvarianten zu konstruieren, die im Text nicht vorgesehen waren, um dann herauszufinden, wie der Text sich zu ihnen verhielte.

Nur eins war ihm jetzt absolut klar. Der Text hatte mit seinen, Viktors, Kenntnissen und Unkenntnissen gerechnet, also mit ihm allein. Jede wirksame Gegenstrategie würde also ausgehen müssen von einem Viktor, der nicht allein war. Das war wieder der Punkt, den er schon vorher im Auge gehabt hatte: Der Gegner hatte sich Viktor isoliert vorgestellt, aber in Wirklichkeit war er selbst bereits isoliert.

Trotzdem mußte alles genau überlegt werden, denn leicht zu schlagen war der Gegner auch jetzt nicht. Viktor setzte sich für die Textanalyse eine Frist von fünfzehn Minuten.

Der Krisenstab, den Mercedes seit Tagen vorbereitet und gleich nach Viktors Verschwinden konstituiert hatte, trat einige Minuten nach Brennschluß der Piratenrakete zu seiner zweiten Beratung zusammen. Ihm gehörten außer Mercedes noch Rana Ratnari, die Oberste Bunin und Tailor und Gwendolyn Freeman in ihrer Funktion als Vorsitzende des Komitees an, und sie tagten in den Räumen der Kontrollkommission, weil man hier vom Nebenraum aus die direkten und weitestreichenden Informationsverbindungen hatte, vor allem zu den technischen Überwachungsmitteln, aber auch zu den Regierungen und der UNO.

Mercedes eröffnete die Beratung.

«Ich kann hier in meinem Namen und im Namen des Eleven Viktor Tolkin erklären, daß wir den Piratenakt seit Tagen so oder ähnlich erwartet haben. Wir haben keine direkten Gegenmaßnahmen getroffen, um destruktive Ereignisse von Gagarin fernzuhalten. Es existiert darüber eine unter Zeitetalon fixierte gemeinsame Erklärung von ihm und mir, die Sie alle einsehen können. Ich gebe ihr als wichtigstes, sozusagen konstituierendes Material die Aktennummer 1. Unter 2 würde ich die Aufnahmen von der Entführung Tolkins archivieren. Sie beweisen eindeutig, daß Tolkin an keiner der in Frage stehenden verbrecherischen Aktivitäten schuldhaft beteiligt ist. Unter 3 käme die konstituierende Erklärung des Krisenstabes, die wir nachher in Verbindung mit der Einschätzung der Vorgänge verabschieden wollen. Ich brauche wohl niemandem die Notwendigkeit dieses Vorgehens zu erläutern? Nein? Gut, dann Ihre Berichte. Oberst Tailor?»

«Die Beobachtung der Rakete zeigt, welches Ziel sie hat. Unmittelbar nach Brennschluß wurde eindeutig klar, daß sie nach Kolumbus fliegt. Es werden – wenn überhaupt – nur noch geringfügige Bahnkorrekturen nötig sein. Sie wird die Station in etwa fünf Stunden erreichen, die genaue Zeit und die Bahnparameter stehen in dem schriftlichen Material, das ich hier zur Archivierung unter Nummer 4 vorlege.»

«Danke. Rana?»

«Ich habe keine Fakten, aber eine Vermutung mit hoher Wahrscheinlichkeit. Die bisher sinnlos erscheinende, geplante und zum Glück von uns verhinderte Blockierung der Schleusen von Gagarin bekommt im Lichte der letzten Ereignisse doch einen Sinn, und zwar einen sehr makabren. Wenn das Piratenschiff sein Ziel erreicht und, einmal angenommen, Kolumbus zerstörte, dann würden sich die Trümmer der Station im ganzen Orbit ausbreiten und innerhalb von spätestens vierundzwanzig Stunden auch Gagarins Bahn schneiden. Würden zum gleichen Zeitpunkt die Schleusen blockiert, hätten wir keine Möglichkeit zu Rettungs- und Reparaturarbeiten von außen. Im schlimmsten Fall würde auch Gagarin auseinanderfliegen und mit seinen Trümmern den Orbit verseuchen.»

«Und wenn ich fortsetzen darf», sagte Oberst Bunin, «damit würden die nationalen Kontrollmittel außer Kraft gesetzt – und die internationalen erst recht –, und auf Jahre hinaus geriete der erdnahe Raum außer Kontrolle. Verletzungen der Abkommen, auch von privater Seite, wären nicht mit Sicherheit festzustellen. Mehr noch: Es müßte gar nichts Derartiges geschehen – allein, daß es geschehen könnte, würde einen heftigen Rückschlag für die Atmosphäre des Vertrauens mit sich bringen.»

«Ich danke Ihnen. Ich glaube, wir bezeichnen die letzten beiden Beiträge als Gedankenaustausch und archivieren sie unter diesem Begriff. Einverstanden?»

Es war allen klar, daß das letztere nicht beweisbar war, wenigstens noch nicht, und so stimmten sie zu.

«Ich habe aber noch eine offizielle Mitteilung», sagte Oberst Bunin nun. «Meine Regierung hat mich ermächtigt, folgendes mitzuteilen: Major Viktor Tolkin ist im Auftrag der Regierung der UdSSR seit Beginn des Elevenlehrgangs, an dem er teilnimmt, mit dem Ziel tätig, vermutete Provokationen gegen die UdSSR, gegen den Frieden und die Völker der Erde festzustellen und nach Möglichkeit zu verhindern. Meine Regierung hält es für nötig, den Krisenstab darüber zu informieren und ihm das gesamte, in dieser Sache aufgelaufene Material zur Verfügung zu stellen, damit keine Unklarheit an der Lauterkeit der Absichten dieses Beauftragten entstehen und die Arbeit der Krisenkommission hemmen kann.» Er legte eine Diskette auf den Tisch. «Zur selben Zeit wird das gleiche Material dem Krisenstab des Weißen Hauses übergeben.»

Einen Augenblick lang herrschte Ruhe. Mercedes dankte und fuhr fort: «Ich schlage für unsere Erklärung folgenden Text vor: Tag und Zeitetalon. Der Krisenstab an Bord von Sputnik Gagarin konstituiert sich mit dem Ziel, Gefahr abzuwenden von Viktor Tolkin, der Station Kolumbus und in weiterer Hinsicht auch von Gagarin selbst. Wir betrachten die Entführung des Eleven Viktor Tolkin als einen Piratenakt, der gegen alle Rechtsnormen verstößt. Wir sehen den Zusammenhang mit dem Attentat auf den Präsidenten der USA sowie mit bestimmten Vorgängen in Sputnik Gagarin als gegeben an und werden den Nachweis dafür erbringen. Der Kommission gehören an ... und so weiter. Einverstanden?»

Alle nickten.

«Einstimmig. So, und nun wollen wir uns die Arbeit teilen. Was schlagen Sie vor?»

Oberst Tailor sprach als erster. «Ich werde sofort eine Expertenkommission aus verläßlichen Leuten zusammenstellen, die diesen Raumschifftyp und seine Einrichtungen genau kennen. Ich glaube, das wird sich als nötig erweisen. Selbstverständlich per Konferenzschaltung. Ich werde außerdem Nachforschungen anstellen, was mit dieser Rakete geschehen ist, ich meine, ob sie in Personal und Ausrüstung in letzter Zeit verändert wurde.»

«Danke. Oberst Bunin?»

«Ich wollte vorschlagen, daß wir noch dreißig Minuten Funkstille einhalten. Hat sich Tolkin bis dahin nicht gemeldet, rufen wir die Rakete direkt an. Außerdem lassen wir den Funkverkehr überwachen, ob die Rakete selbst sendet oder von anderer Seite gerufen wird. Wir sollten auch ein Rettungs- und Bergungsschiff vorbereiten, das nach Ablauf dieser dreißig Minuten starten könnte oder dann, wenn wir es für erforderlich halten. Ich würde das übernehmen, in Zusammenarbeit mit Frau Ratnari.»

Mercedes stimmte zu. Sie war froh, daß dieser Vorschlag von Bunin kam, der kannte bestimmt das sowjetische Kundschafternetz und würde die richtigen Leute dazu einteilen.

Rana Ratnari erklärte, daß sie diesen Filmer vernehmen und sich mit der weiteren Aufklärung des Mordes an Jerry Baker befassen wolle.

«Ja, richtig», warf Gwen Freeman temperamentvoll ein, «was ist denn nun mit Jerry?» Sie sah sich in der Runde um und fügte hinzu: «Entschuldigung, ich wollte niemandem das Wort abschneiden, aber mir wird plötzlich klar, daß ich nachher Verschiedenes gefragt werde. Und im Gegensatz zu allen anderen hier weiß ich nämlich gar nicht genau, was ich machen soll.»

«Baker», sagte Oberst Tailor, «war vermutlich ein Angehöriger der CIA, der von seinen Vorgesetzten ein bißchen am Rande der Legalität beschäftigt wurde. Oder sagen wir ruhig: jenseits der Legalität. Die Sache wird zur Zeit geprüft.»

«Und warum wurde er ermordet? Ich meine, von den eigenen Leuten? Ist schon klar, das weiß keiner. Aber vielleicht haben Sie Vorschläge, was das Komitee machen kann?»

Mercedes überlegte. «Wir geben eine Information über die Bildung des Krisenstabs in das Bord-TV. Sie wird kurz sein. Nur das Wichtigste. Für das Komitee geben wir eine ausführliche Variante, auch nicht vollständig, wir müssen auf Tolkins noch ungeklärte Lage Rücksicht nehmen. Aber wir werden sie mit so vielen Einzelheiten anreichern, daß Ihre Mitarbeiter sich in die Diskussion stürzen können. Wir werden auch vollständig berichten, vielleicht schon in wenigen Stunden. Erst einmal müssen wir erreichen, und zwar schnell, daß die übergroße Mehrzahl der Menschen in Gagarin auf unserer Seite steht. Denn der Fernseh- und Pressekrieg wird bald losgehen. Vielleicht sollten wir zum Hauptgegenstand unserer Agitation die Tatsache machen, daß Tolkin alles Feuer auf sich gelenkt hat, um Gagarin zu schützen.»

«Und ich sage, das ist falsch!» erklärte Aram Udarjan zornig. «Keiner hält soviel von Viktor wie ich, aber ich halte ihn trotzdem nicht für einen Zauberer. Wenn sie ihn gekidnappt haben, verdammt noch mal, wie soll er sich dann melden? Orson, machst du mit? Wir greifen uns einen Bullen und zischen hinterher, ich regle das schon mit dem Tower.»

«Ich verstehe ja deine Aufregung», sagte Gwendolyn ruhig, «aber was soll daran falsch sein, wenn man sich an die Absprache mit Viktor hält – in der ersten Stunde danach nichts zu unternehmen, es sei denn, er meldet sich?»

«Und was soll daran falsch sein, wenn wir starten?» fragte Aram dagegen.

«Nichts», sagte Gwendolyn zur Überraschung aller, aber sie schränkte ein: «Unter zwei Voraussetzungen: Erstens, ihr stimmt das mit Oberst Bunin ab, und zweitens, ihr haltet hundert Kilometer Abstand.»

Das war eine andere Gwen als die, die sie alle kannten: ruhig, entschieden, fast wortkarg. Nur Orson kannte sie so aus lange zurückliegender Zeit, auch während der Kämpfe für die Abrüstung hatte sie ihre Mitstudenten angeführt. Seitdem hatte sich ihr warmes Interesse für ihre Mitmenschen meist nur in der Frage nach Einzelheiten ihres täglichen Lebens geäußert, und obwohl sie immer hier und da nach Kräften geholfen hatte, war das in der scheinbaren Schwatz- und Klatschhaftigkeit untergegangen. Jetzt hatte die Situation bewirkt, daß ihre aktive Verbundenheit mit der Menschheit sich wieder direkt nach außen kehrte – und alle respektierten sie. Sie staunten über die Wandlung und respektierten sie doch, weil sie fühlten, daß sich das gleiche Wesen nur anders ausdrückte.

Viktor hatte alle Möglichkeiten, soweit sie jetzt schon sichtbar wurden, noch einmal durchdacht. Das war nicht so einfach gewesen, wie es ihm zuerst erschienen war, denn erst mitten im Überprüfen seiner Schlußfolgerungen begriff er, daß er ja dieser Tonbandverkündigung, so sehr sie auch den Zielen und Absichten des Gegners entsprach, nicht in allen Einzelheiten trauen durfte. Er mußte jeden dort angeführten Fakt einzeln anzweifeln und dann auch mehrere gemeinsam. Er tat es, aber er landete immer wieder bei dem Schluß, daß er sich an die festgelegte Linie halten mußte, und die lautete: sofort alles öffentlich machen.

Viktor verhehlte sich nicht, daß diese Linie an tückischen Gefahren vorbei – hoffentlich vorbei! – führte. Die Verschwörer hatten diese Haltung offensichtlich einkalkuliert und als für sich positiv gewertet, sonst hätten sie das Funkgerät zerstört. Und es ließ sich nicht in jedem Fall von vornherein vermeiden, daß von den fünf Stunden, die ihm blieben und binnen derer er die Sache in den Griff bekommen mußte, die ersten als Pluspunkte an den Gegner gingen. Vielleicht fiel diese Geschichte gerade in eine zweite

Offensive der Verschwörer und wurde damit zur Munition für sie. Viktor wußte zwar, daß Gagarin und die Weltöffentlichkeit auf seiner Seite sein würden, da konnte er sich auf seine Genossen und Freunde verlassen. Aber wie es im Augenblick in den USA aussah, wie groß der Grad der Verwirrung bei den Massen dort war, wie weit die Machtkämpfe hinter den Kulissen inzwischen gediehen waren, das wußte er nicht.

Wenn er also den im Augenblick günstigsten Weg gesucht hätte, hätte wohl die Frist, die er sich gesetzt hatte, nicht ausgereicht. Er mußte sich prinzipiell entscheiden und momentane, eventuell ungünstige Faktoren in Kauf nehmen, sich auf einen schwierigen Kampf nicht nur hier an Bord dieser Rakete gefaßt machen. Trotzdem war nun der Entschluß einfach, weil vorgezeichnet: Er nahm Kontakt mit der Welt auf. Direkt natürlich mit Gagarin, aber er zweifelte nicht, daß Dutzende von Funkantennen auf ihn gerichtet waren.

«Hier Viktor Tolkin, ich rufe Gagarin. Bitte melden!»

«Hier Gagarin, Krisenstab.»

«Lassen Sie Ihre Aufzeichnungsgeräte laufen, ich informiere jetzt ausführlich über die entstandene Lage und meine weiteren Absichten!»

4

«Warum werde ich hier festgehalten? Hab ich Ihnen die Rotation geklaut? Wo hab ich sie denn?» Der Mann von der fremden Raumschiffbesatzung protestierte grinsend, aber Rana Ratnari spürte die Unsicherheit, die sich hinter der Ironie verbarg.

«Wir haben eine Krisenlage in Gagarin», erklärte sie ruhig. «Sie werden bewacht, bis wir Sie staatlichen Organen Ihres Landes zum Abtransport übergeben können. Ich mache von meinem Hausrecht Gebrauch, und nicht ohne Grund. Sie haben einen Vorgang im Wohnring aufgenommen?»

«Ich habe nichts getan, was verboten ist. Ich weiß nicht, warum ich Ihnen überhaupt antworten soll.»

Rana drückte eine Taste, es wurde dunkel, und ein Bildschirm zeigte die Szene im Gang.

«Das sind doch Sie», stellte Rana fest. «Wer hat Sie beauftragt, diesen Vorgang aufzunehmen?»

«Niemand. Ich halte nun mal gern außergewöhnliche Ereignisse fest.»

«Da heben Sie sicherlich alle Aufzeichnungen auf, um sie zu Hause der Familie und den Freunden vorzuführen?»

Er antwortete nicht.

«Wo haben Sie denn die Diskette mit diesen Aufnahmen?» fragte Rana.

Wieder keine Antwort.

«Ach, da sehen wir es ja – Sie übergeben sie an Jerry Baker.»

«Keine Ahnung, wie der heißt. Na gut, ich habe nicht für mich gearbeitet, sondern für eine TV-Station zu Hause.»

«Aha», sagte Rana. «Also Baker hat jetzt die Diskette.»

«Das glaube ich nicht», sagte der andere, und es klang etwas Triumph in seiner Stimme. Das behutsame Verhör hatte ihn sicher gemacht, und er glaubte immer noch, es ginge lediglich um ein paar unerwünschte Aufnahmen.

«Das glaube ich auch nicht, daß der die Aufnahmen hat», sagte Rana, «dann hätten wir sie nämlich gefunden.» Sie schaltete ein Standbild auf den Schirm, Jerry in seiner Kabine, auf dem Boden liegend, mit verzerrten Zügen. «Sehen Sie hin», befahl Rana. «Ihren Auftraggebern ist jetzt jeder im Wege, der Genaues über die Vorgänge hier weiß. Vielleicht begreifen Sie jetzt, daß wir Sie auch zu Ihrem Schutz festnehmen mußten. Denken Sie erst mal darüber nach.»

Der Kameramann ließ sich ohne Protest abführen.

Rana hatte nicht vorgehabt, hier eine Pause einzulegen, aber sie sah auf ihrem Tisch ein Lämpchen blinken: Mercedes bat um Bereitschaft, sie mußte etwas Wichtiges haben, und das sollte der Mann selbstverständlich nicht mithören.

Sie rief Mercedes an, und die bat sie: «Hör dir bitte das Gespräch an, das ich hier auf Band habe, warte, ich schalte gleich Tailor und Bunin dazu, Gwen ist im Moment nicht zu erreichen. Die männliche Stimme ist die des Beraters des USA-Präsidenten, ich glaube, er ist im Augenblick der Mann, der die Fäden in der Hand hält. Die andere Stimme ist meine, das hört ihr ja. Es geht los.»

Berater: «Eine TV-Station kündigt eine Sendung an, die angeblich einen sowjetischen Piratenakt zeigt, den Raub eines Raumschiffs, die Ermordung der Mannschaft und anderer Amerikaner sowie einen bevorstehenden Anschlag auf Kolumbus. Was ist da los?»

Mercedes: «Wir können innerhalb von zehn Minuten eine komplette und beweiskräftige Gegendarstellung liefern, die die Entstehung jenes Films aus einer objektiven Perspektive zeigt. Übrigens hat Oberst Tailor euch die Aufnahmen und als Überbringer den vermutlichen Mörder angekündigt.»

Berater: «Warum weiß ich nichts davon? Augenblick bitte. – So, da bin ich wieder. Die Aufnahmen und der Mann sind uns durchgerutscht. Sehr fatal.»

Mercedes: «Die Sache macht dir Sorge?»

Berater: «Ja. Wir sind sehr froh, daß es dem Präsidenten besser geht, und er sollte heute abend im Fernsehen sprechen. Unter dem Vorzeichen einer wüsten Provokation ist das natürlich schwer zu machen. Wenn er aber nicht spricht, gewinnen die Gegner Spielraum, und ganz entschieden ist die Schlacht noch nicht. Was ist mit dem Angriff auf Kolumbus?»

Mercedes: «Ist im Gange. An Bord eines privaten Raumschiffs ist ein gekidnappter sowjetischer Eleve, die Besatzung ist tot, und das Schiff ist eine Bombe mit Kurs auf Kolumbus. Tailor hat eine Expertenrunde zusammengestellt, wir hoffen, daß sie gemeinsam die Sache in den Griff kriegen.»

Berater: «Das ist unbedingt notwendig. Ich spreche ganz offen zu dir: Stell dir vor, der Präsident muß in seiner Rede, die er ja irgendwann halten muß, die toten Helden von Kolumbus beweinen. Danach schießen sie uns alle Militärs aus der Mannschaft heraus, die den jetzigen Kurs stützen, und damit fällt dann später auch der Präsident. Entweder er fällt wirklich, oder er fällt um und macht Front gegen die Sowjets. Und dann wären wir ja dort, wo uns die Brüder haben wollten. Also seht zu, was ihr tun könnt. Wenn ihr Hilfe braucht oder Informationen, ruf mich an. Und dieses Material, die Gegendarstellung, überspiel bitte direkt an mich. Ende.»

«Ihr habt gehört», sagte Mercedes. «Hat noch jemand eine Idee, wie wir die Gegendarstellung verstärken können?»

Rana Ratnari sagte: «Vielleicht können wir den Mann umdrehen. Ich habe ihn schon ein bißchen zum Schwitzen gebracht. Wenn er öffentlich zugibt, daß er einen Auftrag dazu hatte, dann wird sichtbar, daß die ganze Geschichte inszeniert war. Und noch was – wir haben doch auch das Raumschiff die ganze Zeit im Bild gehabt, als es angedockt lag. Irgendwer muß die Sauerstoffflaschen vertauscht haben – vorher war alles in Ordnung, und hinterher waren sie vergiftet. Das kann doch bloß in dieser Liegezeit geschehen sein!»

«Überlassen Sie mir den Mann», sagte Tailor, «vielleicht finde ich eher eine gemeinsame Sprache mit ihm.»

«Gut», antwortete Rana, «und ich sehe die Aufzeichnung durch.»

Eine halbe Stunde lang hatte Viktor Aufträge der Expertenrunde ausgeführt, etwa derart: «Halb links vor Ihnen befindet sich eine schwarze Tastatur mit sieben Tasten, drücken Sie bitte die zweite von links, und sagen Sie uns, was auf dem darüber angeordneten Display erscheint. Ja, gut, danke, und nun die dritte Taste von links ...»

Obwohl er nie genau wußte, was er da drückte, und obwohl er ebenso wußte, daß das durchaus nicht risikolos war, denn der geringste Verständigungsfehler konnte dazu führen, daß er sich selbst zerstörte – trotz all dieser Anspannung gelang es ihm, seine Gedanken auf die Suche nach einer Lösung zu konzentrieren, nach einer Möglichkeit, wie man die Katastrophe verhindern konnte. Von Navigation verstand Viktor herzlich wenig, um so mehr von Computern. Und die Navigation wurde von einem Computer besorgt, und den mußte man täuschen können, indem man die Inputs fälschte. Es gab freilich schon Computer, die auch die Inputs kritisch filtrierten, aber das waren hochkomplizierte Geräte für naturwissenschaftliche und ökonomische Prozesse, nicht so ein relativ einfaches Stück wie hier.

Als die Expertenrunde zu der Erkenntnis gekommen war, daß die Navigation auf der Grundlage normaler, serienmäßiger Geräte erfolgte, erkundigte sich Viktor zuerst nach dem Computer. Es gehörte auch ein Computerfachmann zur Runde, und Viktor hatte sich schnell mit ihm verständigt: Man mußte feststellen, wann der Computer welche Informationen aus welcher Quelle verarbeitete, dann ließ sich entscheiden, welche Falschinformationen man simulieren mußte. Das aber war nun wieder eine Sache der Navigatoren.

«Bei einem normalen Steuerprogramm dieses Raumschifftyps orientiert sich die Langstreckennavigation an den internationalen Funkfeuern, die kann man nicht simulieren», erklärte einer der Navigatoren. «Bei Grobannäherung an das Flugziel wird der Leitstrahl des Ziels zum wichtigsten Orientierungsmittel. Bei der Feinannäherung werden die eigenen Peilgeräte des Raumschiffs tätig. Eine Möglichkeit der Simulierung, wenn es sie gibt, kann nur in der Etappe der Grobannäherung liegen.» Der Sprecher machte eine Pause, aber Viktor hatte das Gefühl, da käme noch etwas. Richtig, der Navigator fuhr fort: «Aber es kann selbstverständlich auch ein anderes, speziell abgesichertes Programm sein. Man müßte das Steuerprogramm kennen.»

«Was hindert uns daran, es abzurufen?» fiel ein anderer ein.

«Und wenn der Kollege da draußen dabei hochgeht?»

Sie diskutierten, als ob Viktor gar nicht dabei wäre, aber das gefiel ihm, es wirkte viel überzeugender als ein ständiges Rücksichtnehmen, das auch jeden neuen Gedanken von vornherein filtriert und dadurch manche Möglichkeiten unentdeckt läßt.

«Hör mal, die Möglichkeit, ein Programm abzufragen, gehört zu den wichtigsten Arbeitsschutzbestimmungen. Wenn etwa der Navigator ausfällt, kann die Herkunftsstation das

Programm ermitteln und Steueranweisungen geben. Das ist grundsätzlich so angelegt, da gibt es keine Möglichkeit zur Blockade.»

«Und wer könnte das Programm abfragen?» mischte sich nun Viktor ein.

«Heimatstation ist Kolumbus», kam die Antwort.

«Aber Moment mal», mischte sich eine andere Stimme ein, die wieder dem ersten Navigator zu gehören schien. «Wenn wir die Kennung haben, können wir es auch von Gagarin aus, und in der Kommission dort können sie das Problem sofort lösen.»

«Die Kennung besorge ich», sagte einer, der bisher noch nicht gesprochen hatte.

«Dann machen wir Sendepause, bis Sie Ergebnisse haben», schlug Viktor vor. «Rufen Sie dann bitte.»

Viktor war ganz ruhig. Der hohe Abstraktionsgrad seiner sonstigen Arbeit hatte ihn dazu erzogen. Gib einem Intellektroniker einen Computer, da kann die Welt zusammenbrechen, es stört ihn nicht bei der Arbeit. Aber tritt eine Pause ein ...

Viktor lächelte, doch er spürte, daß dieses Lächeln etwas kläglich ausfiel. Noch vier Stunden.

Eine Menge Zeit an sich, aber er wußte ja nun auch, daß nicht nur seine Zeit hier oben eine Rolle spielte. Wie die Zeit da unten, in den USA, hinter den Kulissen der Mächtigen und ihrer Teilhaber, verstrich, war noch weit wichtiger. Von daher gesehen hatte er überhaupt keine Zeit mehr, mußte mit jeder Minute geizen. Nur an einem zweifelte er nicht: daß es einen Weg geben würde aus dieser Lage.

Ja, jetzt ging etwas vor sich im Computer, er kannte zwar den Typ nicht in allen Einzelheiten, aber an verschiedenen Signalen glaubte er zu erkennen, daß Prozesse abliefen. Und das könnte nur die Abfrage des Steuerprogramms sein. Nun gut, eine Sorge weniger – denn ganz unmöglich wäre es nicht gewesen, daß die Geschichte doch mit der Sprengladung gekoppelt gewesen wäre. Prinzipiell war das nicht unmöglich, und dieser eine Navigator war ihm zu sicher gewesen. Aber er hatte dem Versuch nicht widersprochen, irgend etwas mußte schließlich getan werden, und die Urheber dieser Provokation hatten mit seiner, Viktors, Vereinzelung gerechnet und folglich keine Notwendigkeit gesehen, die Sache von dieser Seite her abzusichern. Wie es aussah, war dieser Gedanke richtig gewesen.

Kurze Zeit später meldete sich die Expertenrunde wieder.

«Das Steuerprogramm ist so ein Standardprogramm, wie wir angenommen haben», sagte der erste Navigator. «Wir müßten also jetzt mit Kolumbus absprechen, daß die in etwa drei Stunden einen Bullen starten, der dann aus bestimmter Entfernung den Leitstrahl sendet, während Kolumbus selbst abschaltet. Wir haben ausgerechnet, daß das geht: Die Abweichung wäre kleiner, als daß sie bei Anpeilung der Funkfeuer feststellbar wäre, aber doch so groß, daß die Steuerung sie nicht mehr korrigieren könnte, wenn das Schiff in die Zone der Feinannäherung eintritt, wo er also selbst Kolumbus anpeilt. Es fliegt dann auf jeden Fall vorbei.»

«Das hört sich gut an», sagte Viktor. «Und wir gewinnen Zeit.»

In Wirklichkeit war er nicht so begeistert, vor allem, weil er nun drei Stunden warten mußte. Aber auch dafür würde ihm schon noch etwas einfallen.

«Wir übernehmen es, die Sache mit Kolumbus zu klären», sagte ein anderer aus der Expertenrunde, «wir melden uns dann wieder.»

«Gut», antwortete Viktor und wollte gerade abschalten, da ertönte Arams Stimme aus dem Helmfunk. «Ich wollte nicht stören, solange ihr beraten habt, aber wir sind hinter dir, mit einem Bullen, Orson und ich.»

«Das ist angenehm zu wissen», antwortete Viktor. «Aber erst mal bleibt auch hinter mir!»

«Ich bin Oberst Tailor, ich habe Sie kommen lassen, mein Junge, weil wir beide vielleicht schneller eine gemeinsame Sprache finden. Was meinen Sie?»

Der Oberst bot dem Mann einen Platz und etwas zu trinken an und setzte sich ihm gegenüber. Der Filmer wirkte nun nicht mehr so selbstsicher, und er war wohl auch etwas verwirrt, hier einen Offizier der USA vorzufinden. Denn von der Existenz der Kommission in Gagarin wußten nur wenige. Sie war nicht etwa geheim, aber sie stand nicht im Blickpunkt der Öffentlichkeit. Abgerüstet war, was also weiter? Man hatte heute andere Probleme. Wenigstens erschien es vielen so.

«Unter gemeinsamer Sprache verstehe ich, daß Sie mir sagen, wer Sie und die anderen zum Kidnapping angeheuert hat. Das ist das Mindeste, was ich von Ihnen erwarte. Und ich werde es erfahren, weil Sie erst Mitte zwanzig sind und noch fünfzig, sechzig oder siebzig Jahre leben wollen, und das nicht im Gefängnis. Nun, überlebt haben Sie schon beinahe, aber das mit der Freiheit müssen wir noch klären.»

«Ich habe nichts ...»

«Doch, Sie haben», sagte Oberst Tailor, «die Frage ist nur, wie bewußt und zielstrebig Sie haben und ob Sie eventuell auf diesem Wege umgekehrt sind.»

«Was heißt beinahe? Beinahe überlebt?»

Die Frage zeigte zum ersten Mal, daß der Mann nachdachte über das, was ihm gesagt wurde, und sie zeigte dem erfahrenen Oberst auch, daß sein Gegenüber bereit war, Erwägungen anzustellen.

«Ich verpasse Ihnen jetzt ein paar harte Schläge», kündigte der Oberst an. «Wenn Sie dabei nicht k. o. gehen, haben Sie das Schlimmste schon überstanden. Wenn doch, müssen wir eine Pause machen, aber nehmen Sie sich lieber vor, standhaft zu bleiben. Also erstens: Ihre beiden Kameraden sind tot. Gestorben an Giftgas, das in ihren Sauerstoffgeräten war. Sie werden mir zustimmen, daß das der Russe nicht getan haben kann. Er war ja so gut wie betäubt, als er an Bord gezerrt wurde. Die Frage ist jetzt: Wer hat das getan? Kennen Sie den?»

Der Oberst wies auf den Bildschirm, dort wurde die Aufzeichnung der Vorgänge im Kosmodrom gezeigt, und zwar an der Stelle, wo das Raumschiff festgemacht hatte. «Achten

Sie auf das Zeitetalon, das ist jetzt genau die Zeit, als Sie alle drei im Wohnring von Gagarin waren. Da kommt er schon – kennen Sie den?»

Man sah einen Mann – Nr. 12 von Ranas Liste oder C in Lyndales Szenarien – die Schleuse betreten, er trug ein paar Flaschen unter dem Arm, Sauerstoffflaschen dem Ansehen nach, drei an der Zahl. Nach einiger Zeit kam er wieder heraus, mit drei Flaschen unter dem Arm, die genauso aussahen, aber wohl nicht dieselben waren.

«Den hab ich nie gesehen», sagte der Filmer.

«Da haben Sie Glück gehabt. Der hat auch die Diskette bei Baker abgeholt und ihn ermordet. Wer von Ihrer Besatzung hat mit dem Auftraggeber verhandelt?»

«Der Captain.»

«Noch mal Glück gehabt, ich glaube, nun ist wenigstens Ihr Leben nicht mehr bedroht, weil Sie keinen von den Leuten kennen. Kommen wir also zum Problem der Freiheit. Ich nehme an, Sie haben inzwischen begriffen, daß diese ganze Geschichte mit dem Mordanschlag auf unseren Präsidenten zusammenhängt?»

Der Mann nickte unsicher.

«Ich glaube nicht, daß diesmal die Sache so vertuscht wird wie im vorigen Jahrhundert der Kennedy-Mord. Diesmal wird man wohl alle Beteiligten vor Gericht stellen, die ganz großen Bosse vielleicht ausgenommen. Was hat man Ihnen denn als Ziel des Unternehmens bezeichnet?»

«Der Captain sagte, wir sollten den Russen in Kolumbus abliefern, und der sollte später ausgetauscht werden gegen Leute von uns.»

«Und warum haben Sie mitgemacht? Um den Russen eins auszuwischen?»

«Nein, die sind mir egal. Ich hab nichts gegen die Russen.»

«Und warum dann?»

«Weil der Captain für uns abgeschlossen hat. Und verdammt noch mal, weil es anständig bezahlt werden sollte.»

«Schön, dann werde ich Ihnen jetzt zeigen, wobei Sie wirklich mitgemacht haben. Die Sache bleibt nicht bei Baker und

Kameraden stehen, das Morden geht weiter – wenn alles wie geplant abläuft. Ich spiele Ihnen jetzt das Tonband vor, das sich der Russe im Raumschiff anhören mußte, als Ihre Kameraden schon tot waren und er wieder bei vollem Bewußtsein.»

Während das Tonband lief, überlegte der Oberst. Es gab einen Widerspruch zwischen dieser Aussage und dem, was Tolkin über das Verhalten der beiden Astronauten berichtet hatte. Aber es konnte freilich sein, daß sich der eine von den beiden mit der Todesdrohung nur einen makabren Spaß hatte machen wollen und dabei geglaubt hatte, es ginge nur um die Betäubung des Russen. Ebenso konnte es sein, daß der Captain dem Kameramann, seinem Unterstellten, nicht die volle Wahrheit gesagt hatte. Das würde man wohl nie erfahren. Der jedenfalls hatte begriffen, daß es um sein weiteres Leben ging. Das Tonband war zu Ende, und der Mann schwieg bedrückt.

«Wir versuchen jetzt, Kolumbus zu retten, indem wir den Russen und Ihr Raumschiff retten. Ich bin zwar kein Richter, aber ein bißchen juristische Ausbildung habe ich schon. Ich glaube, wenn Sie sich aktiv an der Rettung beteiligen, wird niemand gegen Sie Anklage erheben, und Sie werden höchstens als Zeuge vernommen.»

Der Mann schwieg lange, und Oberst Tailor wartete geduldig. Er gehörte zu denen, die dem menschlichen Verstand vertrauen und die meinen, daß jeder geistig gesunde Mensch in der Lage ist, sich für das Richtige zu entscheiden, wenn man ihm die nötige Information gibt – und sei es auch mit Nachdruck. Deshalb hatte er bereits vorher mit seinem sowjetischen Kollegen abgesprochen, daß der den Mann in die Besatzung des Rettungs- und Bergungsschiffs aufnahm, das in etwa einer halben Stunde Viktor folgen sollte. Es hatte mancherlei Vorteile, wenn es gelang, den Mann so weit zu bringen. Erstens kannte er das Raumschiff genau, zweitens hatte er nun auch ein sehr persönliches Interesse an der Klärung der Sachverhalte und der Rettungsaktion, und drittens konnte damit auch mancher Verdrehung in der Presse- und

TV-Schlacht, die schon begonnen hatte, die Spitze abgebrochen werden.

«Einverstanden. Was soll ich tun?»

«Erstens offiziell erklären, was Sie mir eben berichtet haben. Zweitens: Mit einem RBS fliegen und sich an der Rettung beteiligen. Der Start ist in einer halben Stunde. Internationale Mannschaft von hier.»

«O. k.»

«Und nun hätte ich gern noch einige Einzelheiten gewußt über die letzten Flüge Ihres Schiffs, auch über Liegezeiten und Orte.»

Gagarin hatte sich wieder gemeldet. Über die Konferenzschaltung hörte Viktor, wie der Krisenstab Kolumbus rief.

«Gagarin ruft Kolumbus, Krisenstab an Direktor, bitte melden.»

«Hier Kolumbus, Direktor nicht erreichbar, was für ein Krisenstab? Geben Sie Namen und Position des Verantwortlichen!»

«Was ist denn bei euch los, warum liegt kein Bild an? Was sollen diese Fragen? Wer ist am Gerät, nennen Sie Ihren Namen!»

«Das Bild ist gestört, die Antenne wird zur Zeit repariert. Und was die Namen betrifft, halten Sie sich bitte an die Regeln. Wer will den Direktor sprechen?»

«Augenblick, ich übergebe.»

Es dauerte wenige Sekunden, dann hörte Viktor aus Gagarin eine Stimme, die er schon kannte.

«Hier spricht Gagarin, Oberst Tailor, Beauftragter der Regierung der Vereinigten Staaten von Amerika im Krisenstab von Gagarin. Verbinden Sie mich auf der Stelle mit Professor Blacksmith!»

«Der Direktor ist zur Zeit nicht erreichbar.»

«Dann verbinden Sie mich mit Major McNeef.»

«Major McNeef, Augenblick, ja, ich verbinde.»

Viktor fiel es leicht, dem Gespräch zu folgen, da er Gagarin deutlicher und klarer empfing als Kolumbus und dadurch immer unterscheiden konnte, welche Seite sprach. Jetzt meldete sich Kolumbus wieder.

«McNeef. Was ist los?»

«Hallo, Mac, elf-dreizehn!»

«Wer ist da, was sollen die Zahlen?»

«Sie sind nicht McNeef. Was ist bei euch los, hat die Mafia die Station geklaut? Mann, es geht um Kolumbus und alle, die an Bord sind, auch um Ihr Leben!»

«Wissen wir, wissen wir alles. Wir bereiten Ihrem Russen einen heißen Empfang. Wenn er hier auftaucht, blasen wir ihn in die Hölle, sagen Sie ihm das. Wenn Sie gern schwatzen möchten, rufen Sie nur immer an, wir handeln! Ende!»

«Kein Ende, geben Sie mir Ihren Boß, so Sie einen haben, oder sonst jemand, mit dem ich ein paar vernünftige Worte wechseln kann!»

Wieder meldete sich eine andere Stimme in Kolumbus. «Ich höre!»

«Hoffentlich», sagte Oberst Tailor, «hoffentlich hören Sie zu. Sie sind auf der falschen Seite. Sie sitzen auf einer Bombe, die Sie töten wird. Sie sollen verheizt werden wie Murdock, Baker und die beiden Astronauten des Raumschiffs. Es war geplant, daß die Trümmer von Kolumbus auch Gagarin zerstören. Sie haben ja wohl mitgehört, was seit einer Stunde hier über Funk geht, und wir haben schon eine Menge Beweise, wenn auch noch nicht alle. Ich denke, in einer halben Stunde kann ich Sie anrufen und Ihnen die Größe der Sprengladung mitteilen, die im Rumpf des Raumschiffs eingebaut wurde. Ich fürchte, sie ist erheblich größer, als Sie sich das vorstellen. Und Sie werden ja kein absolutes Greenhorn im Raum sein und sich einiges vorstellen können. Am einfachsten wäre es, Sie stellten das normale Regime in Kolumbus wieder her und ließen mich mit Professor Blacksmith reden. Gemeinsam könnten wir das Raumschiff auslenken. Falls Sie das nicht wollen, finden wir auch eine andere Lösung. Überlegen Sie gut, Sie sitzen im sinkenden Boot. In einer halben Stunde melde ich mich wieder. Ende.»

Zum ersten Mal fühlte Viktor so etwas wie Abspannung.

Die Lösung, die mühsam erarbeitete, aber dann sicher erscheinende Lösung, von Kolumbus aus den Computer mit falschen Informationen zu füttern, war nicht mehr durchführbar. Offenbar hatten in Kolumbus Beauftragte der Verschwörer das Heft in die Hand genommen. Vielleicht waren sie jetzt nachdenklich geworden, vielleicht gelang es Tailor mit weiteren Informationen, sie schwankend zu machen – bei einer Zusammenarbeit mit denen war die Gefahr einer Falle zu groß. Solchen unsicheren Partnern, falls sie sich dazu erklären würden, durfte man nicht die Hauptsache überlassen. Es blieben ja dann noch einige Stunden, und wer weiß, was in den USA geschah, am Ende orientierten sie sich wieder um, und dann blieb gar keine Zeit und Möglichkeit mehr.

Viktor schloß die Augen und atmete langsam und bewußt. Die Abspannung wich. Eine andere Lösung? Gewiß, eine andere Lösung. Sie wußten jetzt schon bedeutend mehr als vor einer Stunde, und wenn Tailor über seine geheimdienstlichen Verbindungen mit der US-Army Genaues über die eingebauten Sprengladungen herauskriegen konnte – und das hatte er ja eben angedeutet –, dann war manches denkbar. Wenn zum Beispiel die kleine Sprengladung, die für ihn bestimmt war, erst einmal explodiert war, konnte man die Navigation des Raumschiffs ungestört beeinflussen. Freilich, die Beweise. Man mußte irgendwie trotzdem die Beweise sicherstellen …

Mercedes Cardo hatte sich aus der konkreten Arbeit des Krisenstabes ausgeschaltet – was dort zu tun war, konnten die beiden Oberste und Rana Ratnari besser als sie. Sie ließ sich selbstverständlich von allen wichtigen Vorgängen sofort informieren, hatte auch soeben Tailors Gespräch mit Kolumbus gehört und fragte ihn nun, ob er etwas gegen eine Veröffentlichung des Gesprächs hätte. Der Oberst verneinte, es war ja sowieso offen über Funk gegangen, also ganz sicher von der heimatlichen Presse und TV mitgeschnitten worden. Trotzdem ließ Mercedes sich einen Mitschnitt überspielen.

Sie hatte in der letzten halben Stunde alle Veröffentlichungen in Fernsehen, Radio und Presse verfolgt, mit denen in den USA die Vorgänge hier oben gemeldet und kommentiert wurden, und sie hatte dabei leider kein eindeutiges Bild des Kräfteverhältnisses gewonnen. Kein Massenmedium, ein paar sehr linke kleine Zeitungen ausgenommen, erklärte sich eindeutig für die eine oder für die andere Auslegung der Vorgänge: Immer noch schien es möglich, daß zu irgendeinem Zeitpunkt, vielleicht kurz vor der Rede des Präsidenten, der Zeiger der Meinungsmacher plötzlich kräftig zum Negativen ausschlug. Um so wichtiger war es, daß sie von hier oben aus Einfluß nahmen, vor allem durch konkretes Material, das jede Lüge der Verschwörer und Provokateure widerlegte. Sie hatte deshalb gleich den Berater des Präsidenten, ihren ehemaligen Freund, angerufen und ihm das Gespräch Tailor – Kolumbus zur Verfügung gestellt. Und sie unterstützte auch die Idee, die Gwen und Ella ihr vorgetragen hatten, und stellte von sich aus Verbindungen zu verschiedenen TV-Gesellschaften her.

Diese Idee, die sie zu anderer Zeit vielleicht für läppisch gehalten hätte, fügte sich jetzt in den großen Zusammenhang, über den Mercedes nachdachte. Die Vorgänge hier (und was ihnen in den anderen UNO-Objekten vorausgegangen war im letzten Dreivierteljahr) waren ja nur Randerscheinungen, wenn auch nicht unwichtige. Die Entscheidung fiel in den USA – was wiederum nicht hieß, daß sie sie nicht beeinflussen konnten und sollten, im Gegenteil, es war eine Menschheitsentscheidung, und sie fiel deshalb in den USA, weil dort die Kräfte der Vergangenheit kulminierten, weil sie als erstes diesen Staat wieder voll in ihre Hand bekommen wollten. Die Entscheidung fiel zwischen diesen Leuten und der übergroßen Mehrheit der Menschheit, aber wirken konnte diese Mehrheit in erster Linie über die USA-Gesellschaft, die Regierung, die Organisationen. Es war eine Zerreißprobe für den Konsens des Friedens, und nun mußte sich zeigen, zu welcher Festigkeit dieses geistige Band der Menschheit in den letzten zwanzig Jahren herangewachsen war. Das amerikanische Volk, so schien es ihr, hatten die Verschwörer nicht wie in früheren Zeiten mühelos manipulieren können, sonst sähen

Presseberichte und TV-Sendungen anders aus. Aber es schien noch nicht aussichtslos zu sein, und deshalb fiel ihnen hier oben eine wichtige Aufgabe zu. In den letzten Stunden hatte sich offensichtlich die Entscheidung in den Machtapparat der herrschenden Klasse verlagert, in die vielfältigen und nicht selten verdeckten Organisationsformen und Strukturen, über die die großen Monopole den Staat lenkten. Aber auch die waren nicht so unabhängig von der Stimmung des Volkes, wie sie das manchmal glaubten und wünschten.

Die Presseschlacht tobte und wogte hin und her. Mercedes wußte, daß ihre Gegendarstellung – als offizielles Material von Gagarin verbreitet – große Wirkung ausgeübt hatte. Die Aufnahmen hatten am stärksten eingeschlagen, sie waren Dutzende Male gesendet worden. Der Vergleich mit denen des Astronauten entlarvte die gestellte Position und ihre Falschaussage, das mitaufgenommene Zeitetalon tat ein Übriges.

Die praktischen Hilfen von unten trafen unterschiedlich ein. Der Mörder – Nr. 12, wie er jetzt allgemein genannt wurde – war noch nicht ergriffen worden, starke Kräfte deckten ihn offenbar. Dagegen waren, wie sie erfuhr, die Ermittlungen über den Einbau der Sprengsätze in das Raumschiff erfolgreich: Oberst Tailor bekam eben die gewünschten Informationen. Nun noch ein paar Geräte und Spezialisten an Bord, und das Rettungs- und Bergungsschiff konnte starten.

Was sie jetzt vorhatten, war wahrscheinlich die riskanteste Operation während des ganzen Unternehmens. Aram sollte mit einem Raumanzug für Viktor an Bord des Raumschiffs kommen, und niemand konnte vorhersagen, ob das Öffnen der Schleusen die kleine Sprengladung zünden würde oder nicht. Der Tonbandtext hatte darüber nichts Eindeutiges ausgesagt, und wenn, hätte man ihm nicht absolut trauen dürfen. Viktor nahm eigentlich an, daß nichts geschehen würde, weil die Provokateure ja nicht mit einer Hilfe von außen gerechnet hatten, Gagarin sollte zu dieser Zeit wohl schon blokkiert sein. Aber die Annahme bot keine Sicherheit, und so hatte Viktor selbst das äußerst Mögliche zu seiner Sicherung getan: Er hatte den dritten Raumanzug des Schiffs angezogen, allerdings nicht das Helmfenster geschlossen, und hielt für den Augenblick der Schleusenöffnung seinen leichten Schutzanzug als Bündel bereit, um ihn notfalls vor das Visier zu stopfen. Ob das ausreichte, war zwar auch fraglich, aber es mochte wenigstens das Gröbste abhalten.

Der Bulle, gesteuert von Orson Freeman, flog schräg hinter dem Raumschiff. Jetzt stieg Aram aus und trieb sich und sein Paket mit der Raketenpistole zum Raumschiff hinüber. Als Viktor Aram aus dem Gesichtskreis verlor, betätigte er mit der einen Hand den Schleusenöffner, mit der anderen drückte er das Bündel gegen das Helmfenster. Er zählte zehn, fünfzehn Sekunden – keine Explosion. Er legte das Bündel beiseite und wartete, daß die Schleusentür sich endlich öffnete. Gleich mußte es soweit sein. Viktor nahm den Helm des Raumanzugs ab – jetzt konnte wohl nichts mehr geschehen.

Da öffnete sich die Tür, Aram lächelte ihn an, auch er hatte bereits den Helm abgenommen, sie umarmten sich und küßten sich dreimal auf die Wangen.

Jetzt war es eng geworden im Raumschiff. Aram trat wieder in die Schleuse zurück, damit Viktor Platz hatte, den Schutzanzug zu wechseln. Er war noch dabei, als der Sprechfunk sich meldete – es war Boris Gronski von Bord des eben gestarteten RBS.

«Seid ihr schon dabei, das Gepäck auszuladen?» fragte er nach den ersten Begrüßungsworten. «Ich habe hier den dritten Mann der Besatzung, er ist mitgekommen, um uns zu helfen, er kann euch sagen, was ihr beim Abkoppeln der zwei Toten von den Bordsystemen beachten müßt!»

Das ging denn auch flüssig vor sich, die Angaben des Kameramannes waren präzis und verständlich, so daß Viktor und Aram sich in den für sie doppelt fremden Hantierungen gut zurechtfanden. Nach zehn Minuten hatten sie die beiden toten Astronauten in ihren Schutzanzügen von allen Verbindungen zum Raumschiff abgetrennt. Jetzt schlossen sie ihre eigenen Helmfenster und stellten die Schleuse auf durchgängige Öffnung, was nur unter Lösung mehrerer Sicherungen möglich war. Da aber in der Schleuse immer nur Platz für einen war, konnten sie die Toten nicht hinausbefördern, ohne das ganze Raumschiff zu entlüften.

Es überrascht immer wieder, wie unbeweglich, sperrig, ja sogar widerspenstig ein lebloser Mensch ist, den man transportieren soll. Dieser Körper, im belebten Zustand zu seiltänzerischer Balance und Wendigkeit fähig, scheint seine Masse und seine Ausmaße plötzlich verdoppelt oder verdreifacht zu haben – noch dazu im Schutzanzug. Obwohl sie alle schwerelos waren, dauerte die ganze Operation fast eine halbe Stunde. Es war, als wehrten sich die Toten gegen ihre Entfernung.

Aram band draußen die beiden Körper aneinander und versah sie mit einem Funkfeuer, damit sie später vom RBS gefunden und geborgen werden konnten, der Bulle hatte keinen Platz für die beiden, sie hatten dort allen verfügbaren Raum mit Treibstoff und Luftreserven vollgepackt. Viktor war unterdessen an Bord des Raumschiffs zurückgekehrt und hatte die Schleuse geschlossen. Er rief den Bullen und sprach mit Aram über dessen Bordfunk.

«Aram, wenn du fertig bist, kehrst du zum Bullen zurück. Haltet weiterhin Abstand. Ich spreche jetzt mit dem RBS, ihr könnt aber mithören!»

«Ich wollte bei dir bleiben», sagte Aram etwas ärgerlich.

«Später», antwortete Viktor. «Ein Rest Gefahr bleibt, und warum zwei Mann dieser Gefahr aussetzen. Ich nenne ab jetzt jeden Handgriff, den ich vornehme, und wenn etwas schiefgeht, löst du mich ab.»

Auf dem Bordcomputer programmierte Viktor mit Hilfe der Navigatoren von der Expertenrunde und des Kameramanns einen Kurswechsel des Raumschiffs um fünfundvierzig Grad von Kolumbus weg, das mußte reichen zur Auslösung der kleinen Sprengladung, von der man inzwischen wußte, daß es sich um eine Brennladung handelte, die Menschen auch im Schutzanzug töten oder schwer verletzen konnte, aber das Raumschiff selbst nicht zerstören würde.

An den Schluß des Programms setzte Viktor den Befehl: Ausgabe als Vorrangprogramm an Navigationssystem in drei Minuten ab Eingabe.

«Fertig!» berichtete er seinen Partnern im RBS, in Gagarin und auf der Erde. «Ich bin soweit, es kann losgehen.»

«Einen Augenblick noch», schaltete sich jemand ein, den er lange nicht gehört hatte, er erkannte sofort die Stimme von Oberst Bunin. «Hier von Gagarin aus ist vorher noch etwas zu erledigen. Ich übergebe an Gwendolyn Freeman, Vorsitzende des Sicherheitskomitees der Mitarbeiter von Gagarin.»

«Hier ist das Sicherheitskomitee von Gagarin», sagte Gwen, deren Stimme Viktor kaum erkannt hätte, so vibrierte sie von gebändigter Aufregung. «Wir übertragen einen Gruß für Viktor Tolkin, der sein Leben eingesetzt hat und noch einsetzt für die Rettung der beiden Stationen Gagarin und Kolumbus. Angeschlossen sind jetzt ...» – sie nannte die Namen dreier führender TV-Systeme der USA sowie einige internationale Verbundnetze. «Das Sicherheitskomitee hat sich zusammengefunden, alle dienstfreien Mitarbeiter in Gagarin sitzen vor ihren Videophonen, wir singen für Viktor Tolkin und fordern alle auf mitzusingen, ein Lied, das wir alle im Kampf für die Abrüstung gesungen haben, das schon unsere Eltern kannten und das wir nie vergessen haben:

We shall overcome,
we shall overcome,
we shall overcome some day!
Deep in my heart
I do believe:
we shall overcome some day!»

Sie sangen das Lied über mehrere Strophen, und zuletzt sang fast ganz Gagarin, und als Gwen in ihrer Vorsängerrolle zum Schluß eine Textänderung vorgab und aus dem «some day» ein «today» machte, also aus dem «eines Tages» ein «heute», da sangen das alle begeistert mit. Viktor, aus seinen sehr konkreten und sachlichen Vorarbeiten herausgerissen, fühlte sich zuerst etwas überrascht, dann ein wenig verlegen, bis er endlich begriff, daß dieses Lied mindestens ebensosehr für das amerikanische Volk bestimmt war wie für ihn, und ebendiese Erkenntnis gab ihm mehr Auftrieb, als die persönlichsten Grüße es erreicht hätten.

«Also dann», sagte er. «Ich starte das Programm und ziehe mich zurück.» Er drückte die Programmtaste, schlüpfte in die schon geöffnete Schleuse, schloß sie und das Helmfenster, öffnete das Außenluk, blieb aber in der Schleuse.

Er ging das Risiko ein, das damit verbunden war. Er hätte sicherlich auch von Bord gehen und sich genügend weit entfernen können, wenn er die Zeitspanne länger vorgegeben hätte. Aber wenn der Computer bei der Zündung des Brennsatzes gelitten und nicht mehr die Kursänderung durchgeführt hätte, dann hätten sie vielleicht zu lange gebraucht, zuerst ihn aufzusammeln und dann das Raumschiff einzuholen und umzusteuern. Und er würde ja doch wieder an Bord gehen müssen, gleich wie das Manöver ausging, denn im Bullen war kein Platz für ihn, und das RBS war noch zu weit entfernt. Und genaugenommen wollte er sich auch noch gar nicht von dem Raumschiff trennen.

Er hockte also im Schleusenluk, bereit, sich notfalls abzustoßen, die Augen fest auf das kleine Sichtloch gerichtet, das die Schleuse mit dem Innenraum optisch verband. Noch zehn Sekunden ... fünf ... eins ... Das Sichtloch flammte auf, erlosch wieder, sonst nahm Viktor nichts wahr. Er zog sich in die Schleuse zurück, gerade rechtzeitig, die Steuerdüsen drehten schon das Schiff, dann zündete der Antrieb und warf ihn mit Überlast in eine sehr unbequeme Eckstellung, aber nach drei Minuten hörte der Antrieb auf. Das Manöver war geglückt.

Alle hatten Viktor etwas mitzuteilen, eine Einzelheit, die er vielleicht noch nicht wußte, und er wußte manches noch nicht: daß die Mannschaft, die jetzt an seiner Stelle im Raumschiff saß und die große Sprengladung entschärfte, mit dem genauen Plan ausgestattet war, nachdem sie installiert worden war – die Army hatte schnell und zuverlässig und gewiß nicht mit den feinsten Manieren alles Notwendige in Erfahrung gebracht. Mercedes rief sofort an, als Viktor an Bord des RBS kam, gratulierte ihm mit glänzenden Augen und berichtete, der Präsident der USA, der in zwei Stunden im Fernsehen sprechen würde, habe sich eine Ordensverleihung vorbehalten. Gwen und Ella riefen, strahlten ihn an und verabschiedeten sich – sie hätten fürchterlich viel zu tun. Und gerade, als er sich mit Aram zu einem Kaffee zurückziehen wollte, den Boris Gronski eigenhändig gebraut hatte, rief Oberst Bunin, nickte ihm zu und übergab an seinen amerikanischen Kollegen.

«Lassen Sie sich erst mal ansehen», sagte Oberst Tailor, «eine Schande, daß ich Sie gar nicht gekannt habe. Ich habe hier noch eine kleine Freude für Sie. Der, den Sie jetzt im Bild sehen werden, ist Professor Blacksmith, der Chef von Kolumbus.»

Das Bild wurde umgeschaltet, und Viktor sah ein hageres Gesicht, aus dem eine Art wütende Ironie leuchtete.

«Mein lieber Tailor, dank Ihrem Eingreifen haben diese Banditen hier aufgegeben und sich den Behörden gestellt. Sie hatten mich unter Hausarrest gestellt und das Kommando übernommen, mit einer Vollmacht der NASA, die ich gleich für gefälscht gehalten habe, aber außerdem hatten sie noch Waffen, und die waren verdammt echt. Ist ja ein tolles Stück! Inzwischen hab ich mich sachkundig gemacht, und wenn Sie irgendwann diesen Russen treffen, diesen Tolkin, dann sagen Sie ihm, er hat bei mir drei Wünsche frei. Im Klartext: Ich bin ihm für die Rettung von Kolumbus so viel Dank schuldig, daß selbst Zauberkräfte nicht ausreichen würden, ihn abzutragen.»

Schließlich aber versiegte doch der Strom der Anrufer und Gratulanten, auch Gronski hatte zu tun, das RBS mußte ja das amerikanische Raumschiff entschärfen und später bergen, und nun sah sich Viktor allein mit Aram, dessen Platz im Bullen jetzt ein Spezialist einnahm, einer von Gronskis Drehwürmern.

Sie schwiegen und überdachten wohl jeder für sich die aufregenden Stunden, die jetzt hinter ihnen lagen. Plötzlich brach Aram das Schweigen. «Eins verstehe ich nicht», sagte er, «aber – ich will nicht stören, wenn du ...»

«Was verstehst du nicht?» fragte Viktor.

«Wie konnten die nur denken, du würdest in dem fliegenden Sarg wie ein hypnotisiertes Kaninchen sitzen und auf das Ende warten? Das will mir nicht in den Kopf.»

«Ja, wie konnten sie nur», sagte Viktor nachdenklich. «Ich glaube», fuhr er lächelnd fort, «die Frage beantwortet sich von selbst, wenn man sie etwas allgemeiner stellt!»

«Und wie?» wollte Aram wissen.

«Wie konnten sie nur glauben, ich würde da drinnen allein sein!»

ISBN 3-327-00793-4

1. Auflage

Lizenz-Nr. 5
Printed in the German Democratic Republic
Satz: Druckerei Neues Deutschland
Druck und buchbinderische Weiterverarbeitung: Druckerei des Ministeriums für Nationale Verteidigung (VEB) -Berlin -32307-8
Lektor: Helge Paulus
Umschlaggestaltung: Günter Lück
Typografie: Günter Molinski
LSV: 7004
Bestellnummer: 747 222 4
00580